山西文物精华丛书

民居 城池

山西省文物局◎编

王金平 朱向东◎著

山西出版传媒集团

三晋出版社

《山西文物精华丛书》编委会

王金平

山西孝义人。1988 年毕业于太原工业大学，所学专业为建筑学，1997 年获工学硕士学位。1999 年破格晋升为太原理工大学副教授，2005 年聘任为教授，现为太原理工大学建筑学院院长。历任第三届太原理工大学学术委员会委员，国家四部（局）传统村落保护与发展专家委员会委员，住房和城乡建设部传统民居保护专家委员会委员，山西省城市科学研究会常务理事，太原市规划委员会委员。致力于城乡聚落和建筑遗产的调查、研究、保护和发展工作。主持包括国家自然科学基金在内的各类研究项目十余项。完成城乡规划、建筑设计任务一百余项。获得各种奖励 10 余项。发表学术论文六十余篇，著有《山右匠作辑录》《良户古村》等专著。

朱向东

山西太原人。1981 年毕业于太原工学院土木系，所学专业为工民建，1997 年获工学硕士学位。太原理工大学教授、建筑与土木工程学院原副院长、工程艺术创作中心主任。山西省城镇协会常务理事，山西省建筑师学会副理事长，中国建筑学会建筑史学分会理事、学术委员，山西省工程建设专家委员会古建筑保护专家组专家，太原市规划委员会规划咨询专家。主持包括国家自然科学基金在内的各类研究项目十余项。获得各种奖励十余项。发表学术论文七十余篇，著有《宋金山西民间祭祀建筑》《晋商民居》等专著。

总 序

山西之美，在自然，在环境，在文化。在自然，其山河表里，风韵独特；在环境，其地设天造，浑然一体；在文化，其厚德载物，历久弥新。

大河之东，太行之右，历史悠久，文物灿烂，若星宿列张，蔚为大观。

山西地上文物丰富，就是一座“中国古代建筑博物馆”，从北到南，从东到西，28000余座文物建筑鳞次栉比。世界文化遗产云冈石窟、平遥古城、五台山享誉海外，1400余公里的战国、汉魏、隋、五代、明等历代长城及附属设施横亘云朔，沁河流域百余座独特的聚落堡寨星罗棋布，占全国七成以上元代以前的400余座古建筑原真保存，唐佛光寺、宋圣母殿、辽释迦塔、元永乐宫、明悬空寺等文化景观蜚声世界，12000余尊历代彩塑、24000余平方米寺观壁画、2300余座元明清戏台萦心动魄。

山西地下文化遗产同样多彩多姿：中国最早的旧石器和用火痕迹，在芮城的西侯度；最早的“中国”——尧的都城，在襄汾的陶寺；曲沃晋侯墓地、侯马新田都城和太原赵卿墓等考古发现，印证了晋国奋发图强的历程；大同平城和太原晋阳城的考古发掘，大同司马金龙墓、忻州九原岗大墓、太原娄睿墓和徐显秀墓出土的惊世文物，见证了山西在华夏民族历史融合中的辉煌地位；太原虞弘墓、蒲州古城和蒲津渡铁牛的考古发掘，再现了北朝、隋唐时期东西文化交流的繁盛。

山西博物馆的历史已走过百年。山西的 11 座地级城市，都拥有以收藏、展示、服务为核心的共享空间，博物馆成为山西城市文化的标配，成为人民增长知识、研究学问和休闲小憩的文化会客厅。据 2018 年统计，以山西博物院、中国煤炭博物馆、八路军太行纪念馆等为代表的全省 150 座博物馆，年接待观众 2700 余万人次，推出展览上百个。

过去的百年，山西致力于矿产资源的开采，支撑起了山西乃至全国工业化和现代化的腾飞；今后的百年，山西将更加重视文化资源的保护、开发和利用，这份独一无二、不可再生的历史文化遗产，将在中华民族的伟大复兴进程中做出独特的贡献。

山西文物厚重丰饶，著录庞杂浩繁。出版“山西文物精华丛书”，以分类成编，向世人介绍山西文物之美，以收画龙点睛之效，以方便读者旅游和研究，是为初衷。

山西省文物局

2019 年 6 月

前　言

民居、城池是两个不同的概念。

民居是最基本的建筑类型，是城池的构成要素之一；城池是因聚居而产生的一个聚落，是部族斗争的产物，具有行政、教育、祭祀、军事、宗教、生活、生产诸多功能。

山西历史悠久，文化积淀深厚，以其得天独厚的自然和人文环境，形成了众多地域特征浓厚的民居、城池。山西不但拥有优美的自然环境和各具特色的建筑形态，而且体现着独特的传统文化特质和深厚的人文内涵。山西的民居、城池除受其独特的自然环境影响外，还受当地社会人文、风俗习惯、宗教信仰等因素的影响，经过长期发展而形成的。山西民居因地制宜、因材致用、因境而成、功能合理、构造经济，具有较高的科学、历史和艺术价值。

山西自然地理环境复杂多样，人文地理环境异彩纷呈。山西民居、城池既存在共同性特征，也存在地域性差异。从发展的历时性来看，再加上众多的考古资料证明，山西民居、城池从其产生、发展及其演变，建立了一条较为完备的发展序列，反映着与华夏文明一脉相承的发展历程。从发展的共时性来看，由于山西各地自然与人文环境殊异，使得不同地区的民居、城池形态呈现独特的地域风貌。一定的社会结构在一定的历史时期是相对稳定和协调的，稳定性是地域的显著特征。在一定的地域内，人们使用相同的方言，从事同样的生产劳动，有着共同的信仰和价值观念，传承了一致的建造技术，从而使得处于特定区域内的民居、城池形态具有很大的同质性，以至得以固守和传承，留存至今。

山西民居产生于特定历史时期和特定空间区域，所以对山西民居的地域界分，不应以今日的行政区划为界限，而应以历史地理、农耕区划、语言系统及山西民居的内部结构与外部表现特征为依据进行界定。山西民居客观上可分为五个区域，即晋中民居、晋南民居、晋西民居、晋北民居和晋东南民居。这五个区域基本反映了山西民居形态的多样性，符合山西古代文化的发展规律。山西考古成果表明，山西境内的文化类型呈多样性分布。若从东西来看，太行山西麓的晋东南地区与河北文化类型相似；而黄河沿岸的晋西地区则含有陕西文化因素。若从南北来看，则汾水中下游的晋南地区又有河南文化因素；而晋北地区的文化类型则与北方草原地区在题材、结构、风格上明显统一。由于受到自然及人文条件的影响，山西民居也随其所处的地域不同，呈现不同的建筑形态，与山西古代文化的发展轨迹相一致。

民居研究一般应从聚落研究入手。城池是聚落的类型之一，是民居研究较好的切入点。绝大多数的乡民生活在特定的封建等级制度的社区中，聚落是民居建筑的基本存在形式。城乡聚落中包含了许多的建筑种类，如居住建筑、礼制建筑、宗教建筑、商业建筑、文教建筑等。这些建筑种类与乡民们生活的各个方面相对应，是聚居的物质条件。这些建筑在聚落中形成有机的系统，这个系统规定着聚落的结构，使它成为功能完备的整体，满足一定社会历史条件下乡民的生活需求。聚落具备了人居环境全部性质的最小单元，所以研究山西民居，一定要从聚落研究为出发点。聚落的建筑系统是一个有机的整体，研究的重点是聚落的整体、各种建筑与整体的关系以及它们之间的相互关联。

本书基于学术普及的原则，较为详尽介绍了山西不同地域民居的形态与风格，全面地分析了山西民居、城池的构成要素、类型、结构和空间布局特征，并归纳总结了山西民居的技术与艺术成就，庶几达到雅俗共赏之目的。

目 录

山西省区位图

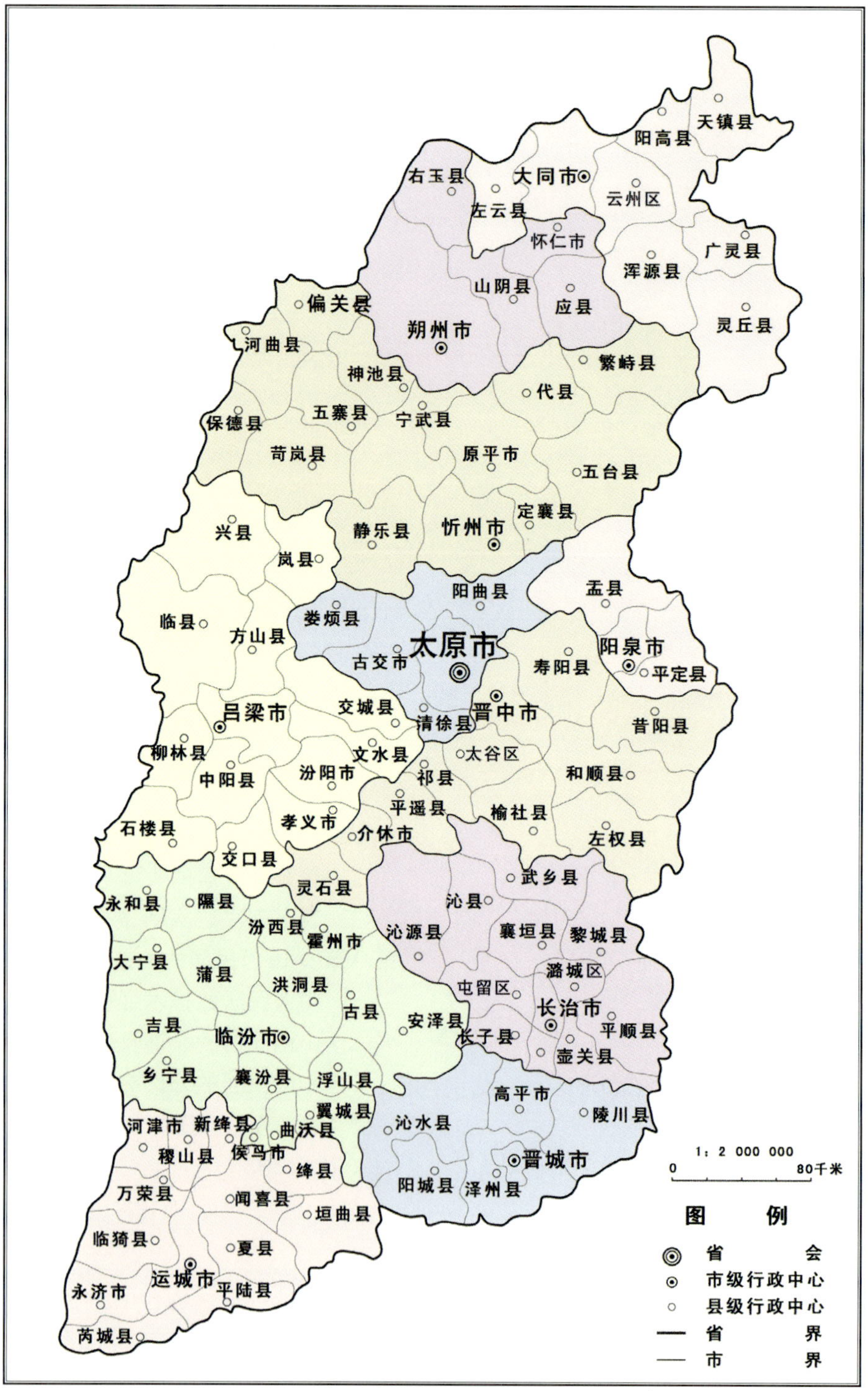
天镇县
阳高县
大同市
右玉县
左云县
云州区
怀仁市
广灵县
浑源县
山阴县
应县
灵丘县
偏关县
朔州市
河曲县
繁峙县
神池县
代县
五寨县
保德县
宁武县
岢岚县
原平市
五台县
定襄县
兴县
静乐县
忻州市
岚县
阳曲县
盂县
娄烦县
临县
方山县
太原市
阳泉市
古交市
寿阳县
平定县
吕梁市
交城县
清徐县
晋中市
昔阳县
柳林县
文水县
太谷区
中阳县
汾阳市
祁县
和顺县
平遥县
榆社县
石楼县
孝义市
介休市
左权县
交口县
武乡县
灵石县
永和县
隰县
沁县
汾西县
霍州市
沁源县
襄垣县
黎城县
大宁县
蒲县
潞城区
洪洞县
屯留区
长治市
古县
安泽县
吉县
临汾市
长子县
平顺县
壶关县
乡宁县
襄汾县
浮山县
高平市
翼城县
陵川县
河津市
新绛县
曲沃县
沁水县
稷山县
侯马市
绛县
晋城市
万荣县
闻喜县
阳城县
泽州县
垣曲县
临猗县
夏县
运城市
永济市
平陆县
芮城县
1：2 000 000
0
80千米
图 例
省 会
市级行政中心
县级行政中心
省 界
市 界

第一章 绪 论

图 1-1　汾西县师家沟村

一　自然环境述略

中国是一个人口众多，地大物博，东西南北地理环境差异颇大的多民族国家。不同的自然与人文环境直接造成了不同地区的人们在生活方式和文化形态上迥然不同的风格。这种差异不仅表现在语言、性格和服饰上，而且在居住方式上也有很大的不同。长期以来，广大乡民在与大自然的斗争中，通过不断地实践，根据自己的生活习俗、生产需要、经济能力、民族、爱好和审美观念，结合本地的自然条件和文化环境，因地制宜、因材致用、因境而成地创造了丰富多彩的民居形态和居住文化。这些民居的建造者集设计、施工和使用三位一体，因而这种建造方式所形成的传统民居，既经济简朴，又实用美观，并富有鲜明的民族风格和地域特征。从文化的角度来看，传统民居作为地域文化的载体，具有强烈的人文内涵；从历史的角度来看，则是一部乡民的建筑史，蕴藏着丰富的历史经验和重要的学术价值；从生态的角度来看，可以说是与当时当地的地理环境同态互生的一种建筑形态，具有朴素的生态思想。因此，开展特定地区传统民居的研究，总结它们的历史经验和营造方式，不仅使我们能够更全面、更深入地了解我国博大精深的建筑文化遗产，而且面对今日之全球一体化及文化趋同对建筑领域的冲击，也有其非常现实的意义。[1]

[1] 王金平．风土环境与建筑形态．建筑师.2003（1）：60-70.

图 1-2 临县李家山村

图 1-3 浑源县神溪村

任何一种民居形态的产生，都不能脱离其周围的环境而存在。人类是地表系统的组成部分，生存离不开地理环境。[1] 山西民居的发展与演变历程，就是当地乡民与其所处的地理环境之间物质与能量的交换过程。厘清山西民居特定的人地关系是研究山西民居必不可少的重要环节。山西地理环境有其独特的历史背景和鲜明的地域特色，不了解这些特点就不能真正全面系统地了解山西民居的本质。构成地理环境的因素很多，既有人文因素，也有自然因素，本章择其要对山西民居赖以生存的地理环境略作分析。

自然环境对民居形态的影响作用取决于人类文明的发展程度。人类文明的发展程度愈高，自然因素所起的作用便愈小，反之，人类文明的发展程度愈低，自然因素所起的影响作用便愈大。[2] 这种分析是很有说服力的。自然条件是人类赖以生存和发展的物质条件，在人类文明之初，人们只能利用落后的技术手段因陋就简、因势利导、因材致用地构建自己的人工环境，以抵抗自然灾害之侵袭。在这种情况下所形成的民居形态对自然条件有很大的适应性，并在此基础上得以发展和完善，从而形成某种特定自然条件下的、颇具地域特色的民居风格。山西传统建筑，大到村落、神庙，小到民宅、祠堂，无论是何种使用性质，大都采用生土、砖、石等材料构筑成窑洞形式，且给人以层层叠叠、随形就势的视觉感受，呈山地窑洞的建筑形态。这无不都是适应我国黄土高原的地质、地貌和气候等自然条件，应运而生的结果（图 1-1 至图 1-3）。

[1] 潘树荣等．自然地理学（第二版）．高等教育出版社，1985.

[2] 彭一刚．传统村镇聚落景观分析．中国建筑工业出版社，1992：5-37.

图 1-4　山西各地的民居特色

1. 地理位置

山西地处黄河中游，位居华北平原西部，因在太行山之西而称“山西”，历史上别称“山右”。山西是我国的一个内陆省份，也是华夏文明最早发育的区域之一，其地理坐标在北纬 34° 34'~40° 44'、东经 110° 14'~114° 33'之间。山西东、西、南、北四面与邻省有天然分界。东有太行山作天然屏障，与河北省毗邻；西以黄河为堑形成晋陕大峡谷，与陕西省相望；北抵长城脚下，与内蒙古相隔；南以黄河、中条山与河南省为界。省境南北长 680 多公里，东西宽 380 多公里，总面积 15.63 万平方公里。从地图上看，其轮廓呈由东北向西南倾斜的平行四边形，形成背负西北高原大山，俯瞰东南广袤平原的雄浑地势。[1] 因为其“东则太行为之屏障；其西则大河为之襟带；于北则大漠、阴山为之外蔽；而句注、雁门为之内险；于南则首阳、底柱、析城、王屋诸山滨河而错峙”。外河内山，山川形势险固，素有“表里山河”之美称。[2] 独特的地理区位条件造就了山西民居独特的文化特色（图 1-4）。

[1] 山西历代纪事本末．商务印书馆，1999：5.

[2] 顾祖禹．山西方舆纪要序．(清) 王轩等纂修．山西通志（光绪十八年）．中华书局，1990：7038.

2. 地形特征

所谓地形地貌是指陆地表面呈现出的各种各样的形态。总体来看，山西地形较为复杂，境内有山地、丘陵、高原、盆地、台地等多种地貌类型。山地和丘陵面积占全省总面积的 80%以上，平原面积不足 20%，除在河川沟谷处有较少基岩裸露外，大部分被黄土广泛覆盖，厚度均在 10~30 米之间，海拔多在 1000 米以上，所以山西高原是我国黄土高原重要的组成部分。由于长期受到流水切割，水土流失严重，形成了山峦叠嶂、墚峁相连、沟壑纵横、地表支离破碎的地貌特征。而且植被生长不易，森林资源匮乏。省境东、西两面是太行山与吕梁山，由南至北依次分布着中条山、太岳山、系舟山、云中山、五台山及恒山。省境中部是一系列断陷盆地，沿着山脉走向，由北而南有大同盆地、忻定盆地、太原盆地、临汾盆地及运城盆地。其中以大同盆地面积最大，为 5084 平方公里；以忻定盆地面积最小，仅为 2157 平方公里。此外，在诸山之间，还散布着一些山间盆地，以长治、平定、晋城、寿阳盆地面积较大，而广灵、灵丘、阳城盆地面积较小。省境河流分属黄河、海河水系。其中中部的汾河，南部的沁河、丹河、涑水河，北部的苍头河、偏关河以及西部的湫水河、三川河等属于黄河水系。而北部的桑干河、滹沱河，东南部的清漳河、浊漳河则注入海河。山西全境地势起伏，高低悬殊，南

图 1-5 晋北地貌特征

图 1-6　晋东南地貌特征

图 1-7　晋西地貌特征

北高差 2800 余米。根据地貌类型组合差异，全省分为东部山地区、中部盆地区和西部高原山地区三部分（图 1-5 至图 1-7）。由于受到特殊地形地貌的影响，山西民居可分为平地和山地两种建筑形态。一般而言，在较为开阔的河沟阶地，多有村落和民居分布其间。狭窄处，沟壑纵横百里，在沟崖两侧如串珠般地密布窑洞山村。许多称沟、窳、坡、岭、梁、山等村名的村庄，多依山靠崖，掘土为窑。靠河沟有石头的地方，多用混石垒砌窑洞，而在一些产煤的地方，则用青砖砌筑窑洞。但即便是砖石砌筑的锢窑，也多以台院为主，以便适应地形的复杂变化。而在一些较大的盆地中，则一般以砖木结构为主要构筑方式，形成壁垒森严、纵横交错的深宅大院。

图 1-8　就陵阜穿土为窑

3. 地质条件

山西地表广布黄土，按照黄土地层生成年代的久远程度，黄土可划分为古黄土、老黄土、新黄土和现代黄土四种类型。由于隰县午城的古黄土地层内以及在离石的黄土地层内，分别发现有中更新世的动物化石，所以古黄土和老黄土又分别称为“午城黄土”和“离石黄土”。据分析，以上四种黄土有着不同的地质特征和力学性能。其中，午城黄土不具大孔，无湿陷性，质紧密且坚硬，柱状节理发育，是黄土丘陵中下层的重要构成部分，难于挖土掘窑。而离石黄土则广阔而丰厚，组织结构细而匀，土中含有一定比例的姜石，紧密黏重，垂直节理发达，壁立 10 米至 15 米而不倒，所以是开挖黄土窑洞最理想的层位。离石黄土广泛分布于山西地区，是黄河中游黄土构造的主体。就山西黄土地层的构造而言，一般认为可分为三个层次，上部为马兰黄土即新黄土，中部为离石黄土，下部为午城黄土。这样的地质构造对于山西早期窑洞建筑的产生和发展具有得天独厚的地理及资源条件。在生产力水平极度低下的原始社会，它最容易被先民利用，穿土为窑，就陵阜而居。从而使山西成为中华文明发育最早的地区之一（图 1–8）。

4. 资源情况

由于所处的地域资源条件不同，山西民居就地取材，因地制宜，因境而成，异彩纷呈。公元前3000年至战国秦汉时期，正是中华文明的摇篮时期，也是山西民居的形成时期，黄河中游气候较之于今日，温暖湿润。那时的山西雨量充沛，自然植被茂盛，森林面积约占63%，草地面积约占6%。从《诗经》的记载中可知，山西中条山南麓的黄河岸边广布檀木，汾、涑水流域广植桑、榆、栗、竹、漆等各种树木，而山西髹漆工业的原料就取自汾、涑水流域的山中。当时的吕梁山脉被森林覆盖，由南至北郁郁葱葱直抵黄河岸边。在晋东南沁河流域以及晋北忻定盆地也是林木茂盛。丰富的木材资源为山西早期木结构建筑的发展提供了有力的保证。山西矿产资源丰厚，煤、铁、铜、石膏等分布广泛。据文献记述，山西的煤炭开采历史比较悠久。早在公元前497年，董安于在为赵简子修建“晋阳城”时，所用的砖瓦及盖宫室所用的铜柱子，都是用当地开采的煤炭烧制、冶炼而成的。其用铜之多、铸件之大，在当时如没有高超的技术水平，是难以想象的。北魏时，山西已基本懂得了煤炭的利用价值，到唐代时煤炭的开采更为普遍，宋元时，山西已成为中国主要的产煤地区，及至明清时期煤炭已广泛用于烧制砖、瓦、陶瓷等建筑材料，山西民居的结构、构造和材料发生了质的变化。此外，煤炭还广泛应用于铁的冶炼。山西不少地方铁矿资源丰富，《汉书·地理志》记载的设有铁官的郡县全国凡49处，涉及山西的有河东郡的安邑、皮氏、平阳、绛与太原郡的大陵。当时山西铁矿的开采、冶炼主要分布在晋南汾河谷地、中条山南北、晋中太原盆地和晋东南上党盆地等地区。山西民居中的铁制构件非常普遍，如铺首、屋脊、门钉等。更有甚者，还用冶炼铁件废弃的坩埚叠砌城墙，令人叹为观止（图1-9）。至少是在春秋战国时期，山西制陶手工业不仅烧制大量的生活用品，而且还广泛用于建筑中（图1-10）。从山西早期出土的板瓦、

图1-9 坩埚城墙

图1-10 磁缸院墙

筒瓦、瓦当、瓦钉及栏杆来看，其技术与艺术水准已达到国内同期的发展水平。秦汉时期，与建筑材料有关的手工业作坊，在山西广泛分布。近年来，山西出土了不少汉代空心砖墓，空心砖形制多种多样，有矩形、方形、三角形等，有的两面还印有植物、人物、文字等花纹图案。及至明代，山西陶瓷手工业更为炉火纯青，这从山西现存的琉璃砖塔、琉璃影壁、寺庙琉璃瓦等建筑中，可见一斑。[1] 综上所述，丰厚的自然资源条件及精湛的手工艺水平为山西民居的产生、发展及演变提供了有力的物质基础。

5. 气候分区

气候是指某一区域的大气层中平均出现的天气状况及其变化。受纬度、高度、海陆相对位置及随地理条件而异的太阳辐射因子和环流因子的制约。它包括温度、日照、降水量、风向、风速等内容。其中对建筑形态影响较大的有日照、温度、降水量及风等因素。山西地形复杂多样，高差悬殊，因而既有纬度地带性气候，又有明显的垂直变化。

概括来讲，山西的气候可分为六个区域。即晋北中温带寒冷半干旱区；恒山、五台山、芦芽山、吕梁山山地暖温带温冷半湿润区；忻定、太原盆地暖温带温冷半干旱区；晋西暖温带温冷半干旱区；晋东南暖温带温冷半湿润区；晋南暖温带温和半干旱区。

山西的气候特征可归纳为五点：一是高低温差悬殊，昼夜温差大。山西气温冬季较长，寒冷干燥，夏季则高温多雨，年平均气温为6.5℃ -9.0℃，最大日差在24℃ -31℃之间。白天气温高，日照充足，夜间气温低，寒气逼人。二是日照丰富，仅次于青藏高原和西北地区。全年日照时数可达2200-2900小时，年日照率为58%。山西南部日照时数2258小时，日照率51%，北部地区日照时数2818小时，日照率64%。三是春季气候多变，风沙较多。由于春季风大，位于黄土高原的山西，土壤松弛，植被覆盖差，当大风袭来时，多刮起大量的

[1] 杨纯渊．山西历史经济地理述要．山西人民出版社，1993：225-247。

图 1-11　方山县张家塔村民居

图 1-12　代县阳明堡镇民居

图 1-13　祁县谷恋村民居

图 1-14　沁水县尉迟村民居

图 1-15　新绛县光村民居

黄土与沙石，易形成沙尘暴、扬沙、浮尘等天气现象。四是干燥。年平均降水量为450mm，而年平均蒸发量却很大，是降水量的 4 倍。春季气温回升快，蒸发力强，空气干燥，故有“十年九旱”之说。五是冬季干冷少雪，冬旱时有发生。山西冬季寒冷干燥，最大冰冻层年均 125cm 左右。由于冬季多风少雪，极易发生冬季干旱。

受此影响，山西民居常以火炕的形式取暖。火炕一般用砖砌，内室留出火道，炕内生火，室内温度均匀，经济、舒适。这种取暖方式虽然不可避免地制约了室内空间的平面布局形式，但对于自给自足的小农经济所拥有的财富和技术手段而言，也不失为一种行之有效的措施。特别是在人类的初始阶段，不可能像今天这样用现代化的科学手段来满足人们对通风、采光、避暑、御寒等起码的生活要求，因而只好利用自然条件，尽力去适应当地的气候环境来建造住房，并形成相应的居住生活环境。当然，拿现在的标准来看，无论在功能方面，还是在技术方面，都不尽科学合理，但是就当时的技术条件而言，虽不能说是尽善尽美，但至少还是合情合理的。由于自然气候条件的不同，使得山西民居从建筑形式、材料、结构等方面也有着很大的差异，形成独特的形态风格。

晋西、晋北地区民居主要是四合院或连排式，一般房间坐北朝南，南侧窗户开得很大，利于充分接纳阳光，山墙、后墙则很少开窗，用厚重的砖墙砌筑，以防风寒。由于当地雨水少，屋顶一般为缓坡或平顶。晋南地区民居多为一至两进或由多个四合院组成的群体院落。屋顶多为硬山坡顶，起隔热及排水作用。一些山区台地的木构架民居，正房前部多带前廊，作遮阳与防雨之用，同时廊下作通道。一般为二层，上部作仓库，兼用作通风隔热，下部住人（图 1-11 至图 1-13）。

晋东南民居主要采用独院式几进四合院，建筑一般为二至三层阁楼式。屋顶为坡顶板瓦屋面，以利排水。有的在一层、二层设有通廊柱，二层设木挑廊，以防雨水。楼阁式建筑很好地适应了当地雨多、潮湿的气候特征（图 1-14，图 1-15）。

二 人文环境述略

考古发现，早在180万年之前，就有人类在山西这块古老的土地上劳动、生息、繁衍，所以，山西是中华文明的摇篮。[1] 人类自产生伊始，便具有两种属性。其一是作为动物的人，需要摄入空气、水分和食物，需要有能够遮风避雨的栖息地，也就是说需要处理好人与自然的关系；其二，作为社会的人，仅有栖息地是很不够的，还需要有供人们进行各种社会交往的场所，小到家庭、村落，大到城市、方国。有了不同层次的场所便会产生不同层次的秩序和等级，从而使人们产生不同层次的认同感，这是一种心灵和精神上的满足。因此，民居形态还必须反映人们的社会文化意识、生活行为、风俗习惯等等，还需要处理好人与人之间的关系。在这种意义上，可以毫不夸张地说，任何一种民居形态的产生，无不都是社会的一面镜子，是人与人之间关系的物质反映。由此可见，人文环境因素对民居形态之影响也是显而易见的。丰富的人文地理环境是山西民居持续发展的基础。

[1] 据考古发现，山西旧石器时代的文化遗址目前已达252处。山西南部芮城西侯度遗址是我国最早的用火人。距西侯度不远的匼河遗址距今也有70万年。从西侯度、匼河、丁村（距今10万年，位于山西襄汾黄河左岸）到下川（距今2万年，位于山西沁水），形成山西旧石器文化发展的序列，证明山西是人类起源的重要地区，是中华民族的发祥地之一。

1. 历史沿革

从最早记述山西地理区位的文献《禹贡》中可知，山西古代属于冀州，传说中的中华民族的始祖黄帝、炎帝都曾把山西作为活动的主要地区。中国史前人文始祖尧、舜、禹，都曾在山西境内建都立业。夏代时晋南及晋东南地区，是乡民聚居和活动的重要地区。从公元前 17 世纪至前 11 世纪，山西是商王朝的重要统治区域，河汾以东，今山西翼城、侯马一带，是尧的后裔唐国属地。周代时，周成王封其弟叔虞于此，后改“唐”为“晋”，晋国由山西境内崛兴，“晋”成了山西省的简称。据《左传》载，当时晋国有 50 余县，记有县名的有 12 个。战国时期，韩、赵、魏三家分晋，“三晋”遂成为山西的别称。秦统一后，在今山西境内置 5 郡 21 县，其中 5 郡分别是河东郡（治安邑）、太平郡（治晋阳）、上党郡（治长子）、代郡（治代县、河北蔚县）和雁门郡（治善无）。西汉平帝时，山西中、西部属并州刺史部，领雁门郡、太原郡、上党郡、西河郡和代郡等，而山西南部则属司隶校尉部的河东郡。此时，以太行山来分山东、山西，《后汉书 · 邓禹传》有“斩将破军，平定山西”的说法，表明“山西”作为地区名称开始出现。晋、南北朝时期，山西是北朝统治的中心地带，北魏曾以平城（今大同）为都，之后的东魏、北齐也曾以晋阳（今太原）为“别都”“陪都”，这对民族文化交融、

图 1-16 山西历代政区演变图

促进山西发展起了积极的作用。隋统一全国后，山西境内有 14 郡，分别是长平郡、上党郡、河东郡、绛郡、文城郡、临汾郡、龙泉郡、西河郡、离石郡、雁门郡、马邑郡、定襄郡、楼烦郡及太原郡。唐太宗李世民起兵太原，建立了大唐王朝，由此，山西被唐太宗认为是“龙兴”之地，一直把山西作为唐帝国的腹脏地区，封太原为唐王朝的“北都”或“北京”。到五代十国，山西仍然对中国北方的政治、军事形势，起着决定性的作用。宋、辽、金时期，山西进一步繁荣，是中国北方经济、文化的主要发达地区。元代，全国共有 11 个行省，山西与山东、河北，并称为元朝“腹地”，大同、平阳（今临汾）、太原三城则成为黄河流域的著名都会。当时的山西商业发达、经济繁荣、文化昌盛，曾受到意大利旅行家马可·波罗的盛赞。明代实行省、州（府）、县三级制，初设山西行中书省，不久改为山西承宣布政使司，领 5 府、3 直隶州、77 县。其中，5 府分别是平阳府、太原府、汾州府、潞安府及大同府。清朝前期一直延续明朝之建制，雍正三年（1725）增置朔平、宁武 2 府，雍正六年（1728）升泽州、蒲州为府，从此，山西省领 9 府、10 直隶州、6 散州、12 直隶厅、86 县，山西作为一个完整的地方行政区正式置省由此开始（图 1-16）。[1] 明、清两代，山西的商业迅猛发展，领全国之先。晋商号称中国十大商帮之首，其足迹东出日本，北抵沙俄。不仅创造了中国商业金融的辉煌，同时也创造了适合自身生存环境的、灿烂的聚落及民居文化。

[1] 山西历史地图集 . 中国地图出版社，2000：80-82.

2. 史前聚居

山西是我国旧石器文化遗存较丰富的地区，境内已发现 252 处，[1] 形成了山西旧石器文化发展序列。早期旧石器遗址分布于晋西南黄河沿岸、汾河中下游地区及中条山南麓垣曲盆地，山西北部恒山也发现了 1 处。旧石器时代中期，山西境内分布着南北两种不同类型的文化遗存，重要代表为北部桑干河流域的许家窑遗址和南部汾河流域的丁村遗址。旧石器晚期文化遗存遍布全省各地，重要代表有朔州峙峪遗址、沁水下川遗址及吉县柿子滩遗址等。表明早在旧石器时代就已有了人类在山西繁衍、生息。考古发现，山西和顺、陵川有距今约 40000 年左右的旧石器时代晚期的洞穴遗址，这些洞穴遗址是早期人类的聚居地，成为后来人工穴居的开端。此外，在山西朔州峙峪遗址还发现了 1 处露居遗址，峙峪人在平坦的砂砾滩上用较大的石块围成直径约 4-5 米的圆形矮墙，以树枝架起，用草或兽皮搭成简单的居室，这是山西木结构建筑最早的雏形，也说明旧石器时代晚期，山西境内至少已有了土、木、石三种构建方式。[2]

山西目前已发现新石器时代文化遗址 2179 处，初步建立起新石器时代的文化发展序列。[3] 大约距今 8000-10000 年以前，人类已开始定居。定居生活和生产力水平的提高，使人工穴居成为当时山西境内人类的主要居住类型。较早的新石器文化遗存主要集中在临汾盆地和漳河流域，初期的穴居形制简陋，其剖面形式呈喇叭口竖穴，平面呈不规则的圆或椭圆形。仰韶文化早期遗存，全省仅发现 28 处，主要分布在晋南和晋中地区，以晋西南地区最为集中，此时的住屋呈地穴式或半地穴式。仰

[1] 中国文物地图集：山西分册．中国地图出版社，2006：62-63.
[2] 中国文物地图集：山西分册．中国地图出版社，2006：99-101.
[3] 中国文物地图集：山西分册．中国地图出版社，2006：64-69.

韶文化中期即庙底沟类型遗存，全省已发现 396 处，是仰韶文化在山西地区最繁荣昌盛的时期。山西翼城县北橄乡北橄村南发现有该时代的村落遗址。村落遗存可分为三种类型：即小型房屋、中型房屋和圆形房屋。这一时期，建筑已脱离竖穴向地面发展，屋顶已有四角、攒尖、四面坡式等不同类型，室内设火塘用来取暖（图 1-17）。仰韶文化后期遗存，在山西省发现 378 处，分布在晋南、晋中、晋西南等区域，由于地域的差异和周边文化之影响，在文化形态上呈现多样化。山西境内龙山文化遗存有 1120 处，可分为三里桥、陶寺、白燕和小神四个类型，地域特征比较明显。晋西南的三里桥类型和晋南的陶寺类型，其文化序列较为清晰。晋西南的遗存主要分布在运城盆地和中条山南麓黄河沿岸，文化面貌与河南陕县三里桥遗存极为相似，故属龙山文化三里桥类型。襄汾陶寺遗址是晋南龙山文化的典型代表，年代约为距今 4500–4000 年，遗址中发现有城址、水井、窑址和公共墓地，已出现等级制度，由于文化特征明显，被称为龙山文化“陶寺类型”。而太谷白燕遗址和长治小神遗址，则分别反映了晋中和晋东南的龙山文化特征。这一时期是山西土窑洞的创立和定型期，表现为聚落规模进一步扩大；在延续半地穴式房屋的同时，增

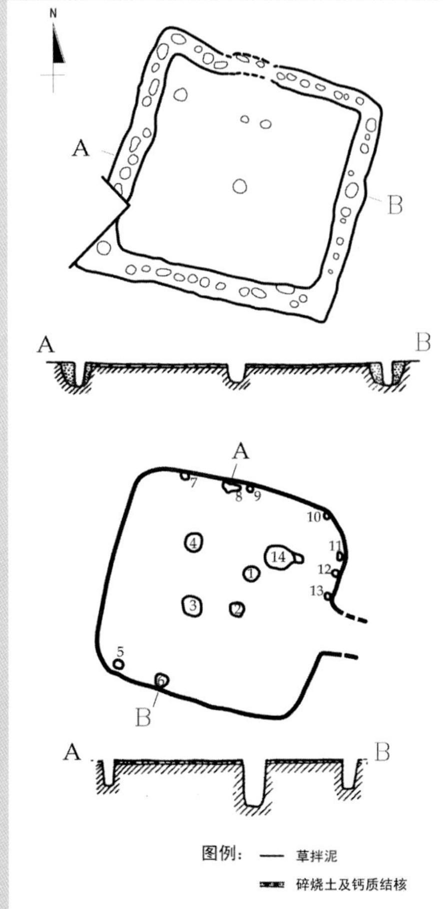

图 1-17　翼城北橄遗址住宅示意图

图 1-18　太谷白燕遗址住宅示意图

加了地面建筑和窑洞建筑两种形式；并呈现连在一起的排房和吕字形双室房屋结构；地面普遍涂抹白灰，多数还有白灰墙裙（图 1-18）。[1]

综上所述，在人类早期聚居过程中，山西取得了较高的发展水平，但各地区的发展情况又很不平衡，表现为黄河、汾河流域及晋东南发展较快，而其他地区则发展缓慢。同时，在文化特征上也呈地域性分布，这也是山西民居多样性分布的原因之一。

3. 民族熔炉

历史上，山西是游牧民族和汉民族融合的大熔炉，是众多民族频繁接触的中心地带。古代山西大致可分成两大经济类型区，南部以农耕为主，北部则以游牧为主，分界十分明显。受此影响，山西农耕经济的发展很不平衡，比如晋西、晋北，虽然在夏、商、周三代时期，农耕经济已有一定发展，但与同期的和以后的河东、晋中及晋东南地区相比较，则属落后的发展状态。至少是在明代以前，这些地区仍然保留着相对稳定的农牧并重的经济方式。[2] 明

[1] 中国文物地图集：山西分册 . 中国地图出版社，2006：101–105.

[2] 山西历史经济地理述要 . 山西人民出版社，1993:73–77.

代以后，由于采取了垦荒与屯田的一系列措施，才使得该地区的农耕经济得到了长足的发展。农耕经济的发展对于定居和村落的形成，其影响作用是非常显著的。如《隋书·食货志》便有“百姓立堡，营田积谷”的记载，在今天，所谓“堡”和“屯”已成为山西特有的一种村落名称。此外，山西是中原文化与北方文化的界域，其文化特色呈兼容并蓄之形态。《墨子·节葬篇》载“尧北教乎八狄，舜西教乎七戎，禹东教乎九夷”，这里所说的“教”就是文化上的融合与传播。晋国君主唐叔虞采取“启以夏政，疆以戎索”的治国方针，到春秋时期发展为“和戎”政策。这些民族在经济文化上相互融合，从而使山西的文化、民俗、艺术更多地反映出一些少数民族的影响，这种中华一体的认同，在山西境内早已形成。山西地处华北地区，从匈奴、鲜卑，到契丹、女真，历代与北方强族为邻，在汉民族与北方民族融合中，起着熔炉的作用。兼跨两大文化区的地理特点，对山西民居特色的形成，产生了深远的影响。早在新石器时代，“中原仰韶文化的花、北方红山文化的龙、江南古文化均相聚于晋南”。[1]据考证，传说中的土方和鬼方便在今山西的晋西地区。从出土的大批文物来看，山西一些地区的商代文物既有殷商文化的特点，同时也吸收了我国北方斯泰基文化的特色，其艺术形式表现出与东欧、中亚细亚和北方草原在题材、结构和风格上的明显统一。宋、辽、金时期，山西隔黄河与西夏王朝相望。西夏王朝在吸收华夏族先进文化的同时，仍然主张按党项族的风俗习惯安邦立国，反对礼乐诗书，认为“斤斤言礼言义”，绝没有益处。这对于山西民居不能说没有影响。乾隆版《孝义县志》载“邑士民罕有氏族家谱。稍远则昭穆不辨，亦无家庙。”对于汉民族而言，祠堂与民居是不可分离的，但在山西某些地区则不以为然，由此可窥一斑。

[1] 苏秉琦．华人·龙的传人·中国人．中国建设，1987(9)．

4. 京师锁钥

得天独厚的自然地理条件，兼容并包的民俗风情，使得山西成了历朝历代兵家必争之地。从汉唐的长安、洛阳到宋元明清的开封、北京，山西既是战略交通要冲，也是拱卫“京畿屏藩”。这种屡近京师的政治地理区位，是其他任何一个省份都不具备的。比如蒲州，《山西通志》载：“控据关河，山川要会。自古天下有事，争雄于山河之会者，未有不以河东为襟喉者也”。[1] 又如泽州：“山谷高深，道路险窄，自晋阳而争怀、孟，由山东而趋汴、洛，未有不以州为孔道者也”。[2] 再如大同：“北控沙漠，南障冀幽，据天下上游”。[3] 在山西，类似前述这样的地区，比比皆是。晋文公称霸中原、汉高祖白登之围、曹操安置五部、五胡十六国乱华、拓跋氏建都平城、李渊父子龙兴并州、北宋征讨北汉、辽金建立西京等等，中国历史上的每一次重大变革，无不都与山西有着千丝万缕的不解之缘。特别是到了明代，“明既定都于燕，而京师之安危常视山西之治乱，盖以上游之势系于山西”。[4] 因此，明初在全国设立的九镇中，仅山西就有两处，即大同镇和山西镇。其中，大同镇为山西行都指挥使司驻地，分管山西北部长城，又称外边；山西镇驻宁武关城，分管外三关防务，也即内边。由于军事的需要，大同镇设 10 卫，7 所，583 堡寨。山西镇设 2 卫，4 所，58 堡寨（图 1–19）。明朝还采取“开中制”的政策，鼓励商人经营边贸，山西商人在明清两代又

[1]（清）王轩等纂修. 山西通志（光绪十八年）. 中华书局，1990：7043.
[2]（清）王轩等纂修. 山西通志（光绪十八年）. 中华书局，1990：7044.
[3]（清）王轩等纂修. 山西通志（光绪十八年）. 中华书局，1990：7045.
[4]（清）王轩等纂修. 山西通志（光绪十八年）. 中华书局，1990：7041.

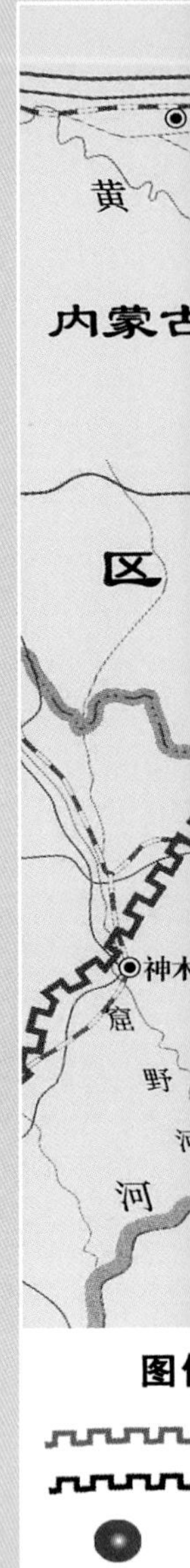

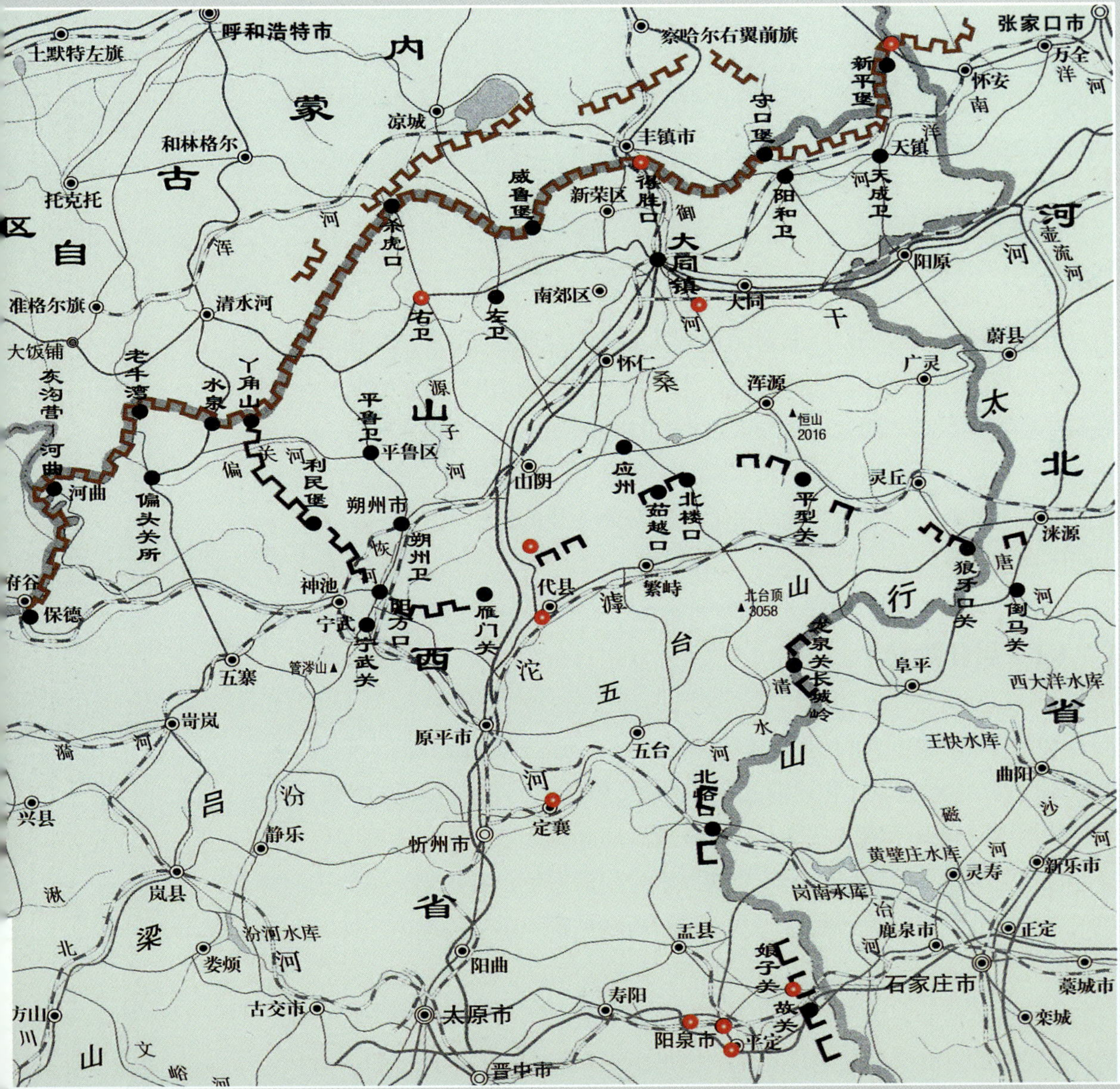

图 1-19　内外边关示意图（《图文长城》）

一次崛起，以其雄厚的经济实力，在其所在的家乡大规模修建宅邸，富甲一方。这些军事据点，到了清代，其军事功能逐渐淡化，慢慢地演变成民堡，随着人口的不断繁衍，有的形成行政村，有的形成自然村。正因为如此，时至今日，冠之以“堡”“垒”“壁”“坞”“寨”“镇”“卫”等名称的村镇聚落，遍布三晋各地。它们既是晋商生产活动的场所，也是山西民居的重要组成部分。

5. 社会意识

山西境域山川阻隔，自然封闭，多山导致的交通不便，严重地阻碍了人们广泛的社会交往，而社会交往的不足又很容易造成人们封闭与保守的社会心理。艰辛的生活，与大自然的抗争渐渐形成了当地特有的文化意识。对皇天后土的崇拜，对各路神灵的敬仰，对风水禁忌的恪守，对血缘关系的尊重，对仕途的苦苦追求以及对文化的珍惜等等，无不在山西民居中有所体现。

（1）居住禁忌

山西民居反映了人们乡约俗成的诸多禁忌。这些禁忌制约着人们的思想和行为，体现在设计和建造的各个方面，如择地、破土、奠基、起墙、上梁、封顶、择日、装饰以及入口的位置、房间的间数、房屋的高度等等都有相关的禁忌。基址的选择要请风水先生辨方位，看阴阳，忌讳选在干燥无水处，或背阴潮湿的地方，同时也避免草木不生的地方。认为凡是城门口、监狱门口、百川口等地方绝不是建房的佳址。但若在山区，有些住房并不是非要选在坐北朝南的地方，一般东西南北哪面高，那一面就是主屋的方向，其余则是配房，这是出于人们崇高的心理支配。对于几家相邻而建的房屋，忌南邻和西邻高于自己的房子。山西不少地区流传着这样一句俗语："北高不算高，南高压断腰"。如果一家的房子比另一家低了，那么，要在中间的屋顶上多筑一砖高，或修筑一个类似庙宇的小建筑，以保持平衡。居高不让者，显然有居高临下之势，以势压人，据说会压了别人的运气和吉利。此外，若是在房屋顶上修吉兽或猛兽者，不能让吻兽张开的大嘴面对别人家，有吃掉他人之嫌。另外，也有"居不近市"的说法，显然是受"以农为本"的思想影响。总之，这一类禁忌一方面具有巫术色彩，另一方面则反映了人们避鬼神、躲战乱、图清静、免灾害、恐争讼的社会心理（图 1-20）。

（2）民间信仰

山西流传着一句俗语：“八月十五庙门开，各路神仙一起来。”山西乡村社会一个突出的特点是没有统一的宗教，具有兼收并蓄、多神崇拜的特点，这主要源于远古时代“万物有灵”的观念。在山西属于巫神性质的庙宇遍布乡村各地，一般民众的求神拜佛，不是出于某种宗教信仰，而是出于生活需要，希望得到神灵的帮助，具有鲜明的实用性和功利性。事实上，乡民们并不关心高深的教义和世界观之类的大问题，他们信奉宗教的目的是为了解决现实生活中的实际问题。受此影响，山西的民间信仰显得十分繁杂，天上、地下、人间、阴间都可以找到信仰之物。不仅如此，而且不论是中国的、外国的，还是本地特有的，往往是有神必拜，这也正是山西民间信仰的特色所在。

（3）等级观念

一般而言，山西民居往往体现着封建礼制的等级观念。这实际上是与农耕经济的生产方式分不开的。远古的农业需要由氏族的家长组织一定规模的集体劳动，以维护家长的地位，这样便很容易借助祖先崇拜的方式形成等级观念，并加强血缘关系。较大的家族往往设有公共祠堂，并按年辈的长幼推选族长，由族长负责祭祖先、修祠堂、立坟茔、造族谱、制族规等社会活动。但也有不少地方，可能是受到北方游牧民族生活习俗的影响，家族观念并非十分突出，如“稍远则昭穆亦不辨”，“婚姻明知同姓亦不避”等等。

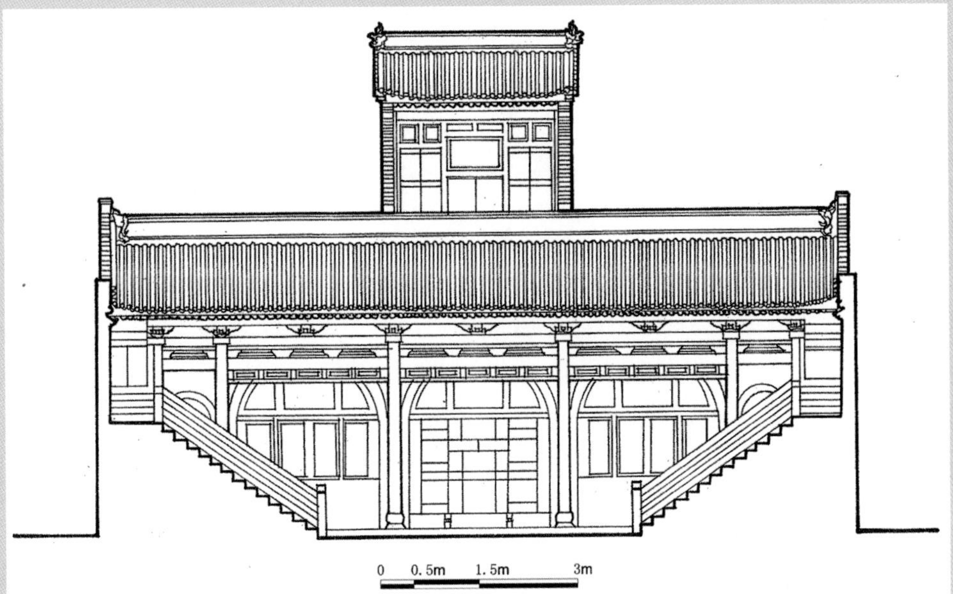

图 1-20　平遥民居风水楼（《平遥古城与民居》）

图 1-21　沁水县西文兴村文昌阁

可见，这种现象绝非礼制的等级观念所固有，当属胡俗无疑。此外，以村为单位的民间自治组织在山西也很发达，到清代更趋完备。“社制”便是其中的一种，这种组织具有完备的组织机构和等级秩序，一般由“纠首”行使行政权力，主持以村为单位的祭神、庆典、庙会、社戏等活动。通常，等级观念表现在社会方面的有天、地、君、亲、师等尊卑顺序；表现在家庭内部的则为长尊幼卑、男尊女卑、嫡尊庶卑。这种思想对住宅内部空间组织及其外部的院落组织无不具有潜在的约定关系，所以对于居住建筑形态的影响作用是非常显著的。如在山西，则常常体现为上窑为尊、厦窑次之、倒座为宾的等级秩序。

（4）崇文心态

在山西，通过科举仕途改变生活环境是最为有效、立竿见影的手段，所以当地乡民处处流露着对文化的敬意和对书卷纸墨的珍惜。而且“耕可致富，读可荣身”的观念也很突出，所以在一些砖雕、木雕、剪纸、炕围画等艺术形态中，常常可以看到以“劝学”为主要内容的表现题材，如“三娘教子”“渔樵耕读”“连中三元”等等。而且在一些匾额和对联上也常有体现，如“耕读传家”“天下第一等人忠臣孝子、世上头二件事耕田读书”等等。此外，在不少自然村落中，还常常建有文昌阁、魁星楼、文峰塔等一类的建筑物，希望文曲星降临，村中能多出文人。这无不体现着当地乡民的一种崇文心态（图 1-21）。

三 山西民居地域分区

山西历史悠久，自然地理环境复杂多样，人文地理环境异彩纷呈。山西民居既存在共同性特征，也存在地域性差异。从历时性来看，众多的考古资料证明，山西民居从其产生、发展及其演变，建立了一条较为完备的发展序列，反映着与华夏文明一脉相承的发展历程。从发展的共时性来看，由于山西各地自然与人文环境殊异，使得不同地区的民居形态呈现独特的地域风貌。自然地理环境和文化地理环境这两个因素深深地影响了山西民居形态的形成和发展，它们是山西民居存在的土壤，而民居形态则是这些因素的外在表现。山西民居体现了附加在自然景观之上的人类活动形态，反映着山西文化区域的地理特征，阐释着环境与文化的关系以及人类的各种行为系统。

1. 分区依据

"地域"的概念通常是指古代沿袭而成的历史区域，虽然历史的发展改变了古代区域的精确性，但这种模糊的地域观念已经转化为对文化界分的标志，所以在相同地域条件下的民居形态往往具有共同的特征，而处于不同地域条件下的民居形态其特征则迥异。人文环境是可变的，而自然环境则是相对稳定的。一定的社会结构在一定的历史时期是相对稳定和协调的，稳定性是地域的显著特征。在一定的地域内，人们使用相同的方言，从事同样的生产劳动，有着共同的信仰和价值观念，传承了一致的建造技术，从而使得处于特定区域内的民居形态具有很大的同质性，以至得以固守和传承，留存至今。山西民居产生于特定历史时期和特定空间区域，所以对山西民居的地域界分，不应以今日的行政区划为界限，而应以历史地理、农耕区划及语言系统为依据进行界定。

图 1-22
山西农业区划（依据《山西经济与文化》绘制）

2. 地域分区

从历史地理变迁的角度来看，古代之地理区划是以水土条件和农耕经济特点为依据的。山西古代的地理域分，至少在战国时期已经形成，韩、赵、魏三家分晋时，已有明确的界线。秦汉实行郡县制，境内产生了河东郡、太原郡、上党郡、雁门郡、西河郡等，分别位于晋南、晋中、晋东南、晋北及晋西等地区。这些地区具有独特的自然、人文特征，地域特色鲜明。尽管明清两代实行省、州（府）、县三级制，但基本延续了秦汉时期的地理区划范围。特别是明代所设的平阳、太原、潞安、大同、汾州5府，使山西古代地区的疆域界限更为清晰。从山西农业区划来看，山西农耕文明源远流长，大约在距今10000年左右，便已出现了原始农业。夏商周时代，晋南和晋东南靠近黄河和汾河流域地区以农耕经济为主要生产方式，晋北和晋西北各小国则以游牧经济为主。到南北朝时期，中国北方旱作农业的耕作技术，在山西基本定型。隋唐时期，山西农区范围遍及南北大部分地区，晋西地区也基本转牧为农。地域的明显差异，使山西客观上形成了七个不同类型和特点的农业区，即晋南区、晋中区、晋东南区、晋东区、晋西区、晋北区和晋西北区（图1-22）。[1] 从山西方言分布范围来看，则表现出与古代地理区划惊人的一致。据《山西方言调查研究报告》统计分析，山西方言的类型非常丰富。全省方言共分六片，分别是以太原为中心的中区方言；以离石为中心的西区方言；以长治为中心的东南区方言；以大同为中心的北区方言；以临汾为中心的南区方言；东北区方言则只有广灵一个县（图1-23）。[2] 尽管随着岁月的流逝，山西古代地区概念逐渐泯灭了它的地理学意义，变得疆域模糊、景物易貌，但仍然是山西民居地域分区的重要依据。本文以山西历史地理、农业区划及方言分区为线索，依据山西民居的内部结构与外部表现特征，将其划分为五大区域，即晋中民居、晋南民居、晋西民居、晋北民居和晋东南民居（图1-24）。

图 1-23　山西方言分布区域
（依据《山西方言调查研究报告》绘制）

[1] 黄东升主编．山西经济与文化．山西经济出版社，1994：66.
[2] 侯精一主编．山西方言调查研究报告．山西高校联合出版社，1993：703-731.

图 1-24 山西民居地域分区

3. 民居分区与今日政区的对应关系

山西民居地域分区与今日行政区划的对应关系如下：

晋中民居分布在明代太原府的大部分地区和汾州府一部分地区，包括今日的太原市、晋中市、阳泉市和吕梁市少部分县市，所属县市有太原、阳曲、清徐、古交、娄烦、榆次、太谷、祁县、寿阳、榆社、灵石、昔阳、和顺、左权、汾阳、平遥、介休、孝义、文水、交城、阳泉、平定、盂县等。

晋东南民居分布在明清两代的潞安府、泽州府，即今日的长治市和晋城市，所属县市有长治、潞城、黎城、平顺、壶关、屯留、长子、沁源、沁县、武乡、襄垣、晋城、泽州、阳城、陵川、沁水、高平等。

晋南民居集中在明清两代的平阳府和蒲州府，也即今日的临汾市和运城市，所属县市有运城、芮城、永济、平陆、临猗、万荣、河津、夏县、闻喜、垣曲、稷山、新绛、绛县、临汾、侯马、乡宁、吉县、安泽、曲沃、襄汾、翼城、浮山、古县、洪洞、霍州等。

晋西民居主要分布在晋陕大峡谷东岸，即古代汾州府的大部分地区，包括今日的吕梁市大部和临汾市、忻州市的一部分地区，所属县市有离石、中阳、柳林、临县、方山、岚县、兴县、石楼、交口、隰县、大宁、永和、蒲县、汾西、静乐等。

晋北民居分布在明清两代大同府、朔平府、宁武府和太原府北部一部分地区，也即今日的大同市、忻州市和朔州市，所属县市有大同、左云、阳高、天镇、浑源、灵丘、广灵、朔州、怀仁、平鲁、右玉、应县、山阴、忻州、繁峙、定襄、原平、五台、代县、神池、宁武、五寨、岢岚、保德、偏关、河

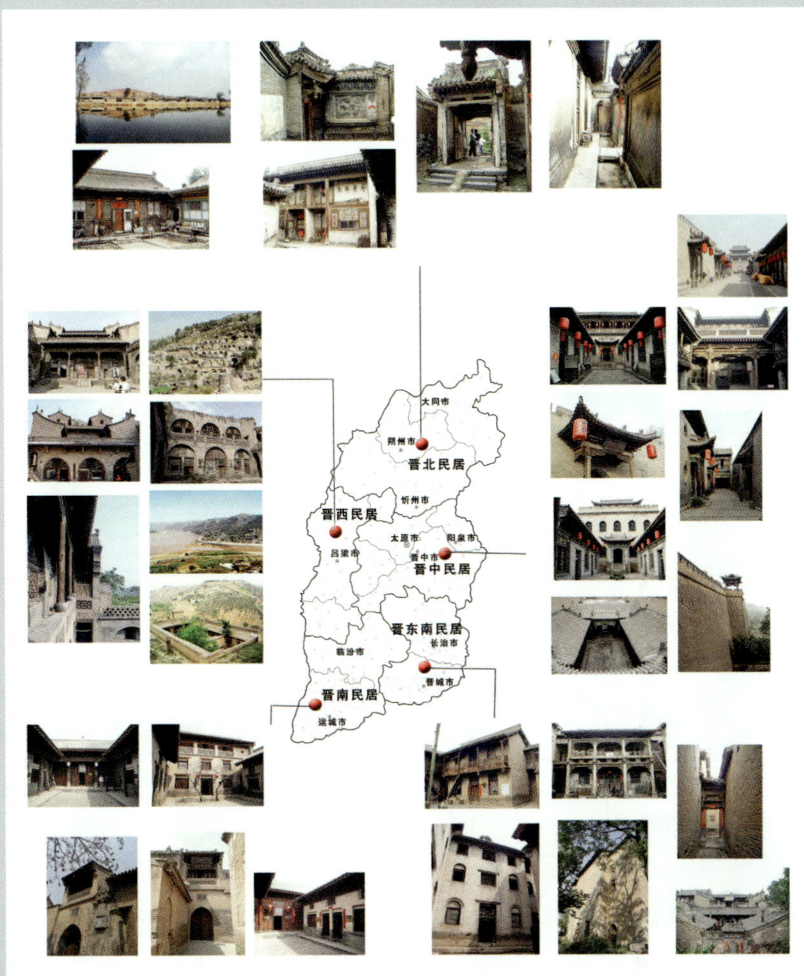

图 1-25 处于不同地域的民居形态特征

曲等。

这五个区域基本反映了山西民居形态的多样性，符合山西古代文化的发展规律。山西考古成果表明，山西境内的文化类型呈多样性分布。[1] 若从东西来看，太行山西麓的晋东南地区与河北文化类型相似；而黄河沿岸的晋西地区则含有陕西文化因素。[2] 若从南北来看，则汾水中下游的晋南地区又有河南文化因素；而晋北地区的文化类型则与北方草原地区在题材、结构、风格上明显统一。由于受到自然及人文条件的影响，山西民居也随其所处的地域不同，呈现不同的建筑形态，与山西古代文化的发展轨迹相一致（图 1-25）。

[1] 李夏廷．先秦游牧民族在中西文化交流中的作用．山西文物 .1986（2）.

[2] 邹衡．夏商周考古学论文集．文物出版社，1980：272。

山西省历史文化名城（街区）分布图

第二章　城乡聚落

一 古代都邑

山西地处内陆，表里山河，易守难攻，形势最为完固。从人类文明之初，直至近代战争时期，历来是群雄逐鹿和兵家必争之地。因此，很多王朝和割据政权曾经在此建立都城或陪都。清光绪年间的《山西通志·国都考》中，曾有地皇氏都于龙门，有巢氏都于石楼，郝骨氏都于太原的记载，但多属于传说，考据不易。[1] 山西远古属冀州，大量的文献均记载了尧、舜、禹曾在山西建都立业的情况。《汉书·地理志》中有尧都平阳的记载，《史记》《水经注》《括地志》中则记有："舜所都，或言蒲坂"，"陶城在蒲坂城北，城即舜所都也"的情况。《史记·夏本纪·集解》曰："夏都安邑，虞仲都大阳之虞城，在安邑南，故曰夏虚"。目前，人们比较认同清代地理学家顾祖禹的看法："冀州山川风气所会也，昔者尧都平阳，舜都蒲坂，禹都安邑，盖自昔帝王尝更居之矣。"[2] 由于这些记述得不到考古资料的有力佐证，时至今日，不好定论。商代部族迁徙频繁，据王国维在《观堂集林》中记述，其都城的迁徙共有13次之多。随着垣曲商代城址的发现，有学者认为商代早期的都城也在山西，"汤始居亳"指的就是该处。[3] 但由于争议很大，也并非定论。春秋时，晋国的统治中心在山西的翼城、曲沃、侯马，并建立都城。及至公元前453年，魏、赵、韩三家分晋，韩初都平阳，赵初都晋

[1]（清）王轩. 山西通志（光绪十八年）[M]. 北京：中华书局，1990：3662–3663.
[2]（清）顾祖禹. 读史方舆纪要. 卷39[M].
[3] 山西省地图集编纂委员会. 山西历史地图集 [M]. 北京：中国地图出版社，2000：233.

图 2-1　晋都新田出土“凤纹钟钮模”

图 2-2　晋都新田出土铜器

阳，魏初都霍，后迁至安邑（图 2-1，图 2-2）。魏晋南北朝时期，刘渊建立的汉政权曾先后在离石、左国城、蒲子、平阳建都。公元 385 年，前秦苻丕也在晋阳称帝。公元 386 年，西燕慕容永迁闻喜，旋又迁在长子称帝。公元 398 年，北魏将都城从今内蒙古和林格尔迁到平城，大同成为山西北部第一个建都的城市。唐代天授元年（690），武则天将并州建为北都。唐中宗、唐玄宗都曾再置北都，天宝元年（742）改为北京，一直延续到唐肃宗上元二年（761）。其间，太原一直是仅次于长安、洛阳的第三大政治中心。蒲州也在开元九年（721），建号中都。公元 951 年，后周灭后汉，后汉河东节度使刘旻在太原称帝，国号汉，史称北汉。宋以后，辽曾在大同置西京道，金在大同置西京路，皆有陪都的功能。[1]

1. 商代城邑

目前，山西发现了两座商代的古城遗址，即夏县的东下冯城址和垣曲县的南关城址。夏县东下冯城址，平面略呈长方形，城墙夯筑，城墙外侧有城壕，边长最长 440 米，最宽 370 米，面积约 0.16 平方公里。遗址有里外两圈“壕沟”，两沟的平面呈梯状“回”字形，形态规整，内沟长约 130 米，宽为 5~6 米，外沟长约 150 米，宽为 2.8~4 米，深度均在 3 米左右，在沟内填土中曾发现不少夯土堆积。表明商代早期，山西南部已经出现了具有防卫性质的城邑。城内西南角有一组排列有序的圆形建筑，其基址为夯筑台基（图 2-3）。

[1] 王杰瑜，王尚义．山西古都述略 [J]. 太原师范学院学报，2009（3）：35-36.

图 2-3　夏县东下冯城址现状

图 2-4　垣曲南关城址现状

垣曲县南关城址约相当于商代前期的古代夯土城址，城址面积约 12 万平方米。城内东南角为居住区，中部偏东有一组夯土基址，可能有大型建筑。城垣平面为平行四边形，四面城墙中以北墙较为完整，迄今仍保存在地面上，长约 330 米，高 3~5 米，宽 5~12 米。其余三面均存在于地下。其中西墙保存较好，长约 395 米，东墙仅存北段 45 米，南墙中段及东段外侧则被黄河冲毁，淹没在黄河小浪底水库下面。墙基石与墙体为夯土筑成，土色棕红，细密坚硬，夯窝为圆形尖孔，排列十分紧密。东南部有密集的灰坑和窑穴等遗址，文化层堆积较厚，可能是居住区。中部偏东有一组夯土建筑基址，分为 6 块，较大的一块为长方形，长约 50 米，宽约 20 米，还有的为曲尺形，可能是宫殿区。由于商代初期，迁徙频繁，有人认为此乃商代早期的都城之一（图 2-4）。[1]

[1] 杨纯渊. 山西历史经济地理述要. 太原：山西人民出版社，1993：219.

2. 晋都新田

周代初期，周成王封其弟叔虞于“唐”，后改“唐”为“晋”，晋国由山西南部崛兴，“晋”成了山西省的简称，据《左传》载，当时晋国有 50 余县，记有县名的有 12 个。叔虞子晋侯燮父徙居晋水，至晋孝侯时，国都名翼，即今之翼城。公元前 585 年，晋景公从故绛迁都新绛，即新田。《左传·成公六年》载：“晋人谋去故绛。诸大夫皆曰：必居郇瑕氏之地，沃饶而近盐，国利君乐，不可失也。”史籍记载晋国的都城有翼、绛和新田。经考古发掘证实，侯马晋国遗址即是新田所在，是为晋国后期的都城，沿用达 210 年之久。此城位于今山西侯马的西北地带，界于汾、浍二水之间。据考古勘查，在这个地段，共发现 8 座城址，大小形制各异。都城仍为传统的以宫城为中心的分区规划结构形制，大体上可分为宫廷区、宗庙区、手工作坊区、居住区及墓葬区（图 2–5 至图 2–9）。

遗址以白店古城年代较早，可能是晋景公建都前的旧城。其上叠压有平望、台神及牛村三座相套呈“品”字状的一组城址，应是晋景公所营之宫城，是都城的主体部分。这些城非一次建成，平望城的营建年代较台神及牛村二城稍晚。平望及牛村二城中部均有夯土建筑基

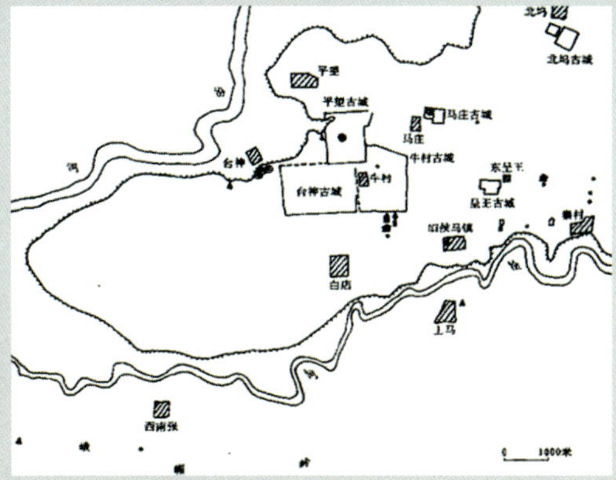

图 2–5 侯马晋都新田城址平面（许宏《先秦城市考古学研究》）

图 2–6 平望宫殿遗址（梁军摄）

图 2–7 牛村宫殿遗址（梁军摄）

图 2–8 北坞古城遗址（梁军摄）

图 2–9 马庄古城宫殿遗址（梁军摄）

址，应为当时宫殿所在。最大的凤城古城，平面近方形，北墙残长 3100 米，西墙残长 2600 米；最小的呈王古城，平面呈刀把形，东西最长 396 米，南北最宽 273 米。宫城（牛村、平望古城）和台神、白店古城位于遗址西部。马庄、呈王、北坞和凤城古城分散在遗址中部和东部，互不连属。祭祀及盟誓遗址位于遗址东部，出有盟书等；手工业作坊集中分布于牛村城址东南部，有铸铜、制骨、制陶和制石圭 4 类，均有大量遗物出土；墓地分布于遗址南部及城址附近。

在居住遗址中，发现有些穴居式的小型住房。房子周围有密集的窑穴以及水井和道路。这类穴居式住房毗邻手工作坊，可能为手工业生产者的居住区。浍河以南，北距牛村古城约 2 公里的上马村，查出了东周墓葬群，所占总面积几达 50 万平方米以上，应是新田的墓葬区。距这组古城约 2 公里多的东南部，发现有大量的“盟书”，应是晋国的“盟誓遗址”。在东西长 70 米、南北宽 55 米的地段内，分布有 400 多个长方形竖坑。这些坑便是盟誓时所凿的“坎”，“坎”内埋置盟誓用牲和盟书，亦即《左传》所记之“乃坎、用牲、埋书”处。

据贺业钜先生研究，晋都选址于汾、浍二水之交地带，似有以二水为城防的意图。由于采用开敞式格局来规划，故没有构筑外廓。呈王古城连同后来发掘的呈王路建筑群遗址，可能是晋都的宗庙区所在。这样布置宗庙区，显然是受到周礼营国制度“左祖右社”的影响，据此推测宫廷区之右侧也许还置有晋国的社稷。由此来看，新田晋都继承了传统的以宫为中心的分区规划结构形式，城北为宫廷区及宗庙区，城南则为手工业作坊及市、里等分区，南城外为墓葬区。晋都宫廷区的这种组合方式，对后来赵邯郸宫廷区的布局有深刻的影响。赵邯郸由三座小城组成宫廷区的布局形制，实际上是模仿晋都新田的结果。[1]

[1] 贺业钜. 中国古代城市规划史 [M]. 北京：建筑工业出版社，2003：269-271.

图 2-10 临汾尧陵全景

图 2-11　临汾尧陵石狮

图 2-12　临汾尧陵牌楼

3. 古都平阳

历史上的临汾，古称平阳，地处山西太原、蒲州两大重镇之间，因古城在平水之阳而得名，是同蒲线上的一大要冲。汾水的西岸这一块被平水所浇灌的土地，土壤肥沃，物产丰富，聚落规模大，人口繁多。由此越过吕梁山脉，经蒲县、大宁，有道路通往陕西；向东出浮山县，越过中条山脉，可以去往沁水流域。交通地位重要，可以通达四方。

《后汉书·郡国志》曾有“尧都此”的记载。时至今日，临汾仍然遗有尧陵，保存较为完整（图 2-10 至图 2-12）。春秋时，平阳为晋羊舌氏封邑。韩、赵、魏三家分晋，韩贞子移居于此，这里一直是韩国的大本营。战国秦汉时，平阳已成为著名的商业城市。秦统一六国之后，在山西西南部置河东郡，这里沿用旧名设置平阳县。秦末，魏国王族豹在此自立为魏王，项羽又封他为西魏王。西晋时期，南匈奴后裔刘渊创建的汉国，开十六国之先声。刘渊初居离石左国城，南徙至蒲子，在晋怀帝永嘉二年（308），始即皇帝位，号为汉国。当时太史令宣于修之向刘渊建议：“蒲子崎岖，非可久安，平阳势有紫气，陶唐旧都，愿陛下上迎乾象，下协坤祥。”第二年，即永嘉三年（309），刘渊迁都平阳，并大肆营建平阳都城。该城故址在今临汾城西南约 10 公里的金殿镇，县志记载尚有遗址存留。据《水经注》卷6记载，汉平阳县故城也在汾水西岸，正好相当于今金殿镇附近，或许刘渊并不是新创城垣，而是利用旧平阳城，加以重修，建为都城。从此，平阳成了刘渊汉政权的政治、军事中心。[1]

刘聪夺取帝位后，又大兴土木营造平阳，兴建殿观达40余所。一些史籍上零星记载的平阳城建筑有：中宫、光极西室、南宫、东宫、西明门、西阳门、建春门、后庭、鸲仪殿、逍遥园（纳贤园）、螽斯则百堂、李中堂（愧贤堂）、东市等。刘聪还在平阳城西置西平城、平阳小城等。刘汉政权的整个国家机构全部集中在国都平阳，并以平阳为中心，分置左右司隶，平阳以西为左司隶，平阳以东为右司隶，左、右司隶以下每万户置一内史，内史共有43个。据统计，汉左右司隶一共辖有人口43万户，加上六夷部落单于台的10万落，则汉政权直接控制的人口约53万户，而且主要集中于平阳、河东地区，对这一地区的社会经济发展是有促进的。到汉刘粲汉昌元年（318），石勒大军攻入平阳，或禁富室，大肆掠劫，平阳城基本上被破坏了，不久又并入在长安立国的苻秦的疆域。[2]

隋开皇初年（581），改平阳郡为平河郡，改平阳县为平河县，随即又改名为临汾县。

宋初称晋州，政和六年（1116）升为平阳府。县名则一直是叫临汾。

至明代，属山西布政使司河东道平阳府，清代沿袭未变。明代朱元璋因平阳堞与河东大郡之地位不相称，曾发兵万余人修城池，历时5年，仍旧址而增广，比之旧迹倍十之七，上可驰车马树旌旗。城墙高15米，外砌青砖，内壅土坡，四门筑瓮城，护城河宽8米。城内高外低，易守难攻，被誉为“中州雄镇”。平阳府城周长15里，有东、南、西、北四门，分别名为武定、和义、明德、镇朔。东关小城周长5里，城内有东、南、西、北4条主街，以鼓楼为中心，东街最长。各种市设在东关和东大街及其两侧街巷：洪家楼、青狮子口、财神楼、什府口、商会巷、八府囫囵、塘子口等。南大街传说被李自成烧毁，西大街主要为知府与镇台衙门，北大街较荒凉。城内南北多桑树。城内书院主要有晋山书院、平水书院、平阳书院。宗圣学社在文庙。城区庙宇有铁佛寺（即大云寺）、文庙、武庙、火神庙、观音堂、广裔庵、孙膑庙、兴隆殿（高庙）、南禅寺、清真寺、净土寺、尧庙、五道庙、基督教堂。平阳知府衙门在西大街北侧，镇台衙门在府衙西侧，知县衙门在东大街北侧。[3]

[1] 水野清一等. 山西古迹志[M]. 太原：山西古籍出版社，1993：76－83.
[2] 杨纯渊. 山西历史经济地理述要. 太原：山西人民出版社，1993：279.

[3] 山西省地图集编纂委员会山西历史地图集[M].北京中国地图出版社，2000：251.

图 2-13　平城遗址出土的北魏瓦当（高峰摄）

4. 北魏平城

北魏以前，平城一直是汉族与北方民族杂居的边郡之地。秦汉时置平城县，在雁门郡统辖范围内。公元 386 年，拓跋珪建立北魏王朝。天兴元年（398），由盛乐迁平城，北魏定都平城，即今之大同。从道武帝到孝文帝，作为北魏国都，平城共经历了 7 帝，凡 98 年。北魏鲜卑族在与汉民族的交流中，吸取了汉民族的文化制度和城市建设经验，建都之初，即开始“营宫室，建宗庙，立社稷”（图 2-13，图 2-14）。

图 2-14　平城粮仓遗址（李晔摄）

魏都平城周回 32 里，是在汉代平城县城的基础上扩建的，由宫城和外城组成。从 398 年到 434 年，历拓跋珪、拓跋嗣、拓跋焘 3 代，是宫城建筑群的规划与初建时期，初步建成的宫城有 12 座城门。宫城内有宫殿、宫室、宗庙、社稷、武库等建筑与设施组成。包括平城宫、北宫、西宫、东宫和南宫。平城宫也叫紫宫，位于今大同北门外，是北魏皇帝居住和处理朝政的地方。最先建成的宫殿是天文殿，其后陆续建成了天华殿、中天殿、天安殿、紫极殿、西昭阳殿、永安殿、安乐殿。太祖、太宗时，天文殿为百官朝贺之所。世祖拓跋焘后，永安殿成了朝会万国的正殿。

图 2-15 云冈石窟第六窟

宫室是皇帝、太子和嫔妃们居住的地方，主要有东宫、西宫等建筑。西宫是皇帝生活起居的地方，其建筑群颇为庞大。根据《南齐书·魏虏传》的一些记载，可知东宫为太子居处。从476年到492年，历冯太后和孝文帝拓跋宏两代，先后修建了七宝永安行殿、太和殿、安昌殿、坤德六合殿和太极殿等。又营修了朱明阁、东明观、皇信堂和思贤门，并新建了各个城门。其中在拆毁太华诸殿的基础上，建造了太极殿与东、西堂。到太和十六年（492），改建与新造后的平城宫城已成为全新的宫殿体制。[1]

在城市建设的同时，北魏统治者有计划地将大量的各族人口迁徙到平城周围，其中有不少是熟练的手工业者。他们主要聚居于旧城与宫城之间，对繁荣平城的官府手工业发挥了作用。为此，北魏统治者专门在其外围修筑了郭城，并在其内部划分了坊。平城的外城，据《魏书·太宗纪》载，泰常七年（422）九月，“辛亥，筑平城外郭，周围三十二里”。外城内主要有作为居住区的城坊，举行宗教活动的宗庙以及北魏王朝中央的各级机构。《南齐书·魏虏传》载：“其郭城绕宫城南，悉筑为坊，坊开巷。坊大者容四五百家，小者六七十家。每闭坊搜检，以备奸巧。”说明当时京师的禁卫制度中，对郭城管制相当严，外城内既有大臣贵族，也有庶民百姓。

此外，在平城四郊也有不少营建。城北建有鹿苑，有鸿雁池、虎圈、永乐游观殿、

[1] 杨纯渊. 山西历史经济地理述要. 太原：山西人民出版社，1993：272.

宁光宫、鹿野苑石窟等设施，供贵族游乐、闲居、狩猎。城西建有西苑，云冈石窟位于城西 30 里的武周山下，当时有灵岩寺（图 2-15）。在武周山口，有引武周川水入城的引水工程。旁有洛阳殿、宫馆、郊天坛、郊天碑。平城的南部，有繁华的里市街衢，远处则是万顷良田，是北魏统治者为显示其重视耕作而专辟的农田。南郊还建有明堂，是当时北部中国唯一的天文台。平城东苑是白登山，这块平台高地上是北魏道武帝拓跋珪的离宫，也叫太祖庙。其垣后有拓跋珪姐姐华明公主的别庙。白登山南面是北魏的演武场，还有大道坛庙和祇洹舍。

宋以后，辽曾在大同置西京道，金在大同置西京路，平城延续了都邑的功能（图 2-16）。

明代时，大同位于山西北部的内外长城之间，历史上就是一宰世重镇，也是山西北部地区的一个中心城市。扼山西、内蒙古与北京交通的咽喉。明代大同城是在北魏都城的原址上，于洪武五年（1372），由徐达主持建设起来的。城略呈方形，东西长 1.8 公里，南北长 1.82 公里，周长 7.24 公里，面积 3.28 平方公里。城墙一律以规整有制的石条、石方为基础，墙体在原墙的基础上，用“三合土”夯成，外包青砖。城设四门：东曰和阳，南曰永泰，西曰清远，北曰武定。城门上各建一座重檐九脊歇山顶、三层重楼。四角建角楼 4 座，西北称“乾楼”，高大瑰丽，为“大同八景”之一。四门之外是瓮城，面呈

图 2-16　善化寺普贤阁

图 2-17　修复后的大同城墙

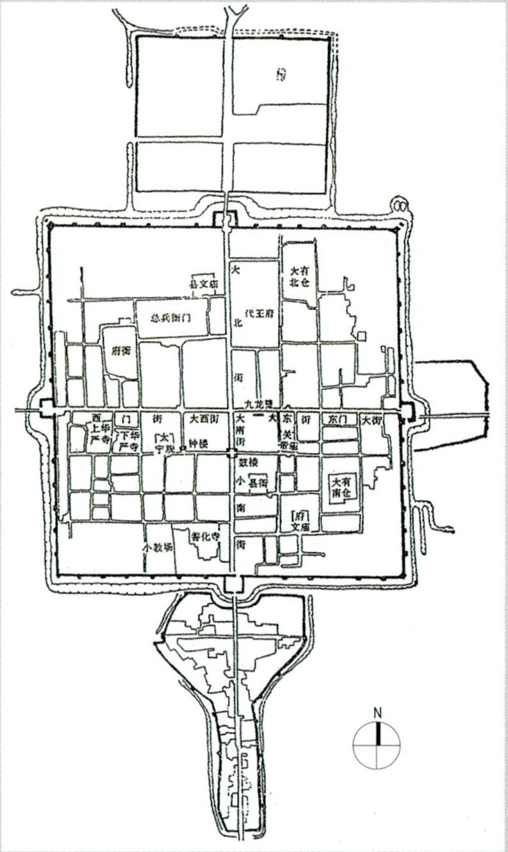

图 2-18　明代大同府平面图（董鉴泓《中国城市建设史》）

方形，面积约 17000 平方米，瓮城旁设城门，门洞进深约 30 米（图 2-17，图 2-18）。

城内有四大街、八小巷、七十二条绵绵巷，136 条街巷规整通达，保持了北魏、唐、辽、金时坊的格局。四大街的中段十字路口各建一楼，东有太平楼，南有鼓楼，西有钟楼，北有奎星楼。城中心为 4 座精美的牌坊，称四牌楼。全城共建各种牌坊 56 座，戏台 30 多座，寺庙神祠 50 多座。代王府、大同府、都察府等公署均设在城内。学府位于东南隅，中是文庙，左为府学，右为县学，形成一个规模宏大的学区建筑群。代王府位于城东北隅，为朱元璋第十三子朱桂于洪武二十五年（1392）封代王，就藩大同的王府。建筑规模宏大，气势雄伟，沿三条轴线铺开，各种宫殿门所 30 余处，金碧辉煌豪华壮丽，占地面积达 175950 平方米。现存九龙壁为王府的照壁，现在的皇城口、东华门、西华门、后宰门正是当时的四门遗址。1982 年，大同被列入首批国家历史文化名城。

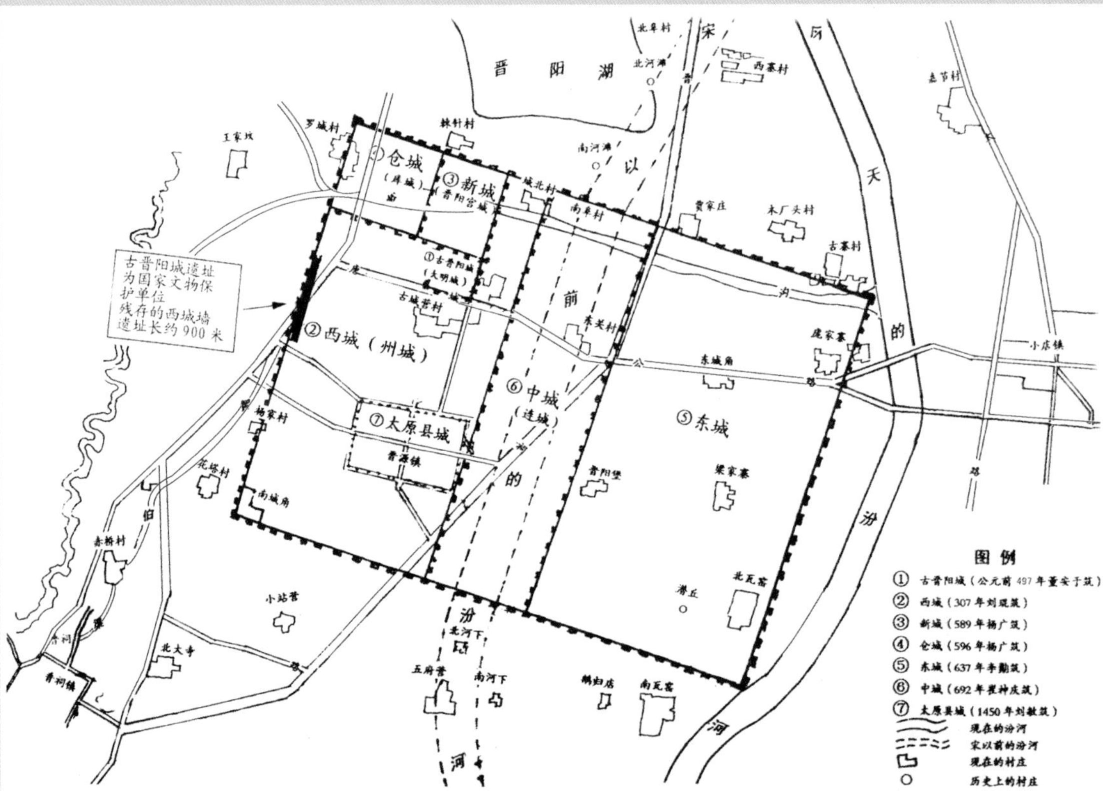

图 2–19　晋阳古城遗址关系图（乔含玉《太原城市规划建设史话》）

5. 北齐晋阳

晋阳之名，最早见于《左传·定公十三年》所载：“晋赵鞅入于晋阳以叛。”由此可见，其创建时间早在公元前五世纪。城址位于今太原市南郊古城营村西。其初为春秋时赵简子家臣董安于主持建筑。以后，赵简子另一家臣尹铎继续加以修治，增筑壁垒，聚积食粮。晋阳城成为当时一个坚固而又富裕的城市，并做了赵国初期的都城（图 2–19）。

汉初，高祖刘邦为防御匈奴南侵，派韩王信坐镇北方，改太原郡为韩国，以晋阳城为都。汉高祖十一年（前 196），为巩固边防，并雁门、太原二郡为代国，封其子恒为代王，也都于晋阳城。至此，晋阳城一直作为区域的政治、经济、军事中心存在，是当时山西地区最大的城市。西晋末，社会经济遭到了空前的摧折，晋阳城也未能幸免，城市遭到了彻底的破坏。北魏皇始

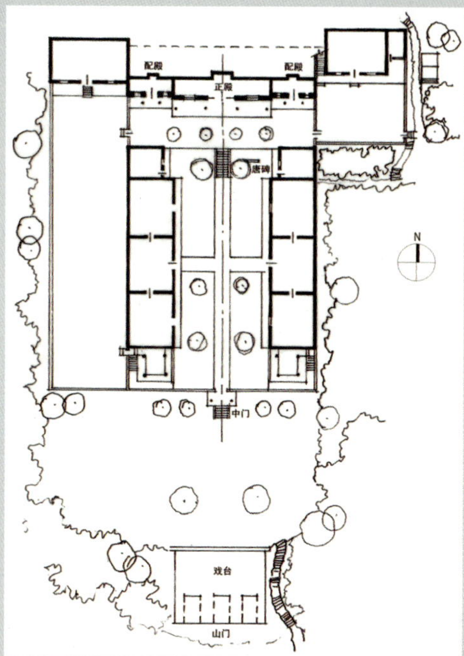

图 2-20 太山龙泉寺平面图(1996)

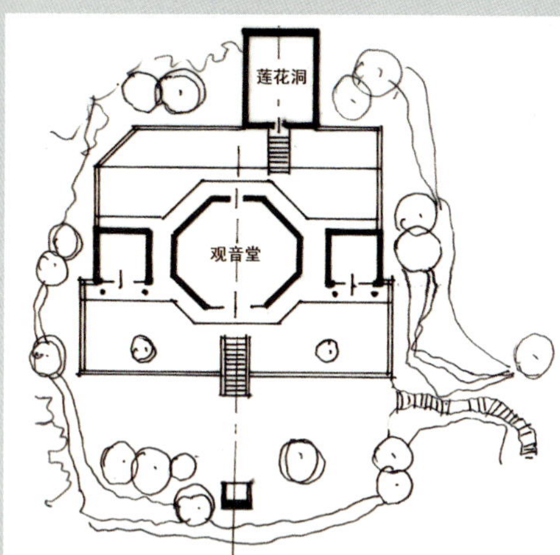

图 2-21 太山龙泉寺观音堂平面图(1996)

图 2-22 太山龙泉寺观音堂外观(郭守俊摄)

元年(396),拓跋珪置太原郡,使其成为南下中原、东出河北的交通枢纽与军事基地。北魏皇帝拓跋珪、拓跋宏等都曾亲临晋阳巡视,其后百年,晋阳局势相对稳定,城市得到恢复发展。公元532年,高欢看中了晋阳的地理形势与军事地位,在这里建起了大丞相府,以大丞相身份独揽东魏朝政,常年坐镇晋阳,当时人们把晋阳称为“别都”。

公元550年,高欢子高洋篡东魏政权而自立,是为北齐。这个时期,迎来了晋阳城建设的高潮。高欢于兴和元年(539)建成了“新宫”。武定三年(545),又大兴土木,建起了宏伟壮丽的晋阳宫,门楼重叠、殿堂林立、花园假山、亭桥流水,极其豪华。据《元和郡县图志》载:“高齐后帝于此置大明宫,因名大明城,姚最《序行记》曰:晋阳宫西南有小城,内有殿,号大明宫。”晋阳宫与大明宫成了晋阳城内主要的建筑群。另据《北史》载,除建大明宫外,还建有“十二院”,其壮丽都超过了邺城的宫殿。同时,比较著名的建筑还有新城与仓城,这些都构成了当时晋阳城的主要建筑群。天保年间,高洋在晋祠大起楼观,穿凿池塘,飞桥架水,兴修凉亭水榭,命名“难老”“善利”二泉,建

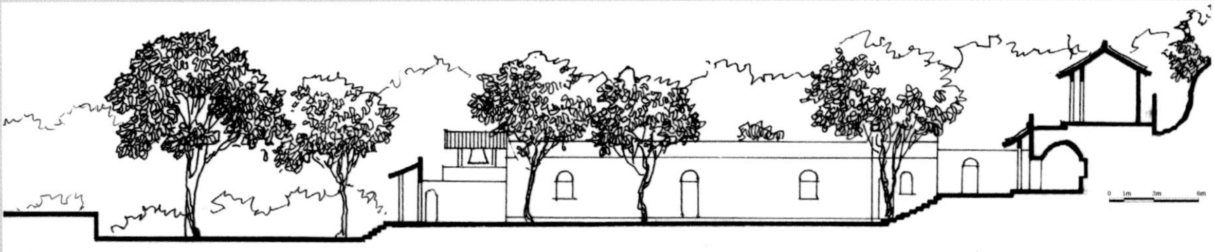

图 2-23 太山龙泉寺剖面图(1996)

"望川亭"于悬瓮山，颇有点"别都之胜"。高纬时，还在晋阳西郊广建佛寺，著名的有童子寺、定国寺、开化寺、圣寿寺、法华寺、天龙寺等。

隋唐时期，山西境内最大的城市当数晋阳城，它在东魏、北齐着力经营的基础上，又有大的发展，并进入了鼎盛时期。李唐王朝的发祥地在晋阳，因此对其十分重视，刻意经营。武则天当政时，于长寿元年（692）始建北都于太原。神龙元年（705）废北都，天宝元年（742）改北都为北京。宝应元年（762）复以太原府为北都，终唐未改。隋唐时期的晋阳城，建筑壮丽，规模宏大，地跨汾河两岸，由西、东、中三城连堞组成。其核心部分是西城中的太原府城，不仅建城历史悠久，而且城市结构复杂，宫殿建筑集中，向为并州和太原郡治所。同时，还在晋阳城附近大建寺庙，如太山龙泉寺就是在这一时期建成的（图 2-20 至图 2-23）。

太原府城位居唐北都太原城的西北部，既是西城的主体部分，又是唐北都的核心。《元和郡县图志》云："城高四丈，周围二十七里。"这座规模宏伟的古城，即晋刘琨所筑之并州城。太原府城内又有大明城、新城、仓城三个城。此三城先后而建，平面布局略呈倒置的"品"字形，是一组大小有序、连为一体的城市群。新城、仓城东西并连在北，大明城居新城西南，与新城相接。今古城营村当是大明城、新城遗址。太原府城周围27里，近于每边城墙各7里的方形城。已知有乾阳门、元武楼门与西门 3 个城门。

东城。在唐北都太原城东部，建城历史与职能远不能与西城相比。《新唐书·地理志》载："汾东曰东城，贞观十一年长史李勣所筑。"太原县城位于其中。

中城。中城居东、西二城间，将东、西二城连为一体，为武后时崔神庆所筑。在东、西、中三城中，中城筑得最晚。修筑中城的目的是为了将东城与西城连接起来，以便防守。中城之门别无它有，唯有"汾水贯中城南流"，故崔神庆修中城时是"跨水连堞"，只筑南、北二面城墙。[1]

五代末年，古都晋阳是北汉的国都。宋太平兴国四年（979），在平定北汉的战争中，晋阳城被火焚水灌，化为瓦砾废墟。而新的太原城，则是太平兴国七年（982），在位于汾河东部的唐明镇的基础上发展起来的，其政治地位已远不如以前。宋代太原城

[1] 杨纯渊. 山西历史经济地理述要. 太原：山西人民出版社，1993：304-309.

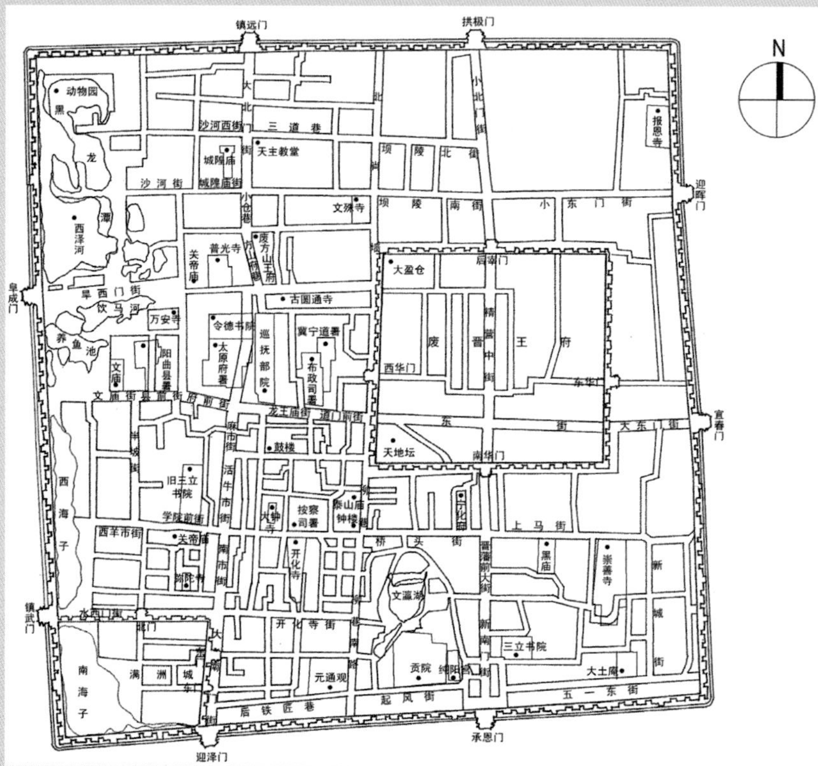

图 2-24 明代太原城（摹自《山西省历史地图集》）

由外城、内城两部分组成。外城又名罗城，周 10 里 270 步，筑 4 门。东为朝曦门，西为金肃门，南为开远门，北为怀德门。内城又名子城，在外城内的西部。城内衙署集中，没有居民，是宋代内朝外市的典型城市格局。在今水西门一带，有税使司、酒使司；海边街有刑曹厅、知法厅、都军司、同知府、尹衙、少尹衙、总管判官厅；都司街一带有推官厅、知事厅、录事厅、绫锦院、宣诏厅；西羊市一带有太原府衙、太原府狱、军器库等。子城外的罗城是居民、商贾聚居的地方，它依方位分为西南隅、西北隅、东南隅和东北隅，主干街道成“互”字形分割开来。西南隅有法相坊、葆真坊、懋迁坊、宣化坊；东南隅有乐民坊、将相坊、慈云坊、寿宁坊、三星坊、聚货坊、惠远坊等 25 坊。宋太原城手工业得到发展，出现了行会组织，集中于一个地区或一个街区，手工业作坊丰富多彩。

明洪武九年（1376），晋王朱棡的岳父谢成主持太原扩建工程，将宋代潘美所筑的太原城向东、向北、向南三面扩充，并建南关。周围凡 24 里，高 3 丈 5 尺，城墙砖砌，四角建有角楼，还有小楼 92 座，敌台 32 座。有 8 个城门，东为宣春、迎晖；南为迎泽、承恩；西为振武、阜成；北为镇远、拱极。城四周有壕，深三丈（图 2-24）。晋王府是太原城内的主要建筑之一。位于太原城西，精营街是晋王的宫城。围绕宫城的还有外城，外城的墙即东肖墙、西肖墙、南肖墙、北肖墙。宫城有 3 个门，即东华门、西华门、南华门。王府华丽堂皇，与各地迁来居民的低矮房屋形成了鲜明的对照，也基本形成了明清时期的城市规模。晋王府于清顺治三年（1646）被焚，大火从内城烧到宫门，所有建筑化为灰烬。城内的主要建筑只剩下位于城北的各官府衙门机构，如府治、按察司、布政司等。城内寺庙很多，仅关帝庙就有 29 处之多。清代在城西南角修满洲城，驻八旗兵，位置在今水西门与大南门一带，周围 843 丈。光绪十二年（1886）为水淹。又在小五台东南角另修新的满洲城，为长方形。明清太原城，手工业及商业发达。主要集中在大北关与大南关一带。特别是大南关一带，在明时有“蔽天光，发地脉”之称。到清代顺治、嘉庆年间，大南关商业繁盛，仅钱庄就有十余家之多，商店更是有几十家（图 2-25 至图 2-27）。

图 2-25　太原城关图（清道光《阳曲县志》）

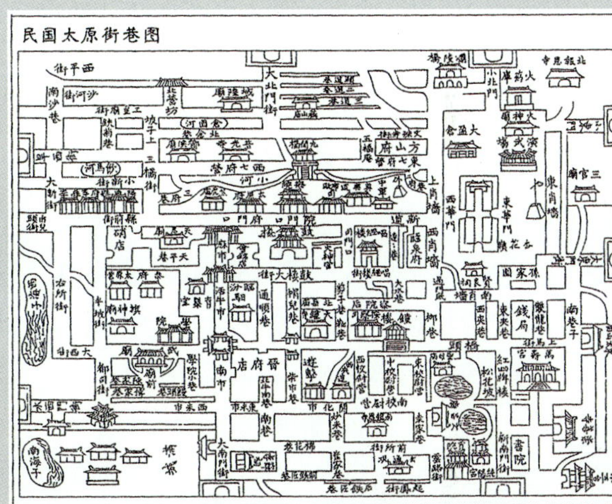

图 2-26　太原街巷图（清道光《阳曲县志》）

图 2-27　太原拱极门现状

图 2-28 蒲州古城瓮城

图 2-29 蒲津渡出土铁牛

6. 中都蒲州

在唐代山西的主要城市中，蒲州的地位仅次于北都太原。蒲州地理位置十分优越，交通便利，处于西京长安、东都洛阳与北都太原的中间，距离两京水陆交通的主要关口潼关不远，可以控扼通往长安的漕运路线，处于东西交通的关键地带，蒲津渡桥是沟通黄河两岸运输与贸易的重要通道。诗人元稹写的脍炙人口的小说《莺莺传》，其故事就发生在蒲州。大戏剧家王实甫根据这个故事改写成名剧《西厢记》。唐开元八年（720），蒲州与陕、郑、汴、绛、怀并称六大雄城。次年又升蒲州为河中府，置中都。

蒲州古城，位于今永济市西约 25 公里黄河东岸。始建于北魏，历代曾多次重修，城南数华里处，即是历史传说中的舜都蒲坂。宋金时，该城周长约 20 华里。明初重建西部半城，城立四门，东曰“迎熙”，南曰“首阳”，西曰“蒲津”，北曰“振威”。蒲州古城周围 8 华里零 349 步，城体全部用砖包砌，城高 3 丈 8 尺，城堞高 7 尺。古城南、北、东设护城河，唯城西紧邻黄河（图 2-28）。明嘉靖三十四年（1555）遇大地震，遭毁灭性破坏。之后黄河多次泛滥侵蚀古城，隆庆四年（1570）夏，黄河洪水以数丈高的水势涌入城内，整个古城浸泡于黄河洪水之中。水患过后，城中及城垣四周泥沙达数尺之厚。明万历十一年（1583），修筑了总长 4400 多米的护城石堤，仍然未能阻止黄河水患侵蚀，古城南、北、东三面的护城河也在黄泛中逐渐淤满泥沙。[1]20 世纪 50 年代末期，因三门峡水利枢纽工程的建设，蒲州古城中的最后一批居民外迁，终于沦为一座厚重的古城遗址。时至今日，蒲州古城的南、北、西三面城墙及其城门，历历可见，城中心的鼓楼基座也依然存在。1989 年，在古城西门 7 米厚的黄河泥沙下挖掘出了唐开元十二年（724）铸造的 4 尊硕大铁牛及策牛的 4 尊铁人。古城的南门外和东关，至今泥沙之下仍然还淤埋着河渎神祠与舜庙遗址（图 2-29）。

[1] 山西省地图集编纂委员会山西历史地图集 [M].北京中国地图出版社，2000：252.

二 城镇聚落

聚落的分类是一个非常复杂的问题。若从组织结构和经济制度的层面来分，可以分为城镇聚落、乡村聚落和似城聚落；如从规划营建的层面来看，又可以分为自发生长型聚落和自觉营建型聚落；若从聚落选址的层面来看，则可分为平原型和山地型两种聚落；若从聚落空间形态上来看，又可分为散居型和集居型两大类，其中集居型聚落又可分为条带型、团堡型和层叠型三种聚落形态。[1] 山西许多城镇不仅起源早，而且大都是经过一批能工巧匠经年累月的计划，才逐渐形成。所以从城址的选择、范围的划定到空间布局，都是经过事先精心策划和周密经营的。如太原、新绛、平遥、太谷、祁县、汾城等城镇，这类城镇的修建具有自上而下的形成特征

[1] 关于聚落的分类，沙学俊在《城市与似城聚落》一书中，将聚落分为城市、乡村和似城聚落三种类型；胡振洲在其《聚落地理学》一书中，将聚落分为乡村和似城聚落两种类型，并依据景观地理学，将聚落分为散居型和集居型，依据形态学将聚落分为团状、线状、阶状、丁字状、弧状、三家村、无固定形、棋盘式、放射状、不规则式等若干种类；金其铭在《农村聚落地理》一书中，将聚落分为乡村和城市两大类型，并从形态、职能、规模上进行详细分类。可见，聚落分类是非常复杂的。

图 2-30　平遥古城魁星楼

图 2-31　平遥古城门楼

（图 2-30，图 2-31）。另一类是自由生长型城镇，它们往往自发形成于水陆交界、交通便捷之处。如临县碛口、阳城润城、长治荫城等集贸型城镇，这类城镇具有自下而上、自发偶成的特征。还有一类是防卫型城镇，山西在明清时期由于地处边陲，政府对其边防与经济作用极其重视，因此在山西北部地区修建了大量的边关卫、所、堡、寨，如大同、左云、宁武、右卫、新平堡、娘子关、阳明堡等，则属于防卫、兼有商贸功能的城镇。据《中国文物地图集（山西分册）》统计，山西现存古代城址（含堡寨遗址）约 617 余座，其中宋元以前的城址共 145 座，明清时期的城址有 432 座。[1] 截至到 2013 年 3 月，山西省拥有 6 座国家历史文化名城，5 座省级历史文化名城，14 处省级历史文化街区，7 处中国历史文化名镇。其中，平遥古城被列入世界文化遗产名录。

[1] 国家文物局. 中国文物地图集：山西分册 [M]. 北京：中国地图出版社，2006：111.

1. 规划型中心城镇

山西许多城镇在其起源之时，便具有一定的规划意识与理念。而左右城镇规划理念的就是其独特的由上而下的社会结构。由社会结构的变化而引发规划思想的发展，进而对城镇形态产生影响。社会结构决定着人们的思想观念，而思想观念又对城镇形态产生作用。这就决定了城镇形态必然要受到社会结构的影响。城镇形态也相应地反映出各种社会结构的某些特点。这不仅由于社会结构与文化能够共同对城镇发展产生影响，而且在不同社会结构下，人们的生活方式、活动范围自然也会不同。这样，城镇中的各种元素如起居环境、交通环境等等都会有所不同，而这些元素又是构成城镇的基本要素，从而使得城镇形态迥然不同。

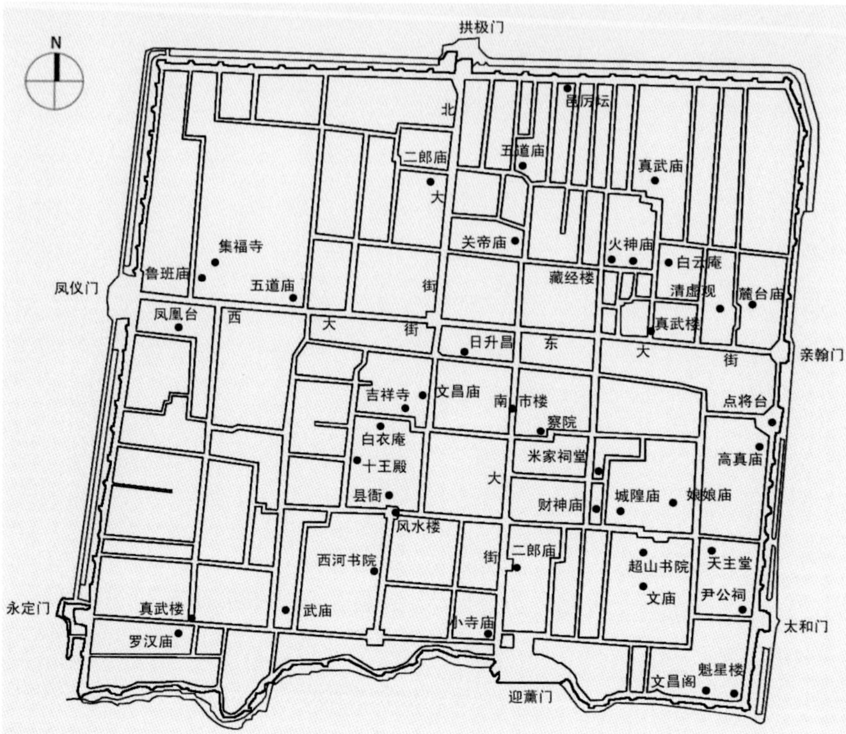

图 2-32　平遥古城平面图（摹自《山西省历史地图集》）

（1）平遥古城

目前保存完整的平遥古城，充分展示了中国封建社会晚期的县城建置、官衙方位、街道规划、民居建筑、商街店肆的真实状况。平遥城墙建于明洪武三年（1370），是平遥古城的主要建筑物和平遥古城的象征，城墙高 12 米，墙厚 5 米，周长 12 华里，城墙上 3000 垛口、72 敌楼，体现着孔子三千弟子七十二贤人的传统文化内涵。墙身用素土夯实，外包砖石，顶铺砖排水，可并行马车两辆。外筑垛口墙，高 2 米，为战时护身。内有女儿墙，高 0.6 米，墙顶净宽 3~6 米。外墙每隔 40~100 米左右筑有马面，上建堞楼，距离匀称，式样齐整。城墙上的点将台、魁星楼、上下城墙的马道等，结构严谨，布局合理。每道城门的瓮城上建有重檐歇山顶门楼，城墙四隅有角楼。环城有深阔各一丈的护城河，河上有吊桥（图 2-32）。

古城内部分布有主次分明的四大街、八小街、七十二条蛐蜒巷，构成了城区四通八达、井然有序的交通网络。从空中望去，犹如龟背纹图，所以人们形象地将平遥古城称之为“龟城”。意在青春永驻，金汤永固。城池是龟体，头南尾北卧于太岳北麓、汾河东畔。据传，城池南门为龟头，门外的两眼水井象征着龟的双目；北城门为龟尾，是全城的最低处，城内积水由此排出。城池东西 4 座瓮城，两两相对，上西门、下西门、上东门的外城门均向南而开，形似龟的 3 条腿向前爬伸，唯有下东门瓮城的外城门径直向东而开，据说是害怕乌龟一步步爬走，故将其左后腿使劲拉直，拴在了麓台塔上。宫观、庙宇、商号、店铺错落有致，一处处四合院星罗棋布，一条条街巷车水马龙，呈现出一派祥和的气氛。在古城的中心位置，建有金井市楼，既是平遥古城的标志性建筑，也为人们登高远眺提供了场所。俯瞰平遥，人们可以感受到一种无形无色的空灵。“县民服贾者多，城中廛肆纵横，街衢皆黑壤，有类京师，盖人烟稠密之故。”[1] 从高处望去，民居房顶鳞次栉比，建筑与空间融成一片，并以此来确定建筑的体量、轮廓和群体的疏密关系。而街道空间的变化给人的感受，或高远恢廓，或亲切细腻。当时的建设者以观赏

[1]（清）祁韵士. 万里行程记 [M]. 银川：宁夏人民出版社，1987.

图 2-33　从市楼看古城南大街

图 2-34　平遥古城市楼

图 2-35　市楼内关羽像

者的视觉反应为依据，在不同的视距变化中，布置不同的建筑，构成不同的画面，真是气韵无尽。城中直立的墙体与变化的房顶处处交融，构成整幅流动的虚灵节奏，在雄厚城墙的围合中，映衬出旷邈幽深的静寂，形成飘渺浮动的氤氲气韵（图 2-33 至图 2-36）。

昔日的平遥城因商业发达而被称为“小北京”，城内商号、票号林立，店铺门市相连。清代中晚期，有商号店铺 226 家。全国第一家票号“日昇昌”，创办于平遥，之后有 20 多家票号相继成立，在全国各大城市设立分庄，一度成为海内金融中心。一批富商大贾应运而生，在古城内建造了工艺考究、造型华丽的商号店铺、深宅大院，至今完好地保持着明清时代的格局和风貌。1986 年，平遥古城被列入国家历史文化名城。1997 年，又被联合国教科文组织列入世界文化遗产名录。

图 2-36　平遥古城俯瞰

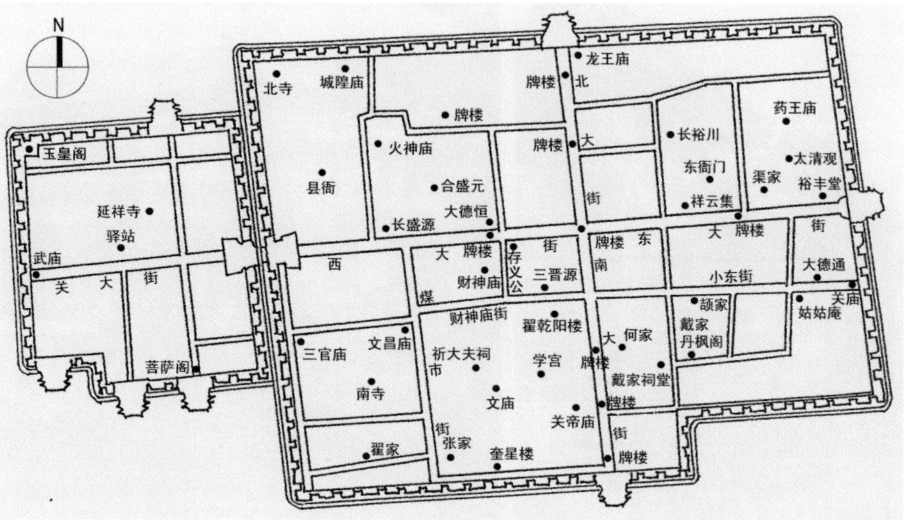

图 2-37　祁县古城平面图（摹自《山西省历史地图集》）

（2）祁县古城

在远古时代，太原盆地南面是一片长满杂草的积水地带。据《周礼·夏官·职方氏》载："并州之泽薮，为昭馀祁，为九薮之一。"《尔雅·释地》篇中亦曰："燕有昭馀祁"，谓"昭馀祁泽薮"。积水地后逐渐干涸，直至明朝时期，祁城村一带仍是一片洼地，祁县因此而得名，而"昭馀"也成为祁县的别称。远古时代祁地属耆国，尧时属冀州，舜时属并州，实行分封制后属晋国。祁县为尧帝陶唐氏故地，春秋时赐祁奚作食邑，至汉始设县，称祁县。此后 2000 余年间，数易其名，数复其名，终不改祁称。当时县城在今古县镇，北魏孝文帝太和年间（477–499），并州别驾封瓒新筑今祁县城，至今未变，已有 1500 余年的建城历史。祁县古城具有中国传统城市典型的营城思想和布局形态，祁县商业历史悠久，明清以来商业资本高度集中，故历史上有"金太谷、银祁县、铜平遥"之说。受此影响，祁县古城的城市格局也充满了浓郁的商业气息（图 2–37 至图 2–41）。

图 2-38 祁县古城街景之一

图 2-39 祁县古城街景之二

祁县古城为方形城池，其城门相对，道路直通。县衙在西北，文庙在西南。城东南角做成一个90度内角，因形似古代官帽，称“纱帽城”。祁县城墙周长4里余30步，高3丈3尺，底厚3丈4尺，顶宽2丈2尺。西北隅城墙为圆形。环城壕池深1丈，宽3丈，内设护墙，高6尺，堤外遍植柳树。城四角各建角楼。四门有城楼。东、南、北各有月城1座。城四门悬匾，北曰“拱辰”，朝西开门；南曰“凭麓”，朝东开门；东曰“瞻凤”。有门楼三层，建筑高大精致，富丽堂皇，西曰“挹汾”，与西关城相通。城内有东南西北4条大街，形成十字；小街巷28条，走向大多与主街平行。现存明清民宅约1000所，共约20000间，著名大院40多个。西关城只有东西向大街一条。东关、南关、北关各有大街一条，小街巷10多条。县衙在城内西大街北侧，武衙门在东大街北侧。学宫在南大街西侧，昭馀书院设于此。

在古城的东南片区，分布有竞新学校旧址、图书馆旧址、大德通票号、颉家大院、贾家大院、四合明楼院等。各典型传统民居原有格局、布置形态、空间组合保存完好，反映明清时期建筑技法及表现手法。渠家大院、长裕川等晋商经典民居，位于古城的东北片区，是晋商民居的经典，集晋商大院之大成，建筑技法先进，艺术手法高超，儒法思想照人。该区域在历史上基本上为渠氏宗族所有，“渠半城”之说即于斯。古城的西北片区，分布有乔家住宅、晋恒银号、合盛元票号、义集生杂货铺、大德诚茶庄、大德恒票号、谦和诚杂货铺、益华公司等。集中保存了大片历史遗存，且保护较为完整，为古城内明清风格最为集中的片区。古城的西南片区，以文庙、武庙、道教院以及典型民居为主体。祁县城关分布有不少寺庙、戏台等祠庙建筑。城内有文庙、大小三个武庙、南寺、北寺、城隍庙、祁奚大夫祠、马王庙、龙王庙、药王庙、文昌庙、三官庙等。西关有延祥寺、武庙、茶王庙、玉皇阁、大肚弥勒佛庙、马王庙、菩萨阁等。南关有菩萨庙、武庙等。东关有文昌庙等。北关有龙王庙、三教寺等。在一些大的庙宇及晋商大院中，都布置有戏台。此外,还在古城的一些城坊十字口及主要庙宇入口处布置有不少牌楼。

祁县古城基本保存了明清时期的商业街市的特征，尤其是西大街现存的银号、票号旧址，再现了晋商历史上票号等商业金融的繁荣与鼎盛，是反映晋商明清街市的第一街市。1994 年，祁县古城被列入国家历史文化名城。

图 2-40　祁县古城街景之三

图 2-41　祁县古城街景之四

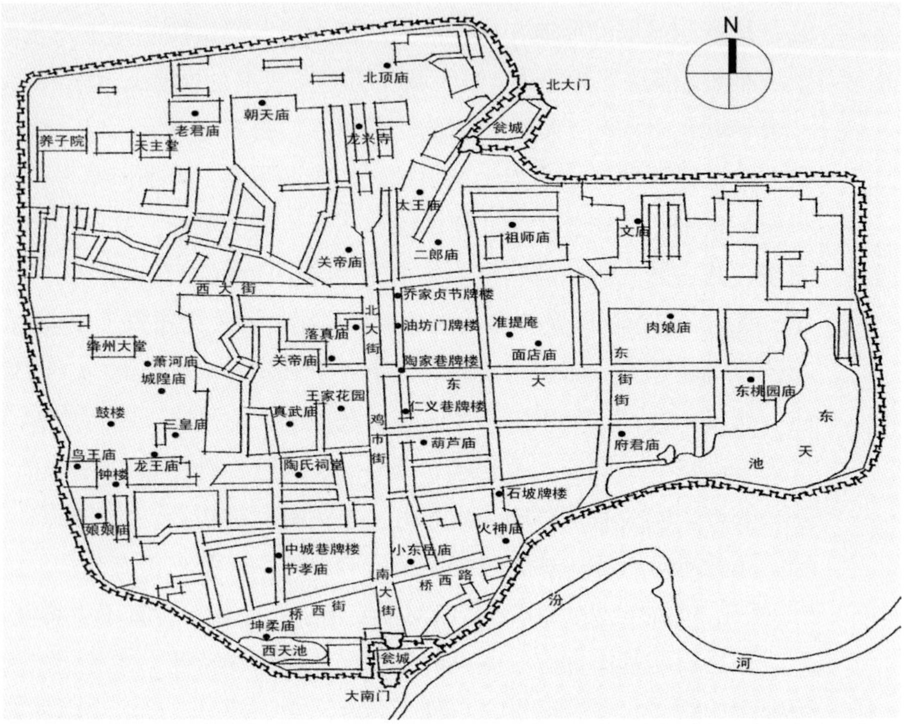

图 2-42　新绛古城（摹自《山西省历史地图集》）

（3）新绛古城

新绛县古称绛州。在山西省的西南，临汾盆地的南部，南北流淌的汾河在这里来了个大转弯，向西流入黄河。在这个拐弯的地方，便是历史上著名的绛州古城。它北枕九原，南襟峨嵋，雄踞于西北，汾、浍二河环绕于东南。春秋晋国时为都会之处，是晋文公称霸的发祥地。李唐时为“六雄”之一，李世民曾在此安营扎寨，平定天下。由于西连黄河，河运发达，陆路畅通，历来是历史上南来北往的水旱码头，商贾云集之地。正所谓“西山凤舞天边去，北水龙飞掌上来”。

千余年来，绛州古城一直位居富饶的晋南平原，是山西的政治、经济、文化和艺术中心之一。明清已降，成为与晋阳、平阳齐名的河东重镇。绛州古城自北周武成二年（560）改东雍州为绛州。隋开皇三年（583）州治由玉璧迁至今县城，已有 1400 多年的历史。唐宋元明清，皆设州置郡。唐武德元年（618）置绛州总管府，辖 15 州，领 5 县。清雍正二年（1724）时，改为直隶州，领 5 县。1912 年废州改县，取咸与维新之义，改称新绛县。

绛州古城选址在汾河北岸的台塬上，自隋开皇三年（583）开始，在此营建。城址西北高，东南低，汾水自城南流过。绛州城墙在明洪武元年（1368）筑成，共9里13步，高3丈有余。城内无对称十字的中轴线，由南至北是一条像牛脊梁骨的主街屈伸，由青石板铺就，顺主街东西辐射出69条牛肋巷。仅开南北两门，主街南口开“朝宗”门，谓牛嘴。街尾辟“武精”门，谓牛尾。两门均有瓮城，高筑三层歇山顶城楼，远望特别威武壮观。南边左右有清泉池沼两眼，长年清水涌流，并有风水宝塔两座，谓牛的两眼及犄角。北垣高处竖有13层43米高的龙兴宝塔，史称“卧牛城”。相传每年暑夏卧牛要饮水一次，此时水由碱街而上，灌满低洼处的大街小巷，卧牛饮水，百姓遭殃。在这高低不平的阶地上，房屋鳞次栉比，错落有致，西、北部高垣之上，陈列着史称绛州三楼的钟楼、鼓楼、乐楼，以及绛州大堂、绛守居园池、天主堂、老佛楼、龙兴寺、宝塔等建筑，构成了甚为壮观、独具特色的建筑组群。千余年来，州署县衙均设在城西北高垣上，高敞宏壮，甲于列郡（图2-42至图2-45）。

明清时，城池内外治北关、西关、南关，孝义坊、正平坊、桂林坊、安阜坊、青元坊，仍保持隋唐遗韵。典章礼制、民俗风情，仍然古风犹存。古城格局基本上按“左文右武”格局构建，除孔庙、关帝庙之外，尚有各类神庙寺观达40座之多，祭祀酬神演出的舞台有19座，节令庙会，均有各种戏曲演出。各街道口建有各种古代牌坊29座，标榜权势与显贵的“旗杆”5座，反映了古城历史文化积淀的深厚。

历史上的绛州古城，也是工商业名邑。

图2-43　新绛鼓楼一角

图 2-44 新绛城隍庙牌楼

素以手工业发达、商贸业繁荣著称于世，号称“七十二行，行行俱全”。清末民初，新绛的手工业成为晋、陕、豫、陇、津等地手工业产品加工和交换的集散地。先后兴起和发展的手工业行业及产品有火柴、纺织、皮毛、制革、刺绣、戏装、制伞、木器、铁器、锡器、首饰、酿造、爆竹、笔墨、裱糊、纸扎、陶瓷、制砚、雕漆等。1994 年，新绛古城以其深厚的遗产底蕴，被列入国家历史文化名城。[1]

[1] 山西省地图集编纂委员会. 山西历史地图集 [M]. 北京：中国地图出版社，2000：250.

图 2-45 新绛城隍庙献殿

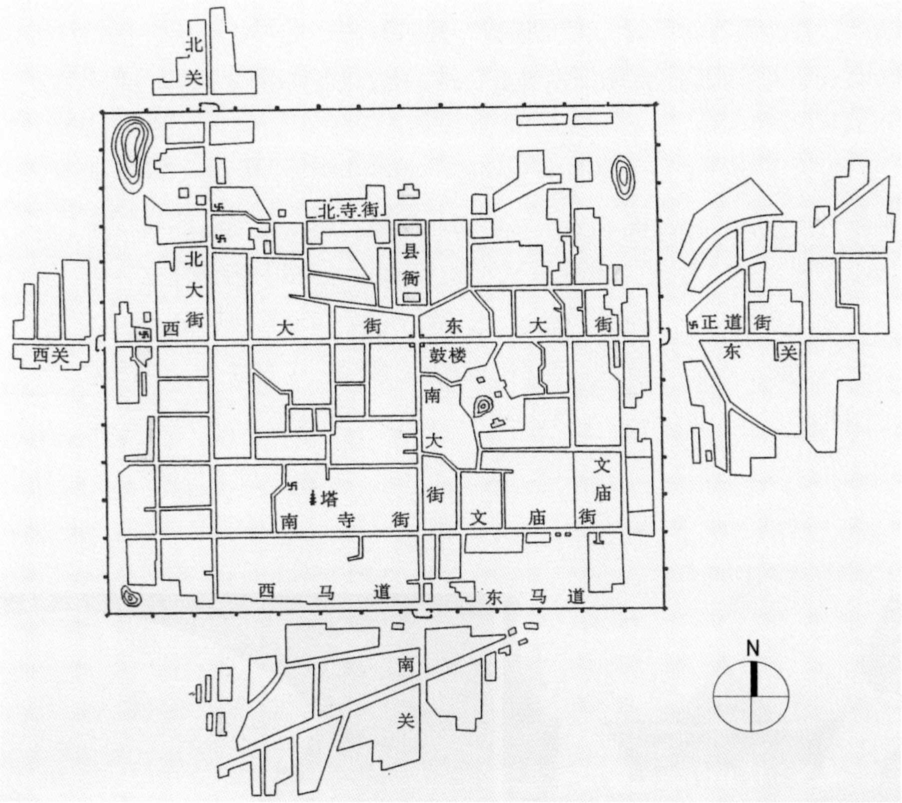

图 2-46　太谷古城平面图（董鉴泓《中国城市建设史》）

（4）太谷古城

太谷春秋时属晋，周襄王时，晋侯以阳地赐大夫处父为食邑，始有阳邑。西汉时置阳邑县。隋开皇十八年（598）更名为太谷县。明清以前，太谷一直隶属太原府。历史悠久的太谷古城，规模也非常宏大。县城所在地，原为白塔村。北周武帝建德六年（577）始迁于此，之后筑土为城，周围 5 公里，高 6 米，护城池围绕城墙四周。明正德九年（1514），太谷城墙增高到 8.3 米，以砖砌门，上建重楼，城墙四角建角楼。明万历四年（1576），太谷古城改砌砖城。城基垒石 1.67 米，自城基至垛口全部砌砖，城基宽 14 米，高 12.5 米，东、北、南为瓮城，西门为重门，瓮城上各建敌楼 3 间，角楼重加修饰，周围建警铺 56 座，以砖砌堞道，里侧加回垣。

清代，古城虽时有修缮，但其规模与建筑基本还是明代样子。直到1930年，太谷城墙、瓮城保存完好，西、南、北护城河依然如旧（图2-46至图2-50）。

太谷古城位于晋中平原南北通衢大道上，人口比较多，而土地则相对较少，外出经商者多，城市商业相当发达，是当时的货物集散中心地之一，素有“旱码头”之称。当时太谷城内店铺林立，行当齐全，诸如票号、药材、绸缎、皮货、呢绒、布匹、典当、粮食、杂货、副食、土产、麻铁、颜料、茶庄、客栈，应有尽有。其活动范围北起东北、内蒙古，南到四川、广东，西达新疆、青海，东至

图2-47　太谷鼓楼东街

图2-48　太谷古城街景之一

北京、天津、江苏、上海、浙江、福建。全国商埠大邑、水旱码头，几乎都有太谷人的生意。还远足外蒙库伦，俄国的伊尔库茨克、莫斯科、恰克图等地。太谷城为正方形，每边有一门，有东西大街与南北大街相汇于县城正中，在交叉口上跨街建有鼓楼，鼓楼以北为衙门，而商业店铺主要集中于东、西、南三条大街上，文庙在城西南角。

太谷古城的一大特点是街巷整齐，宅院讲究。太谷旧城共有四街八井七十二巷。而以鼓楼为中心，辐射东、南、西三条大街，北大街与西大街中段相交。在此基础上，多数街巷横平竖直，把全城民居划分为若干里坊，使得整座古城建筑规划齐整。票号建筑一般前面为店面，中间为管理部分，后有客房，与院落式住宅相似。太谷的沿街店面建筑都十分考究，用黑漆木雕刻，内部也装饰得十分华丽，城内一般住宅的质量也远较其他城市为高。太谷城内大部分住宅用砖墙，楼房很多，内部用的建筑材料也很讲究。古城内文物古建众多，北有明

图 2-49　太谷鼓楼南街

图 2-50　太谷古城街景之二

代县衙，大堂、二堂、三堂保存完整。东有文庙、文昌庙、城隍庙、晏公庙、三官庙。西有无边寺白塔、安禅寺。西北有书法家赵铁山宅院。西南有孔祥熙宅院园、孟家宅院、武家宅院分布其间。金碧辉煌的鼓楼，与高耸入云的白塔遥相呼应，各展艳姿，构成古城内人文和谐居住体系。2009 年，太谷古城被列入山西省历史文化名城。

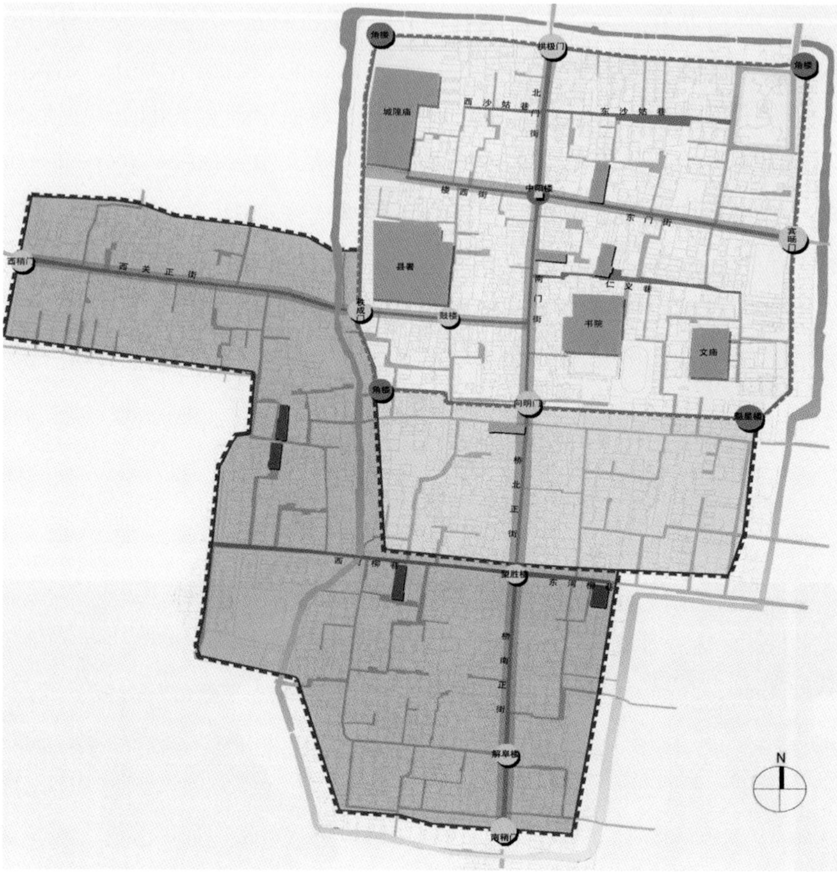

图 2-51　孝义古城平面图

（5）孝义古城

孝义古城始建于北魏太和十七年（493），时称“永安县”，县治即在今日之旧城。唐贞观元年（627），因邑人郑兴“剜股疗母”的孝行闻名天下，唐太宗下旨改名为“孝义县”。宋太平兴国元年（976），曾叫“中阳县”，不久又恢复了“孝义县”名。

据乾隆三十五年邓志、光绪六年孔志记载，孝义古城在明景泰、弘治、正德、嘉靖年间各有增修。隆庆元年（1567），以砖包城，加高丈余，炮台戍楼，俱增于旧。清雍正四年（1726）、乾隆二十八年（1763）及三十四年（1769）、咸丰三年（1853）、光绪十二年（1886）先后重修或维修。孝义旧城虽经唐、宋、元、明、清、中华民国、中华人民共和国历代修葺或改建，但仍然保持了“内城外郭”“面朝后市”“内坊外厢”“一主二副”“三坊三厢”“三口九坊”“六门八楼”“九街十巷”的基本格局和肌理，至今未有大的变动，已有1500余年的历史（图2−51，图2−52）。

孝义旧城呈“内城外郭”格局，内城曰“坊”，外郭曰“厢”。内城方正，由宣化坊、悦礼坊、尚义坊三坊组成。外郭俗称“关”，呈不规则布局，由城西厢、桥北厢、桥南厢三厢组成。外郭如同外城，筑有土墙。内城南门外数十步有东西向的“润民渠”，渠上建桥楼，俗称“望胜楼”。外郭不远处由西向东南横亘着7里长的护城大堤，高厚2丈不等，用以屏障孝河洪水泛滥。外郭分布有桥北街、桥南街、西关街、窑上街、铁匠巷、东巷、西巷、东河柳巷、西河柳巷等大小9条街巷。窑上街东尽头，面向护城河建有“观音庙”。桥南街南稍门北不远处，建有“解阜楼”，民间俗称“花楼”。历史上，内城西南方向的外郭是主要的聚居地，房屋鳞次栉比，人口稠密，一直到今天，依然如故。2009年，孝义古城被列入山西省历史文化名城。

图2−52　孝义古城内城历史格局示意图

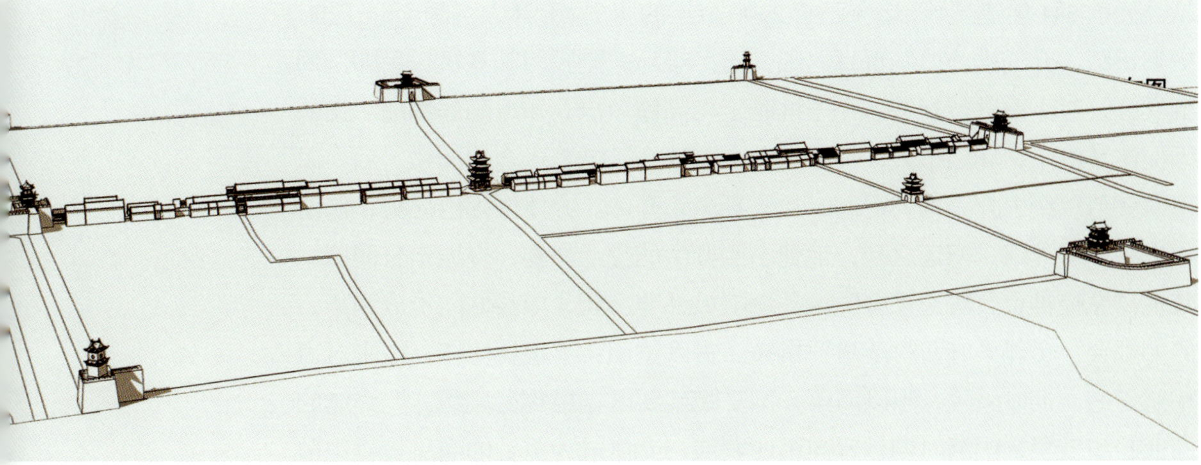

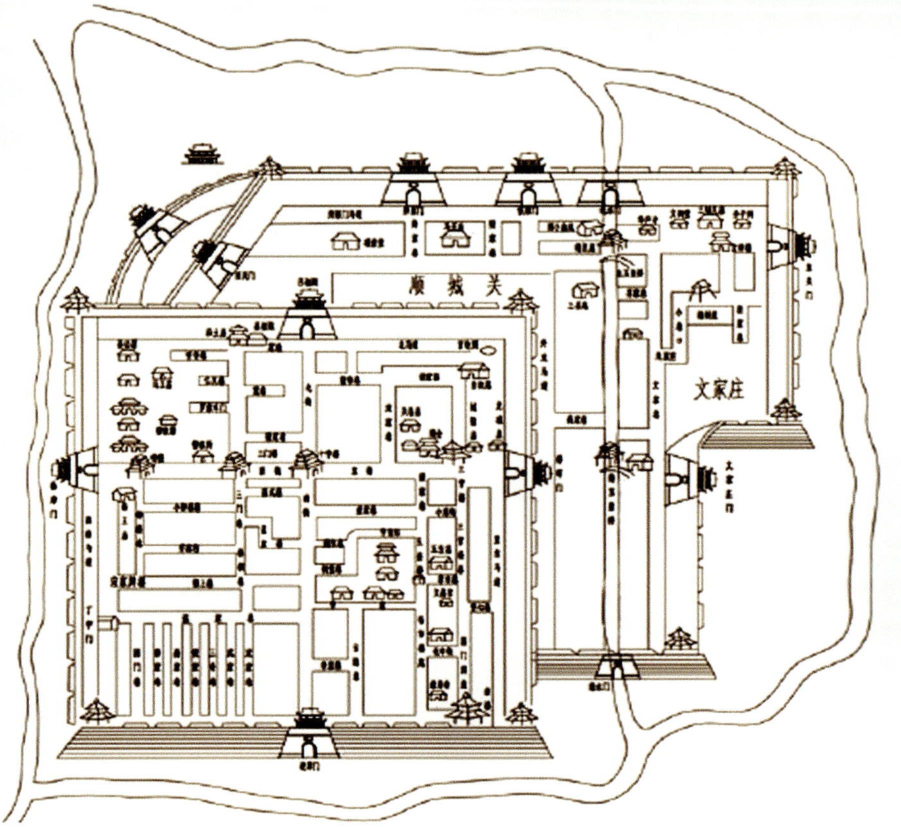

图 2-54　民国年间介休古城（王凯《介休古城传统城市设计方法研究》）

（6）介休古城

介休形成于夏，初创于商，周代至春秋战国时期，已经成为山西重镇。从公元前 541 年建县始，迄今已有 2500 余年的历史。介休之名源于介子推，史书记载，介子推为协助重耳返国，历尽艰险，割股为其充饥。后即位的晋文公，对大臣进行封赏，介子推耻于与同僚争禄，偕母隐居绵山。文公因促使其出山，环山举火，焚林求之，以致介子推与母合抱而亡。后人以“寒食节”纪念介子推的贤德，故改县名为介休。介休依绵山之势，傍汾水之源，得陆路、河运之利，地处山西晋中的交通冲要，交通十分便捷。其地“左控神京，右通梁雍”。县境疆域并非广袤，但县城内十分繁华，俨如都会。负郭桑麻，村落星罗棋布。古人赞曰：“境属康庄，往来冠盖相望于道。拥以关隘，限以河渠，洵乎腹地要区，邑称繁剧焉。”介休的商业起步较早，明清时期，晋商迅速发展，介休成为重要的商品货物集散

图 2-53　山西省历史文化名城（街区）分布图（截至 2009 年）

地。因商业的繁荣，文化也较为开放，介休往往成为首开社会风气之地，乐于接受外来的文化和思想，为城市的发展注入了新的活力。几经建设，介休古城的形态宛如凤凰展翅，被后人称之为“凤凰城”。2009 年，介休古城被列入山西省历史文化名城（图 2–53）。

晋顷公十二年（前 514），介休境内置邬县，县治在邬城店村一带，遗址无存。北魏太和八年（484）复置介休县时，县治在今城东南 12 公里附近，旧址无存。东魏孝静帝遣朔州军备御外患，筑土为垣，历史记载“更修筑”，其“更”筑县城即今介休城。隋末尉迟敬德为刘武周居守重修。唐宋元时期城池多次修葺并无太多变化。明正统十四年、景泰元年，知县王俭、彭雍四门建谯楼。城外砖内土，周围 8 里，高 3 丈 5 尺，基阔 3 丈 2 尺，女墙高 5 尺，衙署位于西街，文庙位于城内东南隅，城隍庙位于城中偏北处。城门 4 座，东曰“捧晖”，西曰“临津”，南曰“迎翠”，北曰“润济”，门外各有吊桥。西城南城外有藩门两座，台高2丈3尺，楼高1丈2尺。正德二年，知县郝盘于城四隅增设小楼，五年，流贼肆掠，邻城皆破，唯有此城完整。嘉靖元年，在城东、北两面始筑外城（图2-54至图2-56）。

介休古城内主要有东西、南北两条主街。城内主要楼宇建在东西街道之上，有钟楼、三门楼、十字楼、三官楼以及城门楼两座，共计6座，跨街而立、鱼贯而建。城内道路多为南北向，东西大街地势较为平坦，南来北往客商主要集中于此处。城内重要建筑物分布于东西大街两侧，街上建有众多牌坊，与城东南玉皇桥接连为一体，犹如龙头微抬，首尾相互辉映，贯穿楼宇，鳞次栉比，错落有致，颇为壮观。古城北部布置有后土庙、祆神楼。中部从西向东，依次为县衙、财神庙、关帝庙、万寿宫、城隍庙、三官庙。城南修有文庙与东岳庙，成了标志性建筑物。城内衙署、庙宇等重要建筑，屋顶多用黄、绿色琉璃，与民居院落形成对比，使得城市井然有序，等级分明。明嘉靖以前，介休古城近似方形，后因雨水冲浸，城东

图2-56　介休古城史公塔

图2-55　介休古城三结义庙

图 2-57　汾城古镇平面图

城墙圮毁严重，且人口日益增多，迫于城内居民安全，于城东北部分外扩城墙，缓解了城内居民增多造成的用地紧张。新扩的城墙开辟五门，因有水贯通南北，所以开水门两座，用以防洪。

（7）汾城古镇

汾城镇位于山西省临汾市襄汾县境西南部，吕梁山脉姑射山东麓，是中国历史文化名镇。汾城镇是在古太平县基础上发展演变而来的。古太平县唐初有尉迟敬德的封地鄂公镇，太平县城在唐贞观七年（633）由现在古城镇迁于此地（现汾城镇），一直延续至20世纪50年代初期。汾城古镇东西宽332米，南北长655米，占地22公顷，以鼓楼为中心四向布局。城西布置有文庙、学宫、试院、学前塔；西北布置了城隍庙、魏侯祠、娲皇庙、观音堂、仓储等；城东布置县署各司衙门、关帝庙、刑狱等设施。城内共有大小街巷17条，主要

街道两侧，民宅栉比，店铺林立，商业繁荣（图 2–57，图 2–58）。汾城古镇规划严谨，秩序井然，具有较高的科学价值。汾城古镇保持着我国县级城市建筑的布局方式，署衙、学宫、仓储、寺庙、店铺、民居、塔、楼、桥梁等不同类型的建筑一应俱全。现存建筑从金大定二十三年（1183）到清末的建筑遗构 11 处，有近 40 余座保存非常完整的历史建筑。建筑类型丰富、时代特征鲜明，具有较高的建筑技术与艺术水平，真实反映了封建社会县级城市在政治、经济、文化等方面的历史状况。

图 2–58　汾城古镇南大街

图 2-59 润城古镇平面图

2. 自由生长型城镇

明清之际，由于一定的历史机遇，加上晋商自身的努力，导致山西地方商业及金融业的异常发达，甚至有富甲天下之势。在山西一些古驿道等交通发达、物流便捷、商贸繁荣的枢纽地带，形成很多自由生长型城镇。自由生长型城镇的特点是没有特定的形式，大都由地理及交通等条件所决定，城镇区形态自由灵活，街巷系统适于交易与居住。

图 2-60 润城古镇街巷之一

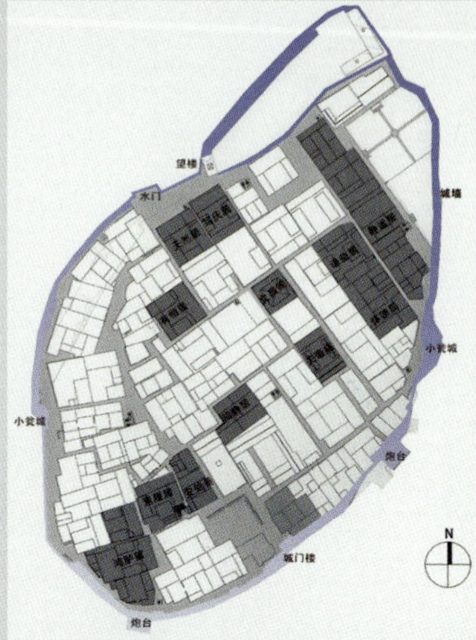

图 2-61　砥泊城平面图

图 2-62　润城砥泊城石碑

（1）润城古镇

润城镇位于阳城县东 7 公里处，四周环山，三面有河，是中国历史文化名镇。元明以来，润城镇的工业和商业非常发达，文化繁荣，人才辈出。其中张敦仁为乾隆四十三年（1778）进士，是清代数学领域成就最大的学者之一。2006 年，润城镇的砥泊城和东岳庙被公布为全国重点文物保护单位。砥泊城位于镇内西北面土丘上，堡墙于明崇祯六年（1633）开始建造，于崇祯十一年（1638）竣工，现基本完好。堡内面积约 3.7 万平方米，堡墙周长 700 米。润城镇现存有明崇祯十一年（1638）的一通碑刻“山城一览”，上面绘有砥泊城平面图，较翔实地反映了堡内建筑和巷道情况。在沁河改道之前，砥泊城三面环水，沁河绕城而过。因为沁河古称泊水，砥泊城由此而得名（图 2-59，图 2-61，图 2-62）。堡墙高 12 米左右，临水面堡墙高达 20 米。砥泊城南面有正门，北面有水门，堡墙四周设有马面、炮台、哨所、藏兵洞等。堡墙主要由冶铁后废弃的坩埚做主要建筑材料构筑而成，非常坚固，成本也低，这也从一个侧面反映出当时的冶铁业的发达。现从堡墙内侧，可以看到密密麻麻的坩埚。砥泊城出于军事防御目的而建，但同时兼顾居住使用功能。砥泊城过去被分为 10 个坊，每个坊都有自己的名字，刻成匾额后镶嵌于过街楼上。现仅存“世泽坊”一块匾额。砥泊城的街巷狭窄幽长，主要巷口设

图 2-63　砥洎城城门

图 2-65　润城古镇街巷之二

图 2-66　润城古镇街巷之三

有巷门，坊与坊之间又通过横跨巷道的过街楼连接。坊间的小巷将民居分隔为一个个院落。坊中的院落并不封闭，院落之间均有过道相连。这种布局与特点，构成了一个完善的防御体系。堡内有文公祠、关帝庙、三官庙、黑龙庙、祖师阁等。堡内还有张敦仁（清代数学家、汉学家）故居、郭登云（清朝内务大臣）“鸿胪第”、王崇铭（清代福建都转盐运使）“师帅府”、“张府”（明代巡抚张春府第）等 30 余处保存较好的宅院（图 2-60，图 2-63 至图 2-66）。[1]

[1] 山西省建设厅. 山西古村镇 [M]. 北京：中国建筑工业出版社，2007：67.

图 2-64　砥洎城全貌

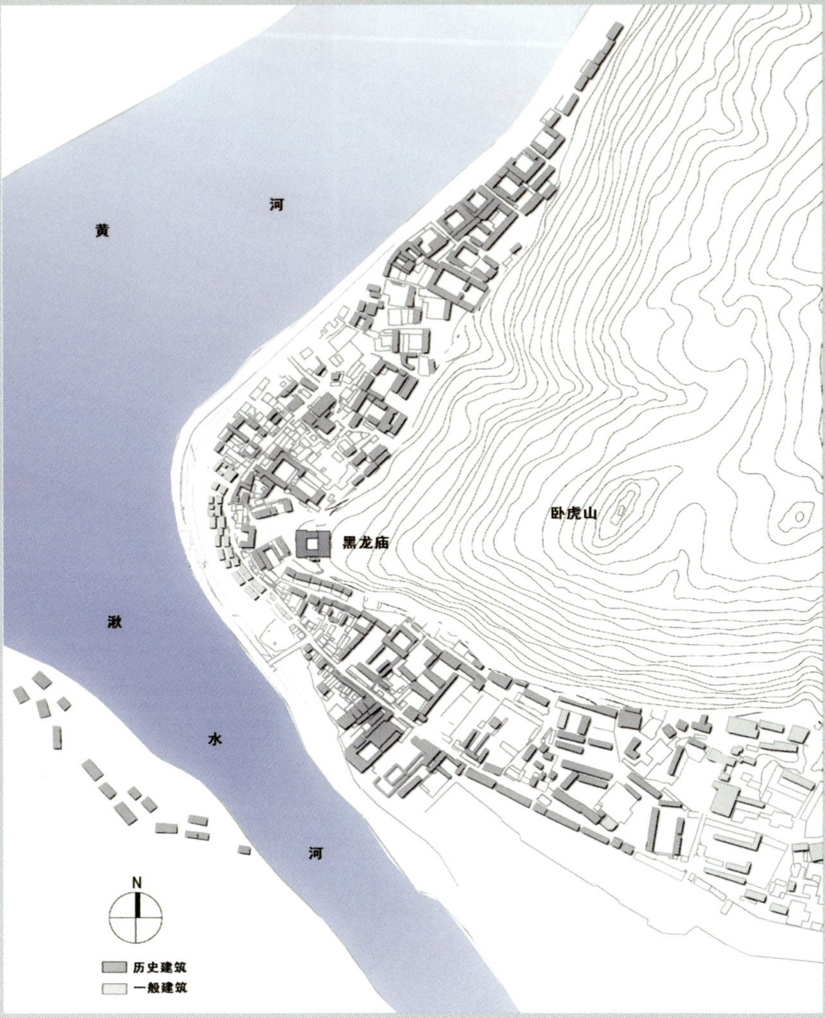

图 2-67 碛口古镇平面图（依据保护规划绘制）

（2）碛口古镇

碛口镇是中国历史文化名镇，是黄河中游著名的水旱码头，有“九曲黄河第一镇”和“水旱码头小都会”等美誉。清朝中期，碛口商贸发展到鼎盛时期。据清乾隆二十一年（1756）《重修黑龙庙碑》载：“临水间碛口镇，境接秦晋，地临河干，为商旅往来、舟楫上下之要津也。比年来人烟辐辏，货物山积。”民间亦有“驮不尽的碛口，填不满的吴城”“碛口街上尽是油，三天不驮满街流”等民谣。可见其经济之繁荣，商业之发达（图 2-67，图 2-68）。碛口镇主要街道有西市街、东市街、中市街，3条街道总长2公里有余，称五里长街。除主街外，还有13条小巷，有百川巷、驴市巷、画市巷、稀屎巷、烟花巷、当铺巷、拐角巷、四十眼窑院巷、无名巷、要冲巷等。街巷地面都以黄河卵石、方石等铺砌而成，店铺都是平板门，门前两侧有高圪台。西市街又称后街，多为经营油盐、粮贸等的大型货栈，如荣光店、大顺店、四十眼窑院、天聚永等。荣光店现已改为黄河宾馆。西市街多为四合院建筑。东市街又称前街，多为经营百货、日杂、副食等的零售业和服务业的商铺，也是骡马、骆驼运输店集中的地方，规模较大的有三星店、义和店等。东市街上建筑多较简陋，多建高圪台，既可陈列货物，又可防洪防水灾。中市街多为金融机构，如钱庄、银行、票号等。中市街是连接东市街和西市街的街巷，曾是镇内最热闹的街道。

图 2-68　碛口古镇全貌

图 2-69　大阳古镇街巷

（3）大阳古镇

大阳镇是中国历史文化名镇，位于泽州县西北部 25 公里处。大阳镇的历史可以上溯到汉代。汉高祖封大阳为阳阿侯国，后汉设为阳阿县。隋文帝于开皇三年（583）废县治。明清时期，大阳镇商业繁荣，“户分五里，人罗万家，生意兴隆，商贾云集”。[1] 同时，大阳镇资源丰富，特别是煤炭和铁矿资源。战国时，大阳是北

[1] 山西省建设厅. 山西古村镇 [M]. 北京：中国建筑工业出版社，2007：91.

方各诸侯国制造兵器所需生铁的重要产地。到了明清时期，大阳的采煤、炼铁和铸造行业达到鼎盛，每年大批商人来到大阳进行铁货交易。因为经济的繁荣，带动了大阳镇的村镇建设和社会文化发展。大阳在明清时期建造了规模宏大的宅院建筑群（图 2-69，图 2-70）。这些大院布局严谨，规模宏大，装饰讲究。横贯东西的明清大街，至今店铺林立，古风四溢。沿街分布有七十二巷，可谓壮观。在大阳诸多宅院中，明代万历年间丁丑科户部右侍郎张养蒙宅院是杰出的代表。这座宅院规模宏大，雕梁画栋，独具风格。另外如东大阳村的光禄第，是明代嘉靖礼部尚书裴宇的故居，呈九宫八卦式布局，结构合理，院院相连，建筑尺度高大。除了遍布大街小巷的深宅大院，大阳还留存有不少寺庙建筑，如汤帝庙、关帝庙、资圣寺、后大寺、九层天柱塔、香山寺等。

图 2-70　大阳古镇过街楼

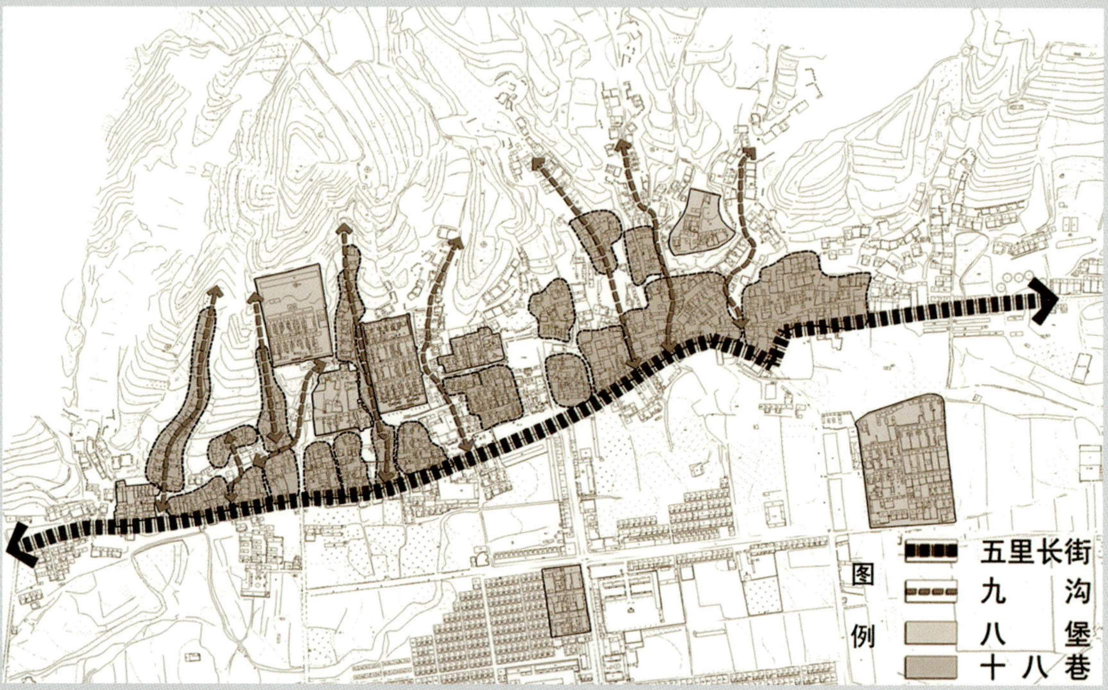

图 2-71　静升古镇平面图（依据总体规划绘制）

（4）静升古镇

静升镇位于灵石县城东 12 公里处，2003 年被国家公布为第一批中国历史文化名镇。静升镇在清乾隆年间（1736—1795）到嘉庆年间（1796—1820），达到其鼎盛时期，当时有"一街九沟八堡十八巷"之称，镇内现存有王家大院、文庙、魁星楼、文笔塔等。其中横贯东西 5 里的主街更是商铺林立，市井繁荣。静升镇内现存 5 处王氏堡院，有红门堡（恒贞堡）、高家崖堡（视履堡）、西堡子（崇宁堡）、东南堡（和义堡）和下南堡（拱极堡）。其中高家崖堡和红门堡保存最为完整。高家崖堡与红门堡东西相峙而立，中间以一桥相连。高家崖堡和红门堡的南坡下的临街处有王家孝义祠，祠前有孝义坊。孝义坊为石构，三门三楼，雕刻精致，造型优美，建成于乾隆五十一年（1786），是奉旨为王氏十五世王梦鹏而建。孝义祠则建于清嘉庆元年（1796），正房上下两层，下面为窑洞三间，后面另有一大窑洞用于停放灵柩；上面为木构房屋 5 间，供奉祖先，为祭祖堂（图 2-71 至图 2-73）。[1]

[1] 山西省建设厅. 山西古村镇 [M]. 北京：中国建筑工业出版社，2007：149.

图 2-73　静升古镇西街

图 2-72　静升古镇恒贞堡

图 2-74　周村镇小南门

（5）周村古镇

周村镇位于泽州县西部，古时为晋城县的西大门，距晋城市区 23 公里，是西连陕西、南接河南的要塞。因村东的长河上有一桥叫“长桥”，周村镇原名长桥镇。后来西晋名将周处灵柩葬于镇西，于是改为周村镇。周村镇在明末清初时已经初具规模。清乾隆五年（1740）和清咸丰七年（1857）曾经历过两次大修。古人描述其“城墙周三里，一百九十五步，墉高四丈”。原有城门 5 座，分别是东、

图 2-75　周村古镇沿街店铺

图 2-76　周村镇古桥

图 2-77　周村镇街巷

西、南、北 4 座正门以及 1 座小南门，上方分别刻有“行山重镇”“丹水名区”“连阳接沁”“金汤巩固”等石匾额。现在 4 座正门和大部分城墙都已拆毁，唯独小南门尚存（图 2-74 至图 2-77）。进入小南门，有一条东西走向的古商业街和众多古民居建筑群。这些民居大部分建于明清两代，呈四合院形式。其中最古老的民居建筑是“鸿胪第”，始建于明末，为一进三院式，规模宏大，细部雕刻精细。而周村镇最古老的建筑则是位于古商业一条街北侧高岗上的东岳庙。东岳庙创建于唐初，经宋、明、清历代重修。周村最大的民居宅院是郭象升故居，建于晚清时期。郭象升是近代大教育家，1910 年后历任山西师范学堂教员、山西医学专门学堂监督、山西大学文科学长、山西省立教育学院院长等职。周村镇北部高岗上，原有串心院、平地院、书房院、旗杆院等 18 院，现存 6 座比较完好的院落。整个建筑显得气势宏大，庄严古朴，同时又不失精美。[1]

[1] 山西省建设厅. 山西古村镇 [M]. 北京：中国建筑工业出版社，2007：104.

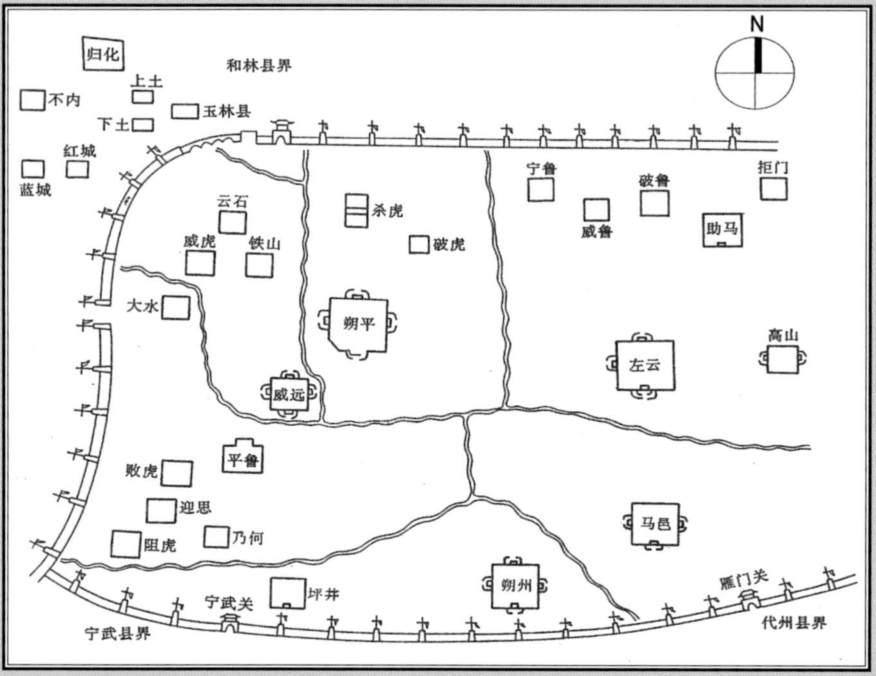

图 2-78　明代雁北边防城堡图（董鉴泓《城市规划历史与理论研究》）

3. 防卫型城镇

明代为了抵御蒙古族的进攻，在北方的重要关隘不断设险置关，修筑防线，形成了外边与内边。山西境内的外边主要是指大同以北的长城，在长城沿线分布着不少军事城堡。明代边防的兵制是设都司、卫、所，山西行都司，下设大同左卫、大同右卫、大同前卫、大同后卫、朔州卫，再下为千户所，这些卫所沿长城根据地形分布，据《明会典·镇戍五》载："大同边防共有城堡六十四座，敌台八十九座，墩台七百八十八座。"清代康熙年间，长城南北和平共处，这些边防城堡的军事性质发生了改变，成为长城内外人民的贸易场所，从而随着商贸的发展，逐渐由军事据点演变为乡民的定居点。[1]所谓内边，是指西起山西偏关县，经神池、宁武、代县、朔县、河北蔚县等地，抵河北延庆县的内线长城，蜿蜒1000多公里。在这条防线上，筑关设堡，驻守军队。在山西境内，设偏头、宁武、雁门三关，称为外三关。外三关之中，偏头为极边，雁门为冲要，而宁武则介于两关之中，控扼内边之首，形势尤为重要。明代的军事家，在论述宁武的地理形势时，就说过："大同有事，若以重兵驻此，东可以卫雁门，西可以援偏头，北可以应云、朔，盖地利得势也。"山西境内保存较好的防卫型城镇有大同、

[1] 董鉴泓. 城市规划历史与理论研究 [M]. 上海：同济大学出版社，1999：23.

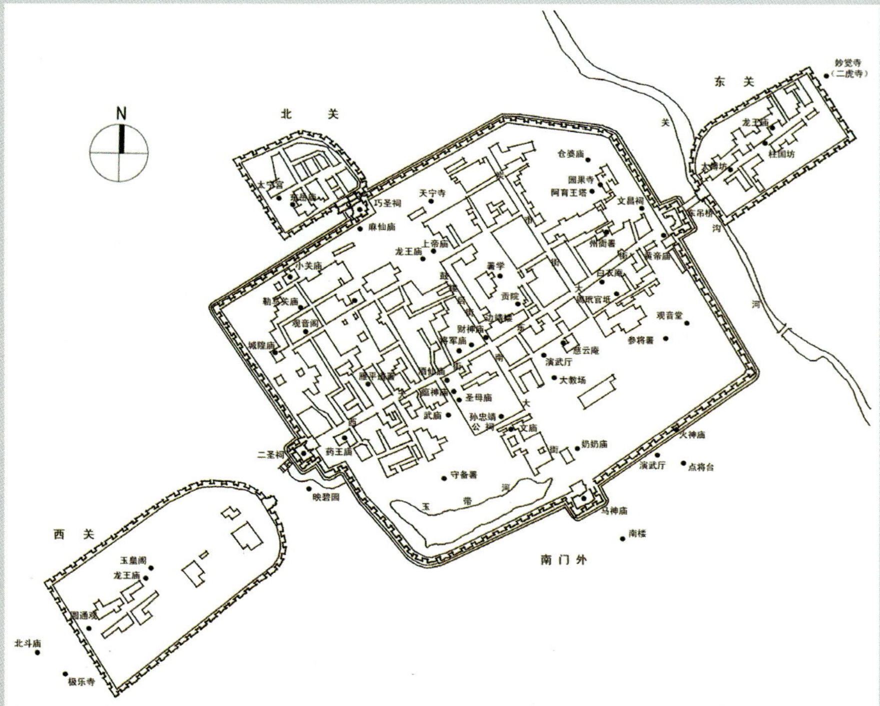

图 2-79　代县古城平面图（依据保护规划绘制）

左云、右卫、代县、旧广武、阳明堡、娘子关等（图 2-78）。

（1）代县古城

代县位于山西省东北部，北依雁门，南望五台，滹沱河由东向西向临城流过。代县古称上馆，自古为山西北方的军事、经济、文化重镇。代州古城于北魏孝明帝时由城西 15 华里的汉广武故城迁来。汉广武城约筑于战国时的赵国。秦王政二十六年（前 221）始置县。汉高祖七年（前 200），刘邦抗击匈奴时，曾驻兵于此。东汉时，雁门郡治在阴馆（今朔州境内），曹魏黄初元年（220），移于广武城。广武遂为郡、县治所。北魏延昌元年（512），雁门郡发生毁灭性的地震，郡县于熙平至武泰年间（516–528），一并向东移至上馆城，即今代县城。北周大象元年（579），肆州治所又由九原（今忻州市）移置上馆城。隋开皇五年（585）改肆州为代州，代州之名自隋始。开皇十八年（598）又改广武县为雁门县，遂为郡、州、县治所。

隋唐时，代州依托雁门关防御突厥，军事和政治地位更为重要，曾设总管府和都督府，辖忻、代、蔚（今属河北省）三州。一度辖代、忻、

图 2-80　代县古城西城门

图 2-81　边靖楼北侧

朔、蔚、灵五州。唐中期是著名的方镇，雁门节度或代北节度均驻代州。北宋初与辽对峙，著名将领杨业曾任代州刺史 7 年之久。金元两朝仍为州、县驻地，代州辖崞、代、繁峙、五台 4 县。明初，设立九边重镇，代州为山西镇之要冲（图 2-79 至图 2-81）。吉安侯陆亨集中军民进行了大量修复工程，首先是防卫瓦剌的军事设施，兴修雁门关、内长城、烽墩、堡寨、驿站。对州城城墙在原有基础上加高加厚，全部用青砖砌筑，并修缮了四城门、四瓮城、城四角建楼、城中边靖楼、钟楼等共 14 座建筑设施。对衙署、民居、寺庙也陆续修缮，使代州城成为楼阁耸峙、城垣坚固的北方名城。明中叶以后，随着经济逐渐发展，城内一时店铺林立，物资富积，商贾云集。享有“南绛北代”之美称。由于受五台山佛教的影响，州城的寺庙发展到 30 余处，军事重镇代州又充满了浓厚的宗教色彩。清以后，代州在雍正朝升格为直隶州，又是道署所在地，成为道署、州署、县衙三级驻地，政治地位进一步提高，商品经济更加活跃。州城一时树立坊表，兴建园林别墅、楼阁庭堂等。由于崇儒兴教之风大盛，代州重视文教，科甲联翩，誉为文献之邦。州城以古迹集聚、名流荟萃、商业发达闻名遐迩。[1]1994 年，代县古城被列入国家历史文化名城。

[1] 山西省地图集编纂委员会. 山西历史地图集 [M]. 北京：中国地图出版社，2000：249.

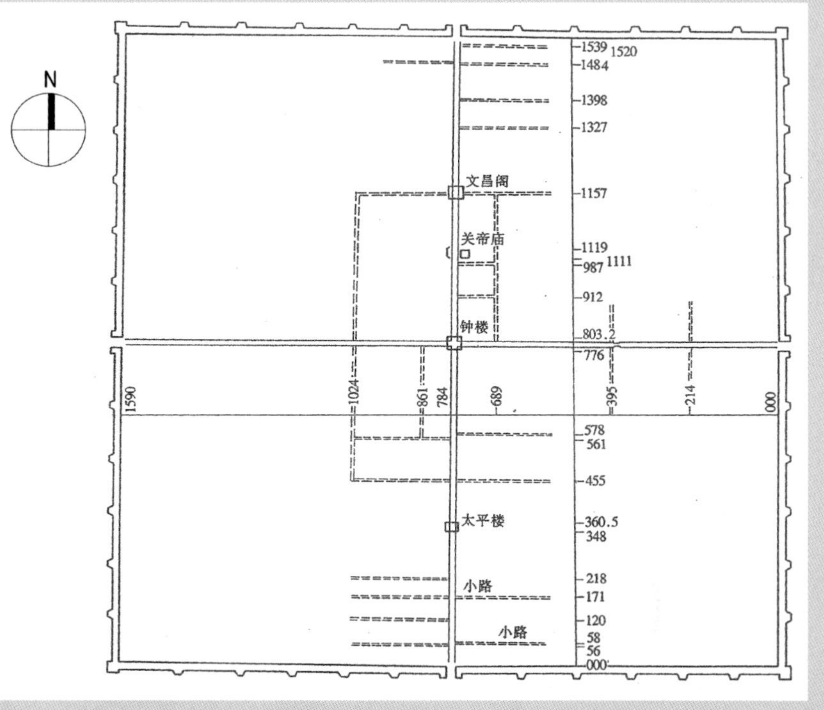

图 2-82　左云古城平面图（董鉴泓《城市规划历史与理论研究》）

（2）左云古城

山西历史上曾经一度战火纷乱，因此分布着大量的防御性城堡。纵然战火平息，但几经盛衰兴败，许多当年气势宏伟的堡寨，或以静静的姿态坚守历史，或以浓厚的乡音传唱往昔。残存的堡城诉说着战火纷飞的年代，风化的墙垣讲述着繁荣昌盛的过往。这些聚落多靠近长城边防线，以外围的高墙、厚重的城门形成封闭的防御体系，因地制宜地构成了居住与防卫合二为一的聚落形式，印证了那个灾祸不断的历史，为我国传统的防御性聚落提供了宝贵的素材。左云，明洪武二十五年（1392）设镇朔卫，开始筑城，永乐七年（1409）称大同左卫，筑城垣（图 2-82）。正统年间，将边墙外的云川卫并入，改称左云川卫，并将城垣包砖。城门有三，南曰拱宸，西曰靖远、北曰镇朔。洪武二十八年（1395），移太原及平阳民为兵户，在此屯田守卫。城周长经实测，南北约 1540 米，东西约 1500 米，东半部顺山势建造，西境外临河，南、北、西三城门均有瓮城。南门外有南关，另有城墙，系万历三十八年（1610）拓修，外城门正对瓮城门有翼城一道。城内主干道为北门通往南门街道，跨街建有太平搂、鼓楼、钟楼、聚奎楼（文昌阁）等建筑。这几座楼位于同一轴线上，丰富了街景，各楼附近商店汇集，是城市经济生活的中心。2009 年，左云古城被列入山西省历史文化名城。

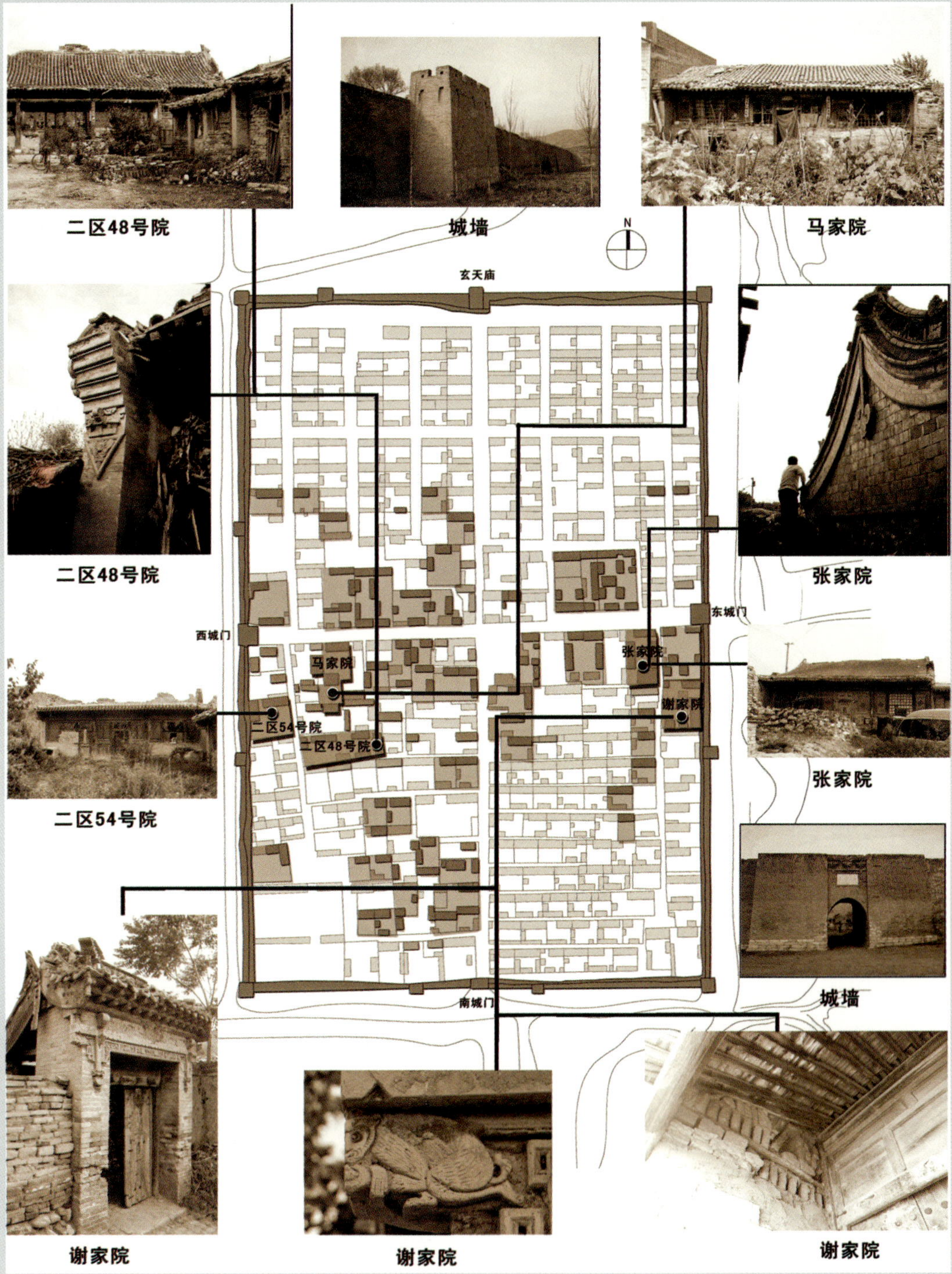

图 2-83　旧广武城历史遗存

图 2-84　旧广武城城墙

（3）旧广武城

旧广武古城雄踞隘口，南望内长城，东靠新广武城，北邻汉阴绾故城，西接辽代雁门关关城遗址，是历史上汉民族与北方少数民族发生战争的重要地带，是雁门关下的重要关隘，是山西省现存最完整的古城之一，素有"北门锁钥"之称（图 2-83，图 2-84）。

旧广武古城的确切建造年代，史籍无载。据有关文献佐证和现存建筑考究，始建于辽代，当时为夯筑城垣，明洪武七年（1374）包砖，清代曾作过维修和补葺。现存城墙除外观具有明代特点外，其主体规制和构造基本为辽代故物。原城门上有门楼，已遭破坏。城内街道建筑布局基本保留原制。旧广武城各城门外侧曾有过精致的砖雕为装饰，但多已风化，城门上石匾的字迹也难以辨认，而六七米高的巨大木质门扇依然可以开合。在

城的北部还保留着一座烽火台，它已经成了残存的近 20 米高的大土堆状。明清两代均在此设重兵驻守，并兼协防雁门关外之北楼口、平型关、水峪口、白草口等。古城设东、西、南 3 座城门，未设北门，大概是出于与北方来犯之敌作战的需要。每面城门均有瓮城，现在仅在南城门还保留着瓮城的残垣断壁。旧广武城在旧时作为囤放粮食等军用物资的城堡，据说在旧城的西南方向山脚下，是杨六郎驻扎的军营，曾经有农民耕地时挖出了当时的城砖和器皿，而旧广武城就是他的储备基地。旧广武城城墙保存良好，至今仍可以在城墙上游走观光，所以城堡边界明确。古城城墙周长 1701 米，总占地 172720 平方米，平面呈长方形。城墙总高 7.35 米，下宽 5 米，顶宽 3.4 米，外表全部砖砌，石条作基。最上沿矮墙置垛口、望洞和射孔。整个城墙共施马面 16 座（包括城门马面），马面紧贴墙体，雄伟稳健，其尺度大小不等。

城内街道、建筑布局基本保留原制。其主要街巷有东大街、西大街、东西大街和中大街等“四大街”，其余贯穿在其中的还有纵横的“八小巷”，巷名已经无从考证。东西大街和中大街形成的十字街曾是商业贸易聚集地，沿街遍布商铺，交易产品主要有丝绸、芦苇席、茶叶、水果、粮油和皮毛等。[1]

[1] 王金平，赵军. 旧广武村聚落与民居形态浅析 [J]. 中国名城，2011(11)：63-67.

图 2-85　新平堡长城

（4）新平堡镇

位于大同市天镇县东北端的新平堡镇是一座防御型堡寨式聚落。新平堡地处晋、冀、蒙三省（区）交界处，西、北隔长城与内蒙古兴和县相邻，东与河北省怀安县接壤，素有“鸡鸣闻三省”之称，因地处坦途要地，历朝历代在新平堡镇建有大规模军事设施，自古为兵家必争之地。2009 年新平堡被公布为山西省历史文化名镇，2010 年又以其独特的科学价值、历史价值和艺术价值，被公布为中国历史文化名镇（图 2-85 至图 2-87）。

新平堡镇历史悠久，远在新石器时代就有人类在此繁衍。新平堡

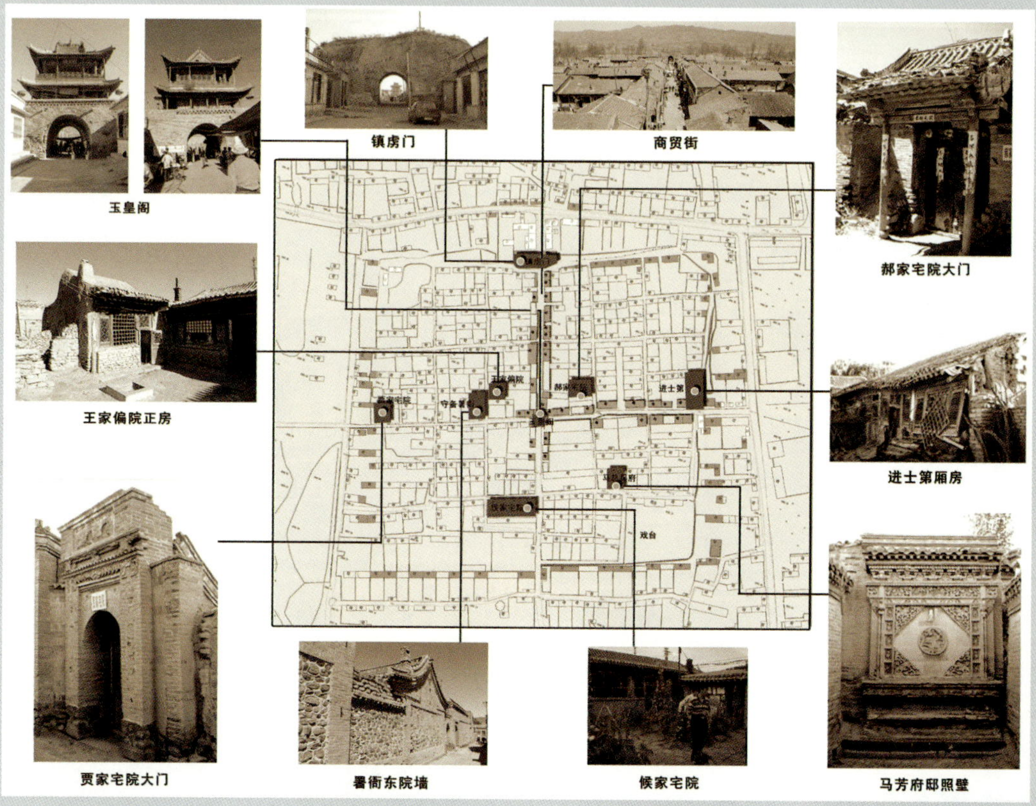

图 2-86 新平堡镇历史遗存

镇周朝属代国，战国属赵国，称“延陵邑”，秦代曾置“延陵县”，东汉改设为“延陵乡”，元代属兴和路。明朝属大同镇新平路，清初仍为大同镇新平路治地。清雍正三年（1725）属天镇县辖，驻军参将或中军守备直属大同镇。新平堡镇自古为兵家必争之地。“先有新平堡，后有天镇城”，这句话颇为新平堡人津津乐道。因地处坦途要地，历朝历代在新平堡镇建有大规模的军事设施，目前境内存留有赵、汉、北魏、明4代长城近50公里，其中以明长城为多，保存居山西省前列。边墙军堡、边墩、烽墩、敌台、控军台、炮台等，都有较完整的实物。新平堡既是军戍堡寨，也是边境贸易的一大处所，相当繁荣。明隆庆年间，堡西开始设西马市，每年阴历七月初三至十四开集贸易，长城内外的物资在这里得到交换，国家在这里设置海关税务，为明朝“国家级”贸易场所。

新平堡平面格局严谨，十字交叉的主要街道构成了堡城的中心，平面近似方形，只在西北角延伸出一段矩形。古镇的发展大致可以划分为四个历史时期，即明末、清初、建国和改革开放时期。从堡镇的演变中可见，新平堡在这一发展过程中，保持了相对平稳的状态。自改革开放后，随着人口的增加和生产力水平的提高，堡镇东部出现了一些新建区域，主要道路和巷道的分布被重新整合和组织，从而形成了今日之格局。新平堡现存的历史建筑主要分布在东西大街以南以及北大街。重要的历史建筑有永和成布匹行，北街 294、296、239 号商铺，玉皇阁，守备衙署、宣威楼、火药楼、马芳府邸、进士第、王家偏院、贾家宅院、郝家宅院等。其中，商业店铺均匀地分布在北大街两侧，其余院落大都分布在东西大街以南。玉皇阁位于十字大街的交点，统领着整个古镇的形态格局。[1]

[1] 王金平，温婧. 晋北堡寨式聚落防御性特征初探 [J]. 中国名城，2012（3）：31–36.

图 2-87　新平堡地貌

图 2-88　娘子关兴隆街（依据保护规划绘制）

（5）娘子关镇

娘子关历史悠久，早在新石器时期就有人类居住，殷商时期就形成了古村落；春秋时期在境内修筑过中山长城；秦汉时期，逐步演化为晋冀军事要塞；唐宋时期，军事要塞地位更加突出，军事建筑体系逐步完备；明清以后，强化了军事防御功能，关隘、长城、栈道等建筑设施进一步完善，同时，商贸业兴起，逐步成为晋冀商贸、物流枢纽。现存关城为明嘉靖二十一年（1542）所筑，有关门两座，南门石券拱形门额横书“京畿藩屏”；东门为石券拱形，砖筑城门，门额横书 “直隶娘子关”。南门建有宿将楼，楼台石柱上镌刻着两副楹联“雄关百二谁为最，要路三千此并名”；“楼台古戍楼边寨，城外青山城下河”。由于娘子关是历史上的军事重镇，所以历代都设有重兵把守。在近代史上，清末的晋东辛丑之战，抗日初期的娘子关防御战、百团大战，解放战争的攻坚战都发生在这里。时至今日，关内建筑除南城楼在 1986 年进行了重修外，其余建筑大多为原始风貌（图 2-88 至图 2-90）。

图 2-89　娘子关兴隆街街景

图 2-90　娘子关长城

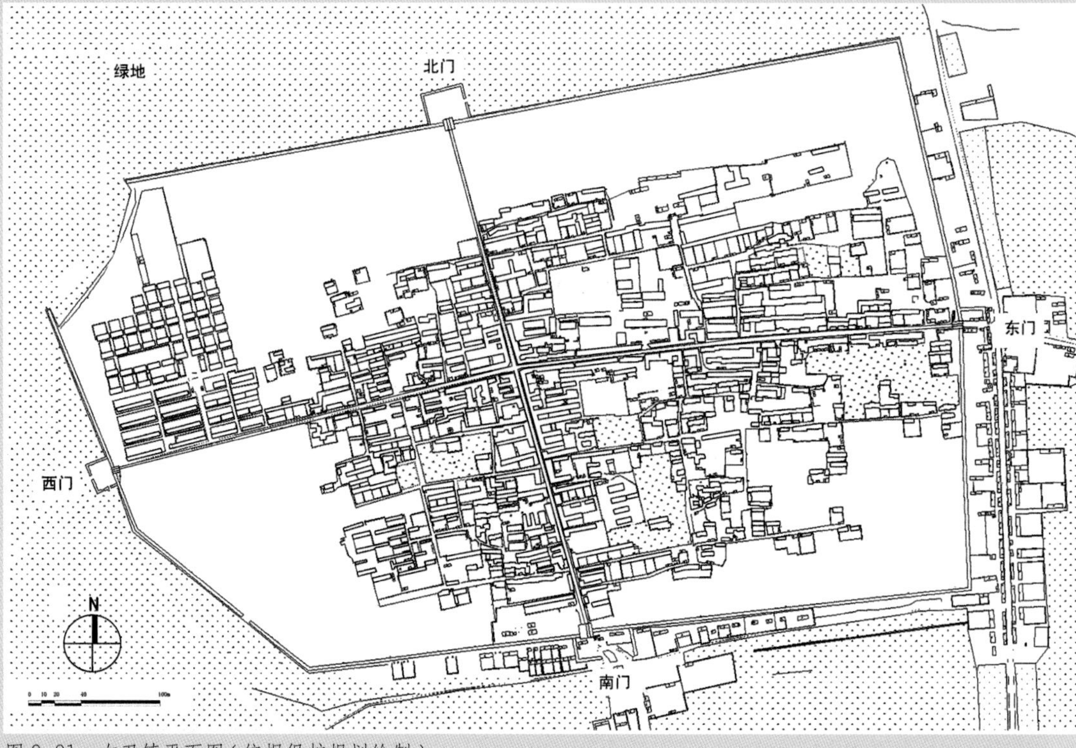

图 2-91　右卫镇平面图（依据保护规划绘制）

（6）右卫古镇

右卫镇建于明洪武三十五年（1402），正统年间将关外的玉林卫迁入大同右卫，合称右玉。嘉靖四十五年（1566）重修，万历三年（1575）用砖包砌了城墙。到清代，右卫成为朔平府驻地。右卫城东西长约 1117 米，南北宽约 1460 米，设 4 座城门，东为和阳门，南为永宁门，西为武定门，北为镇朔门，城门处均建有瓮城。城内正对城门的东西、南北两条大街交汇成十字形，交汇处原建有鼓楼，今已经毁坏。城内布置有将军府、都统署、县衙、经历、库官、粮饷府、常丰仓等，并有许多庙宇。由于右卫地处杀虎口通往内蒙古的商道上，所以商贸非常发达。京包铁路建成后，右卫逐渐失去其经济作用，慢慢衰败下来。[1] 在众多的边关堡寨中，杀虎堡

[1] 董鉴泓. 城市规划历史与理论研究 [M]. 上海：同济大学出版社，1999：26.

图 2-92　右卫镇街巷

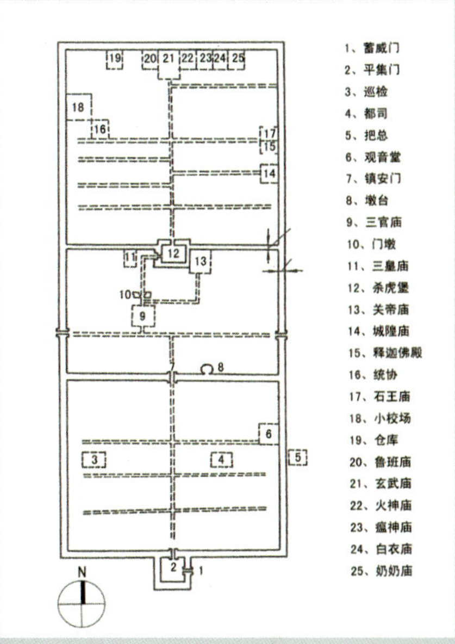

图 2-93　杀虎堡平面图（董鉴泓《城市规划历史与理论研究》）

图 2-94　杀虎堡形势图（董鉴泓《城市规划历史与理论研究》）

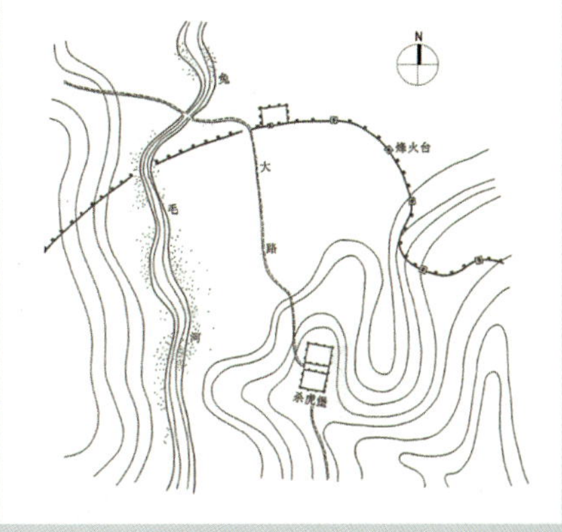

图 2-95　杀虎堡地理位置示意图

的地位非常重要。明代时，杀虎堡称之为“杀胡堡”，是山西通往内蒙古的津要。嘉靖二十三年（1544）筑堡，万历四十三年（1615），在其南另筑一堡，称“平集堡”，后将二堡连成一体，两堡唇齿相依，成掎角之势。堡内驻扎有巡检、都司、副将、守备、把总等官衙，并设有校场、仓库。堡内建有许多寺庙建筑，如关帝庙、城隍庙、鲁班庙、火神庙等，是官兵精神寄托之所。杀虎堡只有南门带瓮城，北墙正中下面建玄武庙。中间夹城有东、西两门。杀虎堡西北一里多即为长城关口，称“杀虎口”。关外沿车马大道形成集市，是清代由右玉通往口外的重要商道（图 2-91 至图 2-95）。[1]

[1] 董鉴泓. 城市规划历史与理论研究 [M]. 上海：同济大学出版社，1999：27.

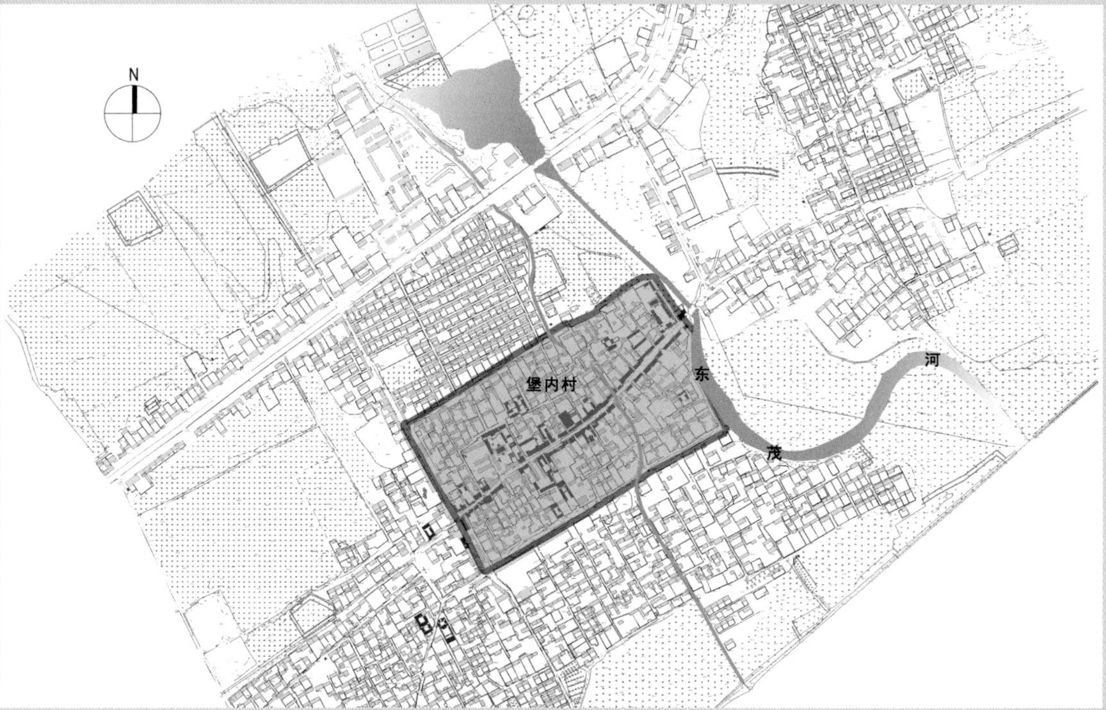

图 2-96　阳明堡平面图（依据保护规划绘制）

（7）阳明堡镇

阳明堡是雁门关内重镇代州的“三十九堡”之一，也是“十二连城”之一，还是重要的古代驿铺。由于地处雁门关南口，阳明堡是入关南下的第二道防线，因而被称为“雁门关下第一堡”。雁门关外一直是古战场，阳明堡是军事备战的前沿，主要在这里集中兵员、储备粮草，古时战争不断，兵员成批来往不断。因而这里历来就是兵家必争之地。同时又是商贾票号的起源地，在我国古代商贸经济中占有一席之地，是我国古代商贸经济的发源地之一。阳明堡从春秋开始建城，宋治平二年（1065）始改称“阳明堡”。城区呈“蝎子”形，南关为头，堡内为身，东关为尾。主城区堡内占地面积约25万平方米，四周用砖筑墙，城墙高约12米，底宽约10米，顶宽约8米。街道呈“井”字形，主街道东西走向长约500米，两头建有城门。阳明堡镇的文物古迹众多，文化遗产丰厚，主要集中于阳明堡古镇区，包括：堡内、东关车马店建筑群和南关刘家建筑群。堡内作为一个军事堡垒在古时主要担负防御职能，同时又是商贾票号的起源地。随着战事的减少，商业贸易的不断发展，阳明堡由一个军事堡寨转化为商业重镇。随着堡内进一步地发展，堡内有限的空间不能满足其发展要求，东关逐渐发展成为物流集散地，南关逐渐发展成为富户聚居地（图2-96，图2-97）。

图2-97 阳明堡街巷

三　乡村聚落

1. 乡村聚落的选址

山西传统乡村聚落，就其选址来看，可以分为两大类，即山地聚落和平原聚落。这些聚落是在交通相对便利、地势比较平坦、有利耕作、接近水源、自然条件比较优越的地方形成的聚落。山西的乡村聚落，往往是由于家族聚居、人口繁衍而逐渐扩大的。这种稳固的血缘关系，是聚落形成的基础。山西境内的乡村，有大有小，大到上千或者几千户人家，小到几户人家。聚落规模的大小，是由多方面的因素决定的。一般而言，距离城镇较近、交通便利、土地肥沃、耕地较多的乡村，往往聚居人口较多，因而聚落的规模较大。而那些地处偏远山区，自然条件差、交通不便、土地贫瘠的乡村，一般规模都比较小。

概括来讲，山西传统乡村聚落的选址有如下几方面的特征。

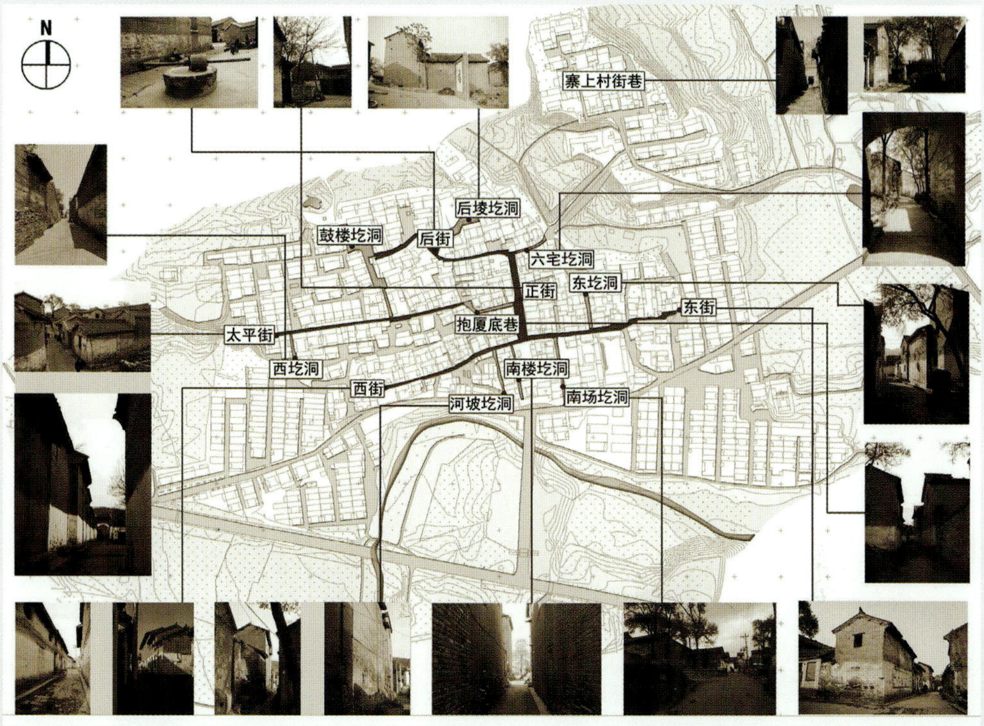

图 2-98　良户村历史遗存（依据保护规划绘制）

（1）择水而居

水是生命之源，择水而居是人类的自然属性使然，所以山西的乡村聚落往往靠近河流、湖泊。即便是在山区建设的乡村，也是在基岩裸露的山涧盆地附近进行建设，以便充分利用雨水或溪水。据《山西古村镇》一书统计，山西目前保存较好的古镇古村，主要集中在黄河流域、汾河流域和沁水流域，符合人类择水而居的一般规律（图 2-98 至图 2-101）。[1]

[1] 山西省建设厅. 山西古村镇 [M]. 北京：中国建筑工业出版社，2007.

高平良户村，三面环山，河水萦绕，北为凤翅山，南对双龙岭，正冲虎头山，西与高平关老马岭相连。原村河经村前流过，东沟河自蟠龙寨之东流出，寨沟河自凤翅山经村东汇入原村河，西沟河自凤翅山经村西流入原村河。良户村负阴抱阳、四河会水，是一处产生于农耕文明背景下的、最为理想的人居聚落。

上庄村位于阳城县东，润城镇东北，境内东西宽 1.4 公里，南北长 1.6 公里，总面积 2.25 平方公里。村落居境中偏西，

图 2-100　位于庄河边的上庄村

图 2-101　位于沁水岸边的郭壁村

上庄河汇聚阁沟及三皇沟两沟之水，由东而西穿村而过，经永宁闸进入中庄、下庄，汇入樊河，为季节性河流，俗称“庄河”。沿庄河的水街是上庄村聚落的脊椎与核心。[1]

郭壁村位于沁水县东南部，与窦庄村相邻，毗连沁水岸边，古为沁河的一个重要渡口。村落四面皆山，村中的建筑依山而建，高低错落，绵延起伏。村前有沁河缓缓流过，风景优美，是典型的滨水型村落。

[1] 王金平. 山右匠作辑录 [M]. 北京：中国建筑工业出版社，2005.

图 2-99　位于明公河北岸的良户村

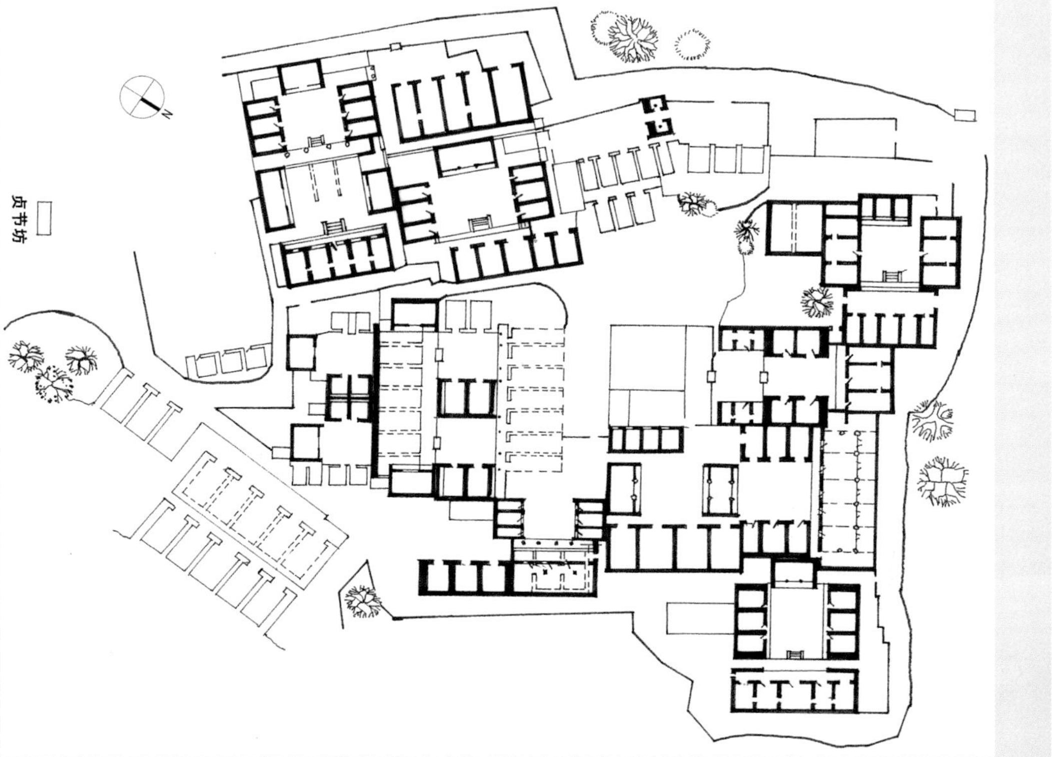

图 2-102　师家沟村平面图

（2）负阴抱阳

以起伏绵延的山势作为背景建设乡村，无论从自然景观还是从生态环境来看，都是最佳的选址。靠近山脉、负阴抱阳、背山面水的基址，可以在阳坡建设民居，前低后高，有利采光，朝向好，排水畅。这样的基址不仅使乡村聚落与自然环境的空间构图更加完善，而且有利于节约耕地，满足农耕经济的需要。山西许多山地聚落结合山势灵活布置，依山就势，因地制宜，高低叠置，参差错落。聚落通过视线通廊和周围的山脉、绿地连成一体，相互渗透，自然山势与人工建筑交相辉映，形成了符合当地自然地理环境特点的民居建筑特色，使聚落与自然环境融为了一体，成为理想居住环境（图 2-102 至图 2-104）。

地处黄土丘陵地带的汾西师家沟村，就是结合山势，随山坡循势

图 2-103　师家沟村外观

图 2-104　李家山村外观

而建的典范。该村从低处进入，步步登高，直至山顶。从高处往下俯瞰，全部建筑呈现出一种起伏跌宕的层次美，给人一种无限风光尽收眼底的开阔感；从低处往高处仰视，整个村落气势恢宏、巍然屹立在山岗。这种随形就势的聚落形态，可以说全部是自然地理形势所赋予的。

再如临县李家山村，其民居依据地形层叠建设，下部建筑的屋顶就是上部建筑的庭院，使得室内外空间融会贯通，这种因地制宜的规划方式体现了乡民所具有的创造力，更体现了一种人与自然的统一与和谐。这些窑洞建筑形成了一些极具特色的空间。它们顺山形合地跌落而下，构成相对完备的叠院体系，这些院子彼此互连，上下相通，院内形成公共活动场所，院顶作为入口及交往平台，它是中国传统四合院体系与山地特色相结合的产物。

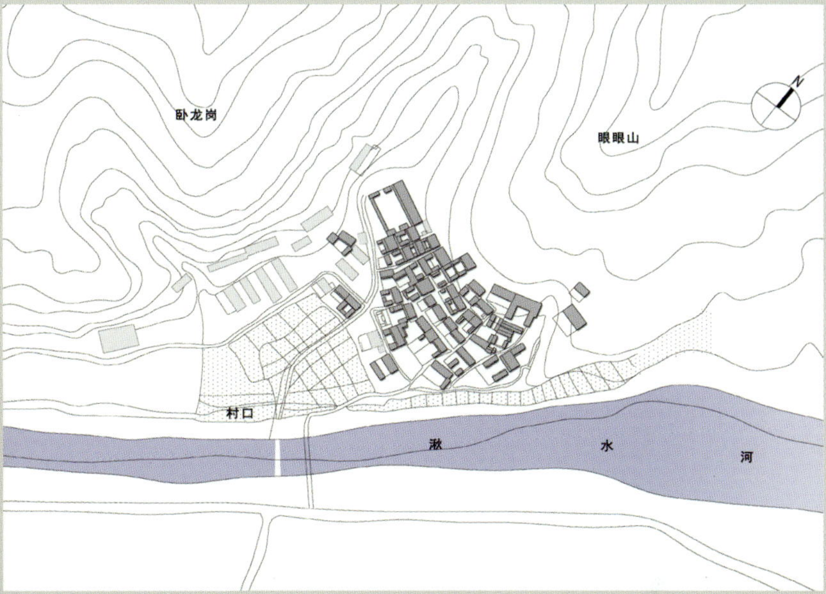

图2-105 临县西湾村平面图

（3）靠近农田

山西传统乡村聚落不仅与自然结合，创造了村落中自然环境之美，而且靠近农田，方便农业生产（图2-105，图2-106）。

临县西湾村位于碛口镇东北2公里处，背靠眼眼山，左邻湫水河，右邻卧虎山，依山傍水，避风向阳。因处于侯台镇西侧的山湾里，故称“西湾村”。西湾村于明末清初，随碛口镇水陆码头一并崛起。西湾村依山而建，较平坦的台塬地带留作农田。远眺该村落，山形、水色、田畦、人家，自然完美地统一在一起，体现了人与自然的和谐共处，是传统人居环境的杰出典范。

图2-106 西湾村外观

（4）有利防卫

现存的山西传统乡村聚落，大部分形成于明代。明末清初，社会动荡，特别是陕西农民军的数次侵扰，给山西乡民造成了很大恐慌。传统社会保障安全也是山西乡村聚落选址的重要因素，这样，在一些易守难攻的地域，便成为聚落的理想基址。而在一些平原地带，无险可守，境内居民多修筑堡寨御敌。堡寨正是基于这种目的而出现的典型聚落。清中期，一个堡就是一个村，如乾隆《孝义县志》记载："南小堡，城东十八里，文峪河东平地九十一户。"[1]明代所修的夏县牛家凹堡，光绪年间已成乡村聚落，人口稠密。据《夏县志》载："今墙垣坚厚，居民稠密，仍旧名焉"。[2]

王化沟属于宁武县涔山乡，村落建在悬崖绝壁间，远望好似空中楼阁，天上人家。王化沟村深匿于深山老林中，具有较理想的防卫功能。村庄背倚悬崖，面临深渊，分布在近 500 米的绝壁上，海拔 2300 多米。村西石崖上耸立着一

[1]（乾隆）孝义县志：村庄．中国地方志集成第 25 册．凤凰出版社，2005.
[2]（光绪）夏县志：舆地志里镇．中国地方志集成第 65 册．凤凰出版社，2005.

图 2-107　王化沟村全景

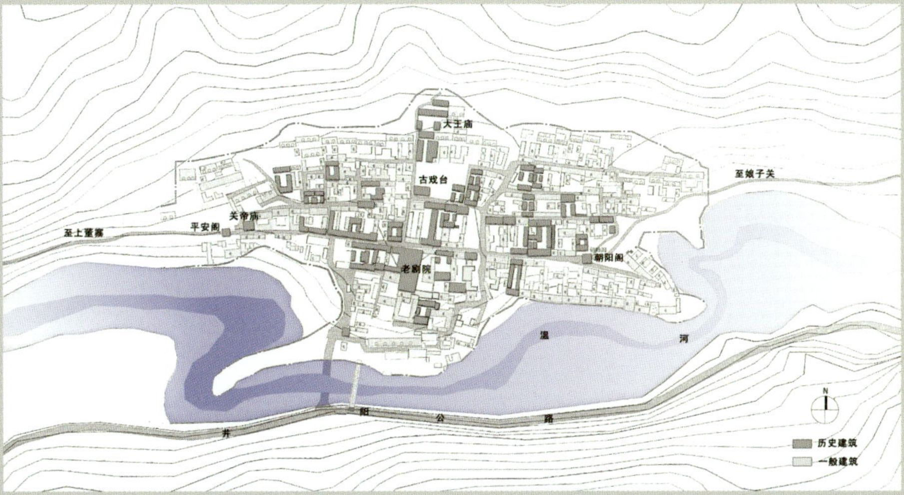

图 2-109 下董寨村平面图（依据保护规划绘制）

图 2-108 下董寨村全景

块长条巨石，村民亲切地称作石人，村庄所依托的大山也叫作石人山。村民房屋，依崖就势，高低错落，坐北向南，避风向阳。因山腰悬崖空间狭窄，房屋后部坐落在崖石上，前半部则悬空而建，下面以竖立在天然石壁上的大木柱支撑，看似危险，实则相当坚固，至今仍有清代建筑完好无损地保存着。地盘不足，就向空中伸展，因此还有许多楼阁式建筑。房前无院，只有一条走廊。各家走廊之外多用木料横竖组合，悬于空中，便是街道，十分奇特。骡、马、牛、羊、猪圈虽然不像住人的屋子讲究，但都经过精心策划，合理布局，使牲口不至掉入万丈深渊（图 2-107）。

位于娘子关镇西 8 公里的下董寨、上董寨村，始建于东汉中平年间（185-189），《山西通志》记载："董卓垒在县城东北九十里，即承天军址，汉董卓为并州牧，驻兵于此。"董卓垒依山面河，以石头筑成，建在卧龙岗上，其下有水流湍急的温河，历史上称其车不能行，马不能并，一卒当道，万夫莫入。进可出太行直下冀中平原，扼控燕赵；退可依河东大地，据险防守，是我国历史上重要的关隘要道。现存有古垒分为上董寨、下董寨两村，上董寨地势平缓，下董寨地势险要。古街内均为青石砌筑，两侧院落也多为石头建筑。村内民风淳朴，男性多尚武，至今仍有正月十六跑马、耍社火之俗（图 2–108，图 2–109）。

夏门村位于灵石县城西南约 10 公里，处于太行、吕梁两山对峙的汾河峡谷处。因其独特的地理位置，自古成为兵家必争之地。夏门村依山抱水，前有汾河，后有山脉，由下至上，拾级而修。古堡核心区从下至上一条巷道贯通，自旧街入堡处建有头堡门，沿石巷道至堡后的后堡门，前后两门一关，堡内自成一体。进头堡门往东，经二堡门，折三堡门便进入百尺楼中心区。夏门村最令人叹为观止的当属建于汾河之滨、悬崖峭壁之上的“百尺楼”。该楼面东倚西，紧临滔滔汾水，如刀劈斧凿般笔直通天，高 40 余米，为 4 层砖拱建筑，层层用木梯相通，一直到楼顶，具有较强的防卫性（图 2–110，图 2–111）。

湘峪村位于沁水县东南部，依山而建，群山环绕，村前有小河，环境优美。湘峪村古堡竣工于明崇祯七年（1634），是在一代名宦孙居相、孙鼎相等人的倡议和主持下修建而成。孙居相、孙鼎相是兄弟俩，均为进士，也是湘峪村明末最为著名的人

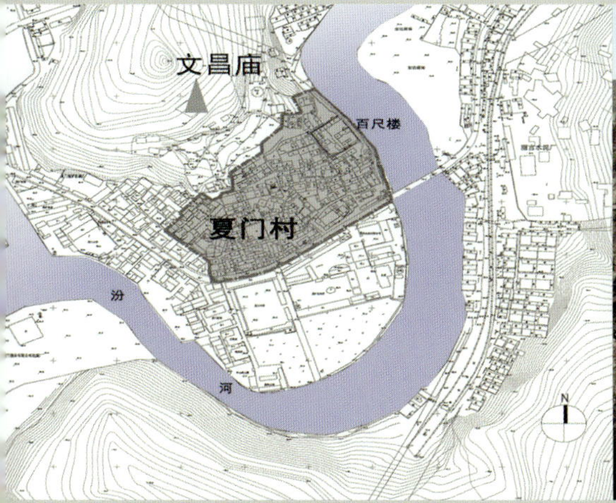

图 2-110　夏门村平面图（依据保护规划绘制）

图 2-111　夏门村百尺楼

图 2-112　沁水湘峪村

物，和湘峪村的兴盛密切相关。古堡周长约 760 米，依山势而建，筑有 3 座堡门，东门曰“迎晖门”，堡门石额犹存；西门曰“来奕门”，堡门有石刻匾额“来奕”，上题“崇祯甲戌申月吉旦”八字；南门曰“薰宸”，堡门石额立于门内石墙上。南堡墙沿小河而建，在岸边悬崖峭壁上建有藏兵洞、角楼等，提高了防御能力（图 2-112）。

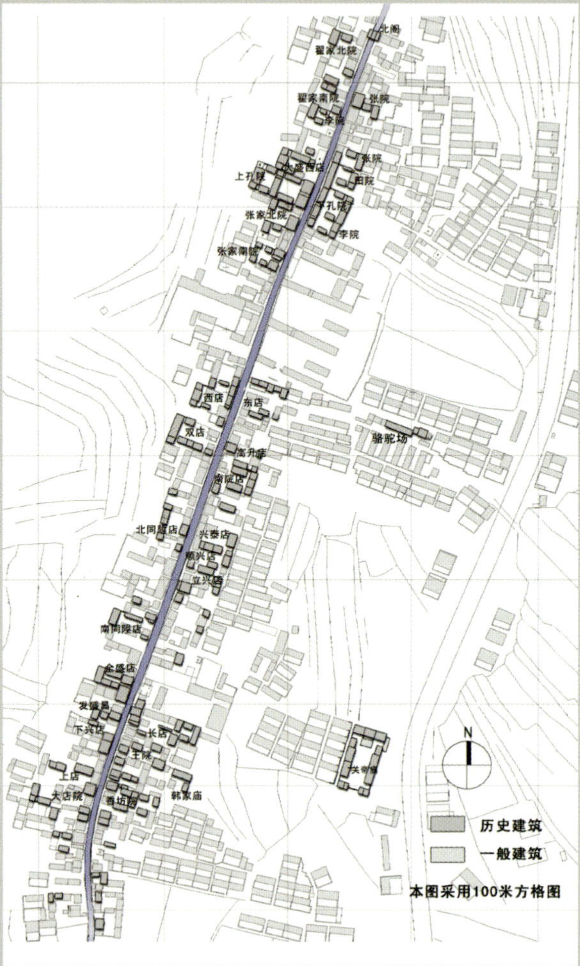

图 2-114 拦车村平面图

图 2-113 拦车村街景

（5）交通便捷

尽管在自给自足的农耕社会中，聚落的交通条件并非最主要的因素，但随着商品经济的发展，乡民逐步打破了“居不近市”的传统观念，于是在山西的古驿道或交通枢纽处，出现了规模较大的乡村聚落（图 2-113，图 2-114）。

拦车村属泽州县晋庙铺镇，因传说这里为“孔子回车”之处而得名。该村即是在古代著名的“星轺驿”基础上发展起来的传统乡村聚落。村内现存有 10 余处院落，传统建筑面积共约 1.7 万平方米。民居宅院四周均为两层建筑，院落的尺度较大，显得颇有气势。村中的主要街道就是古代的交通驿道，保存较为完整。

2. 乡村聚落的布局形式

聚落形态受自然、人文因素的影响，概括来讲，其居住方式有两大类，即聚居型聚落和散居型聚落。在自然条件稳固的情况下，宗族观念是聚族而居的前提。《临晋县志》载："山无蹊隧，泽无舟梁，比屋聚族连属其乡"。[1] 在晋东南地区，地方官员甚至鼓励"族党宜睦"，[2] 这种聚族而居的居住方式，必然产生了聚居型聚落。而在社会动荡和自然灾害之后，乡民为求生存，往往背井离乡，从而使聚落逐步消亡。光绪年间的大旱致使山西不少地方的聚落出现凋敝现象，如平陆县"村宇为墟者尤多"。[3] 与此同时，在山西开始出现一些散居型的聚落。所谓散居型聚落是指一两家或三五家散处各地的聚落，通常被称为"三家村"聚落，如清代岳阳知县赵时可曾感叹："荒山夹残涧，设官犹七里。里里皆鹄形，三五破窑垒。凿土竟作家，茹草甘如旨"。[4] 散居型聚落所在地地形较为破碎，且耕地资源有限，对于聚居型聚落所需人口的承载力有限，如在晋北保德州"初不知每村不过两三家，多亦不过一二十家，相距俱五七里，或一二十里，号召不相及，声势不相倚，且岩居穴处，一望不见人踪"。[5] 又如在晋东南的太行山区，"大者仅百余家，小者或才数家而止，而且地室陶穴"。[6] 总体来看，晋北、晋东南和晋西部山地、黄土丘陵地带，聚落多以小规模散居型聚落为主，而晋中、晋南和晋东南的河谷盆地则以大规模聚居型聚落较多。一般而言，山西乡村聚落的空间布局形式有 4 种，即散点型、条带型、团堡型和层叠型，概括来讲，涵盖"点""线""面""体" 4 种形式。

[1]（乾隆）临晋县志卷 1. 坊里篇 . 中国地方志集成第 65 册 . 凤凰出版社，2005.
[2]（乾隆）潞安府志卷 8. 风俗 . 中国地方志集成第 30 册 . 凤凰出版社，2005.
[3]（光绪）平陆县志卷上 . 村堡 . 中国地方志集成第 64 册 . 凤凰出版社，2005.
[4]（民国）重修安泽县志卷 16. 艺文 . 中国地方志集成第 43 册 . 凤凰出版社，2005.
[5]（乾隆）保德州志卷 1. 都里 . 中国地方志集成第 5 册 . 凤凰出版社，2005.
[6]（乾隆）沁州志卷 1. 建置沿革 . 中国地方志集成第 39 册 . 凤凰出版社，2005.

图 2-115　小塌则村外观

（1）散点型聚落

散点型聚落实际上只为散布于地表上的居民住宅而已，除上述因素影响外，也受生产方式之影响。如临县小塌则村就是因当地生产瓷器而产生的散居型聚落。历史上，该村以生产窑货著称，以大型的粗磁缸、盆为主，产品销往陕西、河套等地区。当地居民就地取材，村子和散住窑洞以废弃的黑釉大缸做院墙，远远望去，蔚为壮观（图 2-115）。

图 2-116 下董寨村全景

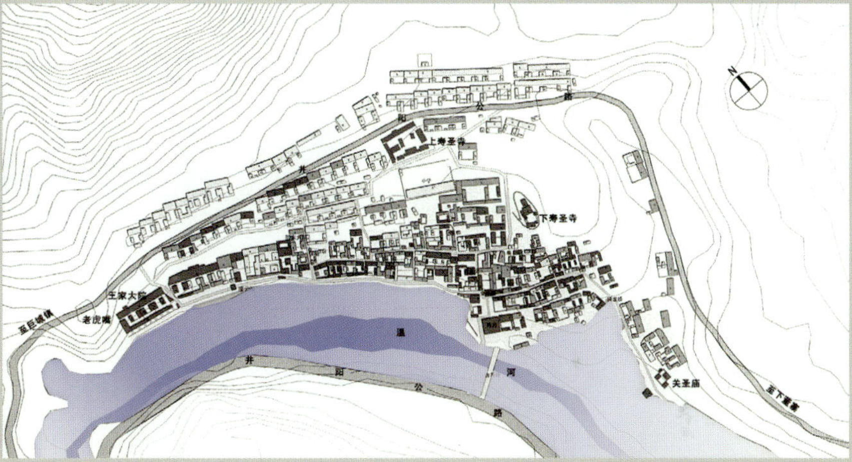

图 2-117 下董寨村平面图（依据保护规划绘制）

（2）条带型聚落

造成条带型聚落的因素首先是受水资源影响。山西地处黄土高原，水资源匮乏，水资源的分布状况很大程度决定着聚落的发展和分布，乡村因靠近水源而沿河道伸展，或为避免洪水浸淹而沿等高线形成条带型布局，聚落多沿河流聚居形成条带型聚落（图 2–116，图 2–117）。“蔀屋数十家，历落沿溪聚”，[1] 山区聚落则多沿溪涧分布，也可形成条带型聚落。在一些缺水地区，聚落往往也会沿着人工渠道分布两

[1]（乾隆）陵川县志卷 28. 艺文 . 中国地方志集成第 42 册 . 凤凰出版社，2005.

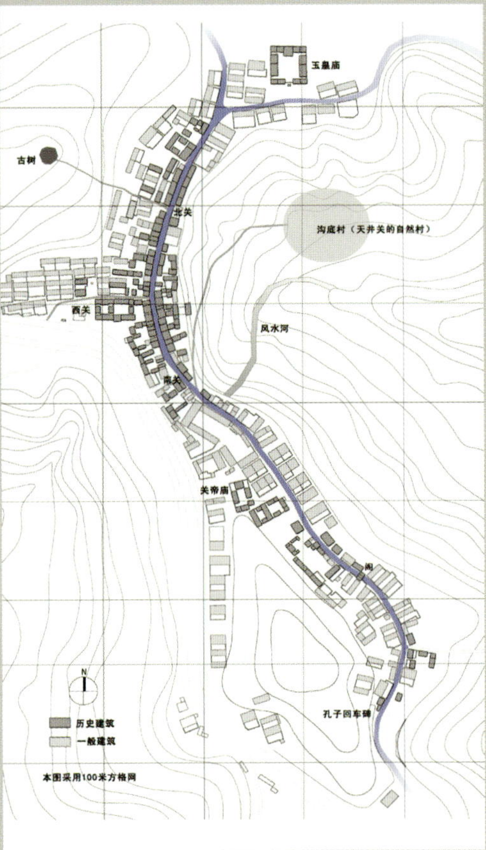

图 2-118　天井关村平面图（依据保护规划绘制）

图 2-119　天井关村街景

侧，“经营数载，渠道通畅，沿水各村，均受其益”。[1] 其次，处于古驿道或交通枢纽处的聚落，则沿道路布局，形成条带型聚落。天井关村属泽州县晋庙铺镇，因村内有著名的天井关而得名。天井关是山西通往河南的必经道路之一，为太行山南端要冲，又名太行关，因关南有三眼自然形成的深穴而得名。《汉书·地理志》中提到：“上党高都有天井关，即天门也。”战国时期，秦与韩、赵争夺上党，曾屡战于此。后来的东汉、北魏、隋、唐、宋和后梁，为攻取泽州，北进太原等，都在此发生过较大的战争。古人有“拔天井而振上党”和“形胜名天下，危关压太行”之语，意指天井关有非常重要的战略地位。天井关周边留存有羊肠坂、碗子城等古迹。天井关村东有文庙遗址。村内的街巷也较为完整，两侧有多处较好的宅院。村内现存传统建筑面积共约 1 万平方米，是典型的条带型聚落（图 2-118，图 2-119）。

[1]（光绪）交城县志卷 2. 舆地·河渠堤堰 . 中国地方志集成第 25 册 . 凤凰出版社，2005.

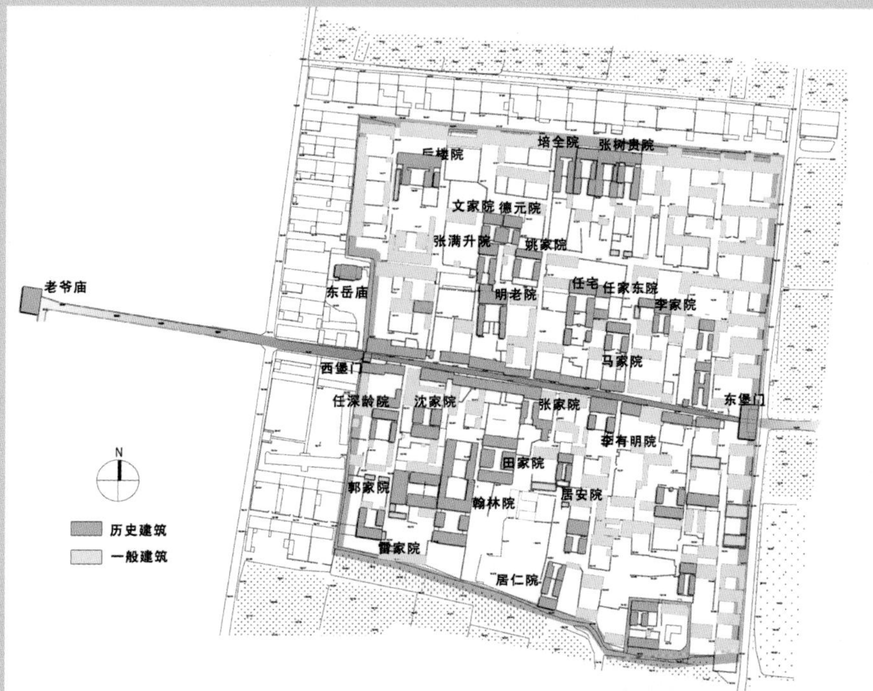

图 2-122　宋家庄村平面图（依据保护规划绘制）

（3）团堡型聚落

团堡型聚落大多分布于地势平坦的平原地区，聚落内部道路为“丁”字、“十”字或“井”字形布局。山西乡村拥有为数众多的堡寨，随着聚落功能的转化，作为乡村聚落的堡寨，其墙垣也直接塑造了乡村聚落的整体形状。张壁村位于介休市南 5 公里处，绵山北麓。张壁村村落形态为明堡暗道式，地上部分为古代军事设施（城堡）、宗教建筑、民居的组合，地下部分为长达 5000 米的复式地道。古堡东西长 374 米，南北宽 244 米，占地面积约 10 万平方米。堡墙留有南北二门，中间是一条用红砂石砌成的 300 米的“龙脊街”，宽约 5 米，将村落分为两大部分。街东有 3 条东西向的小巷，从北到南分别是小靳巷、小东巷、大东巷；街西有 4 条东西向的小巷，从北而南分别是户家巷、王家巷、贾家巷和西场巷。堡内北门和南门各有一个庙宇建筑群。北门的城墙头上有 3 座庙，正中是真武庙，东侧是空王庙，西侧是三大士殿。南门处有可汗庙、关帝庙（图 2-120）。此外，孝义宋家庄、高平苏庄、襄汾丁村，也是典型的团堡型聚落（图 2-121，图 2-122）。

图 2-121 宋家庄村街景

图 2-120 张壁村街景

图 2-123 灵石董家岭村平面图（依据保护规划绘制）

（4）层叠型聚落

层叠型聚落是以窑洞为主要形式，依山就势布局村落，这在黄土高原地区是一种因地制宜的构筑手段。这样的聚落，自远望去“短垣疏牖，高下数层”，[1] 通常形成两层或多层聚居型聚落。据《万里行程记》载：“两面山势绵亘，汾水径其中如带，山上村居，楼阁层叠，宛如图画”。[2] 当然，也有一些地区，采用窑上建房的办法，形成“层穴屋上屋”的聚落景观。[3] 这种层层叠叠、立体交叉、起伏跌宕的聚落形态在山西非常普遍。董家岭村位于灵石县南关镇以西，距灵石县城 20 公里，深藏于黄土高原丘陵沟壑中，始建于明末清初，后经数代多次增修扩建而成现有规模（图 2–123，图 2–124）。整个村庄成

[1]（康熙）隰州志卷 14. 风俗 . 中国地方志集成第 33 册 . 凤凰出版社，2005.
[2]（清）祁韵士 . 万里行程记 . 宁夏人民出版社，1987.
[3]（乾隆）乡宁县志卷 15. 艺文 . 中国地方志集成第 57 册 . 凤凰出版社，2005.

扇形布局，依山就势，顺坡而上，阶梯式上下9层，分布在凹形山坡上，前以峭壁为屏，后以峻岭为靠，底以磐石为基，层楼迭阁，错落有致，十分质朴雄浑，整个村庄以大槐树和村对面峻岭上文笔塔为轴线向中心布置，以巷道为纽带，立体交叠，明暗互通，巷道收放有序，曲折变化，穿插于立体交错的衬窑之间。从而形成了可居、

可匿、可防、可退的多功能、节能、节地的山地建筑形态，充分体现了传统聚落的选址和规划布局理念。

图 2-124　灵石董家岭村全貌

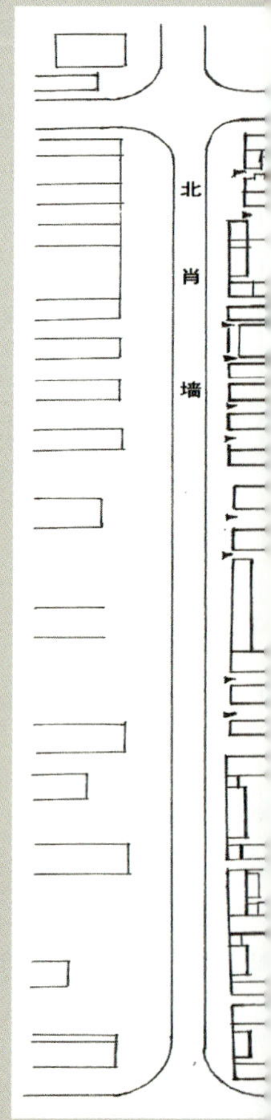

四 聚落居住模式

1. 城镇居住模式

山西城镇中的居民区，在东魏、北齐之前，以“里”相称，从东魏、北齐之邺南城起，主要以“坊”相称。唐以前里坊为封闭式，从宋代起，已完全成为开放式。尽管中国封建社会前后期城镇居住区的性质有差异，但形态并无太大变化，一直呈方块式的居住单元。这种居住区是由纵横交错的街巷分割的，由于街道端直，并与城墙平行，它的形状也多为方形或矩形，圆形较为罕见。在方块居住区内，又由许多小街巷分割成大小不等的小方块。太原城的坊，先由“十”字街分割，再由“十”字街分割成16个小方块，居民在每个小方块内划分大小不同的院落，临街开门。院落的形状也多为方形或矩形。城内的四合院，也就是方形或矩形的居住单元。地方城镇的居住区虽不如大城市整齐，但形态大体一致。由此可见，山西城镇中的居住单元，形态单一，具有稳定性（图2–125）。

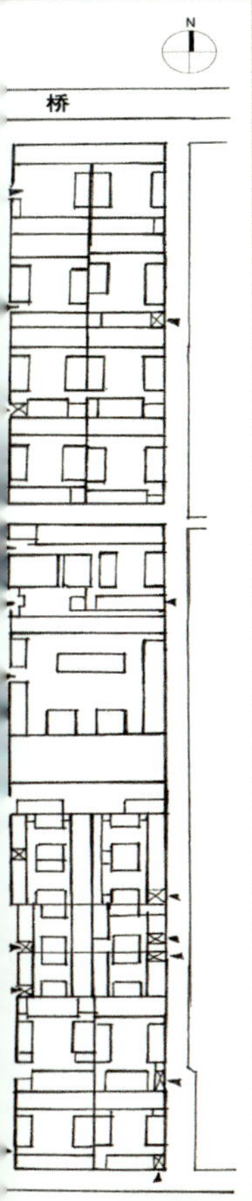

图 2-125 太原裕德里街区平面图

图 2-126 祁县古城民居大门

（1）城镇街坊民居

山西城镇街坊民居以倒座、各级厢房、正房等组成四合院或三合院，外观因宅而异，高度、形制、细部各不相同，错落有致。从外观看，城镇民居在山花、烟囱帽、脊兽、风水楼与风水影壁等细节的塑造上独具特色，灰色的墙面成为细部的背景和衬托。风水楼和风水影壁增加了封闭外观的视觉层次，成为山西民居最具地域特色和民俗特征的景观。

院落的大门是主人身份的象征，一般人家都讲究对大门的装饰，都要修建比较像样的门楼，搞一对较为敦实、耐用的大门。大门的颜色根据各家的爱好与当地比较普遍使用的颜色来定，可以是黑色，也可以是赭色、枣红色等。大门的门基，往往要抬高，设置许多台阶，使客人进门前先登台阶，然后再进大门。在大门的门口，有石狮子坐立于两旁，甚为壮观。也有的干脆搞两个石墩子，亦可装饰，还可坐人，一举两得。当然，还可以拴马，成为拴马石。有些比较讲究的院落，进大门后，有一段过道，过道对面是影壁，影壁的内容丰富多彩，具有极高的艺术价值。院落内部设有排水沟，有阴有阳，不尽相同。院落内部的道路，有些是在各门前修通一条路，互相连接，一直到门口（图 2-126，图 2-128）。

（2）城镇商业作坊民居

清代手工业与商业有长足的发展，商品经济对民居的影响逐渐具体化，如城镇中手工作坊或商店往往与住房相结合，山西各地出现了一种前店后宅的居住形式。也有一些城镇的沿街民居，采取下店上宅的形式，店房门板白天完全敞开，进行生产或售货。山西平遥、祁县、榆次、太谷、孝义等地的沿街建筑就是前店后宅式的商业作坊民居（图 2–127）。

太谷旧城的建筑，商号约占三分之一，集中于东西南北四条大街。民宅约占三分之二，集中于城内四隅。太谷古城住宅特色明显，普通人家的宅院大多为“三三制”，即正房、厢房、下房各为三间的四合院。而一些大户人家或临街铺面则是正房五间，厢房里七外五或里五外三的两进院、三进院。但正房多呈一面坡，俗称梯儿房。外观青砖石砌，上窗

图 2–127　榆次老城沿街店铺

一律内启。这些四合院既有防火的作用，又有聚水聚财的寓意，都属明清北方典型的宅院。明清太谷为山西最富有的地区之一，因此县城的民居，楼高墙厚（图 2-129）。

一般庭院中多砌筑花栏墙，上置盆栽花木，如夹竹桃、花石榴、腊梅、海棠、菊花等，个别大户或大商店还培植一些名贵的桂花、铁树等。此外，庭院中还常在花墙前置大鱼缸一二个，有的专为养鱼，有的仅为储水浇花，还有的则在缸内栽植荷花或睡莲。

图 2-128　太谷古城民居大门

图 2-129　太谷古城沿街店铺

图 2-131　侯殿元宅院外观（刘升斌摄）

（3）城镇私宅

受城镇寸土寸金的影响，城镇私宅一般规模均较小，但设计均很精巧。如平遥城雷履泰旧居位于县城内书院街 11 号院。此院坐北向南，包括东、西两院及后院。西院内宅门辟于八卦中“巽”字方位，坐西向东，四合院内计硬山顶南厅 3 间，临街高筑，五檩前后廊式；正厅 3 间，结构与南厅同；东西厢各有鹌鹑尾式单坡瓦顶房 3 间，举架甚高，出檐深长。后院正窑 5 间带前檐，檐柱通天，窑上建木构楼房 5 间，栏杆饰件，现存完好，用料硕大，图案简朴。前檐雀替素面式，檐下原悬有贺匾，上书“拔乎其萃”。正窑门窗呈方形；东西厢皆为明装修，棂花、窗扇现存完整；西院上空原有天棚罩盖，上系铜铃，以防盗贼。东院呈四进院落，宅门于后期拆除，里院计正窑 5 间，加前廊，每截院或大或小，各有东西厢房 3 间，现存基本完整。高台基、高屋身、高举架，可谓雷宅一大特色。视其宅院格局，可见当年受建屋占地面积的局限（图 2-130）。又如位于平遥县古陶镇西城社区沙巷街 23 号的侯殿元宅院，坐北朝南，二进院落。占地面积 911 平方米。创建于清道光二十五年（1845），中轴线上依次建有门楼、二门楼、正窑、东西两侧建厢房。正房为砖券窑洞 7 孔，带木构前廊，东西廊窑各 5 间，前檐插廊，结构精巧，构思独特（图 2-131）。

图 2-130　雷履泰宅院正房（高永杰摄）

图 2-132　阳泉小河村民居内院

2. 乡村居住模式

山西的乡村，一般盖房都习惯于坐北朝南，一个村落，往往由许多坐北朝南的院落并排构成，结构简单，排列整齐，这是平原地区乡村建房的特点。山西乡村的院落，一般都是封闭式，即一个门，进出都从此门经过，别无它门出进。院内的墙，即围墙，一般分成几种：一是砖墙，二是土坯墙，三是石头墙，四是板筑土墙，还有木栅栏墙、篱笆墙等等。有些墙，搞得很简易，墙身也不高。但有些墙，却十分讲究，磨砖对缝，由石头作基础，这些都要根据经济条件来决定。

山西的乡村，在房屋建筑上有着自己的特点，其一是村内房屋互相毗连，前边房屋的后墙就是后边房屋的正面墙。左邻右舍，墙房相连，也叫作接山连墙，对户而居，中间相隔一条街道。当然，单门独户墙院不相连的也有，尤其在山区就多一些。山西乡村的第二个特点是高低层叠的比较多，酷似楼房。其实是由地形决定而形成的。这种层叠的“楼房”在山区较多，在平原地区是没有的。其三，有些乡村地处交通要冲，因而村庄也相应地承载着商业集市的内容。这些乡村，一般商业较为发达，居民稠密，聚落规模颇大。

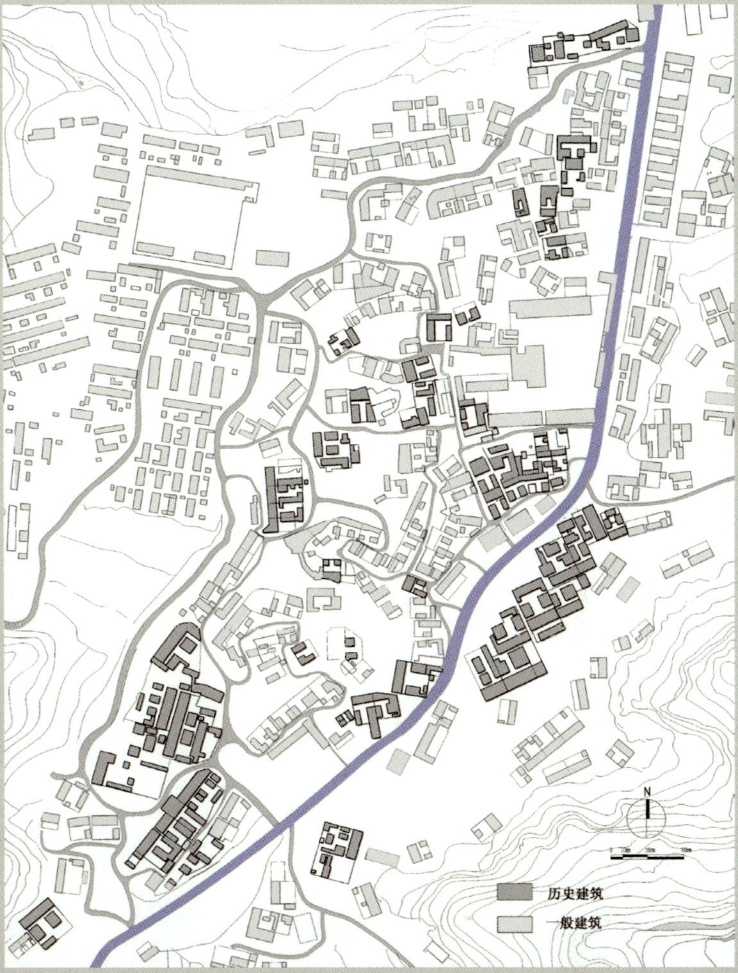

图 2-133　阳泉小河村平面图（依据保护规划绘制）

无论是平地乡村，还是山地乡村，民居大都采用四合院或三合院布局（图 2-132，图 2-133）。正房尽可能坐北向南，这是院落的主房。院落东西两侧为厢房，东西厢房，一般都比较对称，建筑格式也大体相同或相似。南面建有南房，与北房相对应。整个院落，大都符合中国传统院落的规制。当然，在南北、东西房形成的角落中，也有耳房。这种耳房，有的用来储存粮食，成为库房，也有的做厨房。还有一个角落，一般是西南角，则作为厕所；而东南角，则大都是院子的大门，这种布局方式，在山西非常普遍。

而在一些山区，民居院落多依山而筑，层层叠叠形成台院，但没有定式。当然，四合院也是山区较富裕的人家首选的住宅形式。这些山地民居，按照风水先生测定的位置，以高檐出厦的正房为主，院落也带有耳房、左右厢房、下房门洞、街门、院门等。正房中装通顶四扇格窗、隔扇、屏门。厢房左右对称，按左上右下顺序，归长子、次子居住。讲究一些的正房，饰有木雕卷口、雕花斗拱、砖雕门洞、方砖铺地等。

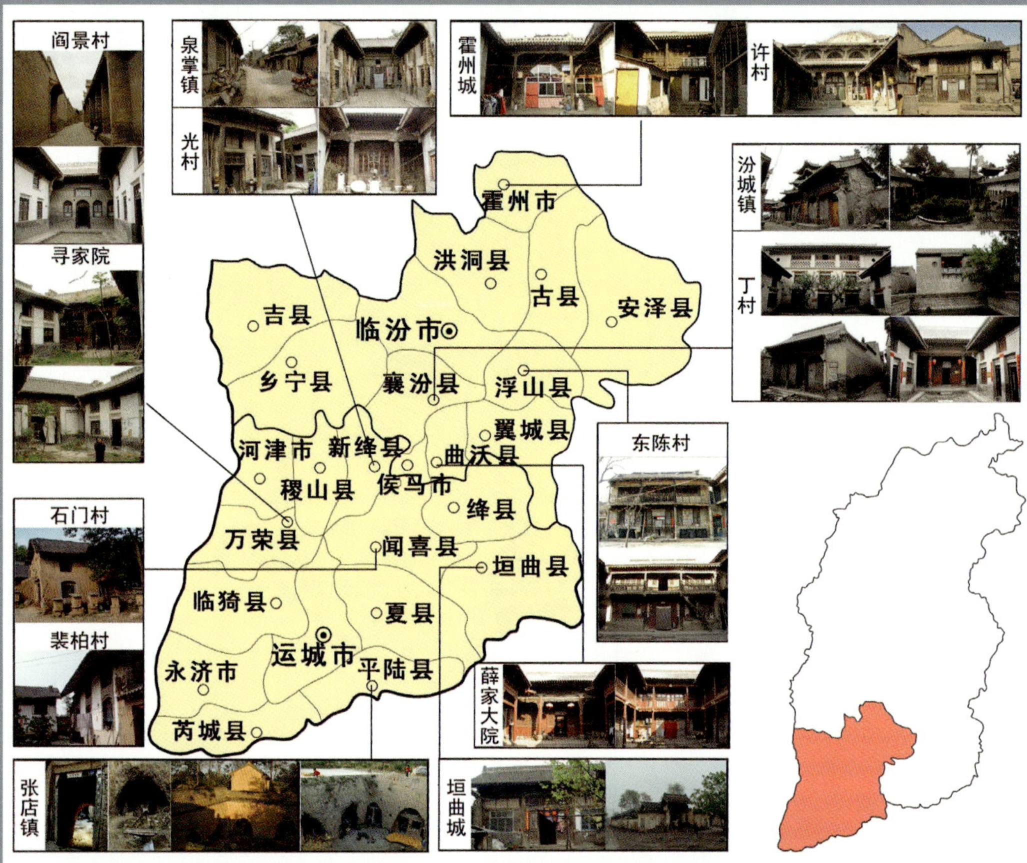
阎景村
泉掌镇
光村
霍州城
许村
汾城镇
丁村
寻家院
东陈村
石门村
裴柏村
薛家大院
张店镇
垣曲城
霍州市
洪洞县
古县
安泽县
吉县
临汾市
乡宁县
襄汾县
浮山县
翼城县
河津市
新绛县
曲沃县
稷山县
侯马市
绛县
万荣县
闻喜县
垣曲县
临猗县
夏县
运城市
永济市
平陆县
芮城县

图 3-1 晋南民居分布图

第三章　晋南民居

一 晋南地区概况

晋南民居分布在明清时期的平阳府和蒲州府，包括今日的临汾市和运城市，其境域西、南分别与陕西、河南为邻。传说中的尧都平阳、舜都蒲坂、禹都安邑就在晋南，素以“三圣故里”而著称。境内的汾、涑二水从东西方向注入黄河，黄河在这里转了个弯，号称黄河中游金三角。太行山依黄河向东北延伸，吕梁山横亘中北部，山中蕴藏着大量的铜、铁和煤矿。南部的中条山下有数十里的解池，为我国古代唯一的内陆盐池。优越的地理条件和丰富的自然资源使晋南成为乡民最早的聚居地，同时也成了兵家必争之地。在这里曾发生过我国历史上最早、最大的部落联盟大战，古称炎黄战蚩尤，战争推动了中华民族的进步和文明。在生产力极端低下的远古时代，晋南就已成为华夏大地原始部落集结和氏族集团活动的中心地区，历史上把这里称为华夏文明的摇篮，中华民族的主要发祥地之一。晋南民居以土木、砖木结构的建筑为主要居住形式，大户人家的住宅大都为四合院，这种四合院由楼房和平房围合而成，做工讲究，富丽堂皇。而在山区或盆地的边坡地带，民居常以窑洞形式为主，窑洞又可分为地坑窑、靠崖窑和锢窑三种形式（图 3-1）。

1. 晋南的历史沿革

众所周知，晋南是山西省早期的政治、经济、文化中心。早在180万年前，就有人类在这里繁衍生息。而襄汾的“丁村人”遗址，至今也有15万年的历史。临汾古称平阳，因地处平水之阳而得名。《禹贡》分天下为九州，平阳为冀州之地。冀州处九州之中央，故称“中国”，“中国”一词由此而来。《帝王世纪》所称“尧都平阳”，即今临汾。山西夏县东下冯村发现了年代相当于夏朝的城堡遗址，城堡规模宏大，布局合理，有居住遗址、人工沟、陶窑、水井、窖穴、墓葬等。类似东下冯城堡的建筑遗迹，在北起临汾、南至黄河、东出翼城、西抵河津的山西南部，竟有35处之多。根据古文献的记载，夏人的主要活动区域，包括晋南的汾、浍、涑水流域。这些发现，与《禹贡》记载的冀州、太原以及周人所说的“大夏”“夏墟”正好吻合。西周时期，周成王封弟叔虞于唐(今翼城)，因唐境内有晋水，叔虞之子燮父“易唐为晋”。春秋晋文公北方称霸时，晋国的中心就在今曲沃、侯马、襄汾一带，“侯马盟书”的出土，是晋国国力强盛的见证。战国初期，韩、赵、魏“三家分晋”，韩建都平阳。秦改分封制为郡县制，全国划分为36郡，晋南设河东郡。西汉划全国为103郡国，晋南属河东郡司隶部辖。及至晋永嘉三年十六国时期，刘渊曾在此建都。隋时晋南地区为临汾郡所辖，唐置晋州。北宋政和六年（1116），始置平阳府，辖10县及隰、吉、绛3州。元实行省、路、府（州）、县四级制，为中书省山西宣慰司晋宁路(治临汾)。明、清重置平阳府，统领35州县，包括今临汾、运城两市及晋中市的灵石县和吕梁地区石楼县。民国三年（1914），废府设道，以道辖县。今设临汾市和运城市。

2. 晋南的自然环境

晋南泛指省境霍山之南的广袤地区，因西濒黄河，建制频繁，也称“河东”，非专指行政区划名称，素有“东临雷霍，西控河汾，南通秦蜀，北达幽并”之谓，地理位置重要，自古为兵家必争之地。晋南地处黄河中游，汾河下游。境内东有太岳山，西有吕梁山，南有中条山和峨嵋岭，在山间形成了临汾盆地和运城盆地。全境分山地、丘陵、盆地三种地形、地貌。汾河自北向南贯穿全境，将整体隆起的高原分为东西两部分山地。最高峰为太岳山系的霍山，海拔2347米。吕梁山系以隰县的紫荆山为最高，海拔2012米。中条山长达140公里，海拔都在千米左右，为山西省南部屏障，可控制晋、秦、豫三省，主峰雪花山海拔1994米。峨嵋岭界于临猗、万荣、新绛、稷山之间，其中万荣的孤峰山为最高，海拔1411米。境内有黄河、汾河、昕水河、沁河、涑水河、浍河、鄂河、清水河等大小河流百余条。黄河及其支流汾河、沁河为常流河，其他多为季节性河流。晋南地处半干旱、半湿润季风气候区，属温带大陆性气候，四季分明，雨热同期。气候的主要特征是冬季寒冷干燥，降雪稀少；春季干旱多风；秋季阴雨连绵；夏季酷热多暴雨，伏天旱雨交错。境内资源丰富，运城地区是中国最早的盐业基地，盐池的开发已有4000余年的历史。

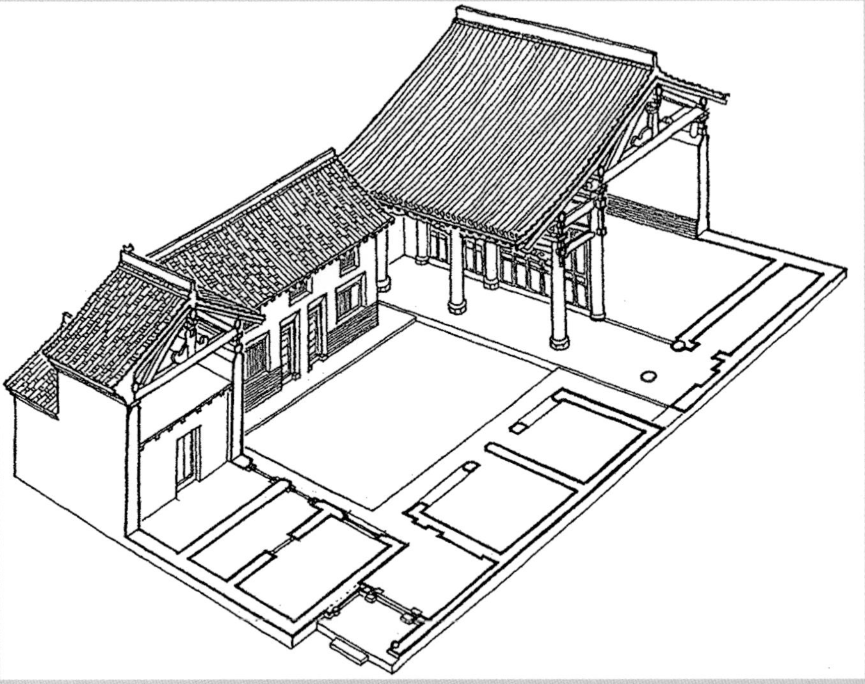

图 3-2　晋南典型四合院示意（傅熹年《中国科学技术史·建筑卷》）

3. 晋南的乡俗民风

晋南历史悠久，人杰地灵；物华天宝，文物荟萃。这恐怕是与河东靠近中原的地理区位分不开的。《史记·货殖列传》载：“昔唐人都河东，殷人都河内，周人都河南。夫三河在天下之中，若鼎足，王者所更居也。建国各数百千岁，土地小狭，民人众，都国诸侯所聚会，故其俗纤俭习事”。河东的中心在安邑，河南的中心在洛阳，河内的中心在安阳。此三河地区几乎包含了中华远古文明的核心区域，相互融合，浑然一体，构成了一个整体性地域，号称中原文化。所以，晋南民居建筑深受中原文化的影响，处处体现着中原文化的内涵。

（1）敦礼崇义

晋南民居深受中国封建礼制思想之影响。仕宦人家的宅院，尊卑有序，主次分明。即便是一般村野乡民的住宅，也是左昭右穆，内外有

图 3-3　织布场景

图 3-4　襄汾丁村民居门匾

图 3-5　《朱子家训》之一

别。无不反映着河东地区深厚的文化底蕴以及敦礼崇义的乡俗民风。晋南民居以四合院为主，但较之于山西它处，四合院的布局更为讲究，儒家的“三纲五常”等伦理观念在院落中均有安排，表现为天、地、君、亲、师等尊卑等级，各有其所。而在家庭内部，则为长尊幼卑，男尊女卑，嫡尊庶卑。这样的约定关系，在四合院布局形式中最容易体现，这就是正房为尊，两厢次之，倒座为宾（图 3-2）。

（2）耕读传家

晋南钟灵毓秀，土肥水美，自古男耕女织，安居乐业，生活富足。乡民以农为本的思想一脉相承，根深蒂固。女人从懂事起就学会纺线、织布、绣花、做衣、做饭，还要学会剪窗花、做花馍，能工巧匠遍地皆是（图 3-3）。男人一心一意力事农耕，使美丽富饶的晋南平原成了山西的粮棉主要产地。农事之余，通过科举取得仕途，也是乡民世代的理想与追求，所以晋南乡民自古就非常重视读书，使得历史上的河东地区人文荟萃、人才辈出，出现了许多著名的氏族，这在一些民居的匾额、楹联上均有反映（图 3-4 至图 3-6）。如闻喜县裴柏村，号称中国的宰相村，盖由于历史上河东裴氏一门走出了很多文人仕宦之故。

（3）民间禁忌

晋南的民间信仰比较广泛，庙宇牌坊、牌楼、祠堂在聚落中随处可见，十分繁多，一个普通村落至少也有庙宇十几座。居住禁忌也是晋南传播很广的民间习俗。乡民通常选择宅基地的规矩是顺应自然，因地制宜，一般坐北朝南，靠山面水，忌讳将宅院建在干燥无水、背阴潮湿之处，同时也应避免选在那些草木不生的地方。房屋的建造要避免“靠空”，如房屋背后靠崖面、水窖、地坑、沟渠、水井等，都会犯“靠空”。如果要清除这种现象，只要在屋后修一条道路，就可以化“空”为“实”。此外，四合院的正房、厢房、院门、厨房、厕所也应各有定位，不可错乱，否则不吉。一般而言，院门忌冲河流、水井，院门直对街巷口也不吉利，如不能避免，就应在门上部安装一面镜子，俗称“八卦镜”。院门一般开在“巽”位、即东南方向比较好。否则，需在门口安装照壁，或在胡同对面墙上安装“泰山石敢当”之类的字符（图 3-7 至图 3-9）。

图 3-6 《朱子家训》之二

图 3-7 浮山县民居照壁之一

图 3-8 浮山县民居照壁之二

图 3-9 浮山县民居“泰山石敢当”

图 3-11 万荣寻家大院内院

图 3-10 万荣寻家大院大门

（4）以商致富

晋南商人起源较早。春秋时，晋文公“轻关易道，通商宽农”，私商得以发展。战国时，魏国通过李悝变法，私商进一步兴盛。巨贾猗顿寄居猗氏，“大畜牛羊”起家，曾浚河行舟贩盐营利，以“陶猗之富”扬名天下。唐、宋、元时期，河东成为盐商辐辏之区，受此影响，经商者日多，私营商业进一步发展，绛州、解州、蒲州私商云集，生意兴隆。明代，蒲州出现了一大批官商。运城因潞盐而繁荣，系晋南工商重镇，自元代建城池后，逐渐发展成为“群商所处，诸路所通。百货所聚，商旅辐辏，卖贩云集”之处。明代平阳为全国 33 个工商都会之一，曲沃因烟而兴，产生了上百家商号。清雍正时，商民多达 2 万余人。沈思孝《晋录》中说：“平阳、泽、潞豪富甲天下，非数十万不称富”。临汾素有三晋通衢之誉。晚清至民国初，临汾县已有八镇建置，集市贸易红火。这些富商“不扉眷，不娶外妇，不入外籍，不置外面之不动产。业成之后，筑室买田，养亲娶妇，必在故乡”。晋南地区保存较好的民居，基本上都是商人致富后建设而成的（图 3-10，图 3-11）。

二 晋南民居的特征

晋南地处山西最南端，地形复杂，山垣沟滩皆有，地势北高南低。从中条山到黄河岸边是一面坡，海拔相差500米之多，南北距离只有25公里，东西狭长，从东到西达150公里。除临汾、运城两大盆地外，晋南境内沟壑纵横，如平陆县，自古就有“平陆不平沟三千”的说法。这种特殊的自然地貌，使晋南民居呈多样性分布。一般而言，山区民居以窑洞院落为主（图3-12）；平原地带则以砖木结构的窄四合院为多（图3-13）。特别是分布于平陆、芮城的地坑窑院，时至今日，仍然古风犹存，显示了黄土高原居住习俗世代传承的鲜明特色。

图3-12 霍州许村朱家窑院

图3-13 曲沃薛家大院

1. 晋南民居的类型

（1）地窨院

地窨院也称之为地坑院，一般长宽三四十米，深约十多米。其建造方法是先选择一块平坦的地方，从上而下挖一个天井似的深坑，形成露天场院，然后在坑壁上掏成正窑和左右侧窑，为一明两暗式结构，再在院角开挖一条长长的上下斜向的门洞，院门就在门洞的最上端。一般向阳的正面窑洞住人，两侧窑洞则堆放杂物或饲养牲畜。

地窨院里一般掘有深窖，用石灰泥抹壁，用来积蓄雨水，沉淀后可供人畜饮用。为了排水，在院的一角挖个大土坑，俗称“旱井”或“干井”，使院中雨水流入井中，再慢慢渗入地下。为防暴雨倒灌，地窨院常在门洞下设有排水道。供人居住的窑洞上面多为打谷场，窑洞凿洞直通上面作为烟囱。作为储藏粮食的窑洞，也凿洞直通窑顶的打谷场，可将碾打好的粮食通过小洞从打谷场直接灌入粮仓中，既节省力气又节省时间，平时则在洞口加盖石块，以便封口。

图 3-14　地窨院鸟瞰

图 3-15　地窨院旱井

由地窨院组成的村落，往往不易发现，所以有“上山不见山，入村不见村”的慨叹。在山西南部地处中条山南面的平陆、芮城两县，到处都是这种地窨院。勤劳的乡民在自家院前栽种各种树木，地窨院被掩映在树木林荫之中，鸡犬之声相闻而不相见，人声嘈杂而影踪全无，是一种十分适合当地自然环境的居住形式。与平陆自然环境相似的地区，如晋南的闻喜、万荣、临汾等地也都有地窨院。但是，平陆地窨院极为普遍，特色明显，以至成为山西民居中独具黄土高原风格的一种类型被延用到今。芮城县内所建窑洞分两种，一为接崖窑院，就是在沟壑山崖开院掘窑。一为地窨院，贫苦乡民盖不起砖木房，只好住地窨院（图 3-14， 图 3-15）。

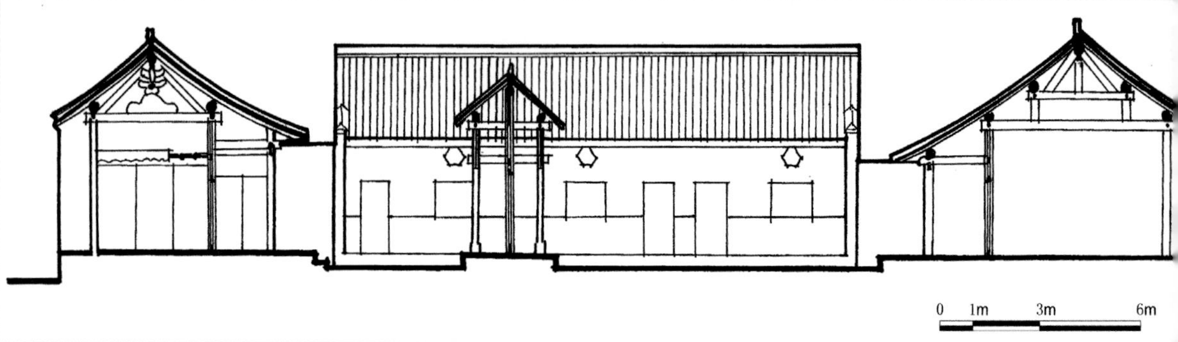

图 3-17　芮城东沪范宅西院纵剖面

图 3-16　芮城东沪范宅西院平面

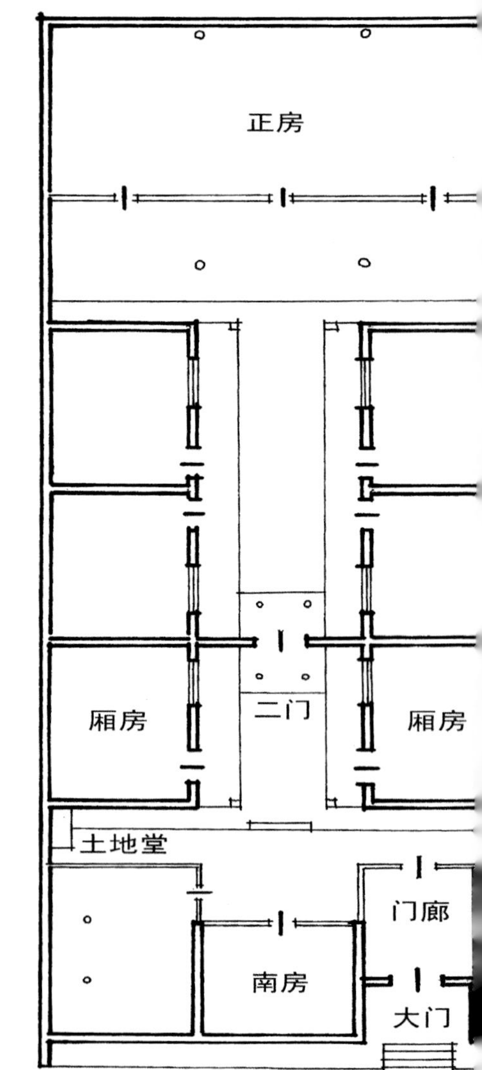

（2）窄四合院

历史上的晋南，地窄人稠，用地紧张，普通庄户人家的宅基地一般只有三四分不等，所以素有“三分院子四分场”的说法。晋南砖木结构四合院，常常形成了两檐对峙，相隔二三米的狭窄院落，称为“窄四合院”。无论正房还是厢房，窄四合院的房屋开窗较少，高、宽各 1 米左右。一般农家多在院基内建一面或两面房，形成“一”字形或“L”形院落。较富裕的人家才建三合院或四合院。这些院落一般以单檐硬山顶为主，较豪华的为“四檐八滴水”，泛指在宅基四面建双坡顶房屋，围合成的四合院（图 3-16，图 3-17）。

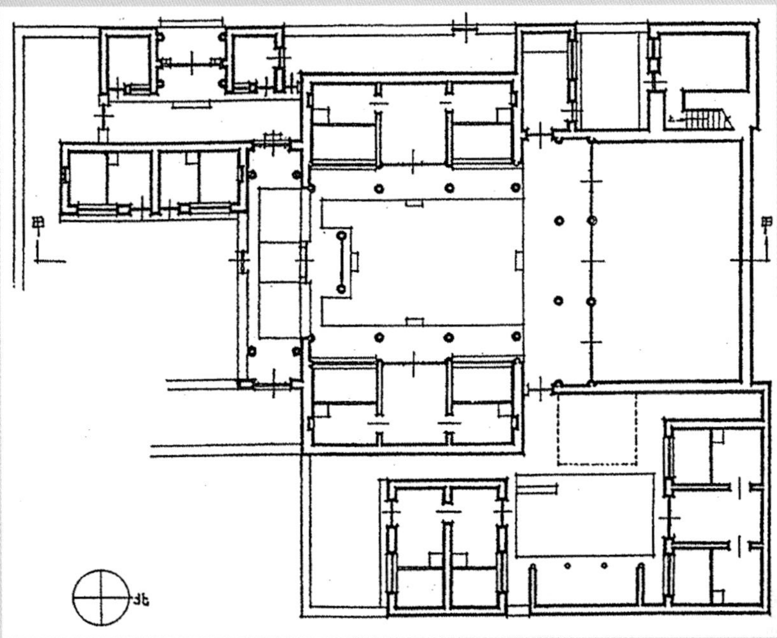

图 3-18　襄汾县伯虞村李宅平面（傅熹年《中国科学技术史・建筑卷》）

（3）家族大院

历史上，晋南有很多名门望族，或经商，或做官。这些家族经济实力雄厚，社会地位较高，人丁兴旺，家口众多，聚族而居，由若干大院组成血缘聚落。这些家族大院规划严整，规模宏大，代表了晋南民居的最高水平。一般而言，晋南家族大院的大门为主要出入通道，庭院内再无别的旁门，所以非常讲究。家族大院的院落宽敞，以一种平稳、庄重、明朗、内敛的形式而存在，是家庭共同聚集和活动的中心，体现着封建大家庭的理念与追求（图 3–18，图 3–19）。[1]

[1] 傅熹年 . 中国科学技术史・建筑卷 . 科学出版社，2008.

图 3-19　襄汾县伯虞村李宅立面（傅熹年《中国科学技术史・建筑卷》）

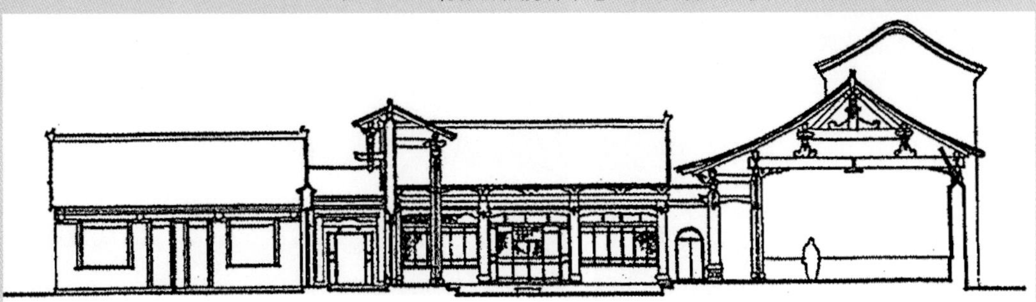

图 3-20　叠落式窑洞院落

2. 晋南民居的一般特征

（1）山地民居的一般特征

地处山区、丘陵区、河谷底的晋南民居，其建筑材料主要为石头，或砖石并用。由于受山地地形影响，村落大都依地形建造，形成叠落式院落（图 3-20）。

如地处蒲县西山台塬地区的民居，一般以土窑为主，面沟向阳，有院无墙。城镇则以窑洞式四合院、三合院居多，这些院落讲究方正，一般主窑坐北朝南，明 3 暗 5，中间 3 孔大窑（一厅二室），两边各一孔小耳窑。窑顶两边各有耳房 2 间，东、西厢房各 3 间。屋顶装有脊兽，房檐排列有虎头筒瓦。南面为客厅，东南方设大门，西北角设厕所。

大宁县的民居也以土窑洞为主，大多依山就势或劈坡而建，间有砖、石窑洞，但所占比例较小。窑洞以南向为佳，但也有朝东、朝西的。靠窗处盘过火土炕，炕后与炉灶连接，大小两锅一字横列，共走一条烟道。这些窑院民居与晋西民居有相似之处，较好地适应了黄土高原的山地条件（图 3-21，图 3-22）。

图 3-21　土炕之一

图 3-22　土炕之二

（2）平地民居的一般特征

地处平川的民居一般以瓦房为主，砖木结构的瓦房多建于城镇街道两侧，农村则多为土木结构的两滴水或一滴水房屋，麦秸泥抹顶或顶铺薄石板，称“马坪”，多用于喂养牲口或堆放杂物。

如在襄汾县，民居建筑以砖石土木结构的四合院较为典型，四合院多数坐北向南，大门设于南屋的正中或东南角，少数坐南朝北的庭院，院落辟有甬道，大门开在此处，再绕入南端，设二门进入院内。大门、二门宽 1.5~2 米，上建门楼。款式可分豪华、普通、简易 3 种。豪华型大门，外有木柱、石狮、匾额、对联、花雕等，大门以铁包、钉铆，坚固壮观（图 3-23 至图 3-25）。厕所大都设在宅院西南角，个别设于院外者多在住宅的西南方向。北厅 3 间或明 3 间暗 5 间，高大宽敞，奉祀祖先，堆放什物，婚丧节日辟作礼堂。东西屋各 3 间，上楼下室，楼上存放衣物，室内盘炕住人（居民习住热炕），南房 3 间（也有 5 间者）。明代建筑简陋，起架较低，土坯垒墙（少数内土外砖）。清代趋向华丽，四周青砖通甃，东、西、南三面外不出檐，北房上建阁，下镶 18 页窗棂式软门，前额镶木雕花卉人物图案。尚有上房插廊柱以至四面插廊柱者，廊柱基础多雕有各种图案（图 3-26 至图 3-28）。

图 3-23　襄汾丁村民居大门

图 3-24　襄汾丁村民居二门

图 3-25　襄汾丁村民居铁包门扇

图 3-28　襄汾县汾城镇王氏民居南院院落

图 3-29　绛县贾家大院正房山墙

运城地区较为普通的民居布置分前后院。前院有门房、东西厢房，很少有上房（正房）。后院为杂物院，布置厕所、猪圈、牲口圈等。门房及大门形制同前述。厢房为三间二房式。如厢房为四间时，第四间一定要与前三间隔开，讲究四、六不通。无论门房或厢房，当采用三间时，房间面宽必须相同或中间大、两边小，腰墙一般和厢房四间齐，如设有四间，要空一明廊间，明廊宽 3.3 米。在腰墙上设二门，通向后院。

闻喜县农村传统习惯为单门独户，一家一院，素有“三家不一场，两户不一院”之习。宅基选择不住险边，出入方便，干燥向阳。门高户大，有影壁；北房为上房，五大间者三明两暗，三大间者两边附有角厦；东西各三间为厢房，南户为客厅，客厅一边为大门，一边角厦做厨房；院呈四角有角门，三个去角院，一个出大门。中等人家多为三

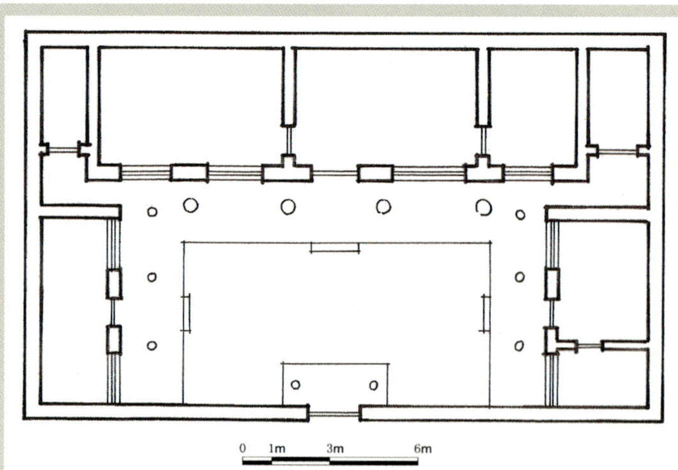

图 3-26　襄汾县汾城镇王氏民居南院平面

图 3-30　绛县贾家大院照壁砖雕

合院，个别也有四合院的，但质量远不如前者。不论贫富，房屋皆为瓦房，屋内均有顶棚。房屋皆开天窗，故房屋起架高。丘陵区居民建窑较多，主要有崖窑和箍窑两类。而在一些较平缓的台塬地带，则筑成下沉式的地坑院。即在平地下挖一方形大坑，沿坑边向里挖窑。窑外下沉院中凿井蓄水。窑内砌筑火炕，并与锅台相连，供取暖、通烟之用。客人来访，即请上炕，以示尊敬。

绛县住房以四合院为主。一般土木砖结构，蓝瓦盖顶，可为上下两层，下层住人，上层称棚，存放粮谷杂物。布局是北房叫厅，是正房，供奉祖先牌位，存放圣旨、家谱的神案设于厅内。东西房叫厢房，分为东上西下，晚辈住南房，一家之二、三代依据辈分、年龄分别居住。东北耳房内为灶房，西北耳房为库房，门楼多设在东南，厕所安在西南角（图 3-29，图 3-30）。

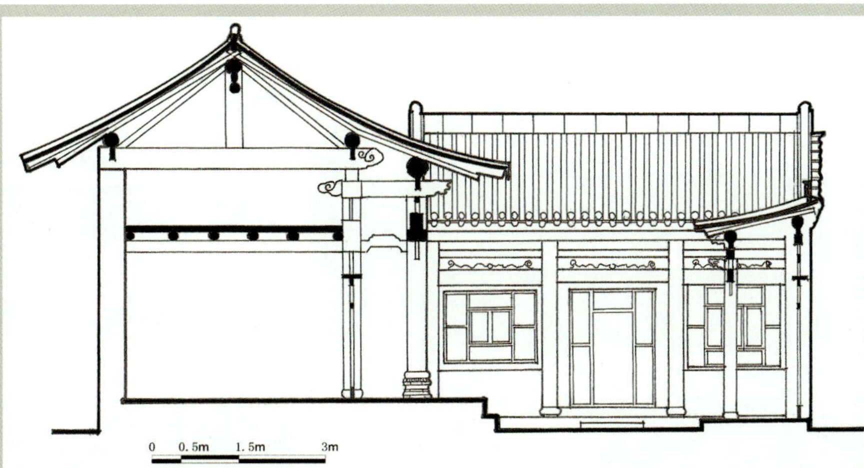

图 3-27　襄汾县汾城镇王氏民居南院院落

3. 晋南民居的造型特征

晋南民居多为一至两进或由多个四合院组成的群体院落。屋顶多为硬山坡顶，起隔热及排水作用，但与晋中民居不同之处在于其山墙较多采用五花山墙式样，既美观，又有防火功能，这是晋南民居的独特之处。晋南一些山区台地的窑洞，正窑前部多带前廊，作遮阳与防雨之用，同时廊下作通道。木构架民居一般为二层，上部作仓库，兼用作通风隔热，下部住人。当地的居民多采用中国传统的木构架建筑，结构规矩严谨，平面布局均衡，柔性好，整体刚度强，抗震性能高。屋架多采用抬梁式结构，檩长较短，房间间口不大，主要是增强其整体稳定性，提高抗震性能（图 3–31，图 3–32）。

早期的晋南民居院落由于承载人口少，因而有单进四合院的布局形式，其大门是合院的门面，装饰比较朴实，又是合院空间变化的前奏。进入门内，有较小的天井，作为通向内院的过渡空间，但光线幽暗。在其大门对面的墙壁上多以装饰影壁，缓解人们的压迫感，通过窄小幽暗的过渡空间，进入明朗开阔的庭院空间，使人有豁然开朗的感受。庄重高大的厅堂，与左右对称的厢房，或倒座，形成了尺度和造型上的对比，厅堂为装饰的重点，檐下有彩绘或精美木雕，显得庄重典雅，厢房与倒座装饰朴素，厢房之间的间距较小，偏院，巷道更甚，人站于其中有压抑感，但是两者立面装饰加强，门窗变化丰富，淡化了不适之感。

图 3–31　带有檐廊的窑洞院落

图 3–32　浮山县东陈村李家大院

三 晋南民居实例

晋南虽然为山西省历史文化遗存最厚重的地区，但随着经济的发展，特别是改革开放以来，城乡掀起了新一轮的建设高潮，众多非常有价值的古民居被人为拆除。所以完整保存下来的古村、古镇已为数不多。下面仅以保存较好的实例给予介绍。

1. 襄汾县汾城镇民居

汾城镇位于襄汾县城西南 18 公里，是中国历史文化名镇。汾城始建于汉，兴盛于唐，唐朝大将尉迟恭封地于此，为歌颂贞观之治，并祈盼荫子延嗣，故取名“太平县”。民国初年更名为汾城县。1954 年并县后改为汾城镇。镇区内现保留 10 余处古建筑群，其中有文庙、城隍庙、县署大堂、鼓楼、社稷庙、洪济桥、阁等，建筑面积达 5000 多平方米，占地 4 万多平方米。城隍庙建于明洪武二年（1369），现存正门、戏台、献亭、正殿、鼓楼、西庑等建筑。鼓楼重建于清康熙四十七年（1708），十字歇山重檐，高约 15 米。县署大堂现存大堂和大狱，康熙十五年（1676）重建。洪济桥为单卷单孔拱桥，为泄洪之用，清代建筑。社稷庙在明清两代分别重修，现存钟鼓楼、享亭和大殿。汾城镇镇区现留有几处明清时期的民居，镇区之外的村落中也散落着不少民居。

汾城古镇民居建筑的布局多为北方民居中常见的传统四合院形式，有明确的轴线，左右对称，主次分明。正如唐代《黄帝宅经·序言》中所称：“夫宅者，乃是阴阳之枢纽，人伦之轨模。非夫博物明贤，未能悟斯道也。”“阴阳”谓风水民俗，“人伦”定规矩礼制。以此作为汾城古镇民居文化的简约概括，是比较恰当的。

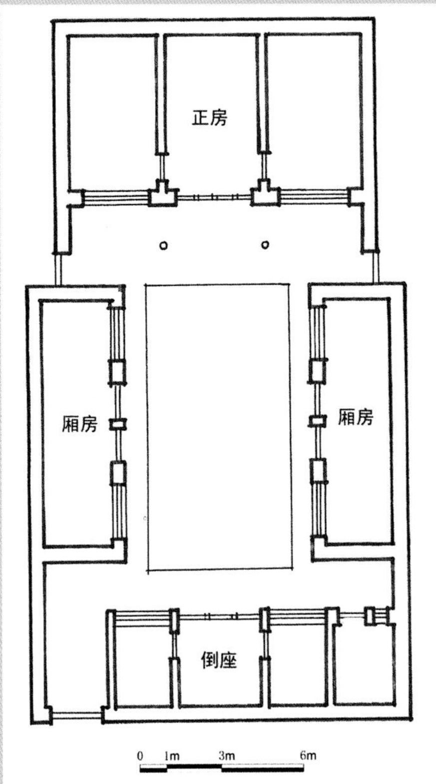

图 3-35　襄汾县汾城镇王体复院落平面

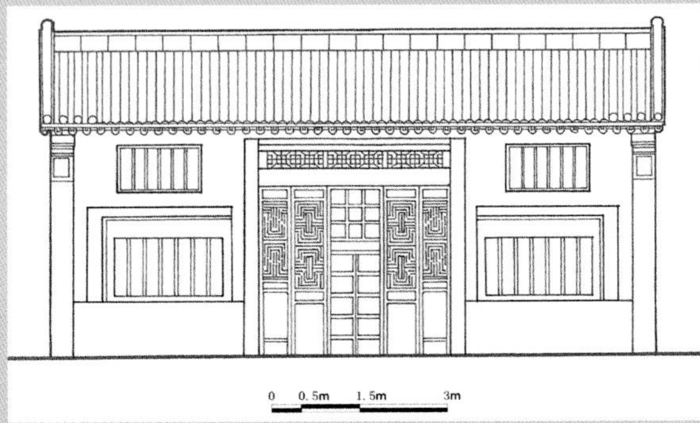

图 3-34　襄汾县汾城镇王氏民居北院正房立面

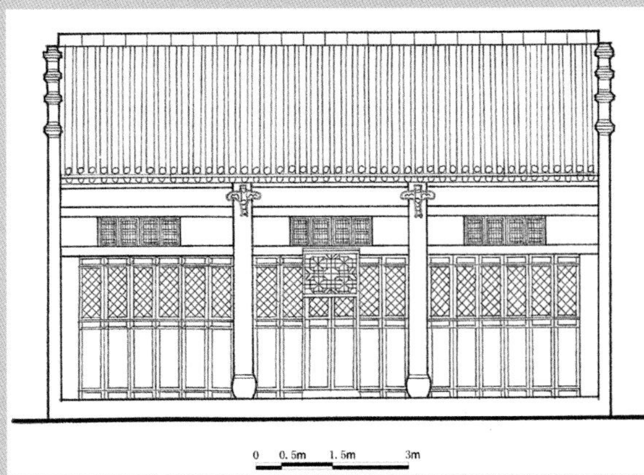

图 3-36　襄汾县汾城镇王体复院落正房立面

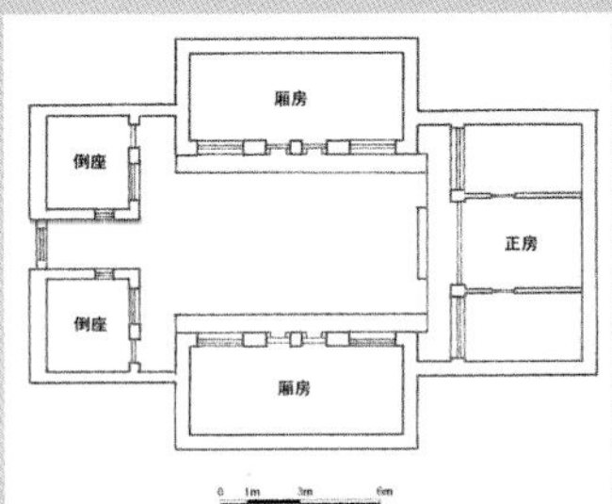

图 3-33　襄汾县汾城镇王氏民居北院平面

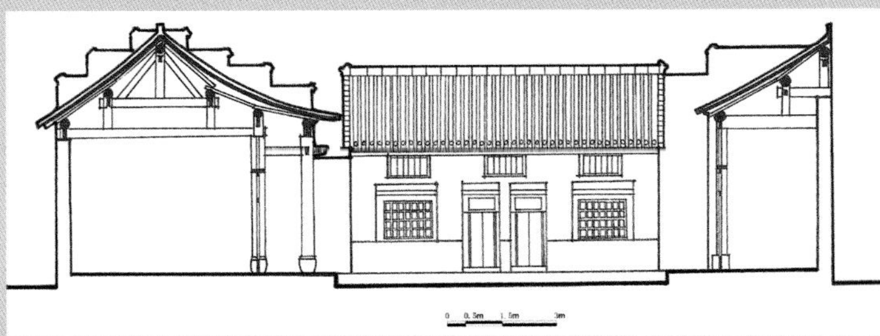
图 3-37　襄汾县汾城镇王体复院落纵剖面

（1）王氏民居

旧太平县城内的王氏一族最为有名，其故居现存 3 处。西门内城隍庙东侧 2 处：路南为老宅，为四合院形式，中轴线布置内宅门和正堂，坐西向东，两侧为厢房，建于明万历年间；路北为新宅，也为四合院形式，坐北向南，正房为面阔 5 间的硬山顶式建筑，东西厢房各 3 间，建于清代中期。文庙外现存一处，系王氏裔孙布政使加二级直奉大夫王念维创建于道光四年（1824）的四合院，现存北堂、东西厢房、南厅各 3 间，保存较为完整（图 3-33 至图 3-37）。

（2）郑氏民居

郑氏家族在太平城内也是望族之一。郑家祖居城东 5 里之西村，明末迁居于太平城内。其宅基位于城之东南隅，现存四合院一处（书房院），其后裔于 20 世纪 90 年代自费办起一个民俗文化展览院供人参观，名曰“雪怀书社”。

（3）当铺院

清代嘉庆年间，太平县城当铺林立，据《太平县志》载，竟有 126 家。现存较为完整的当铺位于西坡街，系前铺后宅式布局。汾城当铺院通常建有二层，一层为营业、起居室，二层为卧室。为了安全目的，对外门窗比较封闭，一般做成直棂窗（图 3-38）。

图 3-38　襄汾县汾城镇当铺院

（4）张氏民居

明末清初，战乱不断，太平各地乡民纷纷筑堡自卫，留下很多带有堡墙式的深宅大院。其中最有代表性的是位于县城西北 5 里处、西中黄村的张氏“进士第”。张家在明代出了进士，世代为官，繁荣鼎盛。进士第始建于明，竣工于清，在当地被称为“城中城”。院落东西宽 30 米，南北长 120 米，占地 3600 平方米，布局严谨，秩序井然，三进两跨，主次分明。院落四周筑有高大的堡墙，顶部宽 1.2 米，四角为高低不等的望楼，最高的位于东南角，通高 20 米，四层（图 3–39）。

图 3–39　襄汾县西中黄村张宅

2. 襄汾县丁村民居

丁村位于襄汾县城南 5 公里处的汾河东岸，全村占地面积约 5 万平方米，平面呈方形。现存民居为明清两代遗物，集中于明崇祯年间修筑的土堡内。从丁氏族谱中可知，丁家在明朝已开始经商，并且生意兴隆，财力雄厚，故广建房舍，形成了今日之规模。丁村是一处典型的血缘聚落，建筑类型非常丰富，有城墙、庙宇、宗祠、书院、戏台、住宅等。丁村民居规模很大，现有保存较完好的明清院落约 40 余座，房 600 间。最早的丁村民宅建于明万历二十一年（1593），最晚的建于民国年间，历时近 400 年。村内以丁字街居多。主要街道有主街（东西向），北门巷、南门巷（均为南北向）等（图 3-40 至图 3-42）。

图 3-40 襄汾县丁村沿街建筑

图 3-41 丁村民居正房

图 3-42 丁村民居厢房

图 3-43　室内陈设

图 3-44　檐口装饰

（1）丁村民居的发展

丁村因丁姓聚居而得名。据丁氏家谱载："太邑汾东，有庄曰丁村。余家世居是庄，由来旧也。始于何祖，昉自何朝。余固不得而知也。"村落始建于何时，无证可考。结合现有的资料及建筑题字，综合分析可知，丁氏宗族始祖丁复于明代初期迁居于此，现存民居大多数为明万历年间所建，分布于北院、中院和南院中。从丁复到万历年间的六世祖丁翰卿，人口繁衍，丁村已成规模。丁氏宗族求读书入仕，靠耕读传家，于明万历年间开始了大规模的聚落营建活动，建宅舍，创书院，重建或新建庙宇，现存明代民居大多建设于这一时期。从丁氏第六代起，至乾隆末年，丁氏宗族已分为六大支系，人口众多，经济雄厚。开始走向农、官、商为一体的发展道路。这一时期，丁家靠经济实力捐官，获得很多职品。同时祈祷于神灵保佑，先后修建了玉皇庙、关帝庙、三真君庙、南头菩萨庙、东头观音堂、院中央的天池以及大小 14 座民居等。是丁村聚落及民居发展的鼎盛时期。从清末至民国初年，丁氏家族生意扩大，实力更为雄厚。留居本村的丁氏族人，大肆收购土地，补换房契。仅西头院丁耀一家，就补换买房契约 53 间之多，而重建和添建的房屋数量也为数不少。从现存房屋来看，民国后期建造的房屋仅 3 间，说明及至抗战前夕，丁村大规模建房活动已经停止。丁村聚落从其创建至民国年间，经历了 500 余年的历史，反映了丁氏家族兴衰的历史（图 3-43，图 3-44）。

（2）丁村民居的布局形式

丁村民居以祖宅院为核心，其子孙后裔宅院围绕其有序布局，依据丁氏宗族六大支系所居区域，划分为6个领域，组成以血缘关系为纽带的宗族生活区。分别称为北院、中院、南院、西院、门楼里和窑顶上。它们以村中心丁字街为核心，分布于北、西、南三个方位。按现存民居建造年代来看，北院以明代建筑为主；中院以清代雍正、乾隆年间建造的为多；南院以道光、咸丰年间的居多。而西院、门楼里及窑顶上，则多为雍正、乾隆、嘉庆年间所建。这些宅院以丁字形的街巷分隔领域，同时又相互联系。

①北院布局形式。以单座合院为单位，围绕其支系祖宅有序地向外扩散分布，组合成一个较开敞的大家族生活领域。丁村的北院建筑群就是以四座院落，分别从四个不同方位进行组合，形成北院的中心区，而祖宅则是它们的核心。据家谱载："余支就有老院四所，书院一处，前后左右相连，俱系卿祖置。翰卿祖生高祖辈兄弟四人，析居时，各授全院一所，卿祖与老祖妣二人独居书院，以终余年。"从家谱中可知，当时宅院共计5座，现存4座宅院的中部，正好留有一处空地，原建筑已无存，基本符合家谱所叙。随后，丁氏之孙后裔在中心区外围又创建了许多宅院。这些新建宅院，除有一个主门外，旁门逐渐增加，而旁门的朝向皆有一定的秩序和规律。靠近祖宅中心区宅院，旁门既向祖辈又向晚辈开启，而晚辈后裔的宅院，旁门皆朝向各自的祖辈宅院开启。北院的空间布局，主次分明，辈分有序，就像一棵大树，分出几枝支干，枝干一支支分下去，同出一根，各支脉络清晰。这种布局方式，维系了封建大家族的血缘关系，同时也是对宗法大家族的追求和崇尚。

②中院布局形式。中院的布局是以祖宅为中心，通过许多单座合院向左右扩建，依托旁门、跨院和巷道，相互联系，组成一个全封闭的大家族生活区。彼此之间，主次明确，内外有别，各成体系。通过分析现存宅院建筑题记，以及查对家谱谱系与宅主人的关系，可以证明中院是以叔祖父为主，同堂兄弟及子孙聚居的五世同堂的大家庭。这种布局方式，形似一个大家庭，但单座合院个体又具有独立性。它们之间只是为了巩固其宗族观念，而组成的象征性的大家庭。清雍正、乾隆年间，丁氏家族发展到鼎盛时期，人口骤增，经济积厚，人们向往封建大家庭式的生活。中院的布局方式，正好满足了丁氏族人的这种需求。

③南院布局形式。南院的布局方式，吸收了北院和中院的特点，以祖宅为主，子孙的宅院围绕其布置，构成了一个局部全封闭、整体半封闭的大家族生活区域。这种布局方式，整体上体现了人们对大家族的崇尚和追求。清嘉庆以后，丁氏家族

通过经商中兴的后人逐渐增多。到道光、咸丰年间，经济实力雄厚，宗支人口增多，少数捐官者地位显赫。族人追求大家族制度的生活方式显然是必然的，所以在南院出现了满足大家族生活的布局形式。此外，南院的厅堂还采用明3间、暗5间的方式，这种布局形式的出现和产生，与其家族经济文化和宗族观念有着不可分割的联系。

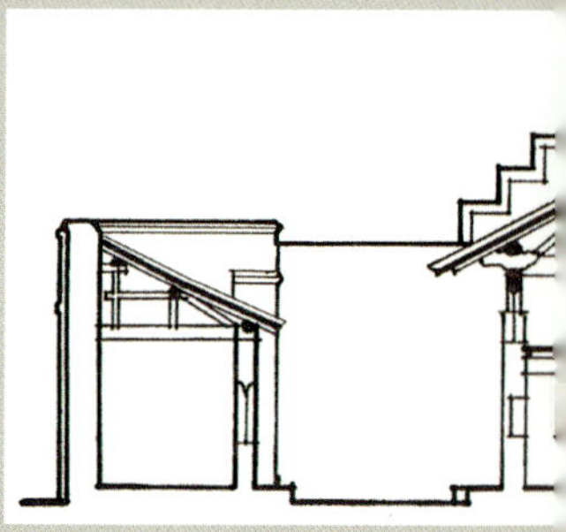

3. 万荣县闫景村民居

闫景村属万荣县高村乡，距运城市38公里，该村以李家大院著称。李宅占地1000余亩，创建于明末清初，大规模建设则始于清道光年间。李家大院原有院落20处，修复后的古院落共有11处，还有祠堂、花园等（图3–45）。

李氏是万荣的名门望族，其发家史起始于1827年。这一年，

图3–45 李家大院外景

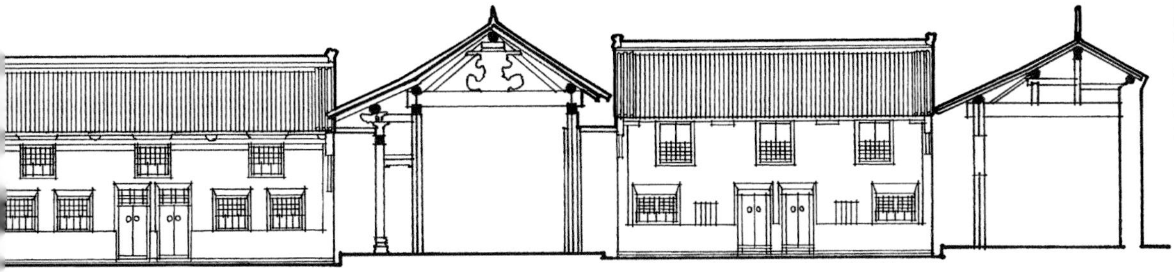

图 3-47　李家大院道南一号院纵剖面

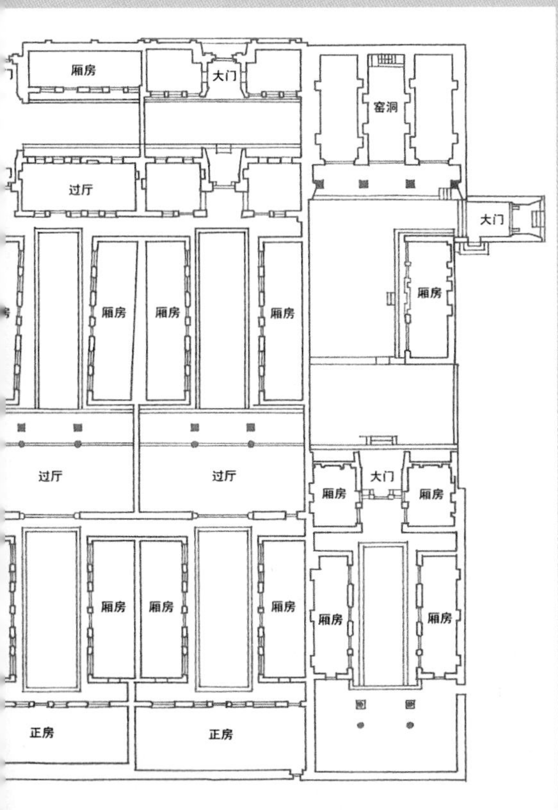

图 3-46　李家大院道南院及私塾院总平面

文子辈的李文炳、李文蔚、李文阶三兄弟联手，开始经商创业。1830 年，李文蔚、李文阶在闫景村成立了“敬信义”商号，主要经营土布、百货、食品、茶叶等，随后生意逐步发展到阳泉、西安、兰州、西宁、银川、上海、天津、武汉等地，在这些地方都有他们的分号，生意扩大，名声显赫。后来，又在李氏“敬”字辈的李敬信、李敬义和“道”字辈的李道行等人的共同努力下，发展成为万荣县的最大富商，并在闫景村建造了规模宏大、规划严整的李氏家族大院。李家先祖迁到闫景村时，最初栖身于土窑洞中。历经数代艰难谋生，为修建宅院打下了坚实的物质基础。后经半个世纪的修建，使整个民居建筑群布局有序，浑然一体。李家大院建筑规模宏大，现存建筑有沟道南院、沟道北院、李子院、李家祠堂四大部分，建筑面积计 5011 平方米（图 3-46 至图 3-48）。

图 3-48　李家大院道南三号院及私塾院纵剖面

李家大院兼有中国北方民居、南方民居的建筑风格，部分建筑还呈现典型的欧洲哥特式建筑风貌，展示了中西建筑文化交流融合的艺术风采。此外，李家大院的装饰很有特色，特别是木雕、砖雕、石雕等饰品，处处显示着晋南民间期盼多子多福、耕读传家、富贵平安等吉祥含义，形象生动地体现了汉民族的文化心理。

藏书楼建筑共 12 间。西 4 间建在高台基上，9 步台阶，2 层带廊，东 8 间不设廊。藏书楼是李敬修之子李道行的住所。1907 年清政府派李道行留学英国，李娶英籍妻麦氏并于 1914 年回国并修建该院。院内宽敞的平台下砖砌一排插廊窑洞，北侧一排二层阁楼，楼上藏书，楼下住人，故称藏书楼。因受西方文化影响，内院门楼的造型吸取了西方哥特式建筑的风格，整个院落中西合壁，独具特色(图 3-49，图 3-50)。

三省台在藏书楼前，分东、西两台，西台大，东台小，西台下正面东起第一间券大拱门，为进藏书楼的通道。依次券窑 3 孔，西台西侧面券 3 孔，东台共 8 孔窑洞。三省台窑顶设女儿墙，女儿墙为这座建筑之一大景观，墙砌得华丽、繁复、种类多，达到 27 种，为山西女儿花墙式样之最。李道荣院建于 1935 年，一进四合院，以南为正。大院门楼雕镂艺术高超，除了装饰传统的吉祥图案之外，大门两侧还特意镌刻着《朱子家训》中的两句话："一粥一饭当思来处不易，半丝半缕恒念物力维艰"和"祖

图 3-49 李家大院道北院欧式大门

图 3-50 李家大院道南院欧式大门

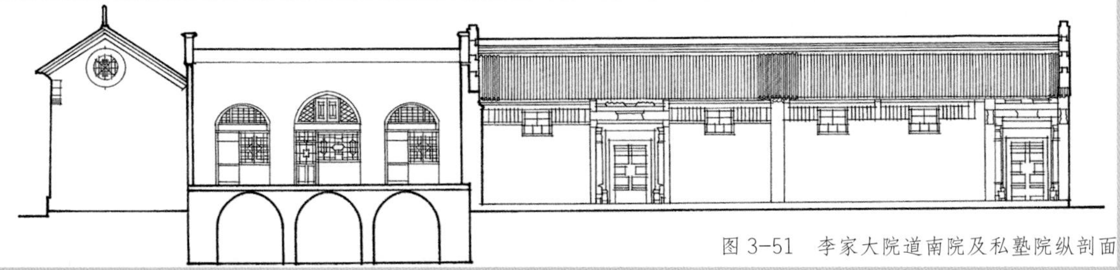

图 3-51　李家大院道南院及私塾院纵剖面

宗虽远祭祀不可或疏，子孙虽愚经书不可不读”。当地居住习俗以土炕为铺，炕沿有木制屏扇隔断，中间留有小门容人上下炕铺，炕门上又有布帘悬挡。紧挨炕边有木梯可通二层楼阁，楼阁上靠近庭院方向有小巧别致的凉台，既可晾衣、乘凉，又可增加采光。该院东厢房山墙皆为空心墙，长达 20 多米，既可藏物藏人，又增加了东房冬暖夏凉的功能。私塾院建于清末民初，与李道荣院相隔一个院廊，月亮形院门有推拉式木门防护，为北方民居罕见。门外砖雕对联：“知乎天地德为本，止也吉祥室有余”，横批曰：“授业解惑”。门内联书：“知道诗人赋绸缪，止邱黄鸟叶绵蛮”，横批：“集贤”。院内北房为一进三间式窑洞，是先生教书的地方，李家子弟满 6 岁都要来此读书。3 间窑洞底下分别有 3 间地下室，可供储物与避暑所用，半圆形砖雕窗户露出地面显得非常奇特。私塾先生住东厢房，院内无西房，显得宽敞宁静（图 3-51 至图 3-57）。

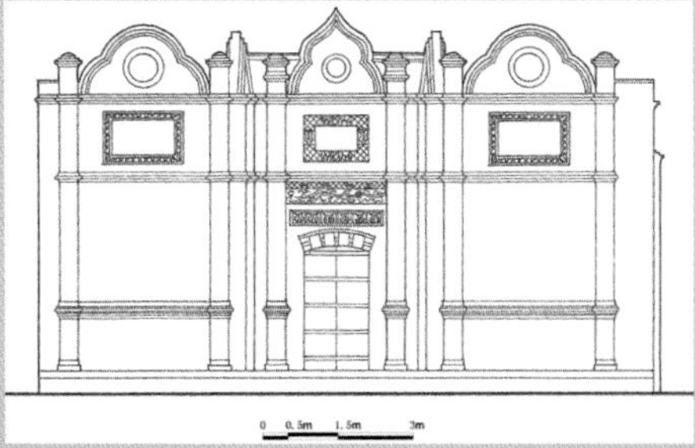

图 3-52　李家大院道南二号院一进院院门正立面

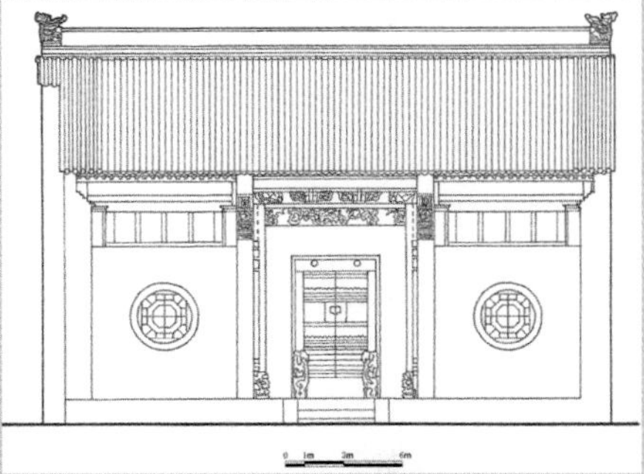

图 3-53　李家大院私塾院院门正立面

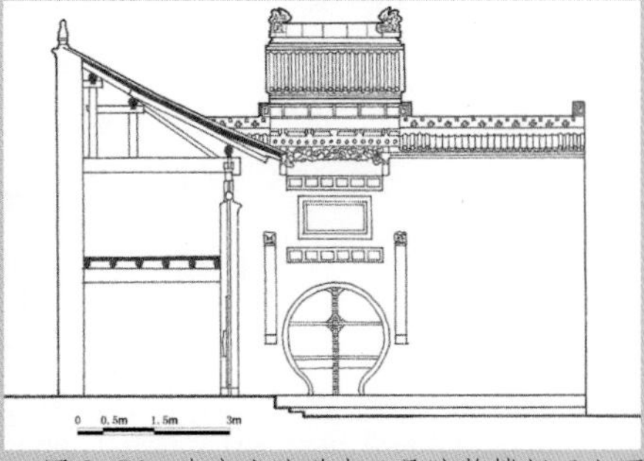

图 3-54　李家大院道南三号院牌楼门正立面

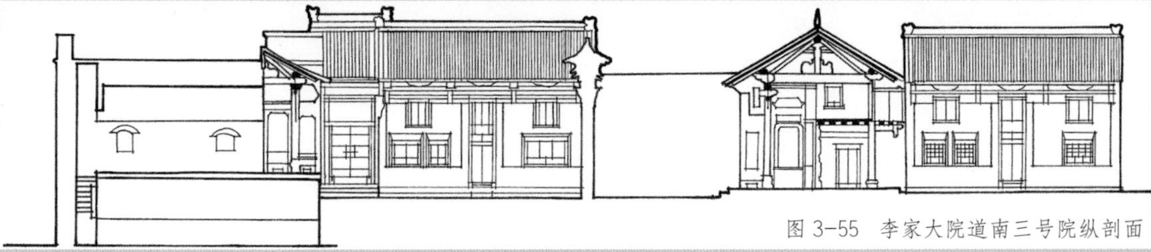

图 3-55　李家大院道南三号院纵剖面

图 3-56 李家大院道南三号院牌楼实景

图 3-57 李家大院私塾院院门

图 3-58 李家大院南北院夹道

图 3-59 李家大院院落之一

图 3-60 李家大院院落之二

光绪初年，李家商业发展至鼎盛。为缅怀先祖恩惠，昭示后辈孝行，遂由李家第十四代“敬”字辈李敬仁、李敬修、李敬伦、李敬信兄弟等人主持，于光绪十二年（1886）始修建李家祠堂。据当地老人们说，李家每年正月初五、清明、十月初一都要举行隆重的家祭。李家有 200 亩族田，雇人耕作以供祠堂费用。李家祠堂建筑宏阔，用材讲究，木雕、砖雕、石雕古朴而不失华美，结构、功能、风格凝重而不失灵巧，典型地表现了农耕经济的传统信仰与审美理念，同时显现晋南民居 “两层一面坡”的风俗特征。李家祠堂有大门，一进院，东、西厢楼，献亭，正厅。此外，李家大院民居院落中凸现农耕生活的马厩、农具院、作坊院，富有传奇色彩的 “三寡妇院”以及即将恢复或再现的寿礼、婚庆、生育等原生态风俗场景，即将落成的万荣笑话园、善文化展览等等，都是值得一睹而后快的去处（图 3-58 至图 3-61）。

图 3-61 李家大院院落之三

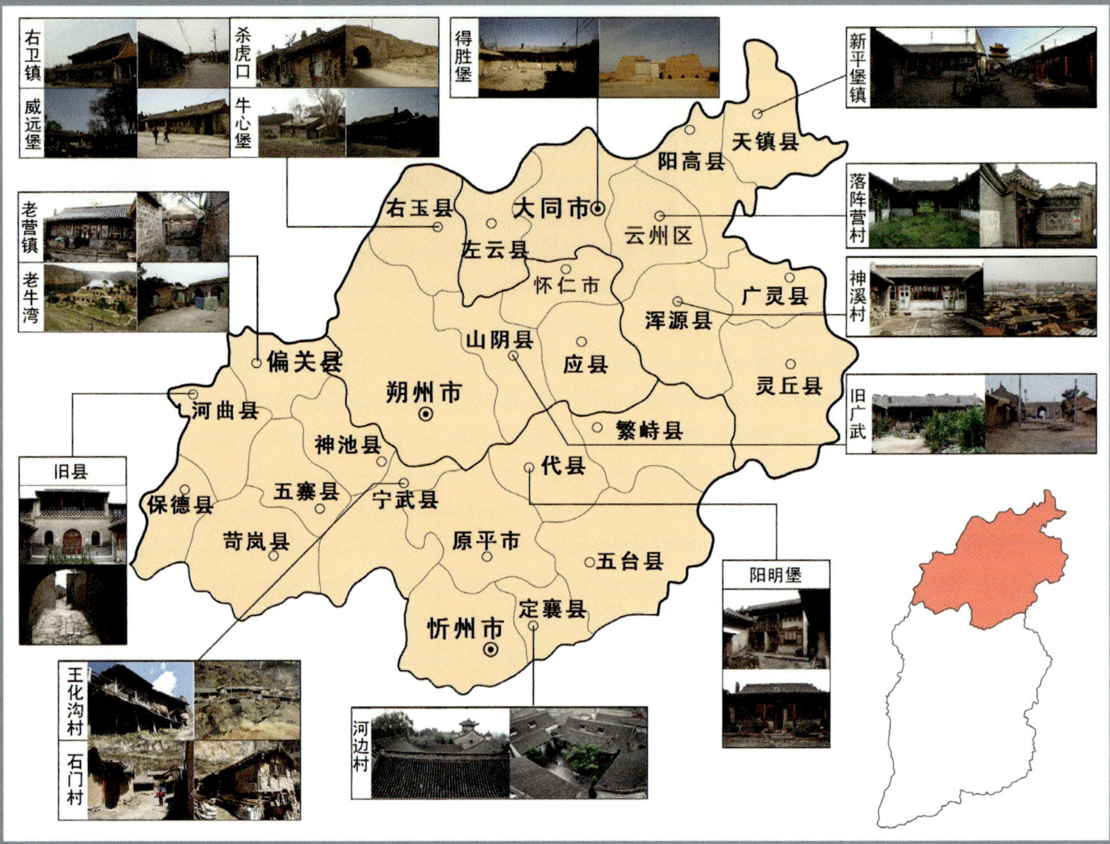

右卫镇
威远堡
杀虎口
牛心堡
得胜堡
新平堡镇
天镇县
阳高县
大同市
右玉县
左云县
云州区
怀仁市
落阵营村
神溪村
广灵县
浑源县
老营镇
老牛湾
偏关县
山阴县
应县
朔州市
灵丘县
旧广武
河曲县
神池县
繁峙县
旧县
代县
保德县
五寨县
宁武县
原平市
岢岚县
五台县
阳明堡
定襄县
忻州市
王化沟村
石门村
河边村

图 4-1　晋北民居分布图

第四章　晋北民居

一 晋北地区概况

晋北地处山西省北部，主要包括明清时期的大同府、宁武府、朔平府及太原府北部的广大地区。晋北东与河北接壤；南接晋中、晋西；西濒黄河，与陕西相望；北接长城，与内蒙古为邻。历史上，山西雁门关以北的广袤地区也称之为塞外，曾多次经历游牧区和农耕区的更替变迁，农耕文明与游牧文化在这里交流、碰撞、融合。当地的乡民既有草原民族的豁达、豪放的性格，又具有汉民族敦厚、善良的优秀品质。晋北地区历代战事频仍，向来气候多变、环境恶劣，所以在山西流传着这样一首民谣："欢欢喜喜汾河湾，哭哭啼啼吕梁山，凑凑合合晋东南，打死不出雁门关。"虽为民谣，但客观真实地反映了山西各个地域的经济社会情况。尽管这里的广大乡民物力维艰，生活酸苦，但历经世代生息，仍然创造出了特色鲜明的晋北民居，其城乡聚落也呈现出某种独特的地域性特征（图 4-1，图 4-2）。

1. 晋北的自然环境

晋北地处山西省北部，位于黄土高原的东北边缘。境内地貌类型复杂多样，山地、丘陵、盆地、平川兼备。地表为黄土覆盖的山地高原，历史上植被较丰，但近世以来破坏严重，自然环境较差。主要河流有黄河、汾河、滹沱河、桑干河等河流。

图 4-2　右玉县云石堡

桑干河自西南向东北横贯全境，形成了周围高、中间低、两山夹一川的槽形盆地。境内主要山脉北有恒山，山势峻拔，古称北岳。西有吕梁山，山势雄伟，山脉连绵。东有太行山、五台山。南有系舟山，是太行山的余支。在五台山、系舟山、云中山之间为忻定盆地，地势平坦，土壤肥沃，灌溉方便，是主要农作区。因晋北地区处高纬度地带，高海拔地区，因而其气候比较寒冷干燥，其建筑形式也非常注意向阳保暖。

2. 晋北的历史沿革

晋北历史悠久，境内山峦起伏，沟壑纵横，形成许多天然关塞，自古以来就是兵家必争之地（图 4-3，图 4-4）。大同为北方重镇，内长城蜿蜒其南，外长城横卧其北，东连太行，西临黄河。早在战国初年，这里已成为赵国的重要军事要塞。南北朝时期，大同由平城县治上升到北魏京都，4 世纪

图 4-3　大同得胜堡

图 4-4　大同得胜堡门匾

末到 5 世纪末的近百年中，曾是我国北方的政治、经济、军事、文化的中心，也是各民族聚居并进行经济文化交流的地域。当时大同空前繁荣昌盛，人口曾达 100 多万。从隋唐到明清，随着封建王朝的更迭，大同曾数易其名，直至辽重熙十七年（1048），始称大同，一直沿用至今。此间，大同还曾是辽、金两代的陪都（西京）和明清两朝的军事重镇。朔州境内的峙峪、边耀、鹅毛口等古遗址表明，早在 28000 多年前的旧石器时代，就有人类在此生息繁衍。春秋以前，朔州为少数民族北狄所居，战国时归入赵国版图。秦时置雁门郡，西汉时置马邑县。忻州古称秀容，相传汉高祖北上抗击匈奴，兵困平城，脱围时大军南撤，到忻口方摆脱追兵。高祖欢颜而笑，六军欣然如归，因“欣”通“忻”，忻州之名由此而生。春秋时期忻州大部分为晋地，战国时属赵。自唐宋以来，一直设有州治。忻州具险关要塞，人杰地灵，商贾往来，兵家必争，故有“晋北锁钥”之称。忻州文化积淀深厚，传统艺术源远流长，地灵人杰，养育了不少在中华民族历史上颇有影响的人物。

3. 晋北的人文特色

（1）边贸繁华

古代中原汉民族生产和生活使用的耕牛、皮毛，特别是战争中使用的军马，主要取之于北方蒙古地区，而古代北方游牧民族的衣、食、日用品则主要依赖于内地汉民族的农业和手工业。由于晋北位于这两个不同经济区域之间，所以南北区域的物资交换历来在晋北十分活跃。此外，晋北还是“走西口”的必经之地，所谓西口，即为位于右玉境内长城边上的“杀虎堡”。历史上，地处黄土高原的山西，是中华文明的摇篮之一，是中国内地最早得到开发的地区，农耕文明有着数千年的历史。及至明清时代，因地狭人稠，加上天灾频繁，不少下层民众动辄流移。而以地理环境来看，晋北地区为中国传统上重要的农牧分界线，口外蒙地地广人稀，当地人出于各种需要，主动招募内地民人垦种。而清朝政府则出于移民实边等诸多方面的考虑，也逐渐放宽政策，鼓励放垦蒙地、发展农业。于是，晋、陕民众遂呼朋引类，前往归化城土默特、察哈尔和鄂尔多斯等地谋生。上述诸种因素的合力，遂导致了清初至民国时期，盛行的“走西口”浪潮（图 4–5，图 4–6）。

图 4–5　右玉县杀虎堡堡门

（2）开中与晋商

山西位于长城内侧，明代的北方边镇均在长城沿线，1368 年明朝建立之后，退居漠北的蒙元残余势力仍不时骚扰北部边区，成为明政府的心腹之患。为此，明政府在北部边防线上相继设立九边。九边的驻军共 80 多万，战马 30 多万匹，军需供给成为十分重要的问题。

图 4-6　右玉杀虎堡门匾

朱元璋曾推行过屯田，由边镇军士自己解决问题，但由于地薄天寒未成功。后来，政府又拨运粮饷，但运输费用高，民苦不堪言。于是，在洪武三年（1370）开始采用开中法。开中法类似于北宋实行的折中法及其变种，就是让商人运粮到边疆，以所运之粮换取盐引，然后凭盐引到指定的盐场支取食盐，再到政府规定的销盐区销售，获取利润。山西商人以“极临边境”的优势，一俟明初开中法实施，便捷足先登，纷纷进入北方边镇市场。山西人有地理之便，又有经营盐业的传统和经验，这就成为晋商发展的又一次契机。明初盐商分为五个纲（即行帮），除浙直纲外，宣大纲、泽潞纲、平阳纲、蒲州纲都是山西人。其中泽潞、平阳、蒲州是晋南的，宣大是晋北的。这表明开中法之后，晋商仍以晋南为中心，但已向北延伸。因此不仅大同、宣府等北方边镇是山西商人活跃之地，就是西北边镇也多山西商人。山西商人集粮商、盐商于一身，在开中制的实施过程中，兴起于商界。

图 4-7　代县雁门关关城

（3）晋北边关防御体系

明代为了抵御蒙古的进攻，在河北境内沿线设紫荆、倒马、居庸三关，称为内三关。在山西境内设置的偏头、宁武、雁门三关，称为外三关。雁门关在汉武帝初年已置关，以防匈奴。明洪武七年（1374）在旧址上重建关城，并筑“内长城”与其西面的宁武、偏头两关相连，以防北西蒙古势力侵扰。经嘉靖年间增修，于万历年间复筑门楼。明《永乐大典·太原志》称：“代山高峻，鸟飞不越，中有一缺，其形如门，鸿雁往来，因以名焉。”

图 4-8　代县雁门村民居

图 4-9　旧广武街巷

图 4-10　旧广武城门

雁门关关城踞于雁门山雁门之口，距代县 20 公里，是外三关中最大的关城。附近峰峦错耸，峭壑阴森，异常险要（图 4-7，图 4-8）。在雁门山北麓，还建有新、旧广武二城，为山外防御据点。旧广武城建于辽金时，盘踞在雁门关外，是我国古代北方少数游牧民族进入中原的唯一通道，也是古代边塞军事防御体系的重镇（图 4-9，图 4-10）。据史料记载，宁武关于明成化三年（1467）建成，为万里长城上的重要关隘，地势险要。因其地处三关中路，素有“北屏大同，南扼太原，西应偏关，东援雁门”的战略作用（图 4-11）。偏头关地处偏关县，西濒偏关河，邻黄河谷地，东倚芦芽山山脉北端的黑驼山，地形东仰西伏，因称偏头关，亦称偏关（图 4-12）。它是明代“外三关”中最西面的一关，又有外关之称。

图 4-11　宁武宁化古城民居

图 4-12　偏关县老牛湾村

偏头关城建于黑驼山的山坳内，四面环山，形若覆盆。当时为了抵御蒙古的进攻，在北方不断修筑防线，在这条防线上创关设堡，驻守军队。晋北地区险要关隘还有平型关、杀虎口、金锁关、老营堡 、威鲁堡、黄泽关、北楼口、利民堡、得胜堡、镇宏堡、平远堡、新平堡、保平堡、桦门堡、瓦窑口堡、镇宁堡、镇口堡、守口堡、镇边堡、镇川堡、宏赐堡、镇羌堡、拒墙堡、拒门堡、助马堡、破鲁堡、保安堡、宁鲁堡、破虎堡、残虎堡、马堡、云石堡、少家堡、大河堡、败虎堡、迎恩堡、阻虎堡、将军会堡、红门口、老牛湾堡、阳方口、白草关、北楼口、狼牙口、固关、鹤度岭、马岭关、支锅岭口、峻极关等，这些关堡兼有防御与生活多重功能（图 4-13）。

图 4-13　右玉县铁山堡

图 4-14　浑源神溪村全景

二　晋北民居的类型与特征

由于晋北世代为边关重地，因而建筑无奢华之风，而重在朴素与实用。总体来看，晋北地区民居的形式，主要有窑洞、木构架平房、阁楼、瓦房、楼房、石板房等类型。平川地区，其民居以合院式建筑为主。山坡地区，由于受传统思想的影响，连窑洞都要挖成合院式的形式。总体布局一般比较规整，院落大多为一进到三进或多进，也有带偏院的，形成多重院落。还有单独一座或几座建筑组成的“一字形”布局形式。山区民居，一般依山势而建，但大多位于山的南侧，形成台阶式院落。采用砖石窑洞的民居，有的形成院落，有的单独设置，形态较为丰富（图4-14）。

1. 晋北民居的建筑类型

（1）阔院式民居

历史上，晋北地广人稀，较之于山西它处，土地利用充分，所以民居的建筑密度一般较小。晋北地处高寒地带，为使住宅能充分接纳阳光，院落一般大都很阔大，也很方正。多为5间见方，外院建筑也常常布置为五开间。当然，也有一些普通四合院采用三三制布局，即正房，厢房、门房各3间，但院落尺度都很宽敞，与晋中、晋南的“窄四合院”刚好相反。此外，也有两进两出，三进三出的深宅大院。阔院式民居层高较低，常常采用满面开窗的方式，有利于广纳阳光（图4-15）。

图4-15 浑源县城田家宅院

图 4-16　河曲旧县“纱帽翅”民居正房

图 4-17　旧广武一出水房

图 4-18　右玉县牛心堡村一出水房

图 4-19　浑源神溪村一出水房

（2）“纱帽翅”院落

晋北的四合院通常正房 5 间，东西厢房各 3 间，南房 3 间，正房左右两间的尽间称耳房。有的耳房进深小于正房的，称为“纱帽翅”房，即正房左右山墙带有“套间”。在“纱帽翅”前形成小天井，非常幽静闲适（图 4-16）。大同的“纱帽翅”以 2 间较多，东西厢房各 3 间，有的掏空成明 3 暗 2。南房 3 间，为门房或为杂物堆放处。有的还加抱厦，西南角盖碾房、厕所。院落中的天井常砌花墙，为放石榴树、夹竹桃等盆花而设。楼房的建筑屋顶多为两坡出水，屋顶平缓，一般为硬山顶，有时也为卷棚顶。一般而言，晋北普通人家的房屋多以平顶房为主，多为一出水（图 4-17 至图 4-19）。部分地区建窑房、瓦房。瓦房多为两出水，人字梁起架，前面砖砌柱，屋顶上筒、板瓦铺盖，五脊六兽。

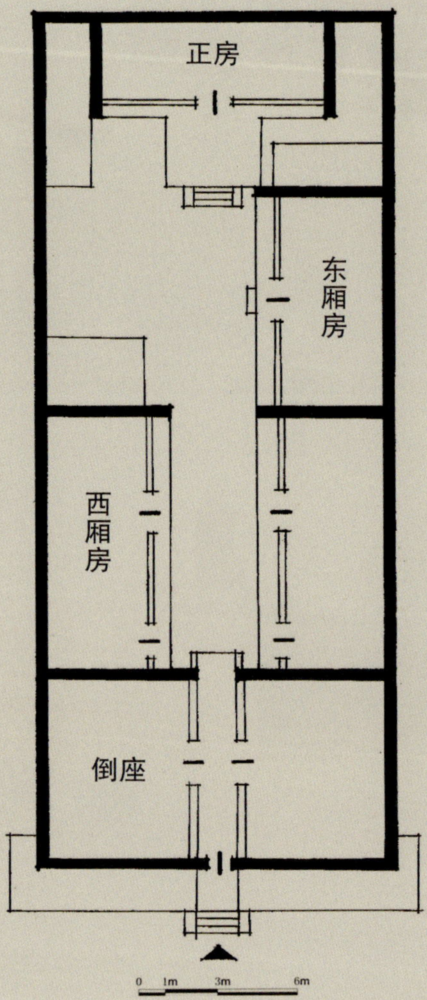

图 4-20 阳明堡高家院平面

（3）“穿心院”

在晋北，至今还保留着一种民居，当地人习惯地称之为“穿心院”。所谓穿心院，是指多处院落互相串通而形成的院落群。穿心院的院门大都设在沿街处，从大门进去，穿过里边的两处以上的院子，或者是多串院落，一直走向内宅。院落互相串通的最后，也可能是在几串院落的半腰，有一处旁门通向另外的一条街道，不必退回原门进出。这种里外相通的院落便成为晋北的穿心院。这种穿心院中，最有特色的是各个院落连接处的大门。晋北民居穿心院最讲究的大门是广亮大门，其次是抱厦大门和垂花门。即便是普通的青砖门楼，也是做工精细，多用砖雕花饰檐头，砖雕垂

图 4-22　代县县城民居头道门

图 4-23　代县县城民居二道门

柱、斗拱，一般门楼瓦顶都设正脊、垂脊、排山勾滴，用料考究，装饰富丽，做工精细，造型优美。进大门影壁，下面立一石幢，上刻“泰山石敢当”。二门在影壁侧面，多为垂花门和广亮门，形制小，与大门遥相呼应，构成“二门围廊子”的空间。穿门道进二门，即为庭院（图 4-20 至图 4-23）。

图 4-21　阳明堡高家院纵剖面

图 4-24 晋北土窑

（4）“枕头窑”与“筒子窑”

晋北山区的普通民居多为窑洞组成的三合院，即正房为窑，有土窑，有石窑。东西为房，中央为院，南为大门。靠近河曲、偏关、保德一带，主要以石窑为主。石窑由砂石或青石砌筑而成。过去多为“枕头窑”，现皆为“筒子窑”，枕头窑面阔3间，一门两窗，取一佛二菩萨之意，进深一间。筒子窑开间为3米，进深6米，双开门，偏窑子。城镇窑洞进深多为7.5米，中有夹墙，分前后两室，前室为客室，后室或橱室或卧室（图 4-24，图 4-25）。

图 4-25 晋北石窑

图 4-26　“四大八小”式民居院落

（5）晋北“四大八小”式民居

除晋东南之外，晋北也存在“四大八小”式民居。保德县讲究的清末建筑即有“四大八小”的格局，多为官宦士绅所建，存者不多，仅马家滩、下流碛、东关有几处。其格局为北面为正房，正房 3 间至 5 间，建于高台基上，个别有抱厦。东西配平房，东厢房、西厢房各为 3 间对称。南房一般为 3 间，明间较大为过厅，次间较小，放什物用，亦配有东西耳房。中央为院。这种院落多为两重门，称大门、二门。门外有石鼓、石阶，大门里有照壁（图 4-26）。

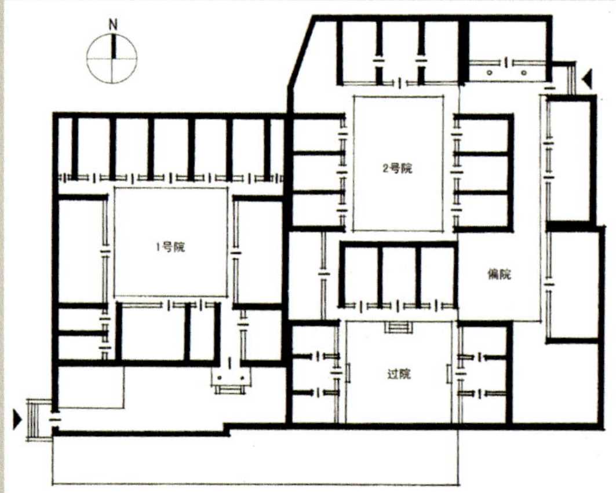

图 4-27　怀仁市庞家大院总平面

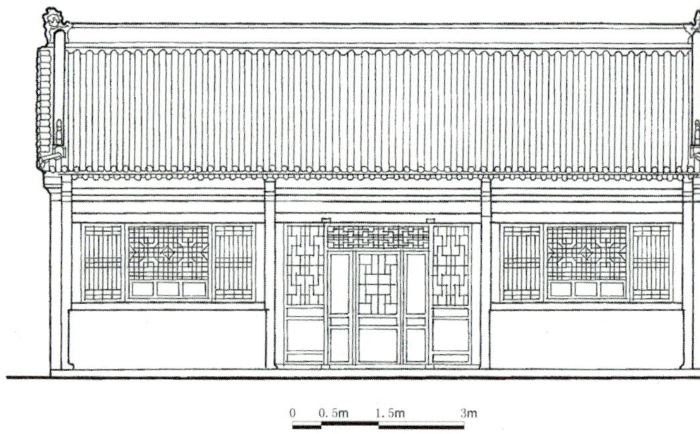

图 4-28　怀仁市庞家大院一号院正房立面

（6）“田”字形院

在晋北的大户人家，民居多布置为“田”字形院落。所谓“田”字形院，实是一宅四院。东西两院间留夹墙，或为“阴阳房”。即南北走向的起脊房从中间起墙，一分为二。东半片为东院的西厢房，西半片为西院的东厢房。这种由多处院落组合而成的民居宅院，较好地满足了豪门大户的居住要求（图 4-27 至图 4-29）。

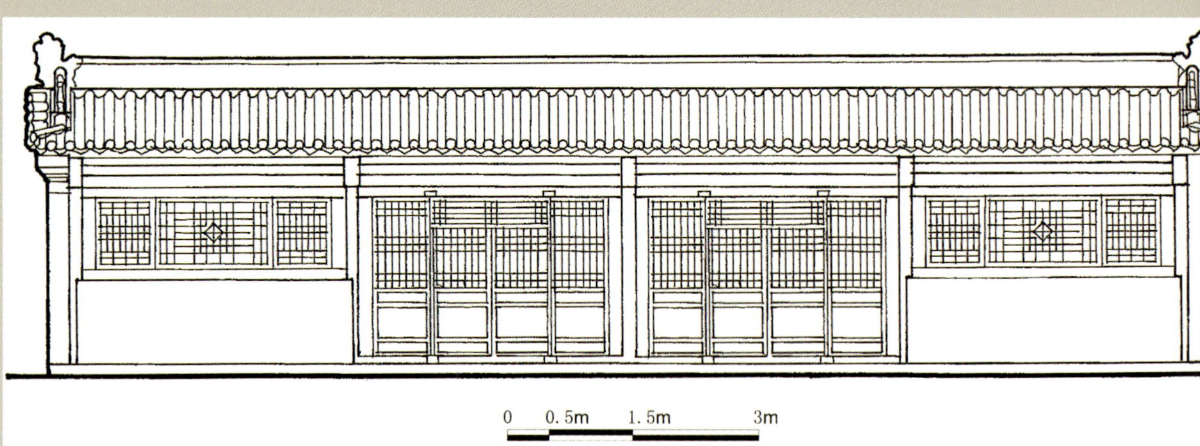

图 4-29　怀仁市庞家大院二号院偏院南厢房立面

（7）吊脚房

在晋北的山区，如宁武等地，为避虫害与盗匪，乡民将民宅建在地势险要之处，形成景观奇绝的悬空房或悬空村。这种民宅或其他生活、生产用房，常采用土木混合结构形式，底层悬于半山腰中，一般不住人，而是作为畜圈或库房，二层以上才为宅室。由于其“天平地不平”的特点，人们形象地称之为“吊脚房”或“悬空房”（图 4–30 至图 4–32）。

图 4–30　宁武王化沟村民居一

图 4–31　宁武悬棺村民居二

图 4–32　宁武王化沟村民居三

2. 晋北民居的一般特征

晋北有很多民居完全用土墙、土顶修筑，墙面用灰泥墁得整洁光平，一座一座的房屋毗邻排列着，非常整齐，形成朴素的建筑风格。这种建筑形式一方面是由于经济因素造成的，另一方面，较好地适应了严寒气候，在晋北地区非常实用（图 4–33，图 4–34）。

图 4–33 土墙房屋

图 4–34 土石混合砌体

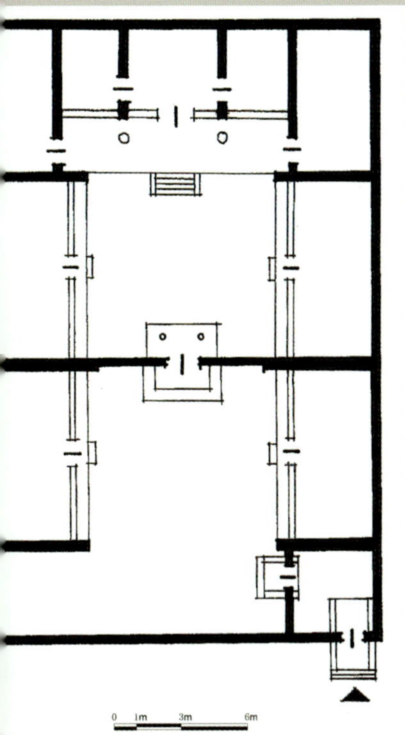

图 4-36　阳明堡阎家院平面

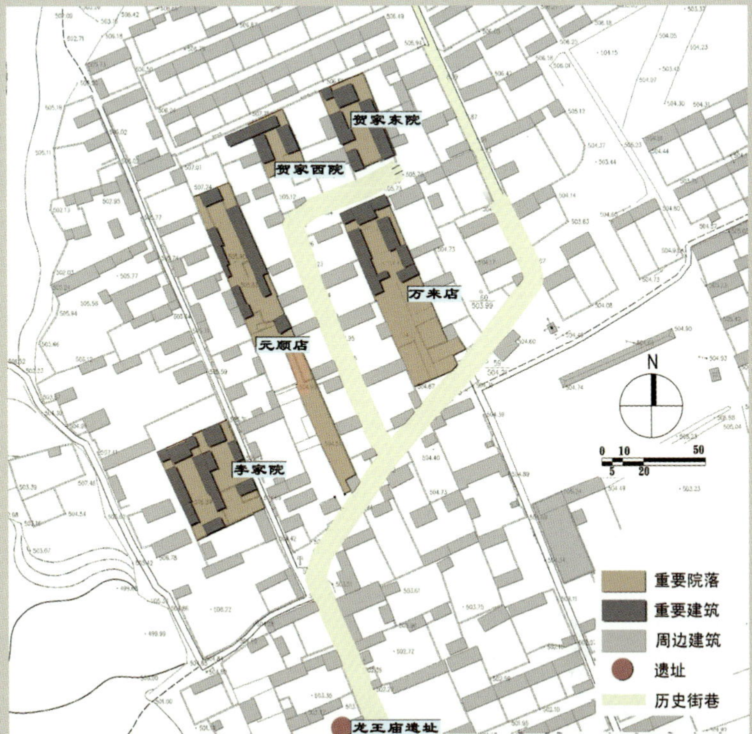

图 4-35　阳明堡东关村总平面图

当然，在晋北，三合院、四合院作为正统仍处于主流地位。一般正房中间称堂屋，中设木制壁龛，供奉神位所用。东侧供祖宗牌位。东西上房为长辈居住，耳房、厢房为晚辈居住，长东次西（图 4-35 至图 4-37）。

图 4-37　阳明堡阎家院纵剖面

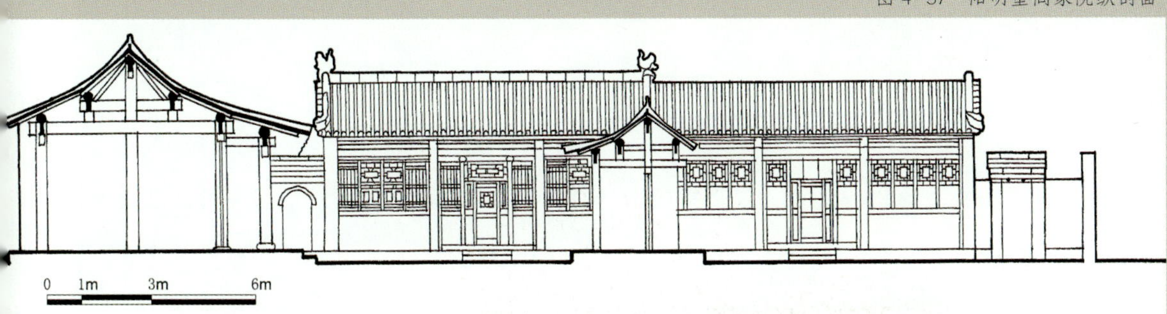

乡村平川地多为土房。山区挖窑洞。院落较大，用黄土夯墙或片石砌墙，门楼宽敞，以备车马出入。如灵丘县民居有正房、耳房（米面房）、东西房、南房。有的民居门对面还建有照壁。有的院是一进三院，有月门、过厅，分前院、中院、后院。有的是一进两院或里外院。

晋北西部左云县民宅讲究坐北向南的北屋为主房，一般三至五间，三间者居多。其次是东、西、南房（俗称配房），大门多位于东南巽位上。住房一般是三间为一套，中间称"堂屋"，迎院开一门。由堂屋进东西间为住屋，居室内基本上都有火炕，供睡觉和吃饭用。

晋北东部的民宅居室，大都是北方常见的砖木结构或木石结构的瓦房，山区多为泥筑的土屋和土石结构的窑洞等。富裕人家宅室院落大都是五正三配的四合院，正房五间略高，配房三间略矮，南房左角开街门，右角设厕所。还有富庶人家的四合双连宅院，也叫两接院，但其特点是顶不起脊，角不安兽。正房和配房都是一堂两卧的三连式（图 4-38 至图 4-41）。

朔州住房的形式、规模、结构有明显贫富和地区之别。富者多为四合院，有的前后两进院，建高墙，垒照壁，砌台阶。少数门外两旁

图 4-38　浑源神溪村民居厢房

图 4-39 浑源神溪村民居门窗之一

图 4-40 浑源神溪村民居门窗之二

图 4-41 浑源神溪村民居大门

立上马石、鼓儿石，朱门装兽面衔环，院内铺卵石或青砖，街门大小，随实用而造。多数住房为正房，设一堂两屋。四合院有的正房两侧建有耳房、东西厢房。南房有的为人住，有的为畜圈、柴炭房。贫者只有两三间房，多为土墙、草筋泥顶、小门。川区多砖瓦房、木瓦房；山区和坡区多为石券窑、土坯窑，亦有傍崖掏窑。

应县川区盖房绝大多数是坐北向南，正房五间或三间，以堂屋为中心，讲究对称。上房正中三间一套叫“一堂两屋”；五间者，两边的两间各自开门，称“耳房”，东西厢房和南房比较矮小。街门多选“巽”字方位，一般留在东南厅。厕所占西南方，靠街近，离住室远，一般为土木结构或砖木结构的单层房，有起脊瓦房、土砖平房和窑房三类。富者建房多为砖木结构的高房大院，标准设计为“三进三出”的五道（间）宽砖瓦房，即有三道门，前后三个四合院贯通的庭院。也有两道门，前庭院后院式。还有一门一院

图 4-42　山阴县旧广武民居厢房

图 4-43　山阴县旧广武民居檐廊

四合式的一般群众的住房，绝大部分是土木结构的平房，即用杨、柳木板架，土坯砌墙，黄泥抹顶的矮屋小院（图 4-42，图 4-43）。

忻州住房，以土木结构平房和瓦房居多，山区有少数窑洞住房。殷实富户以四合院居多；少数富者一进两院、三院，院内有主房，两边佐以配房，另外还有场房，主房作供神祭祀、丧事停灵设祭之用，长辈住上房，晚辈住配房，佃户住场房或外院。

神池县南山紧靠林区，以房为主；北山木材奇缺，以土窑、石窑居多。平川居民经济力量较强，宅居比较讲究。境内房舍多为二檩二缘的起脊房，东西厢房与对庭有少量一出水房。窑有石窑、砖窑、土粘窑、土窑洞之分。土粘窑为泥坯砌就，以砖包面。农家院多为独门独户四合院，五间正房中有主房三间，耳房两间。东西厢房与对庭均为三间。厕所修于西南，大门开于东南。迎门竖照壁。

五台县住宅以砖木结构房屋居多，间有靠崖窑及石洞。五台黄土坡以北多为砖墙瓦顶。平原地区，则为土墙平房。清水河两岸，常常以石券窑洞而居。大部分地区亦有靠崖掘窑而宿者。近代住房一连三间居多，分里外间，里间一间，存放粮食和日用什物，外间二间，一炕一地，摆设箱柜，且置灶台，是人们的生活起居之所。单间住屋，均砌对门火炕，往往充做新婚洞房，台怀地区稍有不同，建房低矮，一堂两屋。

代县、繁峙民居多系土木结构的筒板瓦房或白灰平房、四合院，厕所均置于西南。山区居民住宅则多住窑洞，或用土坯券，或靠山坡掏，无门楼和明显院落，四周以土墙或篱笆，设柴扉或栅栏以供出入。这种窑洞外形虽不甚美观，但居住舒适，冬暖夏凉，而且在经济基础薄弱的情况下，可以就地取材，造价低廉（图 4-44 至图 4-46）。

五寨民居一般以砖木结构或土木结构的

图4-44 代县周玳故居正房

图4-45 代县周玳故居厅房

图4-46 代县周玳故居厢房

"一进二开"（即一堂二室）正房为最多。这种房以石砌基础，红白杵檩柱，间架大，宽敞明亮。清末民国间，富有人家的建筑为三大二小一空洞的四合院，即三间大正房，东西各配一间耳房，东西厢房各三间，南房三间，中间一间为过厅，中央为院，正前房有一块月台。两重门，从大门进第一院，从过厅进第二院。这种建筑多为砖木结构，飞檐斗拱，起脊立兽，门窗精雕细刻。贫者仅正房三间，农村大都没院墙。西梁和北山区，多利用自然资源，砌石窑、挖土窑居住。石窑用红砂或青石碹砌而成，有"一进二开"三间的，有枕头窑（独一间）的；土窑多依山而掘，大小深浅视土质而定，窗户较小，光线阴暗。

图 4-47　浑源神溪村门窗

图 4-48　静乐县民居门窗

3. 晋北民居的造型特征

在晋北，民居建筑的屋顶以悬山顶居多，有别于山西其他地区。晋北民居最明显的特点是筒瓦屋顶做成前坡长、后坡短的鹌鹑檐，铃铛排水脊，房屋出檐较大，台明不高，正房五脊六兽，墙体较厚。门窗刻工精细，上有纸窗，下装玻璃。凡住人的房、窑，过去都是上下扇糊麻纸的豆腐块窗户，上扇可开，下扇固定。比较讲究的房，为了采光，窗子两侧再加木制胡椒眼式的“夹耳”窗（图 4-47，图 4-48）。

也有一些地方的民居常用砖木结构，多为硬山顶，一溜水压筒瓦或板瓦两出水，排椽插飞，五脊六兽。门窗为松木制，造型华美，采光好。街门都很讲究。普通街门大部分是建在墙面上的独立门体，门楼造型各异，但水压瓦脊顶式最为普遍。通常门楣上方留匾额，写着字样。迎门设照壁，多为砖雕。如浑源豪宅一般贯以八字正门，双瓦盖顶，多为五正三配的三连四合院（俗称三连院）。正房过厅各 5 间，双出水，起堆花正脊。凡兽头张嘴，插双铁角，门开八字，前竖斗杆，安鼓石，栽拴马桩者，称为府第（图 4-49 至图 4-51）。

朔州砖瓦房的形式有卷棚、硬山、穿廊、抱厦等，正房形式有前后两出水，后高前低一出水。窗棂式样多为豆腐块、胡椒眼、太平格、亚字形等。一般两边置小窗，中间横列两扇大窗。上糊纸、下装玻璃，夏日窗扇可开启。土砖平房屋檐都是向院一出水。不论平房、瓦房，墙基都是石砌，高 0.5~0.6 米。墙壁有的一砖到顶，有的用土坯砌成。码头、窗台、檐台一般用砖砌或用砖裱，前檐椽出檐 0.9~1 米。檐下明檩明柱，檩细用二檩一替，粗则用一檩一替，替下安窗。旧式窗上下扇窗棂，都是“豆腐块”式，均糊纸。小窗是通身旋转开启，窗棂多为“胡椒眼”式，均匀分布，或横竖档交替组成斗方图案。堂屋旧时一般安三对木隔扇。

忻州等地的民房特色是高脊一出水瓦房，坡度较大，造型独特。上宇下栋式的两山瓦房，以“人”字梁起架，前面多以砖砌柱，留窗格门洞，多为硬山式结构，一溜顺水压板瓦（图 4–52）。也有的地方为防止雨水冲刷，采用悬山式结构。屋脊为干扣一层砖再交错扣瓦的皮条脊形式。比较讲究的瓦房为双出水悬山式筒板瓦屋顶、排椽插飞、五脊六兽，全部是木结构门窗，造型华美、采光好。屋内间架深广，多用隔断，分出卧、客、厨间。一般阁楼，因为天气不太炎热，正房不甚高大，柱高常为 2.3 米多，开间为 3.3 米左右，进深约 5.3 米左右不等。厢房进深约 4 米左右。院内有一种很安定的感觉，大门多开在前左偶。如宁武民居造型特点是山墙及顶，中脊高高隆起；前后墙与山墙夹角在 30° ~40°，每一串院的正、偏房为 3~5 间，呈一明两暗，一明一暗，或里外间，每间房宽 2~3 米，入深 3~5 米。

图 4–49 代县周玳故居砖雕

图 4–50 浑源县城姚家巷民居夹道照壁

图 4–51 宁武县赵家大院墀头

图 4–52 宁武县赵家大院楼房

图 4-53　大同市云州区落阵营村村委大门

图 4-54　吕家大院大门

图 4-55　吕家大院二门

三　晋北民居实例

1. 大同市云州区落阵营村吕家大院

落阵营村地处御河与桑干河的交汇处，属大同市云州区杜庄乡，以吕家大院著称。据说，最早来到落阵营村的吕家先祖叫吕田平。吕田平原为明末李自成起义军中的士兵，来到落阵营村后当了长工。有一年山洪暴发，恰遇有母女二人，吕田平从洪水中将她们救出。后来，与被救的姑娘成婚。落阵营村吕家以油坊起家。由于善于经营，“吕家油”当时名噪一时。吕家油坊门前常年红红火火，车水马龙，购油者络绎不绝。随着吕家商业的兴盛和财力的增加，吕家在大同、呼和浩特、天津开设店铺，经营食油、布匹等。吕家商号统一称为庆云祥。清代后期，吕家有不少人通过仕途获得功名，其中吕瑭在道光二十四年（1844）中举人，后任职云南石膏井盐提举、云南孔阳州知州等。吕瑭之子吕生春，曾任天津县令，深得李鸿章信任。据传，吕氏父子勤政廉洁，两

图 4-56　吕家大院院落

图 4-57　吕家大院照壁

袖清风，兢兢业业，深得慈禧太后的赏识，因此拨款修建吕家大院。

村中吕家大院共有 9 座院落。吕家大院的主体院落为三进式，前有门厅，中间是过道厅，后为正厅。正厅是 3 间大堂屋，东西各有耳房 2 间。村中有不少门楼、照壁、上马石、旗杆立座、抱鼓石，非常精致，独具匠心。现有照壁 4 块，其图案质朴，内容丰富，优美动人。有一处砖雕表现的是读书情景：梧桐树下 3 位书生在苦读，3 人表情各异，树间有喜鹊或飞或栖。砖雕上有诗曰：“碧桐茂蔚荫高轩，又见凌晨喜鹊喧。借问仙禽何所报，祯祥早已兆三元。”在另一处砖雕照壁上，中心为巨大的行草“福”字，两侧有一副对联，上书：“荆树有花兄弟乐；书田无税子孙耕。”表现出主人力事农耕，崇尚读书的操守。有一个地方的门楣上就书有“耕读传家”的内容。吕家大院的壁画以山水和人物画为主。村中民居抱鼓石多线刻有花卉、人物等，精雕细刻，造型优美（图 4-53 至图 4-57）。

除了吕家大院，落阵营村还有多处民居。落阵营村现存传统建筑约 5000 平方米，是晋北现存较为完整的代表性古村落。

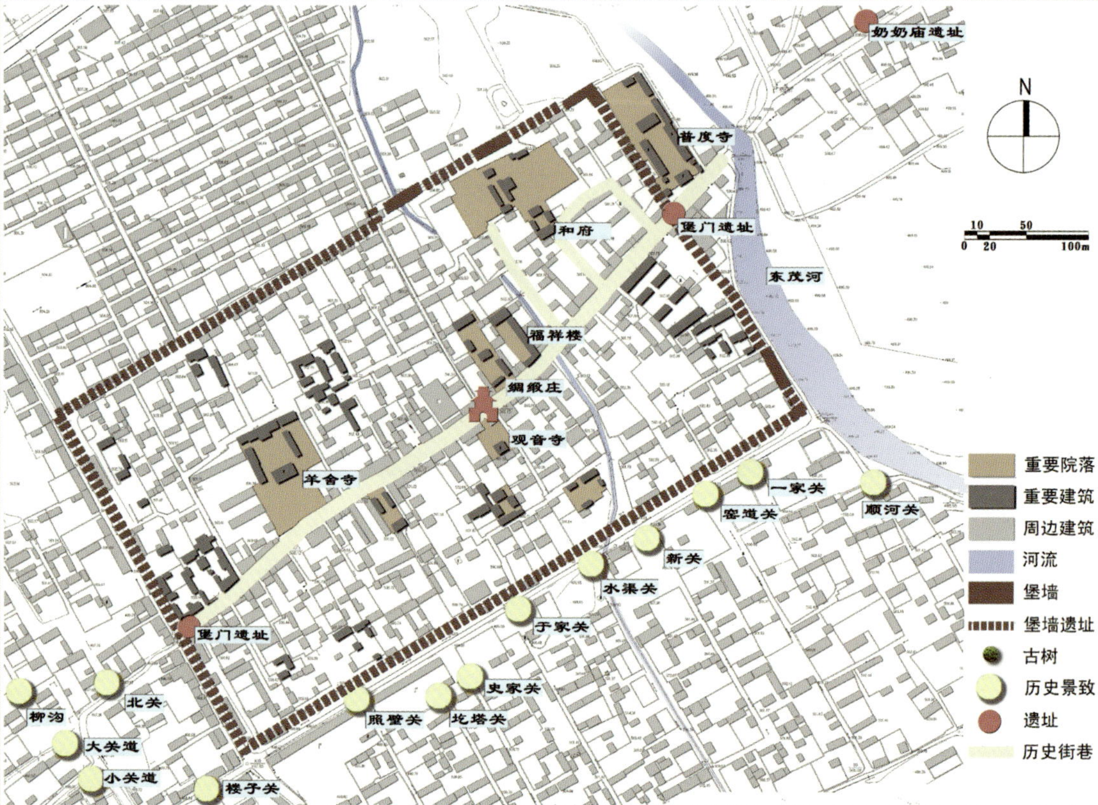

图 4-58　阳明堡堡内村

2. 代县阳明堡镇民居

代县阳明堡镇位于雁门关南口，地处交通要道，因此，数千年来这里一直是商埠物流中心和“茶马古道”重要集镇。据史载，唐宋时期，随着国力强盛，阳明堡镇经济开始变得繁荣，外来人员增多，堡内变得拥挤起来，无地居住，人们开始大量迁居至南关、东关。从整体布局上来看，阳明堡镇的古镇部分主要由堡内、东关和南关三大区域组成。堡内指

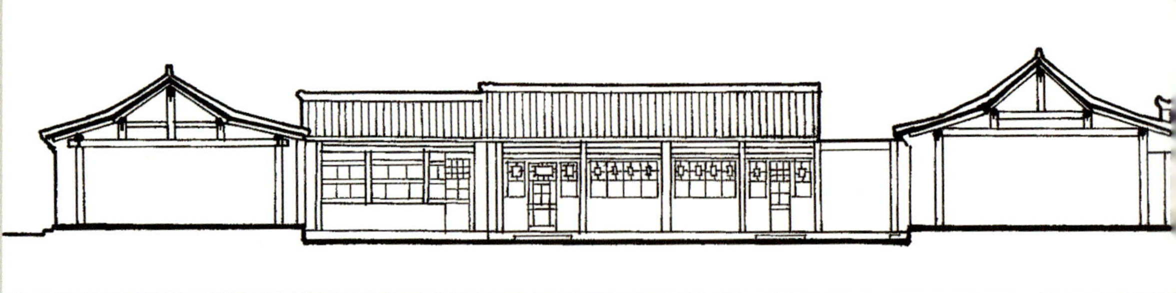

图 4-61　阳明堡南关村

堡墙包围的部分。“堡”是一座长方形城池，坐西（偏南）朝东（偏北），东茂河由西北至东南从该堡的东堡门前淌过。堡内市集主干道由西（偏南）向东（偏北）贯穿整个城堡。早在宋元时期，由于商贸繁荣，外来人口增多，阳明堡镇因堡内空间有限，居民遂出关向关口周边扩展，依附城堡，形成了东关和南关两个“新”的聚居区。目前保存较好的民居有贾家院、贺家院、刘家院、李家院、绸缎庄等（图 4-58）。

绸缎庄为典型的商铺与民居相结合的店铺民居。沿街商铺的建筑格局保存较为完整，正中大门通往内院，4 间店铺排布大门两侧。内院院落现存 3 进，格局基本保留完

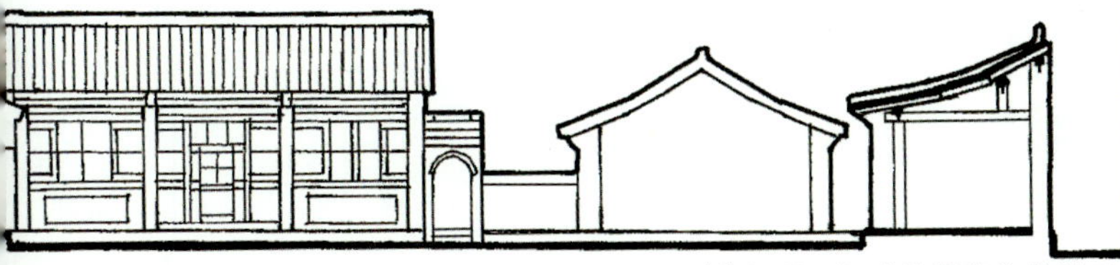

图 4-60　阳明堡绸缎庄纵剖面

图 4-59　阳明堡绸缎庄总平面

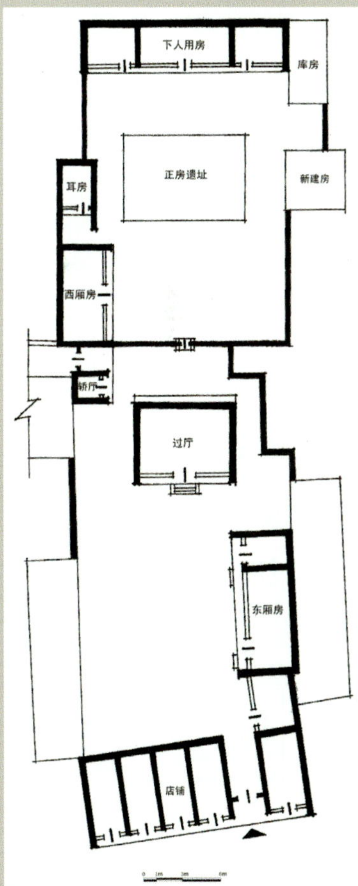

好。第一进院落仅存“过庭”及东厢房。过庭3间双坡硬山顶，东厢房3间单坡硬山顶。中院称二腰院，中院无南房，前院无正房，中开牌坊式仪门。第三进院落中正房已毁，遗留有柱础。东西配房3间呈对称布置，现西配房只剩遗址。东厢房已毁，西厢房3间硬山顶，门窗雕花细致。下人房保护完好。正房对面砖雕仪门保存完好，仿木结构建造有斗栱、悬鱼，仪门上石雕十分精美，但整体倾斜6.5度。绸缎庄三进院落总体以前低后高为主，暗含步步升高、财源广进的意味（图4-59，图4-60）。

刘家大院群分布在堡墙外东南角王里道两侧，这里地势相对较高，距离堡内近而且环境安静，一方面方便来往于堡内经营的商铺和堡外居住的宅院，另一方面居住环境比较好，宅院和祠堂形成一个比较完整的堡外南关刘家居住区域。

王里道北侧基本上为居住院子，南侧为刘家祠堂。北面的居住宅院沿道路呈线性分布，多为三到五进院落。目前保存下来的刘家院分散为4处居住宅院，都分布在王里道北侧，随路的方向布置，面朝街巷。

由于王里道呈西南斜线方向，这样就使得刘家院的大部分沿街的院子一级一级沿路后退，整个院子并不呈现十分规则的矩形，而是会出现沿街的一面呈锯齿形状的状况。这个院子就是一个比较典型的例子，入口安排在东南角，不仅减弱了道巷倾斜导致的院落空间减小的影响，也拉近了大门与内院的距离。进了大门，左前方就是进入内院的入口，这个入口在第一进院东厢房的北侧，这样主人既可以方便地进入到前面一进院子，也可以通过过厅背后一个狭窄的、具有强烈

图4-63 阳明堡刘家院对厅立面一

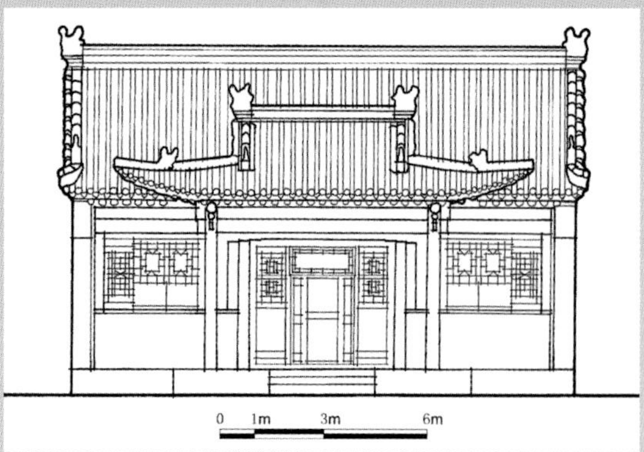

图4-64 阳明堡刘家院对厅立面二

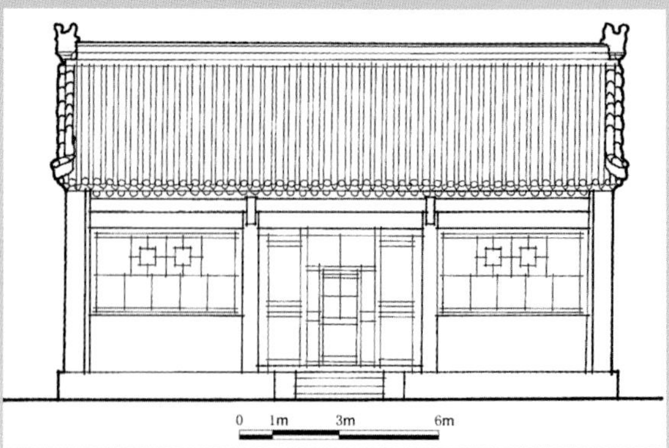

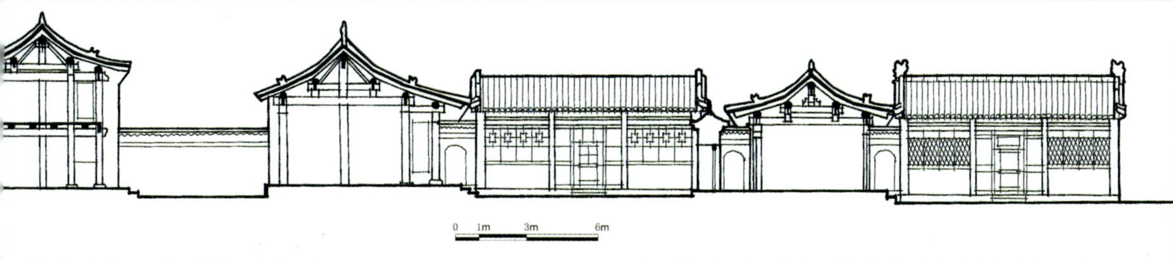

图 4-65 阳明堡刘家院纵剖面

引导暗示的甬道和砖雕仪门直接进入到后院。后院和前院基本上呈对称布置，沿袭了中国传统民居的固定模式，前院略大，后院紧凑。在后院东侧还有一进院落，只布置了东厢房，和一个两层的建筑，称为“绣楼”，为户主女儿的居住之所。此院面对主入口，但是故意砌筑围墙相隔，保证了内院的清静、不受干扰的环境（图 4-61，图 4-62）。

整个院子布置得紧凑但不拥挤，松弛与紧张安排得当，能够恰当地引导客人，整体上给人舒适但不失亲切，紧凑但不失大方的印象。通过院门是一个不大的坡道，顺着坡道就来到内院入口，前院的倒座、东西厢房、过厅都是三开间的硬山屋顶形式的建筑，院落下沉，台基采用砖石混合砌筑，转角为石，中间采用砖砌，过厅体量较大，开间尺寸比厢房要大，进深也较深，并设有前廊，多少显示出了中轴线上建筑的特点（图 4-63 至图 4-65）。

图 4-62 阳明堡刘家院总平面

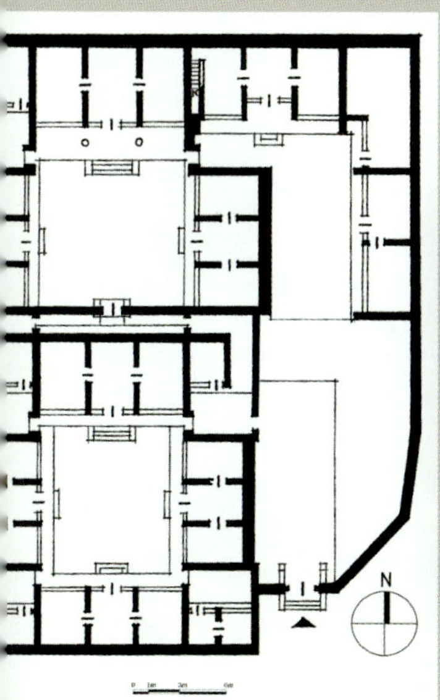

图 4-66 阳明堡刘家院二进院落

从内院入口右转，进入过厅背后与后院围墙形成的一个狭长、具有强烈引导作用的甬道，甬道中间的砖雕仪门十分讲究，各种纹饰均采用深浮雕的形式，形成一个形态丰富、阴影多变的热闹场面。仪门正对面是正房，体量大，高度突出，给人一目了然的印象。左右厢房采用了卷棚屋顶形式，和前院有所区别。东厢房北侧设砖雕门进入绣楼所在的院落，绣楼是一个两层的建筑，形态比例协调，虽然体量最大，却并不显得张扬和不适应。绣楼是宅院主人女儿居住的地方，室内装饰性最为突出，梁架上均施彩画，梁头出头耍头、斗拱都做成各种形式的木雕，门窗、隔扇都经过修饰处理，具有传统吉祥寓意的窗花和门头到处都是有寓意五蝠（福）捧寿的图案，有寓意多子多福的葡萄，还有用得最多的平安吉祥的瓶、菊等图案。这里最有特点的门窗装饰元素就是贴在窗户纸上的剪纸艺术了，红色的剪纸和深色褐色的木窗形成鲜明对比，不仅喜庆，而且一下子活跃了气氛，营造了一种温暖、舒适的视觉氛围。院内共 8 座石门洞，洞口雕花形式统一但内容各异，即便是一座石门洞，其里外两侧的纹饰都是不一样的（图 4-66 至图 4-69）。

图 4-67　阳明堡刘家院偏院

图 4-68　阳明堡刘家院侧门

图 4-69　阳明堡刘家院夹道

图 4-71　阎锡山故居鸟瞰

3. 定襄县河边村阎锡山故居

阎锡山故居位于定襄县河边村，东靠文山，西傍滹沱河。村庄顺势建房，形成了 18 个堡子，南北长 2.5 公里。文昌堡位于河边村东南的一个小土丘上，是全村地势最高的地方。文昌堡共有两层，外面一层叫大堡，里面一层叫二堡，大堡实际上是二堡的外围堡寨。二堡的堡墙很厚，沿堡墙有一道很深的堡壕。从大堡进二堡，只有一道可容两人并行的狭窄石头堡门，通过堡门里面 3 米多长的石拱门洞，才能进入巷内。

1911 年，阎锡山当选为山西都督后，在旧宅基础上进行了扩建，建成都督府，成为他的府第。1914 年，阎锡山被任命为“同武将军”后，为了大肆庆贺，即在河边村祖居的文昌堡大堡门里专修了一座院落，青砖砌的圆大门洞上，镌刻有“同武将军”的匾额。阎锡山被封“一等侯爵”后，他又在都督府后面新建了一座小巧玲珑的四角小红楼，取名“得

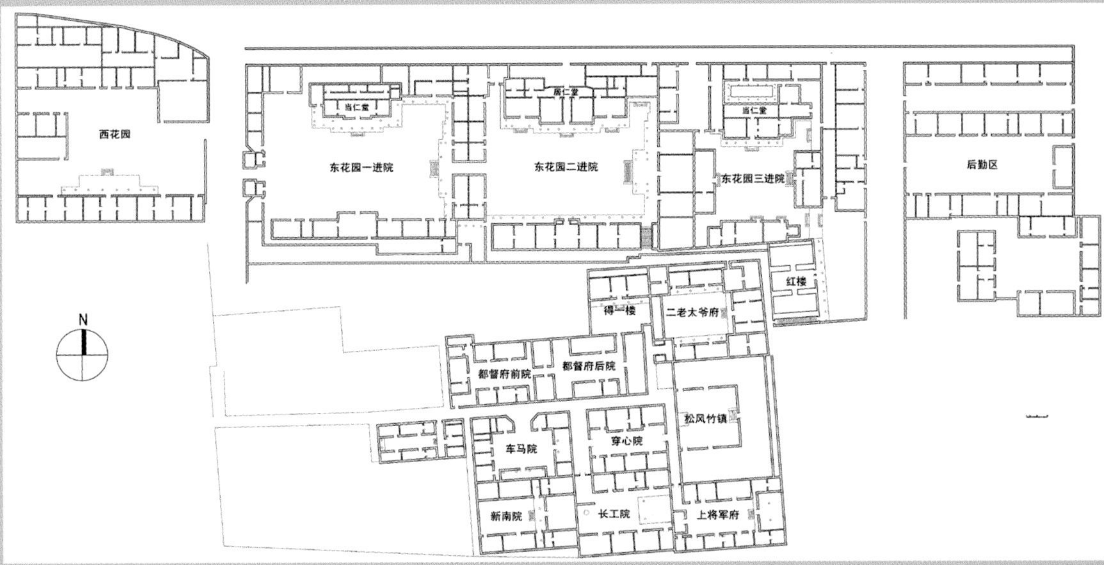

图 4-70 阎锡山故居总平面

一楼”。后来，随着阎锡山地位的逐步高升，便以高价购买附近相邻民宅，他把购买来的宅基地连在一起，修建了上将军府、新南院和穿心院。1930 年，阎锡山又修建了东、西花园。所谓东西花园，实际上是阎锡山的府第（图 4-70）。

阎锡山的宅第中东花园属于正统的官式住宅平面布局方式，充分表现了中轴对称的布局特征，建筑从平面布局到空间构成以及细部处理都相对比较严谨，是中国传统住宅建筑的典型形式。但阎锡山院落的布局没有严格意义上的规则，而是以他原有的宅院为中心向外延伸，逐渐连成一片。尽管每处院落都有严格的轴线，但实际上缺乏院落的整体感。与此相应，各期的建筑风格也比较杂乱，既有传统形式的得一楼，也有打破常规与传统相悖的穿心院，还有一些则是地方民居特色的平方院落等，显得缺乏统一的规划思路。

都督府院落，为一进两院式，是中国传统建筑的庭院方式，平面布局呈长方形，有强烈的轴线感，左右对称，规整严谨，东西向较深式。东厅 5 间，供奉祖宗牌位，其余房间都可以住人。从规模上看，它比当地富裕人家的宅院大，有气派，特别是在建筑风格上有些特色。建筑立面构图采用了西方古典主义时期的横五段、竖三段的建筑模式。它的街门上方，前后院过道及东厅顶部，都雕刻着许多既有当地传统风格又有异国情调的人物、花卉、动物、绶带、钟表等图案，雕刻摆脱了封建社会里严格的等级限制，匠师们可以任意发挥自己的想象，这些雕刻中，人物、卷草、花卉等是中国雕刻常见内容，如富贵牡丹、松鹤延年等，而钟表、绶带则是西方内容，形成中西结合的独特建筑艺术。与此同时，阎锡山的叔父阎书典也翻修了宅院，将老院建成一个颇大的四合院。出厦明柱、雕梁画栋，四个门角上各有两个砖雕颜体大字，合为“文山叠秀，沱水六环”。这座院子被村人称为“二老太爷府”。这座楼为中国传统样式，共三层，飞檐凌空，青瓦红壁，登楼俯视，全村景象尽收眼底（图 4-71）。

东花园中轴线的空间既是故居的主要空

图 4-72　阎锡山故居新南院大门

图 4-73　阎锡山故居新南院内院

间，亦是昭显建筑等级差别的重要部分。东花园平面沿着轴线呈对称布局。同时建筑还有一个很明显的特点是以东为上，这是河边镇上的风水与缘征以及乡民们的追求，所谓“背靠文山，面对沱河”或者叫“文山钟秀，沱水环流”，是为了表达和寄托美好愿望，阎锡山也不例外。东花园中轴线起点是大门，大门是实现建筑领域性特点的决定因素，除了作为联系内外环境的枢纽外，大门还是建筑中彰显主人身份地位的特殊符号。因此大门的处理对于建筑的规模、气氛及造型都起着重要的作用。东花园大门是石牌楼式门楼。进入大门后，即被院中的影壁遮挡视线，影壁上刻有当年孙中山赠给阎锡山的“博爱”两字手迹。进入院内，是阎锡山府中最气派的大院，院心建有花坛、假山喷泉，四边建有厅堂，周围则是用条石、鹅卵石铺砌而成的带有装饰图案的车马环形便道。这座院落是锡山副官及卫兵们居住、办公的地方（图 4-72 至图 4-75）。

图 4-75　阎锡山故居都督府过厅

图 4-74　阎锡山故居新南院侧门

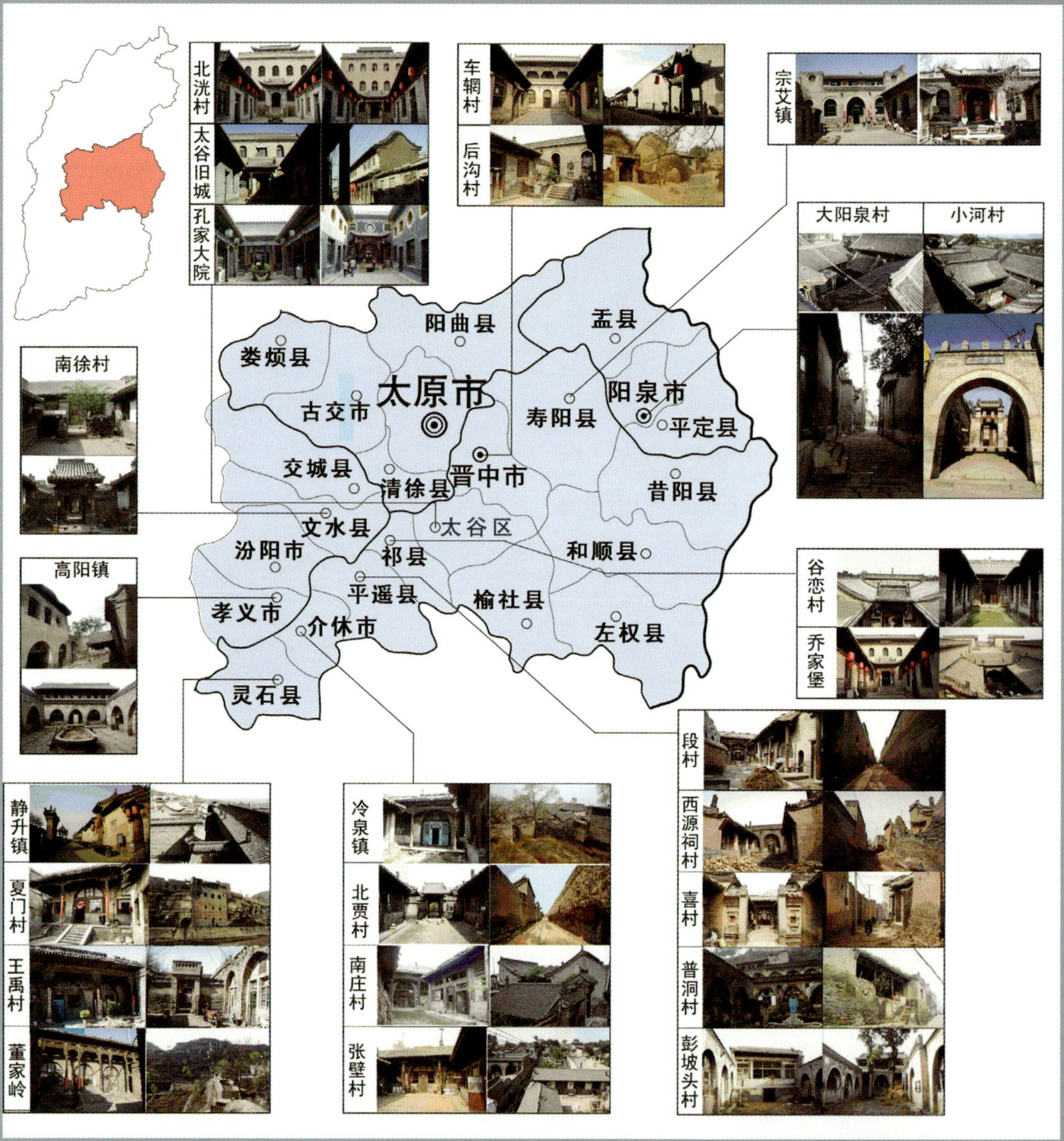

北洸村
太谷旧城
孔家大院
车辋村
后沟村
宗艾镇
大阳泉村
小河村
南徐村
高阳镇
谷恋村
乔家堡
阳曲县
娄烦县
孟县
太原市
古交市
寿阳县
阳泉市
平定县
交城县
清徐县
晋中市
昔阳县
文水县
太谷区
汾阳市
祁县
和顺县
平遥县
孝义市
榆社县
介休市
左权县
灵石县
段村
西源祠村
喜村
普洞村
彭坡头村
静升镇
夏门村
王禹村
董家岭
冷泉镇
北贾村
南庄村
张壁村

图 5-1　晋中民居分布图

第五章　晋中民居

图 5-2　榆次常家庄园鸟瞰

一　晋中地区概况

晋中西傍吕梁山，与晋西接壤；东依太行山，与河北省毗邻；南亘太岳山，与晋南相连；北接系舟山，与晋北相望；汾水襟其带，贯穿全境。晋中地理位置非常重要，素有“得晋中而得山西之称”，是山西省的政治、经济、文化中心区域。相传数千年前，这里曾是一片汪洋，是《周礼》记载的“昭馀祁”的地方。大禹劈开了南端的灵石口，露出晋阳湖底，使沼泽变成了平展的沃野。

历史上，山西的政治中心曾在晋南，当时的晋国辖区只有现在山西的西南一隅之地。晋献公时（前 676- 前 651），晋国的境域东不到上党，北不到霍州，西部和南部以黄河为界，所以《史记 · 晋世家》有“唐（古晋地）在河、汾之东，方百里”的记载。周成王时，封其弟叔虞为唐王。叔虞死后，其子燮继位，因晋水横过其境，改唐为晋，自称晋侯。当时霍

图 5-3 祁县古城“昭馀”牌坊

州以北，临汾以东属赤翟、白翟，所以今天的晋中是汉族和少数民族杂居之地。晋文公（前 636- 前 628）后，军事势力逐渐向北发展，到韩、赵、魏三家分晋以前，晋地已扩展到娄烦、忻州、代州和云中一带，晋阳城（太原）大约在公元前 5 世纪前建立。山西的政治中心逐渐北移，晋阳也就成了山西的首府，晋中成为山西省名副其实的中心区域。

明清时期，晋中商人发明了票号，累积了大量财富，在其所在家乡大规模修建宅院。这些晋商宅院虽然是由不同的家族在不同的年代修建而成的，但它们却具有一些共同的特点，这就是无论在建设的规模上，还是在建设质量上，无不昭示着晋商的身份、地位和实力，最大限度地表现了晋商的文化观念和价值取向。走进这些宅院，人们会感受到文化之凝重、雕饰之精美、构思之独特、意境之空灵，仿佛走进中华民族 5000 年灿烂文化的艺术殿堂，成为人们解读明清时期中国政治制度、经济体制、社会风俗、建筑技术与艺术的活化石，是山西民居的杰出代表（图 5-1 至图 5-3）。

图 5-4　太谷古城民居院落

1. 晋中的自然环境

晋中地处黄土高原东部边缘，地势东高西低，山地、丘陵、平川呈阶梯状分布，大部分地区海拔在 1000 米以上。

因地质变化，境内总体表现为东部山地、中部盆地、西南部山地和西部汾河谷地 4 个地貌特征。东部山地处于太行山脉中段，属典型岩溶化的高中山、中山地貌，海拔多在 1500 米以上，山势南北走向，南高北低，主要山峰有左权的北天池（海拔 2097 米）、和顺的阳曲山（海拔 2059 米）。中部盆地是新生代以来形成的新裂陷带，北高南低，海拔在 700–900 米间。西南部山地为太岳山脉北端，有发育完好的倾斜单面山，东缓西陡，山势险峻，属高中山、中山地貌，海拔超过 2000 米的山峰有灵石的牛角鞍（2567 米）、石膏山（2533 米）和介休的绵山（2120 米）、天峻山（2009 米）。西部汾河平川沿汾河呈带状分布，海拔多在 800 米以下。汾河出境处一段，因韩侯岭隆起自然形成峡谷，地表为黄土残垣、丘陵及侵蚀中山地貌。山地、丘陵、平川分别占全区总土地面积的 63.9%、20.5% 和 15.6%。晋中河流以太行山、太岳山中脊为界，分属黄河流域和海河流域。东部河流多属海河流域南运河、子牙河水系，主要有松溪河、清漳河、浊漳河；西部河流属黄河流域汾河水系，主要有潇河、乌马河、文峪河、昌源河、惠济河、龙凤河、静升河等。汾河为流经境内第一大河，沿西境由北向南纵贯娄烦、古交、清徐、祁县、文水、汾阳、平遥、孝义、介休、灵石等地，是西部平川用水的主要来源。

晋中属暖温带大陆性季风气候，季节变化明显。总的特征为：春季干燥多风，夏季炎热多雨，秋季天高气爽，冬季寒冷少雪。由于受境内复杂的地形影响，气候带的垂直分布和东西差异比较明显，总体表现为热量从东向西递增，降水则自东向西递减，即气温西部平川高于东部山区。

2. 晋中的人文环境

晋中农耕底蕴厚重，农业发展迅速。晋中是黄河流域古老的农业发祥地之一，远在仰韶文化时期，这里已从刀耕火种的原始农业进入了“耜耕”栽培阶段。春秋战国时期，农业已占主导地位，到隋、唐、宋、元时期，逐步形成了精耕细作的生产方式。清代后期，一代名士祁寯藻所著《马首农言》，在山西乃至中国农科史上占有重要的地位。

晋中的商业也很发达。随着古晋阳城等一批中小城市的创建，到南北朝时，晋阳成为北齐的别都，商业兴盛，已成为汾酒的集散地。盛唐时期，晋阳商业空前繁荣活跃，是仅次于长安、洛阳的大都市。宋太宗焚毁晋阳城后，在唐明镇筑新太原城，商业得到恢复发展。宋代之后，随着盐运业的国退民进，给了晋中商人发展的契机，这对以后晋商的辉煌有深远影响。首先，山西人打破了传统文化的“重义轻利”的观念，树立了“以义制利”的思想。先富起来的一代晋商，吸引着有才华的山西人放弃科举入仕，积极投身商场。这种观念的变化，确立了山西人重视商业活动、以商为荣的传统。其次，一批成功的商人成为晋商以后发展的核心和骨干。商人经商经验的积累，队伍的扩大，以及经营范围的拓展，使晋商足以成为一个以地域为纽带的商帮。明代实行开中制，太原成为九边重镇之一，随着城垣的扩大，商业又有新的发展，古人曾用“蔽天光，发地脉”来形容其盛况。晋中历来人多地少，土地贫瘠，乡民自古多外出经商谋生，遂使晋中成为晋商发展之重要源地。延及明中叶，平遥商人已形成晋商中一支重要力量，后称“平遥商帮”。明代，太谷已有“商贾勤于贸易”的记载。清代中叶，太谷商业发展为鼎盛时期。乾隆以降，晋中商号遍及全国各大商埠，金融业和商业并肩发展，“东北至燕奉蒙俄，西达秦陇，南抵吴越川楚”。当时的太谷城，是山西的商业中心，有“旱码头”“小北京”“金太谷”之誉（图 5-4）。

晋中是晋商故里，曾经创造过举世瞩目的金融业奇迹。西方学者把山西商人同犹太商人媲美，实可断言山西商人的开拓进取精神。17 世纪初到 20 世纪 30 年代初期，晋中商人，尤其是榆次、太谷、祁县、平遥、介休、汾阳、灵石的商人，其商号店铺遍布全国各地。300 年前，就有祁、太、平、汾商人的足迹远涉澳门、日本、西亚和俄国、外蒙古和西欧等国家和地区。他们最大的成就发生在 1824 年，在平遥诞生了中国历史上第一家金融机构“日昇昌”票号，以此为代表的山西票号“汇通天下”，走西口，揽中华，“执全国金融之牛耳”。创造了“海内最富”的奇迹，平遥城的鼓楼南大街曾被誉为中国的华尔街。

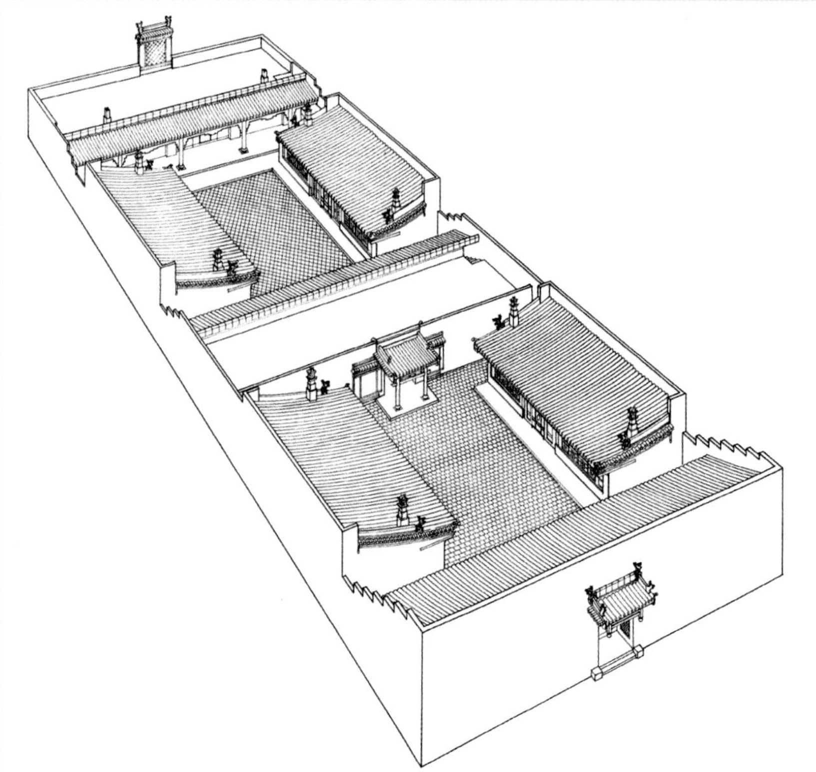

图 5-5　平遥县南街二进四合院鸟瞰（《平遥古城与民居》）

3. 晋中的民风

（1）尊礼守法

晋中人非常崇尚等级秩序，也就是尊“礼”。由于“礼别异，卑尊有分，上下有等”，因此成为晋中民居功能布局设计的指导思想和基本原则。晋中的院落空间，非常讲究尊卑等级秩序，“天地君亲师”各得其所。长辈住上屋，晚辈居厢房，女流处内院，佣仆置偏处，各有安排，不能逾矩。四合院中实际上用于礼仪活动的面积，大大超过用于起居生活的面积，主院落的用途也是为了进行礼仪活动而设置，院落常成为主人身份等级、社会地位的标志。院落也因对外礼仪功能不同，而有多种的布局和配置，如娇厅、花厅、女厅等不一而足。晋中商贾大院比较客观地反映了中国封建宗法社会所追求的等级门第观念。首先，它充分行使了社会赋予的建筑特权，厅堂五间八架，施斗拱和彩色，突出了家庭的社会地位。其次，在家族内部关系的处理上，以正房供祖先牌位，里院长辈居住，外院和偏院供晚辈和下人使用，充分地体现出主人的价值观，反映了以血缘为纽带的安身立命的家族秩序，以及以职位的高低定尊卑的社会原则（图 5-5 至图 5-7）。

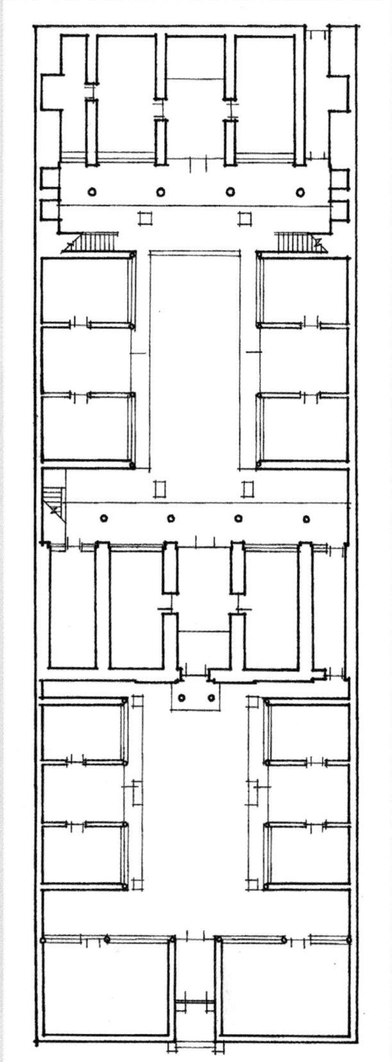

图 5-6　平遥县南街二进四合院总平面

图 5-7　平遥县南街二进四合院正房立面（《平遥古城与民居》）

图 5-8　祁县乔家大院匾额

（2）诚信为本

在传统文化的浸润下，晋中商人业已形成一套自己的商业理论。晋中商人价值取向深深植根于中国传统文化之中，而作为传统文化的精髓“仁、义、礼、智、信”，则浸入到晋商的精神世界，内化为思维和行动的精神原动力，构成了他们经营和管理思想的文化底蕴。从很多经商之道上，都可以看出晋中商人注重礼仪待客，文明经商，既不失贾业，又不失儒雅的处事信条，将经商做成了人生的艺术。明清山西商人讲的是“见利思义，不发不义之财”，“仁中取利真君子，义内求财大丈夫”。即把道义制约和伦理道德规范引入商业活动，形成了“财自义生，以义取利”的商业经营理念。这些思想意识，在晋中的商贾大院中均有反映（图 5-8，图 5-9）。

图 5-9　祁县渠家大院楹联

（3）观念超前

由于深受传统文化思想的影响，统治阶级乃至普通百姓对商人都有着根深蒂固的偏见，种种不公和歧视，也往往使得商人对自身的职业自轻自贱。汉代司马迁《史记·货殖列传》中“天下熙熙，皆为利来；天下攘攘，皆为利往”之句，无不表现出人们对商人赚取利润的默认和无奈。正是明清时期所出现的传统观念的转变，使得商人不再自惭形秽了，甚至说出了“良贾何负闳儒”这样自负的话，很大程度上真实地反映了明清时晋中商人的一般心态。晋中商人的观念非常领先，他们认为“夫商与士，异术而同心”。故善商者，处财货之场，而修高明之行；是故虽利而不污善士者，引先王之经，而绝货利之经；是故必名而有成，故利以义制，名以清修，各守其业，天之鉴也。如此则子孙必昌，身安而家肥矣。

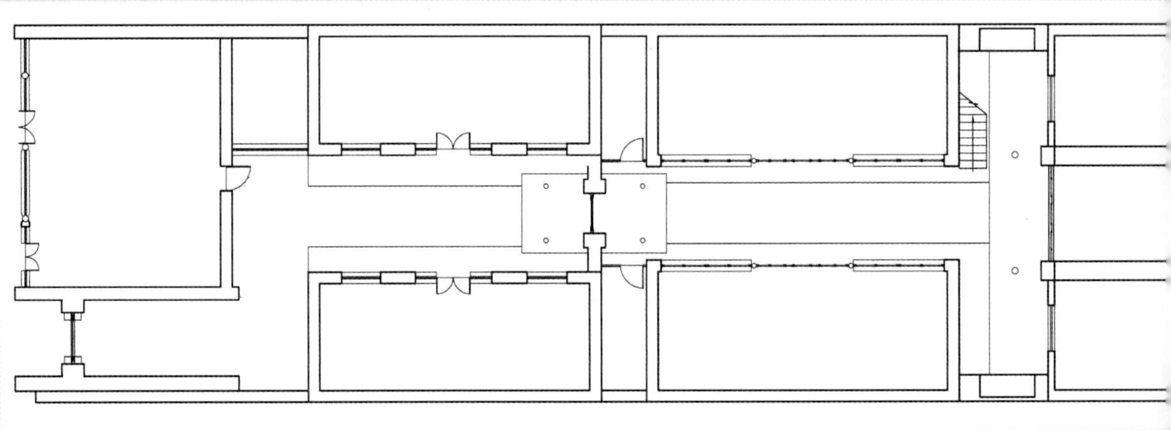

图 5-10　孝义旧城王宅平面

二　晋中民居的类型与特征

明清时期，晋中商业繁荣，富商巨贾云集。业成之后，商人荣归故里，在其所在的家乡倾尽全力、不吝钱财地修建宅邸，因此晋中民居不仅类型丰富，而且规模之大、质量之高在全省乃至全国都属上乘，具有较高的技术与艺术水平。概括而言，晋中民居的构建类型主要包括商号宅院、家族大院、城镇宅院、堡寨民居、山地窑院、三三制宅院等。

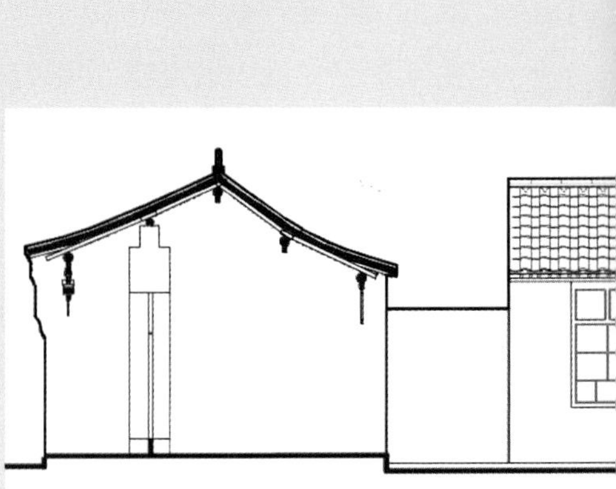

图 5-11　孝义旧城王宅沿街立面

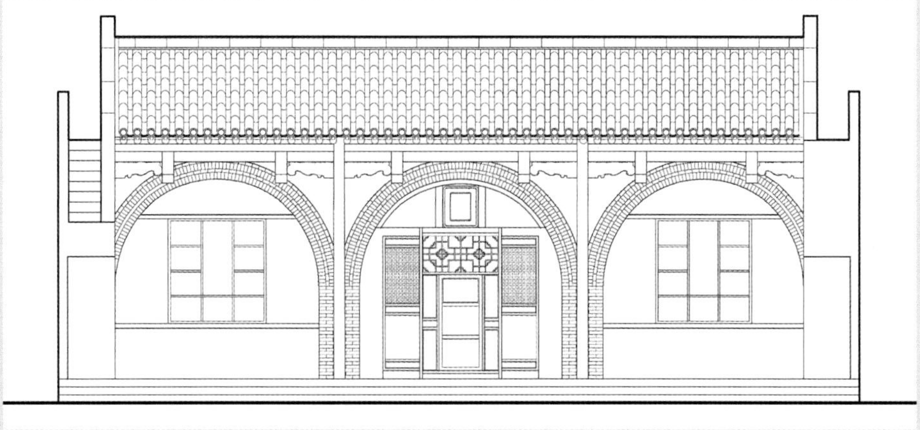

图 5-12　孝义旧城王宅立面

1. 晋中民居的类型

（1）商号宅院

商号宅院大多分布于商业城镇中，其特点是兼收并蓄，既能居住，又宜经商。这种宅院常常采用二进式或三进式穿堂楼院，体现了晋中民居的传统特色，又吸收了晋中商业店铺的风格，达到了使用功能和建筑艺术的完美统一。庭院和厢房沿中轴线严格对称布局。院落形状不一，沿中轴线纵横交错，有秩序、有主从，辅以门庭、洞门、过厅和夹道等多种空间过渡方式，使本来面积不大的庭院在空间组合上形成了丰富的变化，创造了幽深静谧的舒适环境。如孝义旧城的王宅，坐东朝西，前临北大街，后达仁义巷，左右与众多商号毗邻。该院采用前店后宅式布局，前后两进院，中有垂花门分隔，内院为主人院，正窑3间，东西厢房各3间，大门设于左侧，与店铺连为一体。整体来看，布局紧凑，尺度合理（图5-10至图5-13）。

图 5-13　孝义旧城王宅纵剖面

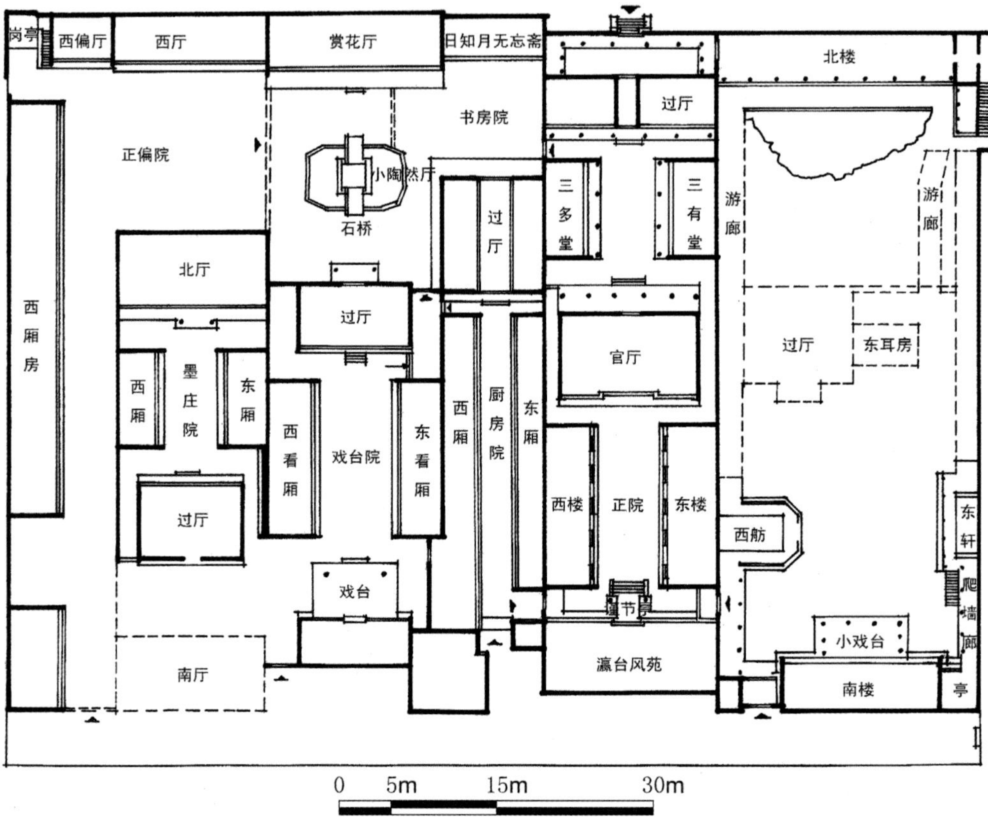

图 5-14 太谷孔宅平面

（2）家族大院

地处乡村的商贾大户宅院，一般占地广阔，有前楼过厅，后楼配厅，东西一出水瓦房，几进几出，附书院、戏楼，花园等。次富之家一般前后两院，正面主室谓之“闷房”，左右为配厅，东西南北相互对称。一般殷实富裕户则建四合院，砖墙 平屋，上以石灰拌炭渣捣实为顶，南北东西，各为 5 间。晋中有许多规模宏大的集中式宅院群，而这些宅院群基本都是由四合院建筑并联或串联组合而成的。一般院落多由大门倒座、过厅、正房及前后两院厢房组成。厢房后墙与正房、过厅、倒座山墙齐平，故形成较窄长院落。较大的院落由几组院落并列而成。晋中大院民居主要有祁县乔家、渠家，灵石县王家，榆次常家，太谷曹家、孔家等（图 5-14 至图 5-19）。

图5-15　太谷孔宅正院

图5-16　太谷孔宅前院

图5-17　太谷孔宅厨房院

图5-18　太谷孔宅画舫

图5-19　太谷孔宅游廊

（3）城镇宅院

在晋中，很多城镇民居与汉民族其他地区的民居一样，在建筑布局形式和规划等级上，都受到中国封建社会的宗法制度和伦理观念的影响。清代中叶，晋中城镇商业繁荣，居民富庶，城区之内汇集了官宦世族、富商及各阶层人士，他们纷纷盖房筑院。这些民居的院落布局非常丰富，有一进院、数进院、穿堂院、正偏院、隅合院等。一般而言，房屋的建造采用窑房结合的方式，即下层为砖窑洞、上层为砖木房。平遥城内民居多为三合院或四合院式。普通人家院落房屋较低矮，多为木结构瓦房，单门独户，不修装饰，院内也较窄小。富商大贾的宅院比较讲究，多为三进院，有的还建有偏院、场院等。多进院中建有过厅，或以垂花门相隔。一般而言，多数院落的正房为拱式砖结构的锢窑，前部加木结构的檐廊，柱廊上覆瓦顶，正房屋顶为平顶，有的上设风水楼，也有的在锢窑上建一层木构双坡顶的楼，以抵抗两侧拱券的水平推力，山墙厚达 1.2~1.5 米不等。正房一排 3~5 间，间数多为单数。居中 3 间为一堂两室，俗称门道里间，中间为堂屋，两里间为居室，东西两边为耳房，俗称稍间。院两侧建东西厢房，南面筑南厅，多为木构单坡面向内院的瓦顶。坐北朝南的宅院，街门多开于东南隅，厕所安在西南角。院墙一般高 7~8 米，不开窗户，外观坚实雄伟，像一座座城堡（图 5-20，图 5-21）。

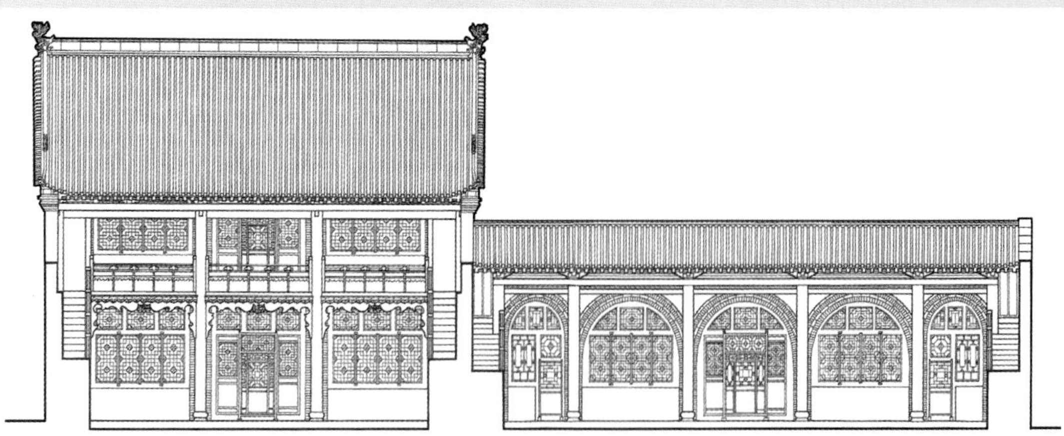

图 5-20　平遥雷履泰故居横剖面（《平遥古城与民居》）

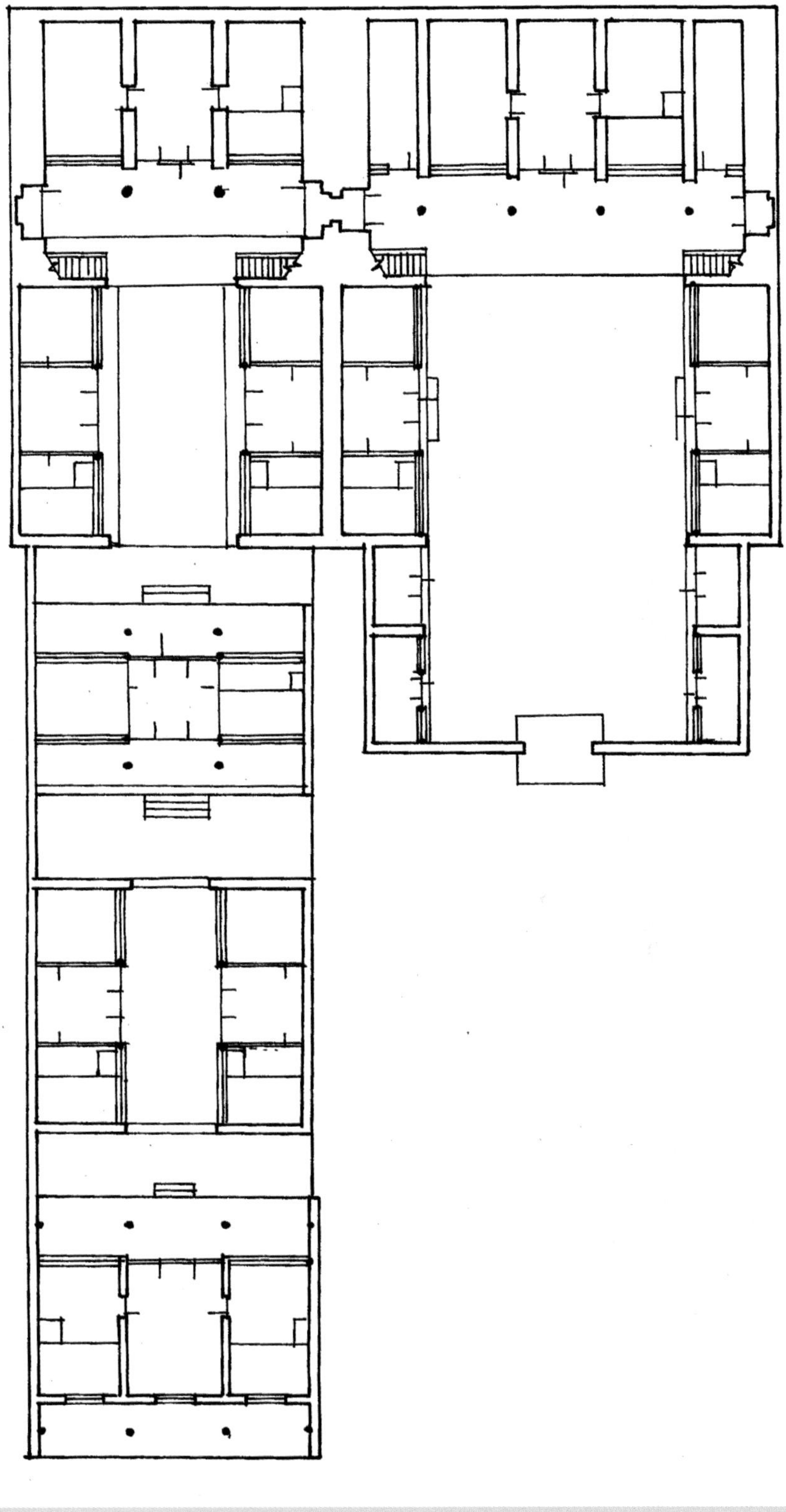

图5-21　平遥雷履泰故居平面(《平遥古城与民居》)

（4）堡寨民居

由于防卫之需，山西各地大量修建堡寨，时至今日，晋中地区仍然保留着许多格局完好的堡寨聚落和民居。晋中的堡宅聚落，距今已有 200 年的历史，虽然其选址各有千秋，建筑风格也不尽相同，但其形制、布局则属同一类型，对“聚族而居”的聚落布局有较深的影响。这种集各个院落成街成坊，构筑堡墙，自成天地的布局方式，有其可取之处。堡寨民居无论从整体布局，还是局部设计均不同于一般村镇中的民居，它们绝大部分是采用聚族而居的方式，堡中各家各户都拥有各自的宅院，再由数十个宅院毗连而形成一个街坊。一般而言，堡前布置大门，称为“堡门”。由堡墙、街、坊、院组成的堡寨聚落，总的特点是依山就势，随形而变，层楼叠院，错落有致，气势宏伟，功能齐备，继承了我国早期形成的“坞”“壁”建筑风格。这些“堡宅”俨然是一个独立王国，是一个在民间的“紫禁城”，反映了一定的封建意识。平遥县的西堡、壁景堡和干坑村五成寨就是较好的堡寨型民居范例（图 5-22 至图 5-24）。

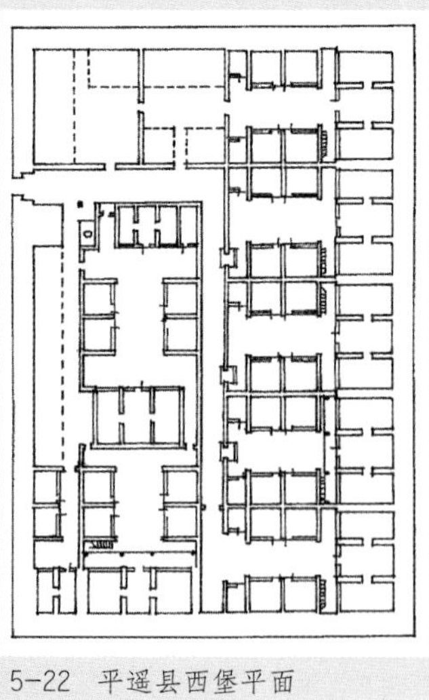

5-22　平遥县西堡平面

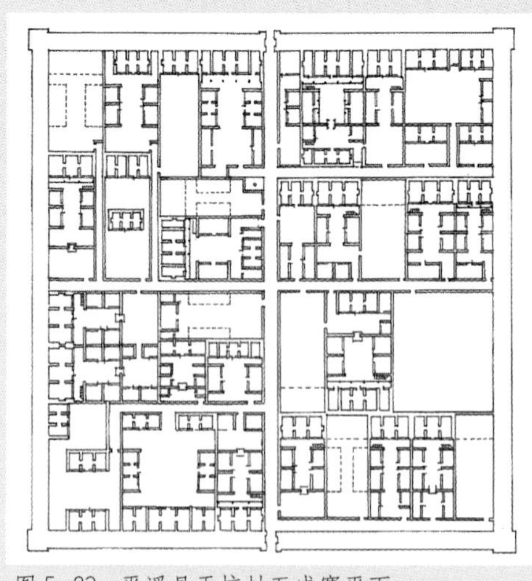

图 5-23　平遥县干坑村五成寨平面

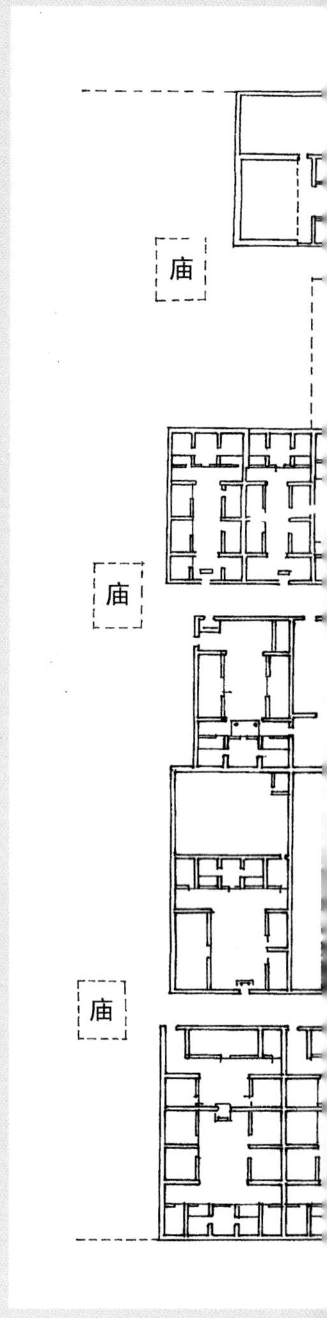

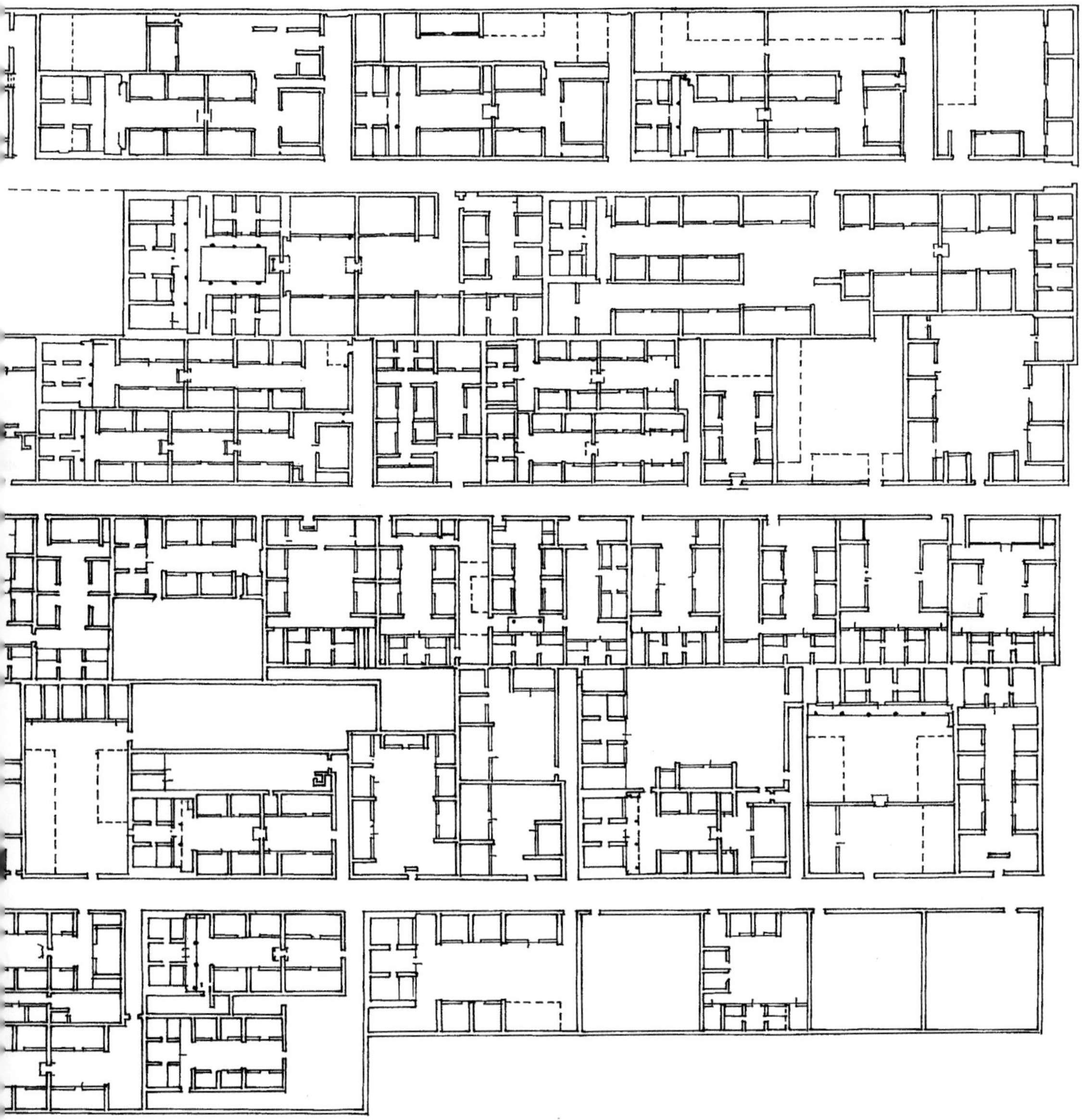

图 5-24　平遥县壁景堡平面

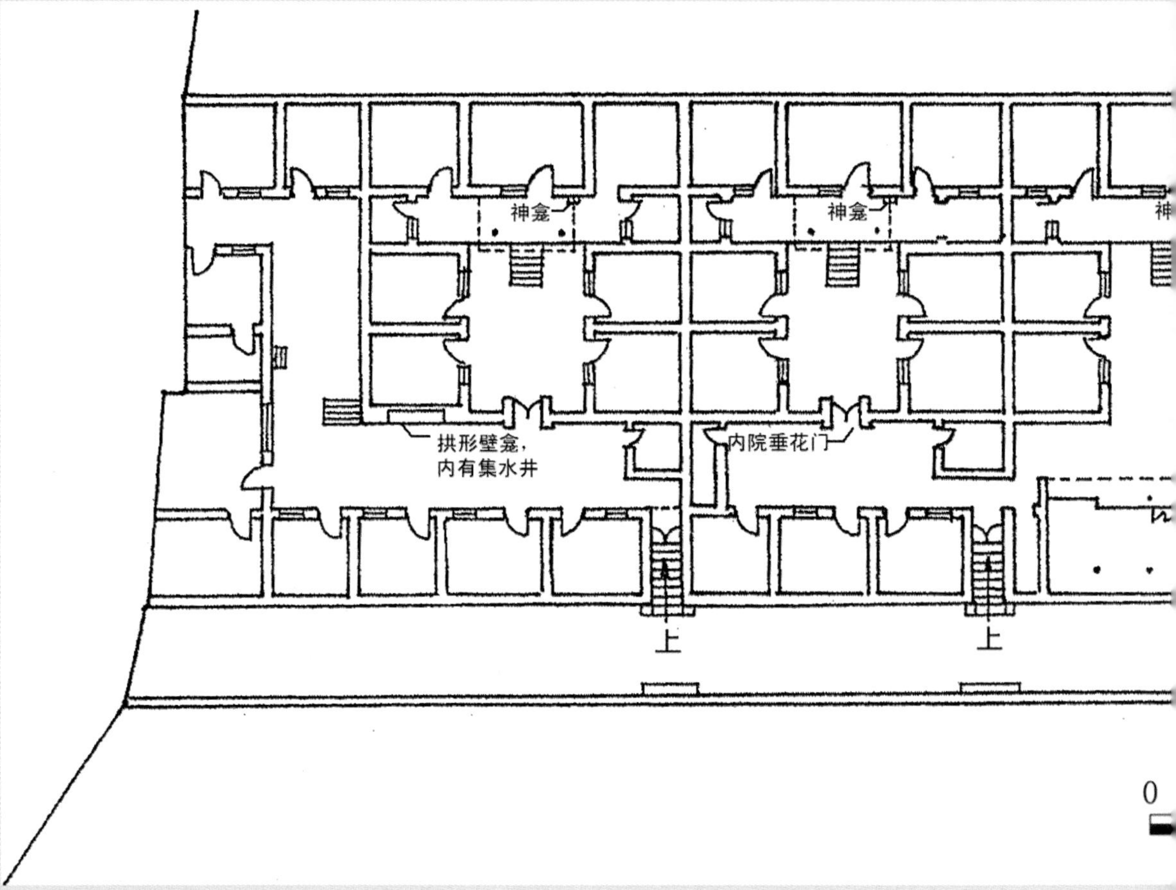

图 5-25　上董寨王家大院平面

（5）山地窄院

晋中东部的阳泉市地处山区，这里的民居呈山地窑洞窄院形态。一般而言，大多数民居都坐北朝南，正面设窑洞 3 眼，两侧各配以起脊瓦房 3 间，靠南的倒座沿山墙筑有高大门楼，上有木雕，门槛外配以石狮或长方形青石墩，并有石阶数级，门旁立上马石。俗称“吞口门楼”。门槛外配以“石鼓”，院内方砖墁地。此种院落又分两种：一种为上下院，另一种为里外院。设两道大门，俗称“大门”“二门”。二门内出檐配以屏门，由此往里为里院，由此向外为外院。“七位院”，呈“工”字形，坐北朝南，正面窑洞 3 眼，配前檐，两侧各配窑洞 3 眼，无檐。门两旁各为起脊瓦房 5 间，设门楼，且高大与瓦房脊平。

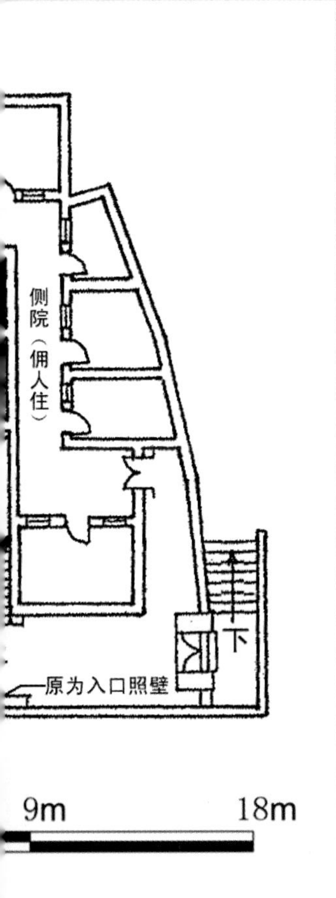

例如平定县的上、下董寨村，这里的宅院根据地形的变化巧妙布局，合理安排，下层洞顶为上层房舍的基础，下层房舍为上层的围院，洞顶上盖房成为上院，上院再向后建明窑暗窑，这样就达到了窑上有房，房自成院，形成了一个特殊的楼、屋、窑洞相结合的民居群体。每座大院的建筑都是中轴对称格局排列，前庭后舍，左右配房，前院是 5 间结构大厅，为开放性活动场所，是社交往来迎商接客的地方。后舍则是带封闭性的家眷住地。上院下院都有屏门，偏院则互相贯通，内有厨房、菜窖、粮库，佣人都安排在那里（图 5-25，图 5-26）。

图 5-26　上董寨王家大院剖面

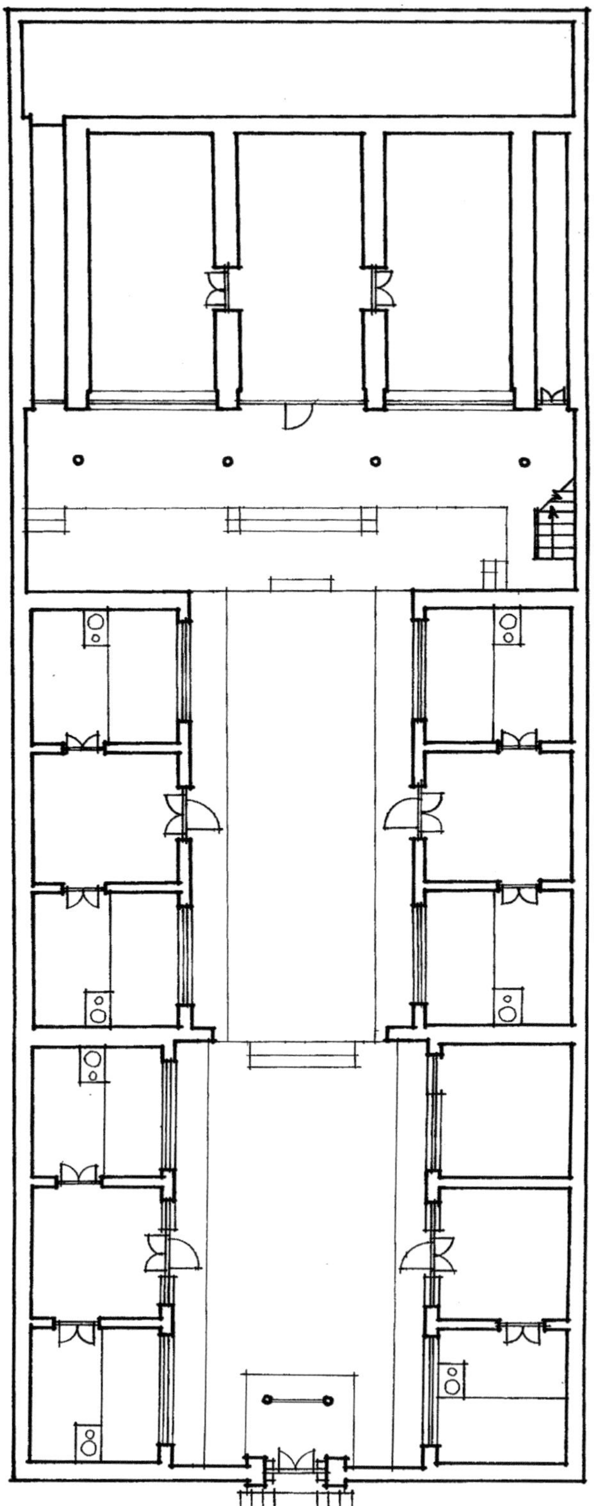

图 5-27　平遥县沙巷街民居正房立面（《平遥古城与民居》）

（6）三三制宅院

晋中宅院多用三三制，即正房、厢房、倒座等都是3间构成的四合院。较大宅邸也有正房5间或7间的，里院7间，外院5间，或里院5间、外院3间。大型宅院常常由许多四合院组成，富家大宅多高大坚实，院落虽较窄长，但居住其间也相当舒适，冬不太冷，夏则凉爽。如果常住人口较少，每当夏季来临时，院落主人往往上午住东厢，下午住西厢，以避免日晒。宅西南又名“王鬼头”方向，常作厕所。宅院大门有的开在院落东南角，有的开在院落正中。太谷古城的孔祥熙故居，规模很大，院落十数处，房屋数百间，并有花园、走廊、台亭、假山等物，可惜无好山石无法达到最高的园艺水平。平遥县沙巷街56号民居，就是一处典型的“三三制宅院”（图5–27，图5–28）。

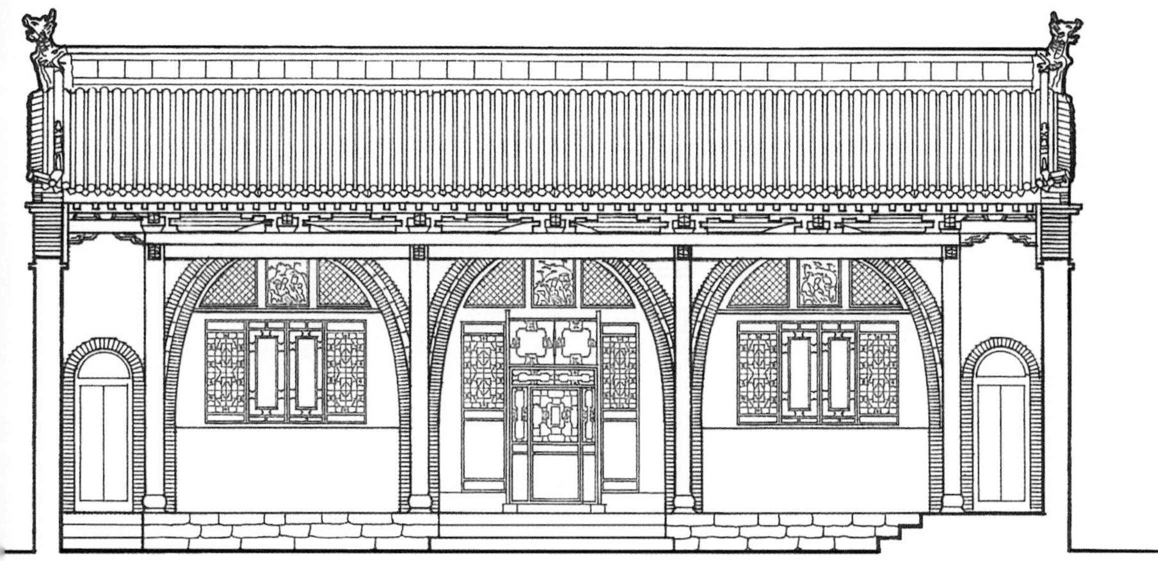

图5–28　平遥县沙巷街民居总平面（《平遥古城与民居》）

2. 晋中民居的布局

由于晋中地形复杂多样，所以其民居形态多数为平地院落，但也有少部分山地台院。其总体特征表现为：一是狭长的平面布局和封闭内聚的院落空间；二是砖木结构与砖砌锢窑的完美结合；三是多样化的院落组合形态；四是外雄内秀的整体形态。一般而言，晋中民居的院落布局可分为纵向型、横向型和混合型三种形式。

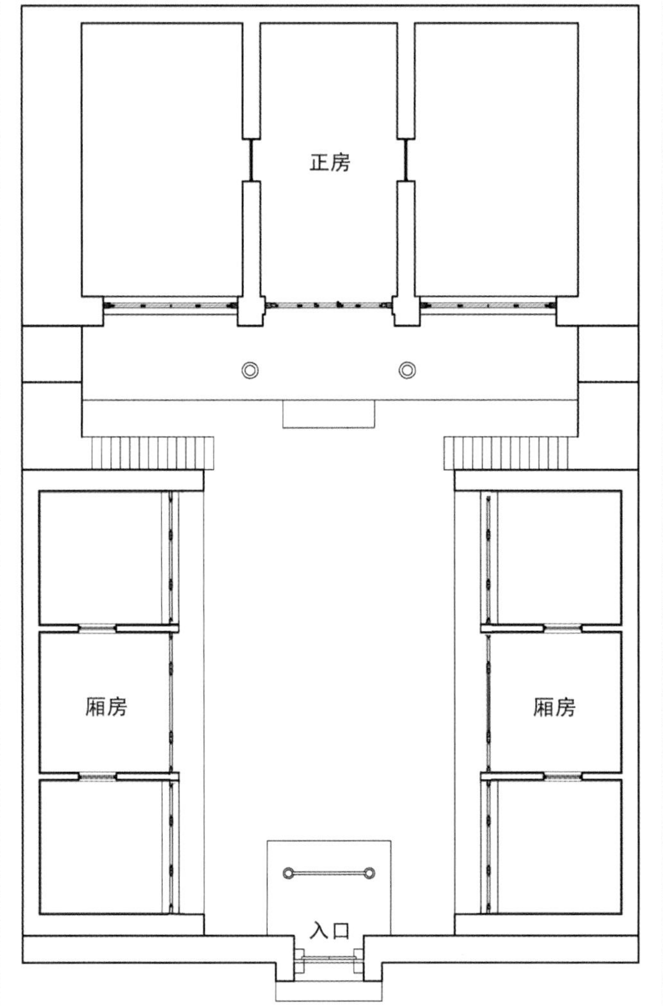

图 5-29 孝义旧城孙宅一层平面

（1）院落的构成元素

①正房。晋中民居中的正房，其构建方式可以分为砖木结构型、砖砌锢窑型、窑房合建型三种形式。砖木结构型的正房其屋顶形式有单坡或双坡之分，一般建为一层，但也有为数不多的多层楼式。锢窑型正房既可为一层，也可为多层，前部通常加建木结构披檐或廊厦。窑房合建的正房在晋中山区比较普遍，成为山西民居的

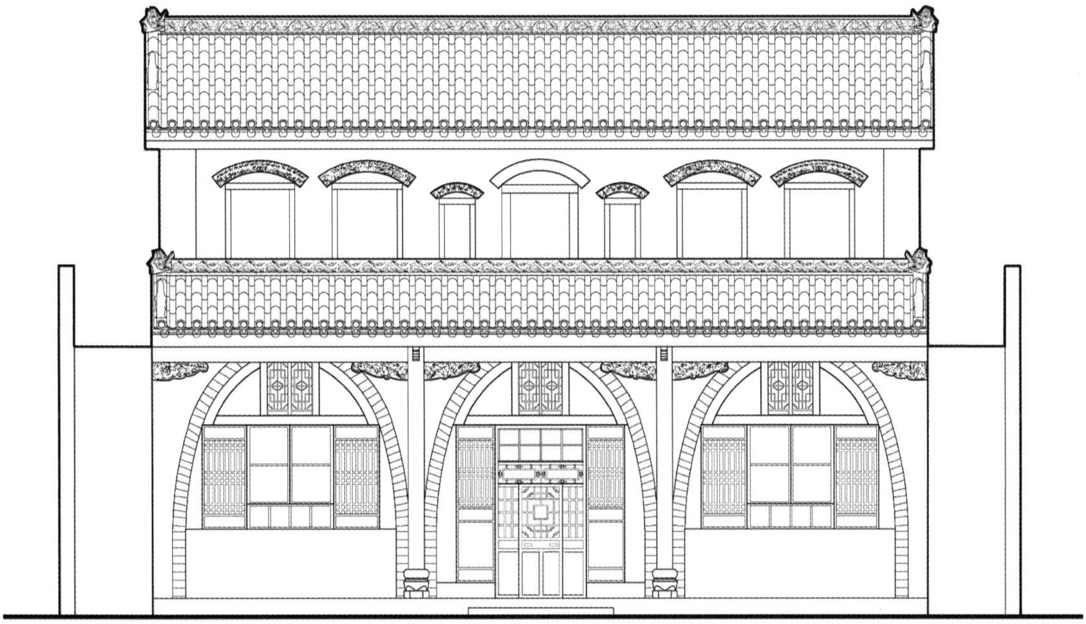

图 5-30　孝义旧城孙宅立面

特色所在。晋中民居中的正房，常为 3~5 间，室内多按一明两暗方式布局。所谓“明”即客室，并兼有祭祀功能，既能会客，也能祭祖或祭神。所谓“暗”即卧室，是主人就寝的空间。正房的中间是“明”间，而正房的两侧为“暗”间，分别为父母、长子的卧室。正房的明间与暗间通常以木隔栅分隔，卧室往往沿窗设置火炕，灶台在卧室内靠山墙处设置（图 5-29 至图 5-31）。

图 5-31　孝义旧城孙宅纵剖面

图 5-32　祁县顾恋村民居厢房

②厢房。晋中民居的厢房按结构形式也可分为砖木型、锢窑型或窑房合建型三种，其中以砖木型较为多见。砖木型厢房屋顶多是向内单坡硬山顶，有时也做成悬山顶。厢房以三开间较多，有时也有两开间的。三开间厢房的室内分隔有两种形式：一种是一明两暗式，另一种是隔为若干单室的，各室直接对外开门（图 5-32）。

③倒座。在晋中四合院式的民居中，倒座的功能主要是供客人或下人居住。规模小的四合院倒座常为一层，大型四合院倒座有时为二层，其楼梯设在厢房与外墙的转角之处，有时则设临时梯子通往二层。倒座外墙高大封闭，一般不开窗，宅门是内外联系的唯一通路。倒座与宅门连为一体，在与宅门相对的厢房侧墙上，常设影壁。影壁上有时设置精巧的小龛，称为土地祠或门神府，内供神像，影壁的装饰非常精美，是主人身份的象征（图 5-33）。

图 5-33　灵石王家大院倒座与中门

图 5-34　灵石王家大院过厅

④过厅。在多进院落组成的晋中民居中，常以过厅分隔内外。大型宅院的过厅富丽堂皇，高大雄伟，轮廓丰富，成为第一进院落的主要建筑。过厅是主人会客的场所，室内的布置非常高雅，往往体现着主人的情趣与操守。晋中民居的过厅一般为三开间或五开间，以砖木结构房屋为主，屋顶多建成双坡硬山顶或卷棚顶，门窗棂格雕刻精美。过厅两侧有通向内院的通道，因而过厅面宽比正房略窄。平时下人和货物都由两侧通道穿行，只有家中的尊长和重要客人才可穿厅而入，体现了四合院的尊卑等级（图 5-34）。

图 5-35　榆次常家庄园中门

⑤中门。在晋中民居中，除用过厅分隔院落外，常在中轴线上设中门分隔内外空间。中门一般以垂花门居多，既增加了空间的层次感，又反映了主人的地位和势力，形式高大且装饰华美的垂花门，表示主人的地位较高或家境殷实。通常，中门两侧的隔墙上常常设置影壁，雕刻精美，有的设有小龛，内供神像，成为神祇的处所（图 5-35）。

图 5-36　灵石王家大院大门

图 5-37　榆次常家庄园大门

⑥**大门**。晋中民居的大门非常讲究，从构造做法上可分为屋宇式和墙垣式两种，一般开在院落的左侧，有时也居于中轴线上。屋宇式大门开在五开间倒座左端的一个小开间上，门外设置踏步，两边各有一个抱鼓石或石狮子。屋宇内镶门框，下有高槛，上有走马板，板上阑额处，悬挂匾额，题字内涵深厚，书法上乘。墙垣式大门的宅院一般无倒座，设在中轴线上。在晋中民居中，大多为三合院大门。这种类型的大门多做成垂花门状，一般以砖雕大门居多（图 5-36 至图 5-38）。

图 5-38　墙垣式大门

（2）院落的布局类型

晋中民居的院落一般以正房、厢房、倒座或大门等房屋组成四合院或三合院，成为家族最基本的居住单元。在此基础上，根据基址条件，既可纵向扩展，也可横向扩展，还可纵横两向扩展，组成较大的院落群，从而满足家族繁衍的需要（图 5-39）。

处于山地的民居，一般依山势而建，形成台阶式院落，院心大小不定，多为一进院，沿等高线再横向进行扩张，既满足山地地形条件，又形成多处院落，较好解决了家族的居住需求。

城镇中的民居，特别是那些紧临街巷的商号民居，由于宅基地的面阔限制因素较多，所以常常采用纵向扩张的手法，形成多进院落（图 5-40，图 5-41）。

较大的家族，宅基地比较充裕，一般采用纵横两向扩展的方式，形成较大院落建筑群，庭院方正，居住舒适（图 5-42）。

晋中民居无论采用何种布局方式，都能因地制宜，因境而成，较好地解决了经济、用地条件、技术手段之间的矛盾。

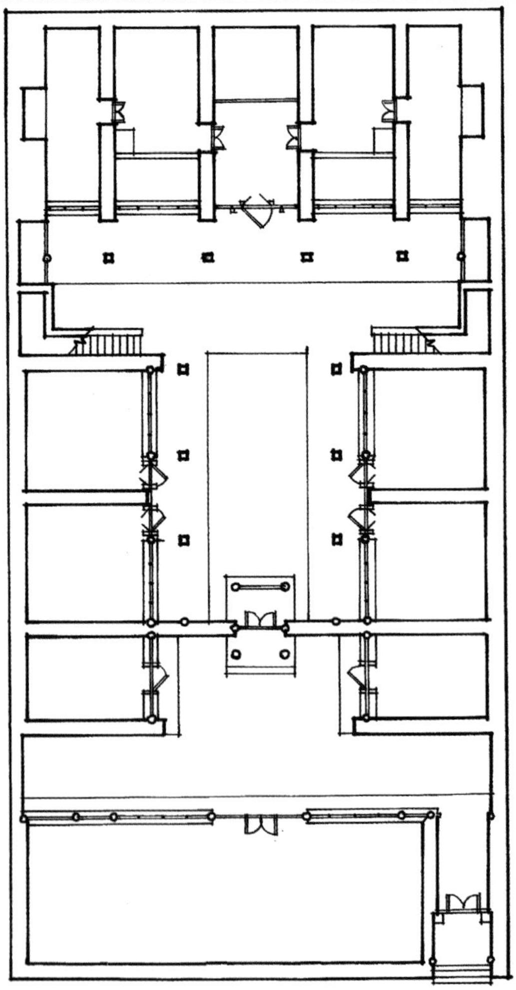

图 5-39　平遥县石头坡街民居平面

图 5-40　平遥县沙巷街 107 号民居平面

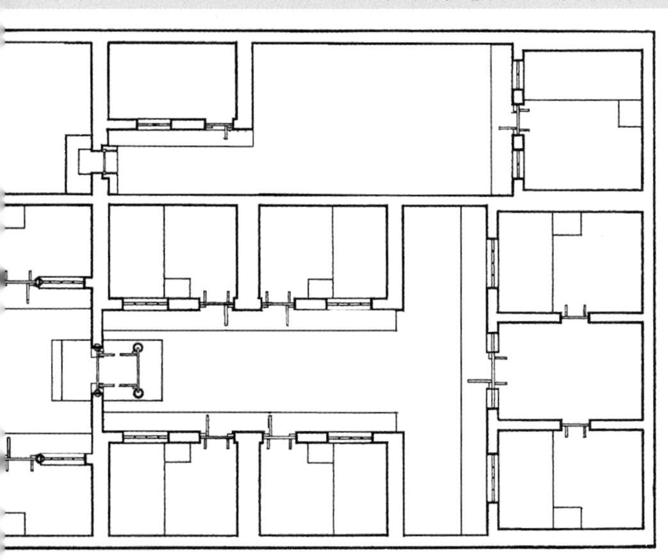

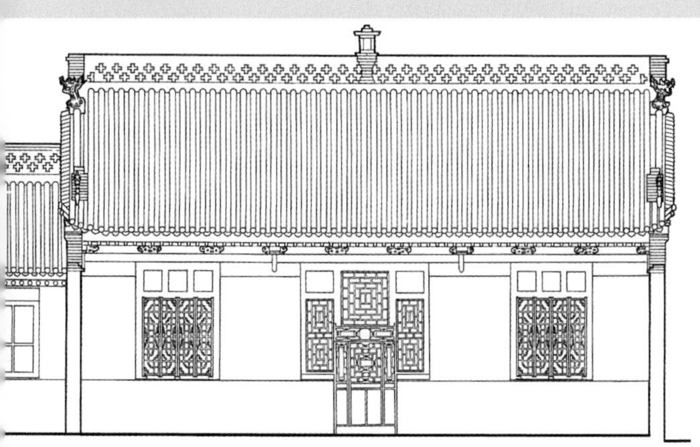

图 5-41　平遥县沙巷街 107 号民居立面(《平遥古城与民居》)

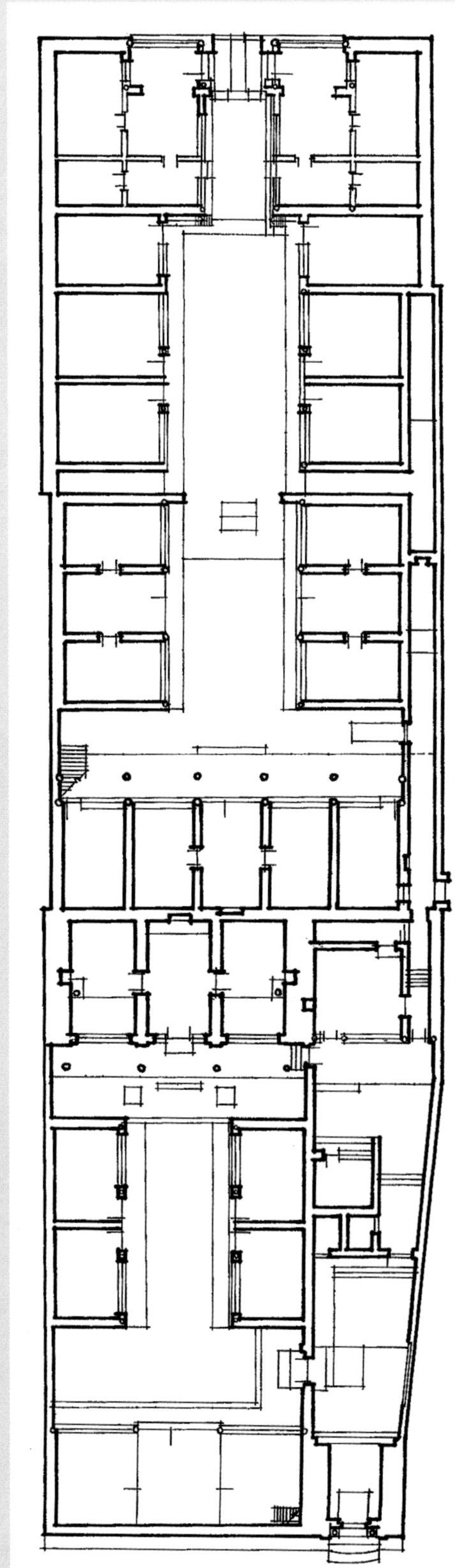

图 5-42　平遥县东郭家巷民居平面(《平遥古城与民居》)

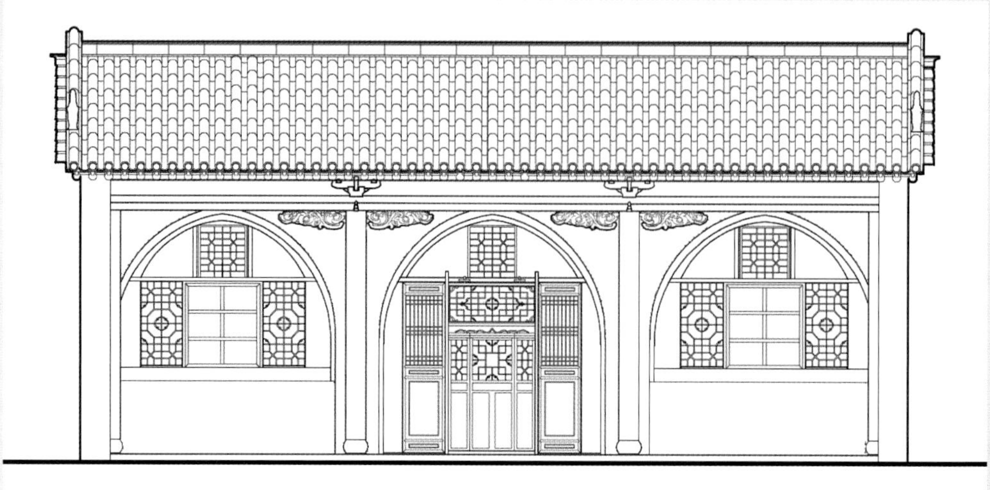

图 5-43 孝义旧城刘宅正房立面图

3. 晋中民居的造型特征

晋中民居一般都有明显的轴线，院落中的房屋左右对称，院落两侧的厢房左高右低，主次分明。院落布局以正房正门为中心线端点，多数宅院中建有砖木牌楼或过厅，将左右厢房分隔成里院、中院、外院，号称“里五外三隔牌楼”或“三进三出隔过厅”。晋中民居正房多为 2~3 层阁楼，屋顶一般采用双坡硬山顶，前檐柱多用通柱，后檐用砖墙代替木柱，且屋顶檐飞不出头，而且叠梁墙封顶，与山墙和整个院墙形成统一封闭的形式（图 5-43，图 5-44）。也有的屋顶采用单

图 5-44 孝义西关村尚宅正房立面

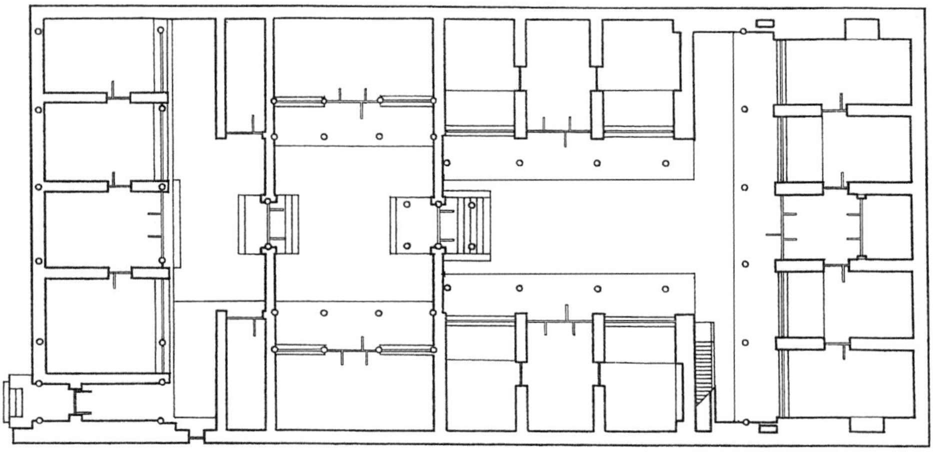

图 5-45　平遥县仁义街民居平面（《平遥古城与民居》）

坡向院内硬山顶的形式，但为了加大进深，屋面构造形成双曲形式，这种做法较为独特。讲究一点的民居正房二层带前廊，一层明间处出卷棚或硬脊抱厦。上下楼用室内木梯联系。正房在院落中最为宏伟，等级也最高。传统风俗讲究的“连升三级（脊）”，即由外院向内院各屋脊逐渐升高，借以表示家族昌荣，后继有人。这种风俗是当地人向往仕途、望子登科心态的集中显示。在正房屋顶有时加建吉星楼或者影壁，以求得到神灵保佑，反映了晋中民居的民俗特色。同时由于内院坡顶的厢房与锢窑正房的高度相差无几，使正房威势不足，风水楼与风水影壁增加了正房的高度，弥补了内院空间在视觉上的缺憾（图 5-45，图 5-46）。

图 5-46　平遥县仁义街民居正房立面（《平遥古城与民居》）

图 5-47 榆次常家庄园正房

过厅常采用卷棚梁架结构，进深较大的有用多个卷棚顶相连的形式。围护结构多采用木板、隔扇。明间为通道，两侧为住房。厢房梁架采用半屋架形式，屋顶形成一面坡式，所以后墙高大。大梁前部搭在柱上，后部插在后砖墙上。后墙正上部为正脊，正脊后部出小披檐，由后墙上部叠梁承托。

倒座结构构造似同正房，不同之处是倒座后部中央出抱厦尺度稍大；明间作为入口前后贯通。屋顶前后都不封檐，形成相对开放的风格。此外，较大规模的住宅还常施斗拱，雕饰墀头，使用筒瓦、望兽、彩饰建筑构件，装饰华丽，与宅外简素风格形成对比。

晋中民居内外装饰华丽。正房梁下挂落、雀替，都有花饰，有的刻成狮子滚绣球，有的是福禄寿三星，或琴棋书画等，做工精细，样式讲究。门窗都是木樘木棂，大都花纹丰富，各不相同。有的门扇上还雕有唐尧虞舜禅位的故事。有的富商还用刻花玻璃，当时是较贵的奢侈品。屋檐下椽木梁枋都施有彩画。有些人家室内的墙裙上也有壁画，更有讲究的人家还用浅刻石雕做护壁（图 5-47）。

图 5-48 榆次常家庄园沿街大门

临街巷的宅门更为讲究，门顶形式多样，有悬山卷棚、悬山有脊两坡、两坡不等长和半坡及披檐等。檐下用梁枋穿插、斗拱出檐等，做法各不相同。有的用柱，有的做壁柱门墩等。大门上面多书有取意吉祥内容的门匾。有的富豪人家住宅门外还立有上马石、拴马柱，石雕精美细腻。这些形式多样的建筑风格，充分展示出晋中民居在浓重地方特色中所形成的无尽变化和多彩光芒（图 5-48，图 5-49）。

图 5-49 灵石王家大院沿街影壁

城镇民居平面布局多为严谨的四合院式，有明显的轴线，左右对称，主次分明，沿中轴方向由几套院落组成，一般为二进院或三进院。院落之间多用矮墙和装饰华丽的垂花门作为分隔。富豪人家在院落一侧或后面还建有花园，有的房顶四周砌有垛口，还有个别富户院中建有戏台，专供家属取乐。城镇四合院所形成的院落往往是窄窄的、长长的，不少院落的宽只有两三米，而进深却可达十余米。这些深宅，外观冷酷而又封闭，但其内部却是精致而又考究的。大多数民居都是沿中轴方向由几套小院落组成，院

落多为砖墙瓦顶的四合院，一般为二进院，也有一进院的。一般为“日”字形二进院或“目”字形三进院形式。正房一般下面是窑洞，上面是木楼，厢房一般都为木结构单坡瓦顶，坡向内院。传统的院落是家族社会伦理观念的产物，其构成功能就是宗法社会服务的工具。院落内在性质上就是伦理空间。此外，院落空间还要有和乐精神，伦理中有严肃一面，也有和乐一面。家居所谓“天伦之乐”。四合院的“四世同堂”是传统大家庭追求的大团圆理想。四合院组群中若干院落使空间大小有别，形成了大集体小自由的居住方式，为和乐精神的调剂提供了便利的空间条件（图 5-50）。

图 5-50　灵石王家大院四合院

三 晋中民居实例

1. 孝义宋家庄

孝义地处山西省吕梁山脉东麓，汾河中游西岸，晋中盆地西北隅。北与汾阳市毗邻，西北与中阳县相依，西与交口县接壤，南与灵石县相邻，东南与介休隔汾河相望，兼有山川之利。早在春秋战国时期，即已初步开发，汉唐以后便成为“车骑缤纷，商贾麇至”的一方重镇。由于接近藩镇，自古孝义县境设“六壁”为关隘。乾隆《汾州府志》载：“于狐岐山之东设军壁六，重兵戍守，以防匈奴五部余众散处离石者。”今六壁除贾壁属汾阳外，其辛壁、白壁、许壁、柳壁及六壁城，仍属孝义管辖。由于孝义特殊的地理环境，孝义境内许多村落都修建了堡墙、护城壕、堡中堡等防御性的构筑物，同时也影响到民居形态带有很明显的防御意识。宋家庄就是这些堡寨聚落的典型代表。该村位于孝义市西部 5 公里处，清乾隆三十五年《孝义县志》记载：“宋家庄，城西北十五里，平地。

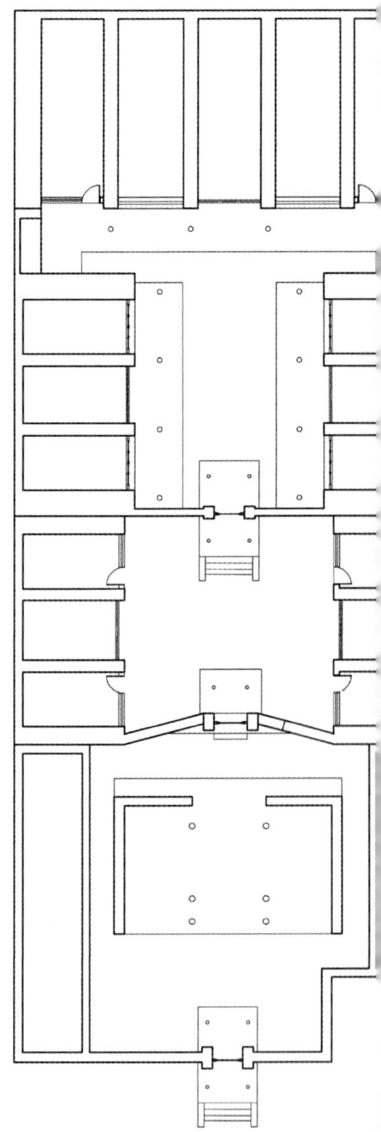

图 5-51 孝义宋家庄任宅平面图

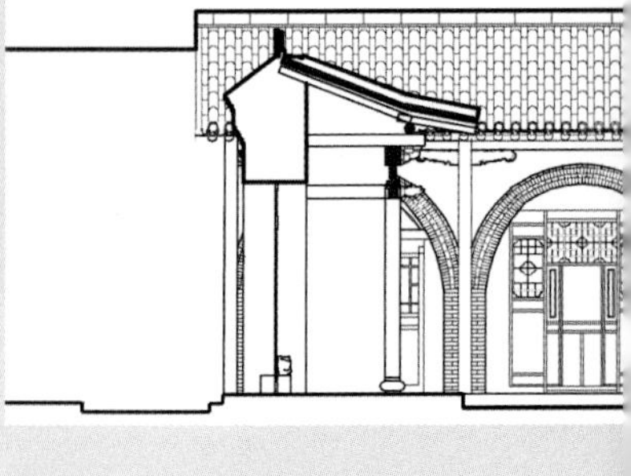

图 5-52　孝义宋家庄任宅正房立面

有堡墙，周迴四百八十丈”。城是指孝义古代的县治，即今孝义旧城。宋家庄东西宽约 340 米，南北长 400 米，矩形平面，总面积约 12.5 万平方米，堡墙周长 1450 米，村落周边多为耕地。整体风貌与东侧苏家庄聚落遥相呼应、相得益彰。聚落原名为“任家寨”，于明末清初改为“宋家庄”。该聚落曾有显赫的“任”“宋”“万”“何”四大家族。任家是当地的富商大贾，业务极广，逐利四海。据老人们回忆：任姓家族生意最远竟做到乌兰巴托。西门外路北的东岳庙即为任家出资所建。后于明万历，清康熙、嘉庆、道光年间，万、任、宋等几户人家对东岳庙进行重修、补修。从碑文记录的集资数额可见任家拥有雄厚的资财。据此可以推测记载中的任子岗、任子端、任国治、任万立等人应是任家鼎盛时期的重要历史人物。清末民初，宋姓家族宋贤让、宋士超、宋士哲、宋国珄、宋国璞、宋国典、宋国瑽、宋国珖从汾阳举家迁徙到孝义宋家庄定居。于乾隆二十八年，宋国瑽任兵部员外郎，宋国珖任翰林院待诏，夹道旗杆院院主宋其源曾任两广巡抚。宋家声望高显，“任家寨”故此改名为“宋家庄”至今。乾隆三十三年，任、宋两家创建义学，修建城池，为宋家庄聚落的形成和文化的积淀起到巨大的推动作用，

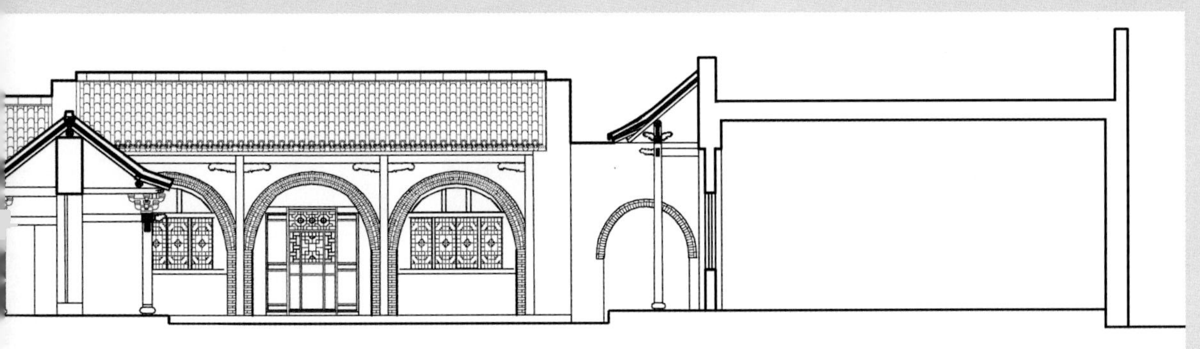

图 5-53　孝义宋家庄任宅纵剖面

图 5-54 孝义宋家庄任宅大门之一

有着深远的影响。宋家庄聚落布局注重群体的塑造与整体关系的建构。村四周高筑堡墙，仅从现断续的遗存，仍可明晰辨别其界限。堡墙外原有护村壕。东西门居中相对而建，均为两层建筑，威严壮观、气势宏大。村中的东西大街将聚落分为南北两部分。南北两边各有 4 条小巷，垂直于主街布置。原临主街两侧店铺字号比比皆是，村里各业兴旺，百姓富足安康，曾有“金宋家庄”的美称。店铺之后南北均为古朴大方的北方典型民居建筑，布局周密紧凑。宋家庄现在的牌坊院有翰林院、任家院、张家院、后楼院、明老院等，经历数百年风雨沧桑，至今仍保留其原有格局和历史风貌。任宅“石头院”是村落中典型的宅院。任宅位于村中街北，院落四进，逐次递进，坐北朝南，中轴对称。沿轴线，设三门，形制逐次提高，中轴末端为院落的高潮部分——内院正房。正房一层五间窑洞，“明三暗五”，砖窑外侧加上木构架檐廊，斗拱施彩绘，形制较高。内院两厢均为三间窑洞加木构檐廊。该院是宋家庄保存最完好、形制最高的院落，具有较高的技术和艺术价值（图 5-51 至图 5-56）。

图 5-55　孝义宋家庄任宅大门之二

图 5-56　孝义宋家庄张宅院落

2. 阳泉小河村

小河村隶属于阳泉市郊区义井镇，距市中心 4 公里，是中国历史文化名村，因泊河流经全村，故名小河村。小河村建筑遗产丰富，现存传统建筑约 3 万平方米，重要的居住建筑群有李家宅院、财主院和石家宅院等。由于石家人才辈出，家族显赫，所以石家宅院也最为著名。石家宅院最初为同村的一大户所建，因这户人家中有变故，于是便把还在施工中的大院卖给石思虎家。此后，由石思虎的儿子石宽修建大院。石宽有 4 个儿子，所以，就将石家宅院分为了4堂，分别是崇德堂、含清堂、明远堂和三元堂。清代时，石家的商号众多。据村里的老人回忆，过去从平定到北京的驿道旁，有不少是石家的商号。20 世纪 20 年代著名女作家石评梅的祖籍就是小河村。石家宅院始建于清雍正年间（1723-1735），选址讲究，坐西朝东，背山面水，环境优美。主宅是由

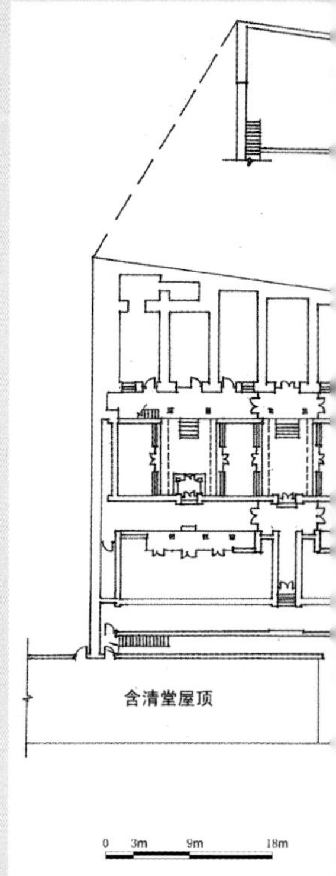

图 5-57 阳泉小河村石家花园三元堂平面

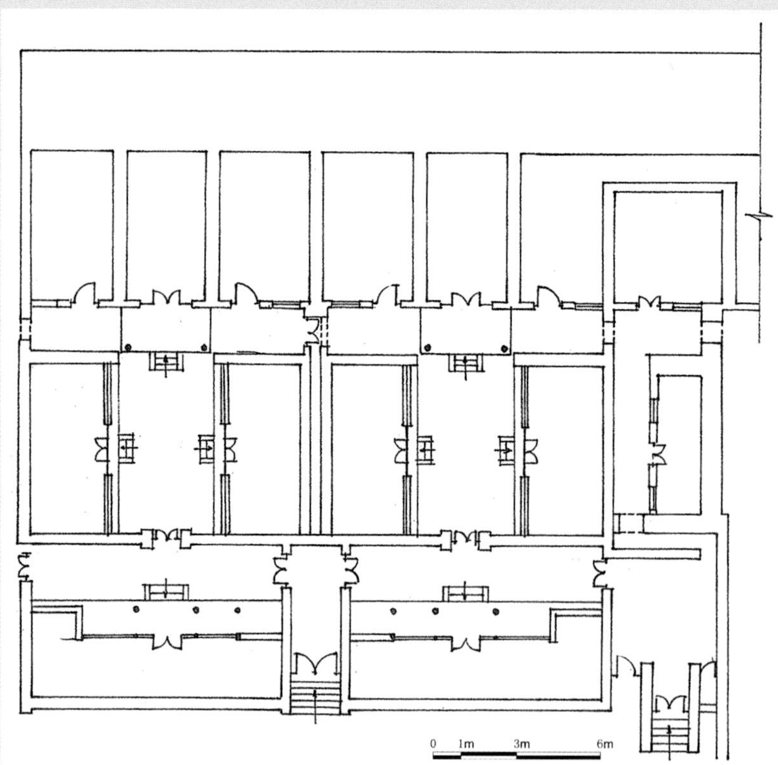

图 5-58 阳泉小河村石家花园含清堂平面

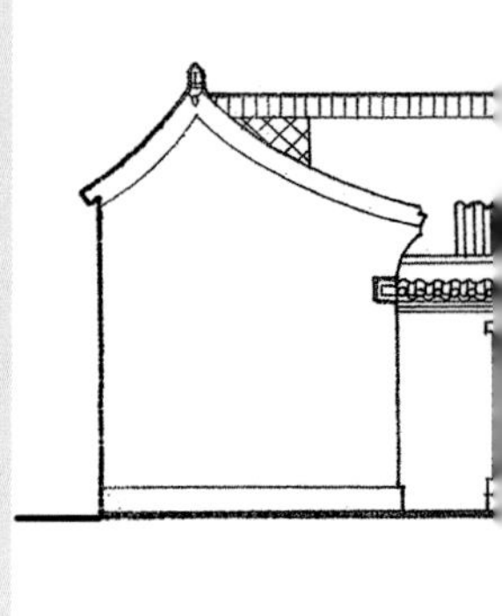

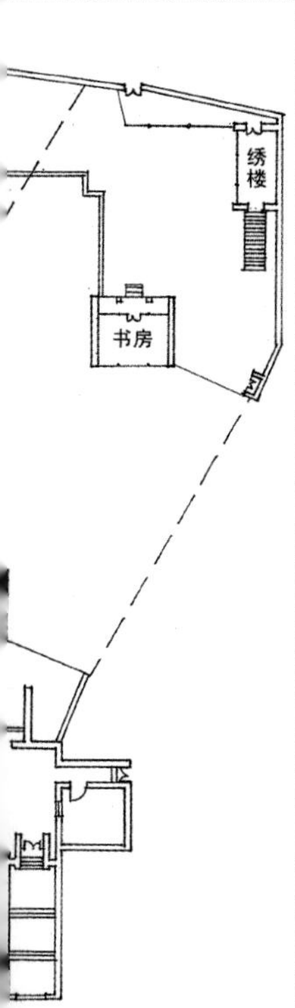

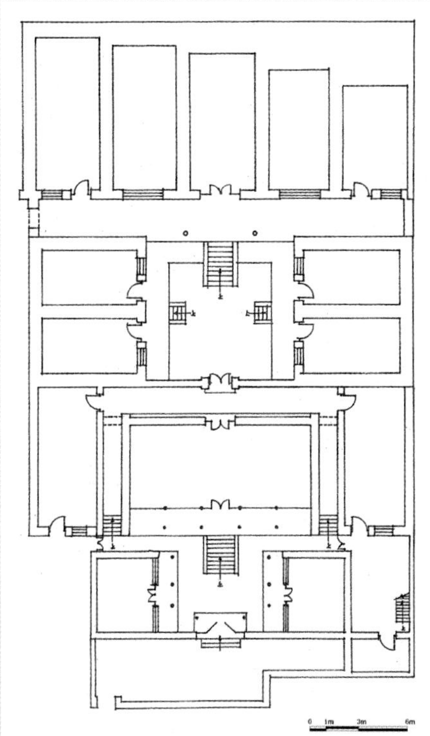

图 5-59　阳泉小河村石家花园明远堂平面

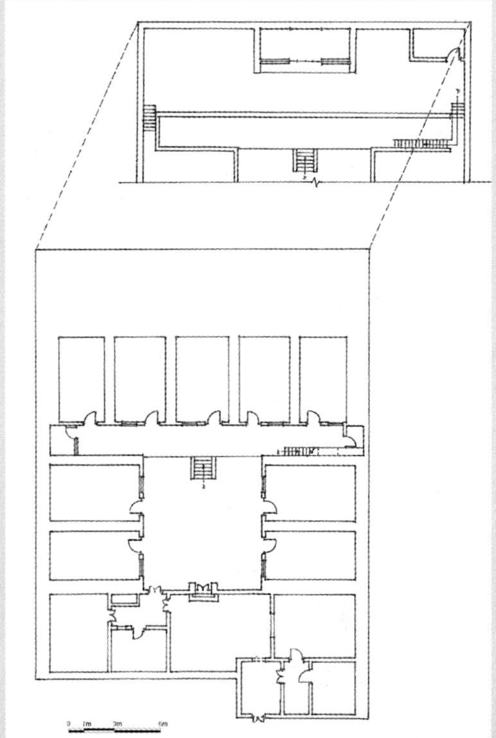

图 5-60　阳泉小河村当铺院平面

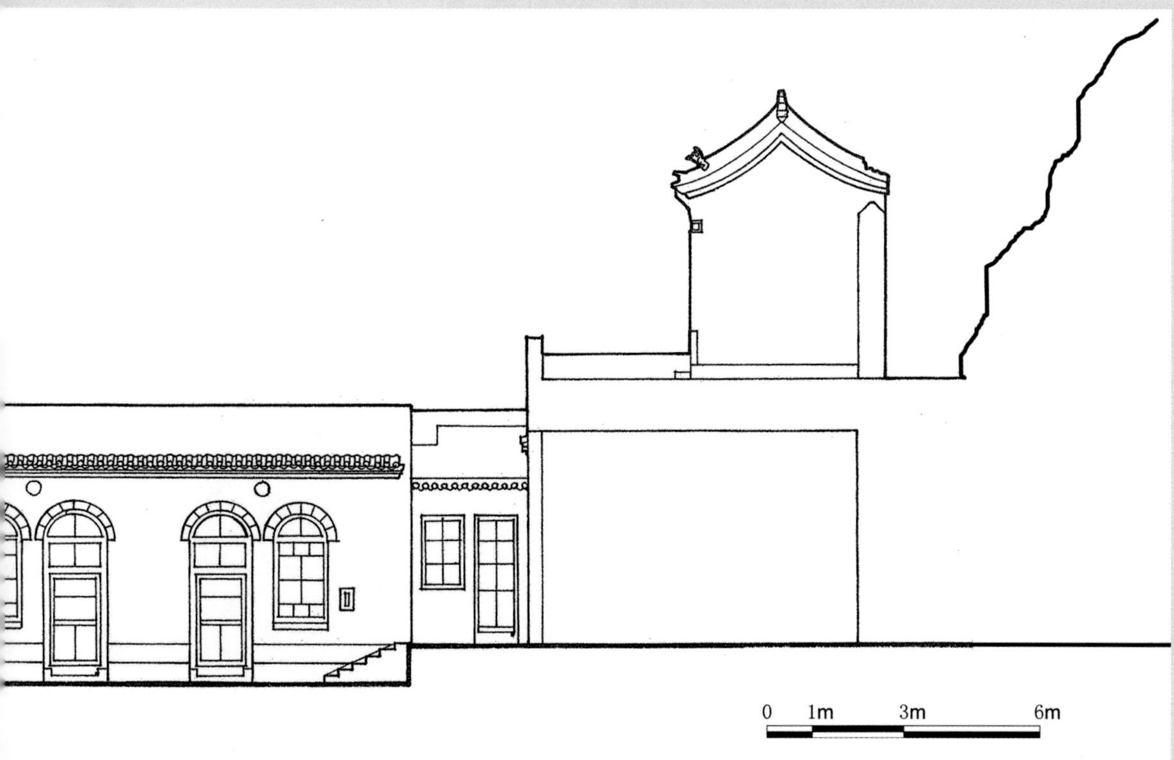

图 5-61　阳泉小河村当铺院剖面

图 5-63 阳泉小河村三元堂院落

图 5-64 阳泉小河村三元堂入口

图 5-65 阳泉小河村石家花园甬道

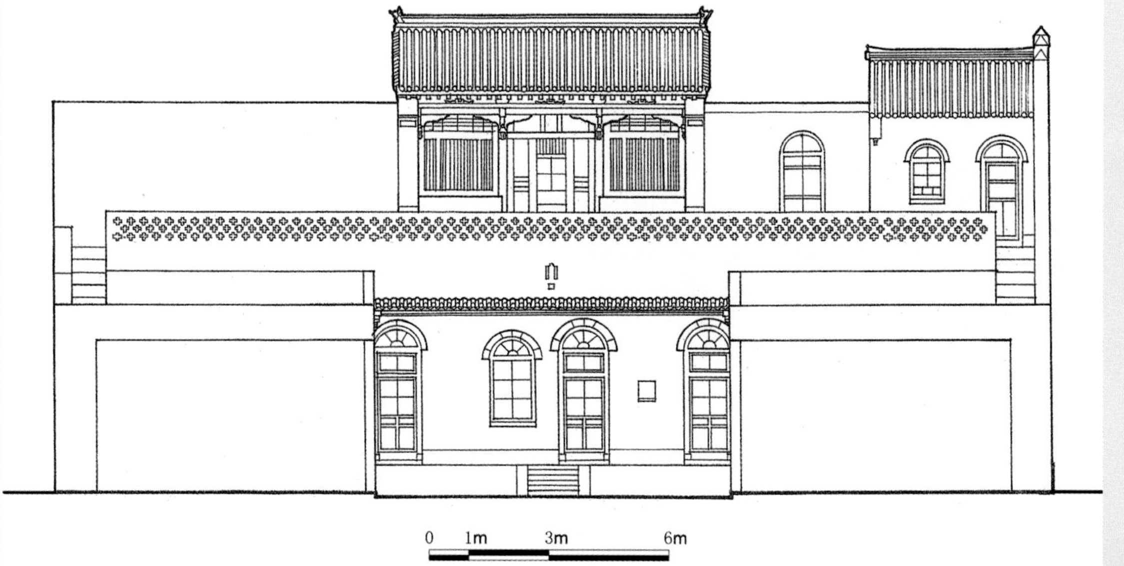

图 5-62　阳泉小河村当铺院立面

21 个小院组成的一个大院，其布局呈阶梯式。石家宅院也称为石家花园，虽名为花园，实际上只不过是一处由众多院落组成的规模较大的住宅群。院中有院，院上有院，院旁有院，布局紧凑，空间利用充分（图 5-57 至图 5-59）。石家花园宅院的雕刻艺术精美绝伦，分布于门楣、挂落、雀替、门柱石、柱础石、影壁、窗棂、隔扇及前檐饰品上。据初步统计，石家花园有木雕 450 多件，有砖雕和石雕各 300 多件。这些雕刻艺术品意义深刻，造型优美，雕刻精巧，多取材吉祥内容。石家花园还有很多匾额，如曹锟题写的"急功好义"，平定知州孔广培题写的"乐善好施""福萁延畴""锺瑞凝晖""爽挹西山"等等，这些墨宝增加了浓浓的文化气氛。小河村的关帝庙始建于明崇祯八年（1635），依山而建，规模宏大，占地约 2000 平方米。从下往上有戏台、观戏场、端门及钟鼓二楼、南北精舍、过门无梁殿及左右配殿、文昌殿、虫王殿，最高处为武圣殿（俗称正殿），布局错落有致，蔚为壮观。村中观音庵建在山崖上，崖托庵，庵附崖，奇险雄壮。根据庙中碑刻，观音庵正殿不知建自何代，但庙中牌坊建于清嘉庆二十一年（1816），灵官殿与送子观音殿建于道光四年（1824）。小河村除了石家花园、关帝庙、观音庵等为重点文物保护单位外，还有 30 余座保存完整的商铺和民居院落，如当铺院、老财主院等（图 5-60 至图 5-62）。总之，小河村选址科学，布局合理，规模宏大，文物荟萃，建筑集中，实为中国古村镇中的奇葩（图 5-63 至图 5-65）。

图 5-70 祁县乔家大院南院

3. 祁县乔家堡村

乔家堡村属祁县东观镇，位于国家历史文化名城祁县城东北 12 公里。乔家堡属于乔姓血缘聚落，原有现存明清时期的不少建筑，数十年前，村中还有乔家的车马院，接待客人的寓客所、外花园、铺号，以及“德星堂”“宁守堂”“保元堂”“立字堂”“三有堂”等富丽堂皇的宅院，周边交融点缀着村里的戏台、书院、宗祠、村公所、各色大小庙宇、水井等公共设施（图 5-66）。现在只有乔“在中堂”（俗称乔家大院）保存完整（图 5-67，图 5-68）。现存的乔家大院占地 10642 平方米，建筑面积 3870 平方米，共有 313 间房屋。乔家大院中间有一条长 80 米的石铺的甬道，6 座大院（内含 20 个小院）分列两旁，甬道西端尽头是祖先祠堂，与大门遥相对应，空间设计巧妙独特。大院内东西向甬道北侧的 3

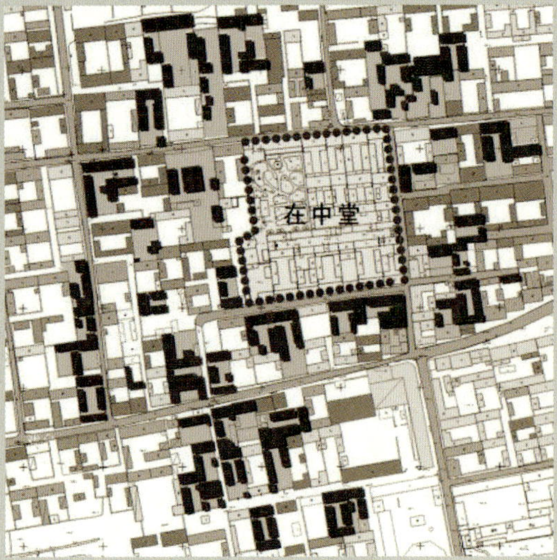

图 5-66 在中堂在乔家堡的位置

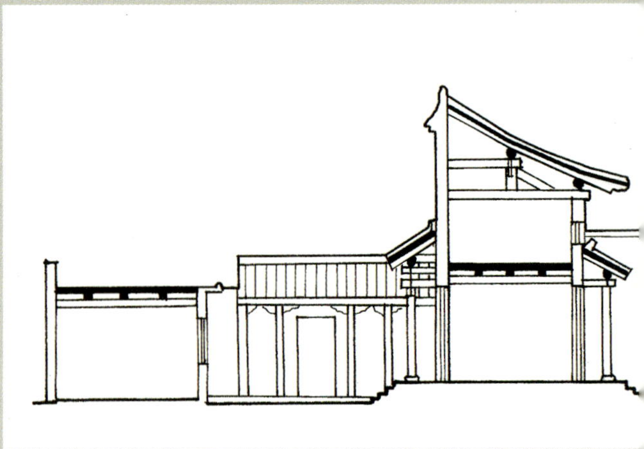

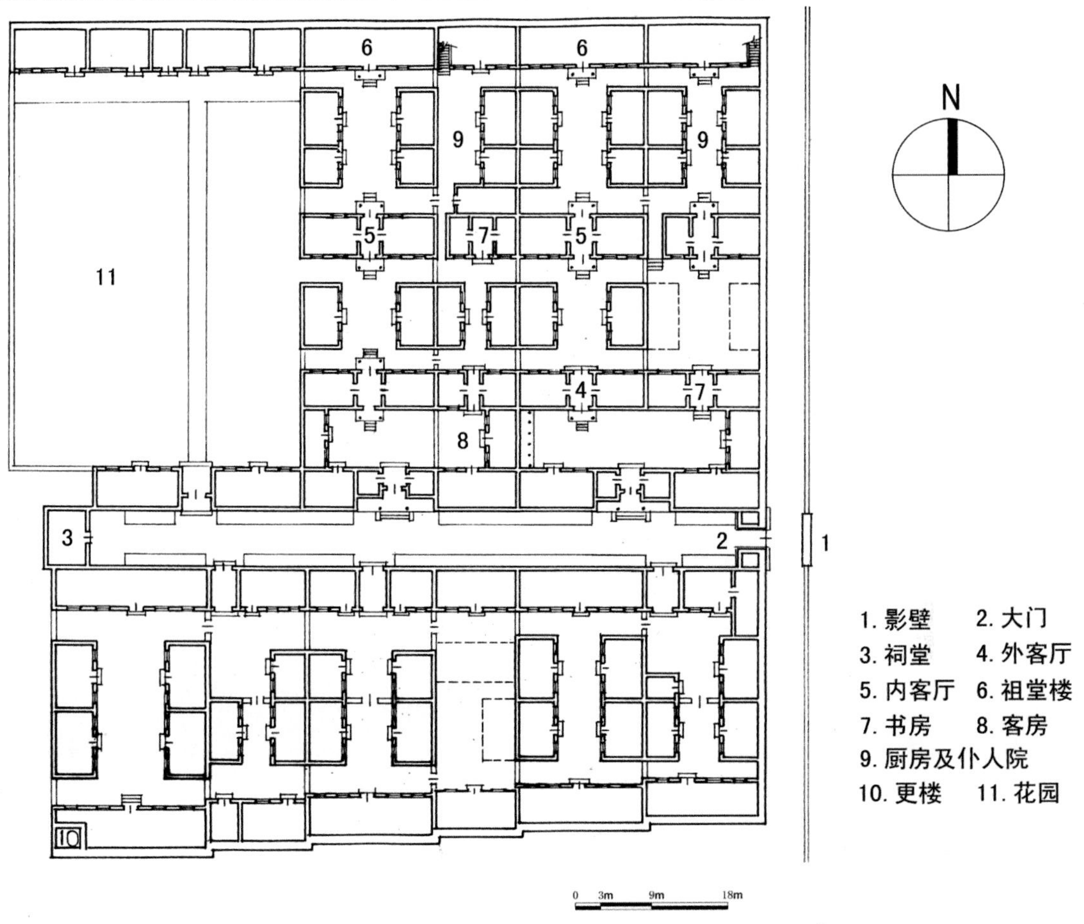

图 5-67　祁县乔家大院平面

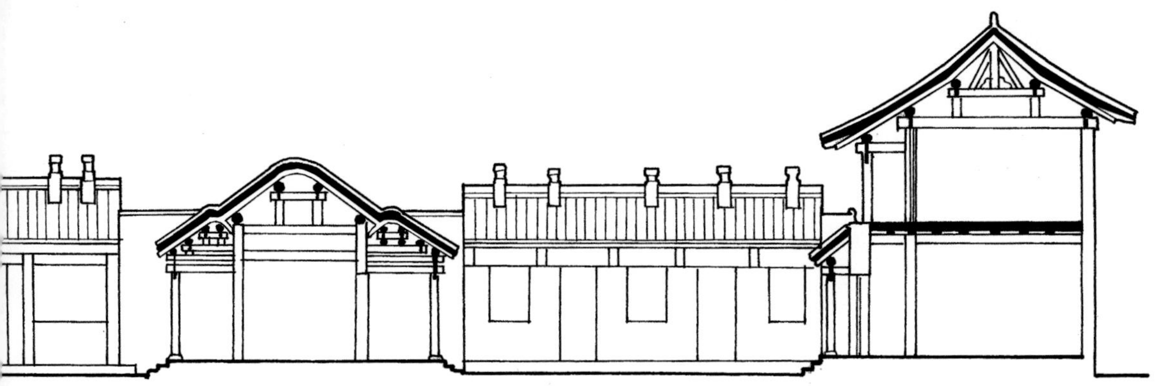

图 5-68　祁县乔家大院剖立面

图 5-69　祁县乔家大院院落群

座大院从东到西依次是东北院（俗称老院，因其建造时间早）、西北院、书房院（现为花园）；甬道南侧的 3 座院落从东到西依次是东南院、西南院、新院。值得注意的是，6 座院落的门彼此错开，所谓的“门不对门”。6 座大院各由 3 到 5 个小院组合而成，均为正房偏房结构，正房高大气派，装饰精美，为主人居住，偏房则较为低矮，装饰一般，多为佣人居住，反映了当时封建社会的尊卑有序（图 5-69 至图 5-71）。大院三面临街，四周全是高 10 余米的封闭式砖墙，呈城堡式，威严气派。屋顶上还有垛口、更楼和眺阁等，并且各院的房顶用走道相连，便于夜间巡更护院。“在中堂”在各种劫难中得以幸存，令人欣慰。乔家大院除了有宏伟壮观的建筑外，其石雕、砖雕、木雕艺术更引人瞩目。其中石雕多在建筑的基础部分，木雕和彩绘多在木构部分，砖雕多在屋顶女儿墙处（图 5-72，图 5-73）。

图 5-72 祁县乔家大院女儿墙装饰

图 5-71 祁县乔家大院北院

图 5-73 祁县乔家大院烟囱装饰

4. 榆次车辋村

车辋村位于榆次西南东阳镇。车辋村旧由 4 个自然村组成，4 村中心建观音寺，寺与 4 村相距各半华里，以寺为中心，形成一个车辐状，4 村排列如车轮，故名“车辋”。村内现存有著名的常家大院（图 5-74，图 5-75）。常家大院为明清著名晋商常氏家族的宅第，常家在山西有“儒商第一家”之称。据《常氏家乘》载，车辋常氏始祖常仲林，于明弘治年间（1488-1505），由太谷惠安迁来榆次车辋。初到此地，常仲林为本地刘姓大户牧羊，勤俭持家。由常仲林传到第三辈时，才购得一块土地，有了自己的院落，勉强栖身。明朝末年，常氏从第六代开始经商。常氏家族到第八世和第九世时生意越做越大，

图 5-74 榆次常家庄园平面示意

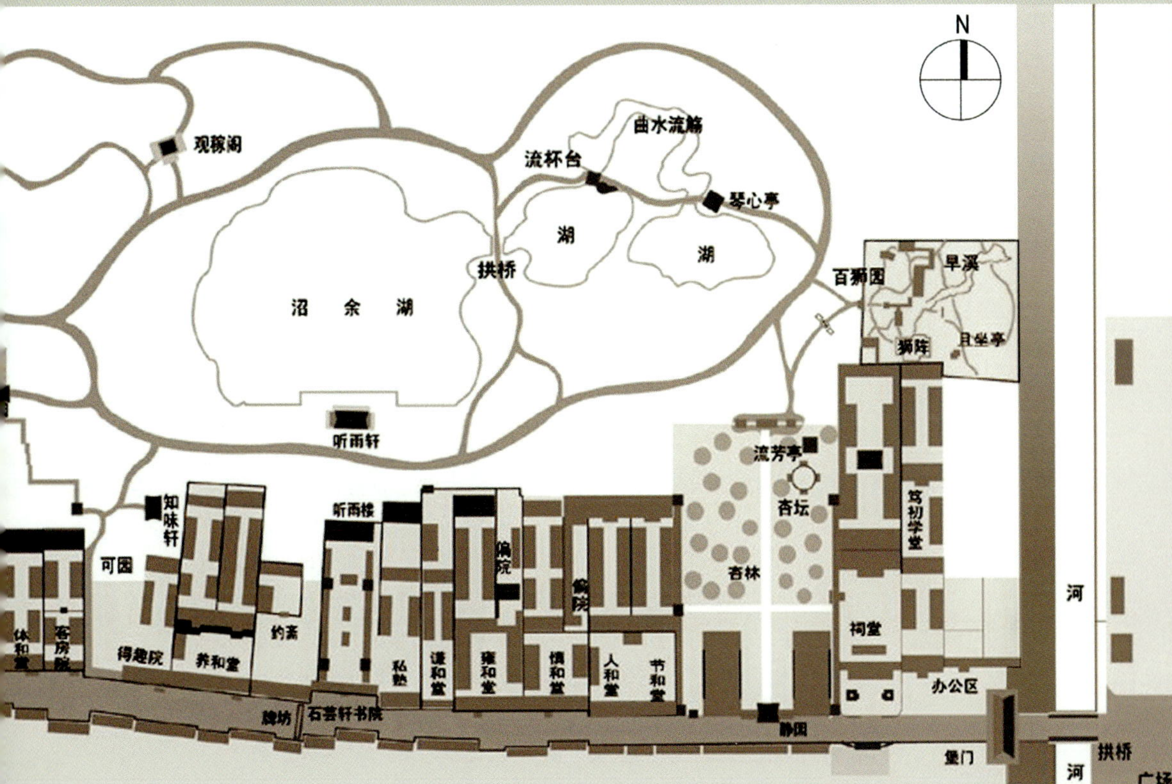

图 5-75　榆次常家庄园全景

后来创立了“德”字、“玉”字两大系商铺。鼎盛时期，常家不仅在国内外建起了近百个字号，而且在村内开设了米面铺、点心铺、裁缝铺、银匠铺、熟肉铺、磨坊、醋坊、药铺、杂货铺等，私塾学堂达 17 个之多。常氏在明末，即开始修宅建院，而大规模的修建则是在乾隆三十三年（1768）以后。历经 150 多年的修建，最终建成占地 60 万平方米、房屋 4000 余间、楼房 50 余栋、园林 13 处的庞大建筑群（图 5-76 至图 5-79）。遗憾的是，该建筑群在抗日战争、解放战争、土改和“文革”中受到严重破坏。目前，常家大院尚有 10 余处完好的院落、宗祠等建筑。

77	76
78	79

图 5-77　榆次常家庄园贵和堂　　图 5-76　榆次常家庄园奉旨牌坊

图 5-78　榆次常家庄园观稼阁　　图 5-79　榆次常家庄园后花园

5. 太谷北洸村

北洸村位于晋中市太谷区西南 5 公里处。村内现保存有明清时期的“三多堂”“五桂堂”“凝富堂”3 处民居。这 3 处民居总占地面积 2.5 万平方米，建筑面积约 1.2 万平方米，是村内晋商巨富曹氏的宅院。太谷曹家，以其始祖曹三喜创业，鼎盛时期，曹家开设的大小商号 640 余座，遍及大半个中国。村内最为完整的建筑群是“三多堂”（也称“曹家大院”），整座建筑从北向南，东西并排有 3 个穿堂大院，内套 15 个小院，共有房屋 287 间。附属建筑西花园建有地下厨房，地面建造餐厅，附带建有长廊及正楼，其中

图 5-83　太谷曹家大院正房门廊

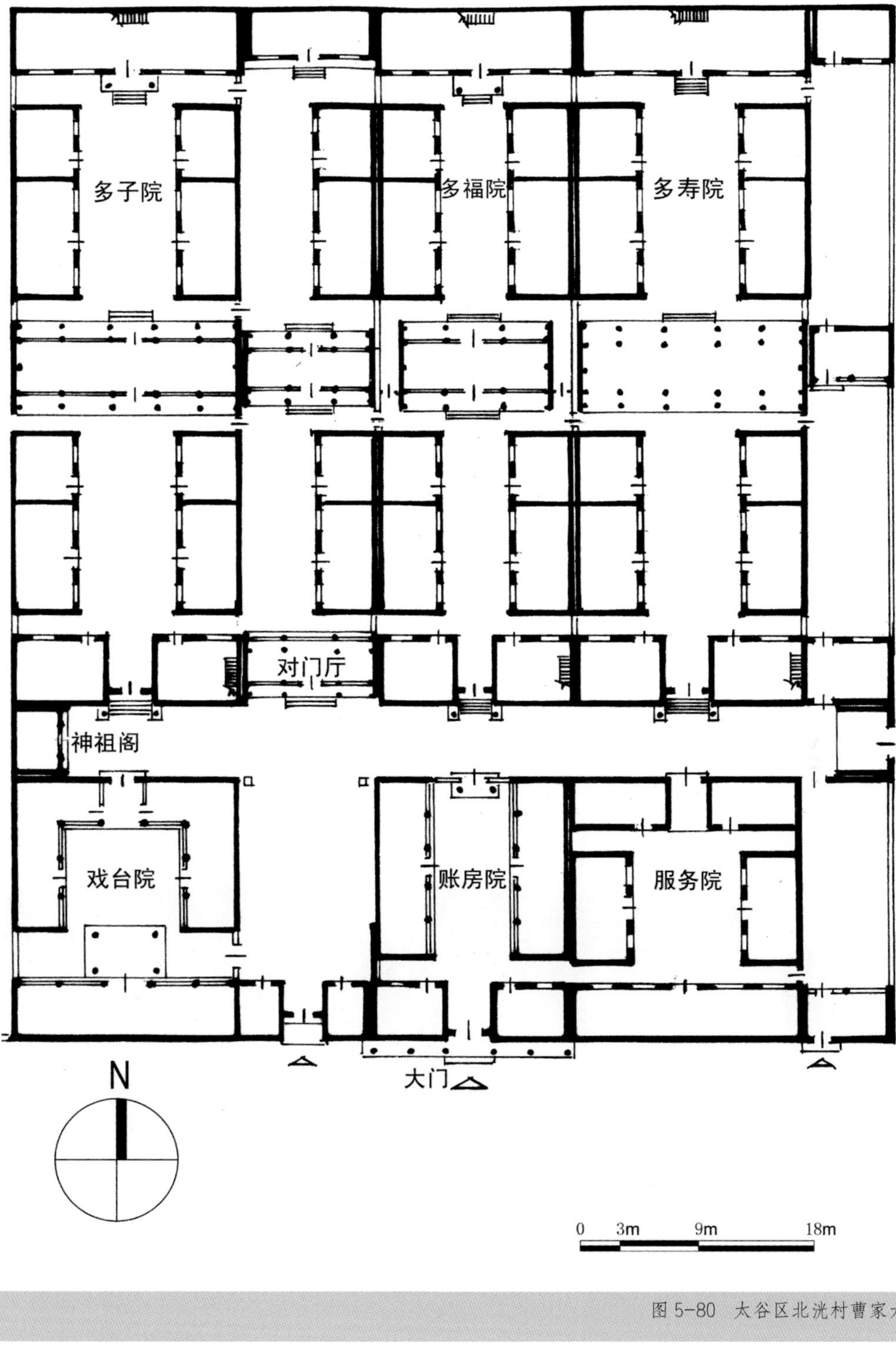

图 5-80　太谷区北洸村曹家大院平面

有房屋近百间。“三多”意指多子、多福、多寿。北洸村原建有“福、禄、寿、喜”四大宅院。现主要留存有“三多堂”大院。“三多堂”是集居住、生活、娱乐、议事于一体的一组建筑群，院落呈“寿”字形，始建于明末清初，占地10600平方米，分为南北两大部分，北面（内宅）东西并排3个穿堂大院（图5-80，图5-81）。穿堂大院内部正房为高楼，连在一起，长66米，宽8米，高20米，拔地而起，高耸雄伟，蔚为壮观。高楼楼顶有三个榭亭，飞阁凌空。南面（外宅），有书房院、小戏台院、客房院、厨房院和药铺。内、外宅之间，有一条石条砌成的长66米的甬道。整个建筑群院中有院，错落有致，空间丰富，厚重古朴，雄伟壮观。三多堂院落宽阔明亮，其中的砖雕、石刻、木雕图案技艺高超，清晰细致，精致优美，形象逼真。总而言之，曹氏民居建筑群，以砖木结构为主，木构建筑用材较大，梁枋坚实。东院建筑简朴，中院时代较早，西院雕作精细（图5-82至图5-85）。

图5-82　太谷曹家大院过厅

图5-81　太谷曹家大院

图 5-85　太谷曹家院落群

图 5-84　太谷曹家多福院

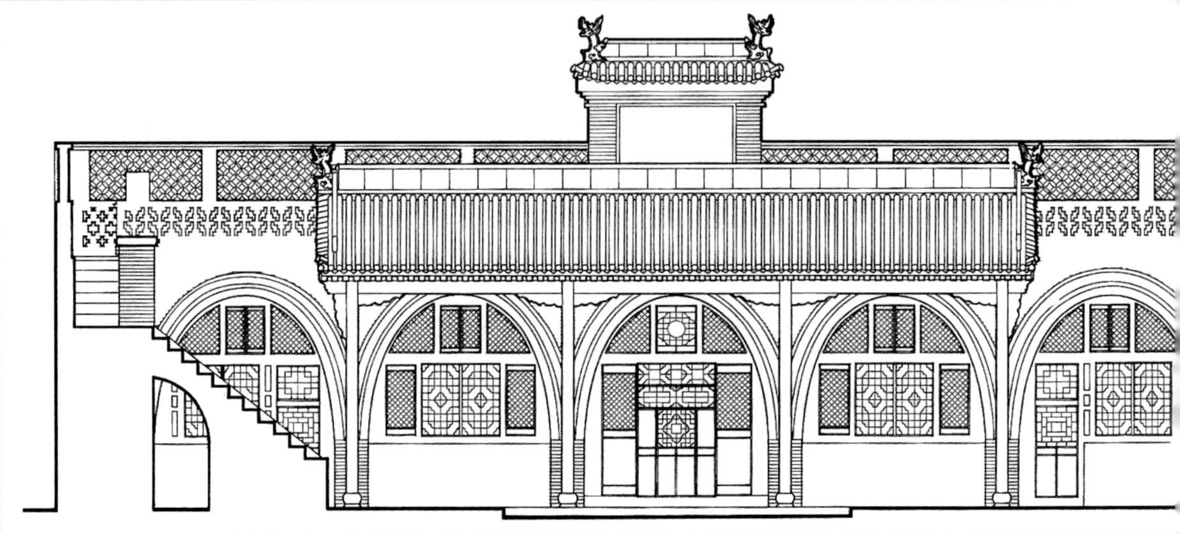

图 5-87　和熏堡崔宅正房立面（《平遥古城与民居》）

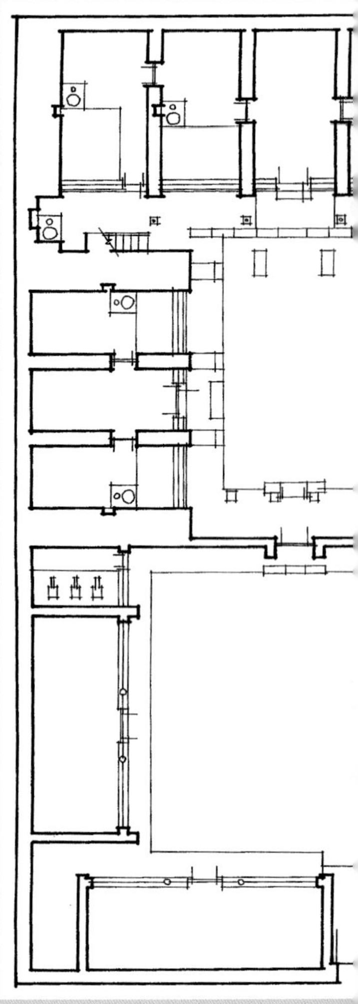

图 5-86　和熏堡崔宅总平面（《平遥古城与民居》）

6. 平遥段村

段村位于平遥古城南约 15 公里，村落两侧有官沟河、青沙河流过，自然环境优美。段村文化深厚，有仰韶文化的遗迹。村落呈多堡的形式，是北方汉民族以“堡”聚居的杰出典范。段村由凤凰堡（旧堡）、泰和堡（南新堡）、和薰堡（八角楼堡）、兴盛堡（石头坡）、成宁堡（北新堡）、永庆堡（照壁堡）组成。凤凰堡，俗称旧堡，位于村西官沟河东岸塬上，占地约 100 余亩。堡内有南北主街、前街、十字街、后街等，有庙宇、戏台以及众多民居。堡内民居多为两进或三进四合院。泰和堡位于村南，俗称南新堡，占地约 60 亩，建于清康熙年间（1662–1722），呈“曰”字形布局，开有东门和西门，西门外有一座财神庙。和薰堡，位于村中。关于和薰堡建设、规模、格局等情况，堡内玉皇庙的碑文有详细的记载，非常难得。碑文言：“大清雍正五年九月初四日起工建立和薰堡，共买地八十三亩，除堡外截出余地以及堡墙根脚并街道、马道占过，净落舍基地四十八亩，将此地切分八大位，每一大位分地六亩，南

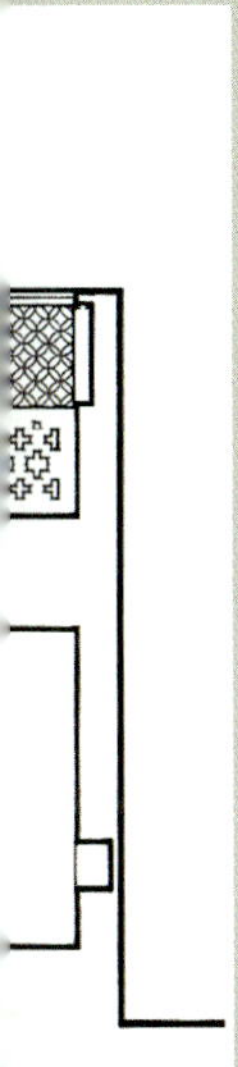

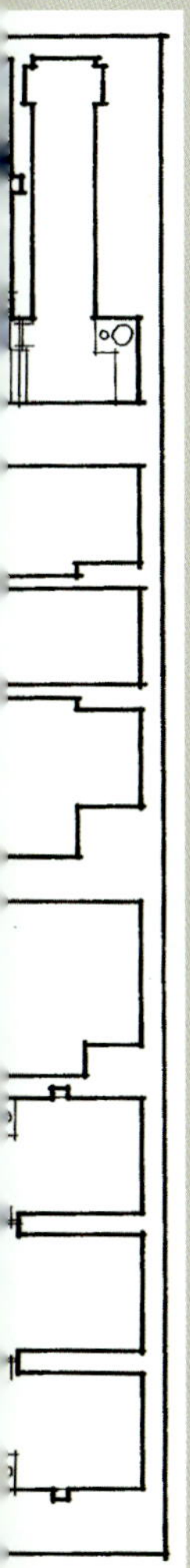

图 5-88　平遥县段村和熏堡崔宅内院

北长一十二丈六尺，东西宽二十八丈八尺。堡内南街一道，宽二丈，东西街三道，俱各宽一丈二尺。周围马道宽窄不一。流传后人不得侵占。每一亩舍基地南北长一十二丈六尺，东西宽四丈八尺，每一亩舍基地承担粮五升八合，永垂石记。道光二十七年冬照旧石重刻”。堡内民居均为两进院落形式（图 5-86 至图 5-88）。因堡墙东南角修有八角文昌魁星楼，故俗称八角楼堡。兴盛堡，位于村中南高塬之上，占地约 50 亩，建于清代，仅有一座堡门，门洞内修有一座守门小窑。因堡门外下面有石坡，故俗称石头坡。成宁堡，位于村北，俗称北新堡，占地约 60 亩，建于清乾隆三十七年（1772），四周堡墙厚实，堡内街道宽敞，呈“主”字形布局，民居多为两进院落。堡内张姓一门曾在清同治年间和光绪年间出过 3 位举人，百姓称为张氏三杰。永庆堡，位于村东南，建于清嘉庆二十一年（1816），占地约 70 余亩，有南北两座堡门。由于北门外原有大型砖雕影壁，故俗称照壁堡。北堡门楼顶建有玉皇阁，南门西侧建有观音堂，南北大街 140 余米，堡内有尚家巷、武家巷。永庆堡虽建于清代中叶，但同旧堡相比仍谓一处“新堡”，因此，俗称“新堡”。早年百姓流传着一首顺口溜：“穷旧堡，富新堡，举人出在北新堡。”古堡内外还建有不少庙宇和宗祠，如河西庙、玉皇庙、段氏宗祠、张氏宗祠等。

7. 祁县渠氏宅院

渠家大院是明清时期晋商巨贾渠氏家族所建的院落。始建于清乾隆年间，目前修复开放的渠家大院面积5317平方米。渠氏家族是明清以来闻名全国的晋中巨商之一，在祁县城内有十几个大院，千余间房屋，占地3万多平方米，人称“渠半城”。渠家十七世有著名的三大财主：田喜财主（渠源潮）、旺财主（渠源浈）、金财主（渠源淦）。渠源潮的住宅位于祁县城内东大街33号，

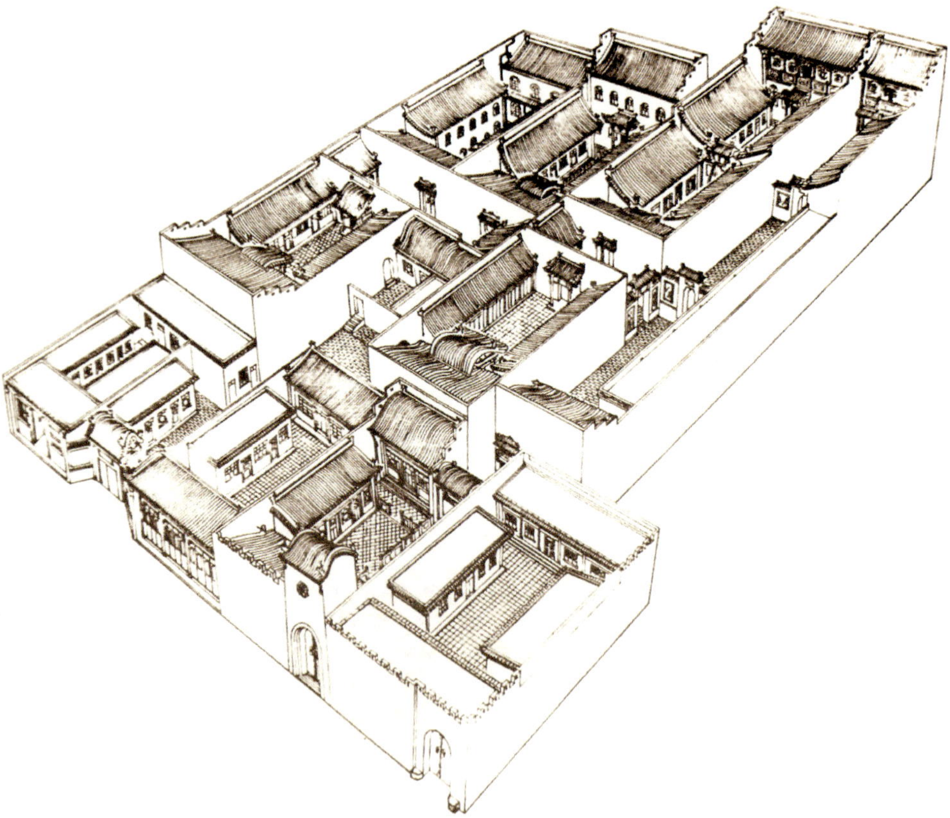

图5-89　祁县渠家大院全景（《祁县志》）

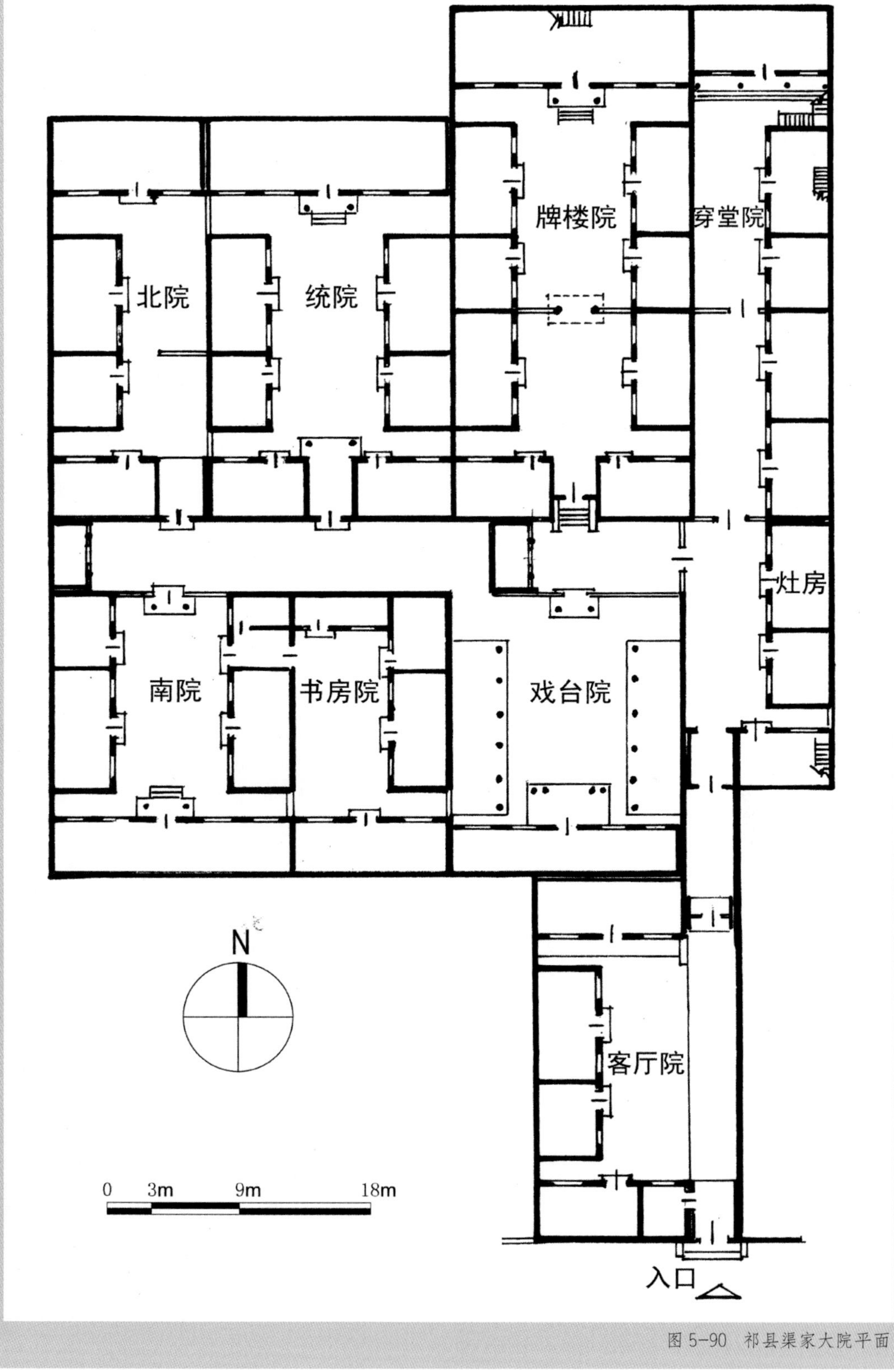

图 5-90　祁县渠家大院平面

图 5-92 祁县渠家大院牌楼院

始建于清乾隆年间，占地 5317 平方米，建筑面积 3271 平方米。为全国罕见的五进式穿堂院，内分 8 个大院、19 个小院、 240 间房屋。明楼院、统楼院、栏杆院、戏台院巧妙结合，错落有致。悬山顶、歇山顶、卷棚顶、硬山顶形式各异、匠心独运（图 5-89，图 5-90）。大院外观为城堡式，墙高 10 余米，高大的拱式大门洞，上有玲珑精致的眺阁。院内建筑布局合理，主侧院主次分明，院落青石奠基，水磨青砖砌墙。院与院间隔有牌楼、过厅，明楼、统楼遥相呼应。石雕栏杆石雕门，工艺精湛；砖雕篆文砖雕景，高雅美观。该院堪称民宅建筑艺

图 5-91 渠家大院牌楼

图 5-93　祁县渠家大院统院

图 5-94　渠家大院侧门

术的佳作，为中华文明的一颗民居瑰宝，是“渠半城”的一处典范建筑。长裕川是渠家最大的茶庄，初名长顺川，开办于清乾嘉时期，距今已 200 余年。位于祁县城内段家巷 14 号（现祁县人大、政协等机关大院）。起初很狭小简陋，从清光绪年间至民国十几年，才陆续修成现在规模。现有 4 个大院和 2 个偏院，共有砖瓦房 100 多间，其石雕、砖雕、木雕，刻工精细，堪称一绝，有祁寯藻书之楷体楹联“立德立言居之以敬；友直友谅尊其所闻”（图 5-91 至图 5-94）。

8. 灵石县静升镇

静升镇位于灵石县城东 12 公里处，在清乾隆年间（1736–1795）到嘉庆年间（1796–1820），达到其鼎盛时期，当时有“一街九沟八堡十八巷”之称。静升镇内现存 5 处王氏堡院，有红门堡（恒贞堡）、高家崖（视履堡）、西堡子（崇宁堡）、东南堡（和义堡）和下南堡（拱极堡）。其中高家崖堡和红门堡保存最为完整。（图 5–95）。

高家崖（视履堡）建于清嘉庆初年，是一个不规则形城堡式串联住宅群。城堡因地布局，顺势而建（图 5–96）。鸟瞰高家崖，是由 3 个大小不同的矩形院落组成。中部是两座主院和北围院，东北部是俗称“柏树院”的小偏院，西南部是大偏院。城堡的四面各开一个堡门。东堡门位于主院前大通道的东端，西堡门开在大偏院的西南角，南堡门开在主院前大通道的中间，北堡门开在小偏院的东北角。南堡门外是一条长 50 米、宽 3 米的石板坡路，直通村中的五里后街。主院前的大通道长 127 米，宽 11 米，全部用青石铺成。大通道的南面是高高的砖砌花墙，墙内建有 60 多米长的风雨长廊。高家崖主体建筑是两座三进四合院，院门前都有高大的照壁、上马石、旗杆石、石狮、石台阶等。从布局看，每座主院都有宽敞的正院、偏院、套院、穿心院、跨院等；按用途分，有堂屋、客厅、厢房、绣楼、过厅、书院、厨房之别。院内因地而异，修有甬道、幽径、低栏、高墙等。院中有院，门内有门，窑顶建窑，房上坐房。主院西南角的大偏院是由两座花园式庭院组成的，可供主人小憩。主院正北的后院是由一排 13 孔窑洞组成而又分隔为 4

图 5–100　灵石县静升镇视履堡敦厚宅主院

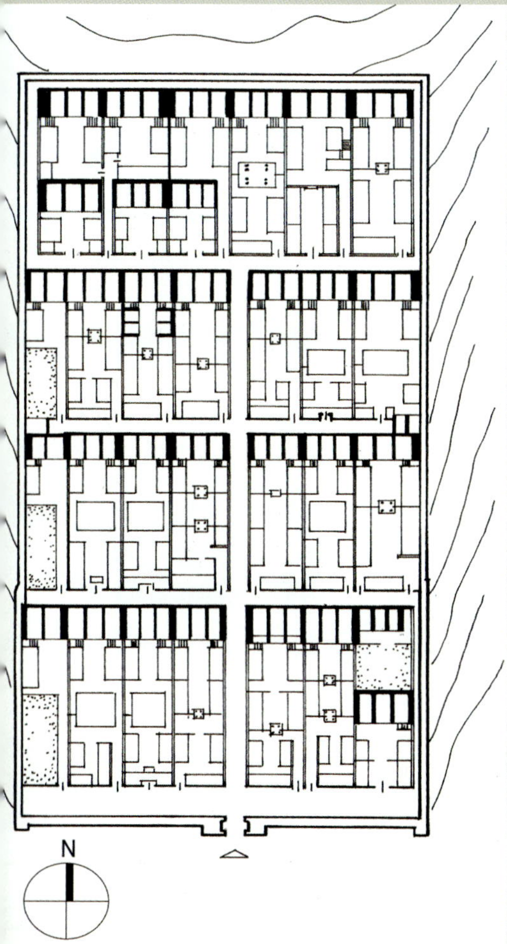

图 5-101　灵石县静升镇恒贞堡平面

图 5-103　灵石县静升镇恒贞堡巷道

5-102　灵石县静升镇恒贞堡建筑群

个小院的护堡院。整个东大院建筑规模宏大，结构严谨（图 5-97 至图 5-100）。

红门堡（恒贞堡）建在黄土岗上，平面为长方形，坐北朝南，四周环绕砖砌堡墙。堡墙南端中央是砖砌拱券堡门（又称“瓮门”）（图 5-101）。正对堡门即是一条由南向北逐渐升高的直街，街的路面以大卵石砌筑，石大如斗。街似长龙，石似龙鳞，此即是所谓的“龙鳞街”。与此直街交叉的是 4 条东西向的横巷，横巷路面以青石板铺砌，宽可行车走马。横巷形成“圭”字形的道路网。横巷东西两端各连接三到四户，从而形成方正的“恒贞堡”总平面格局。堡南横巷两头各有水井 2 口，是恒贞堡的上水口源，又附会了“龙眼”之说。恒贞堡在排水方面有一个完整的沟网，自高至低有 2

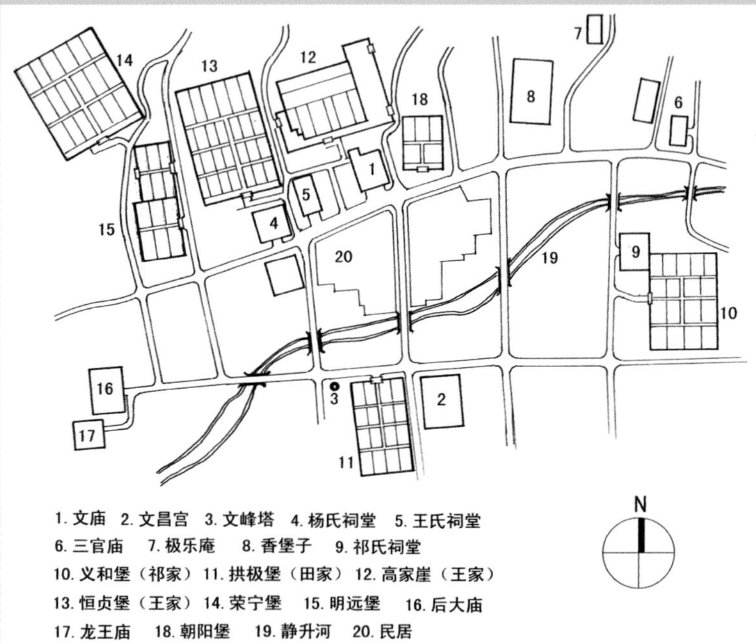

图 5–95 灵石县静升镇平面示意

条南北走向的砖砌暗沟，这是堡内的总下水道。每户的天井、通道等处都有窨井通向下水道。恒贞堡堡墙高约 5 米多，气势雄伟。墙两侧清水包砌，内部为夯土墙体。它是一道防护墙，也是黄土岗的挡土墙。堡墙顶面较宽，留有一米多宽的小道可以兜通，是堡丁巡夜守更的通道。由此可见堡墙的防卫作用很强。

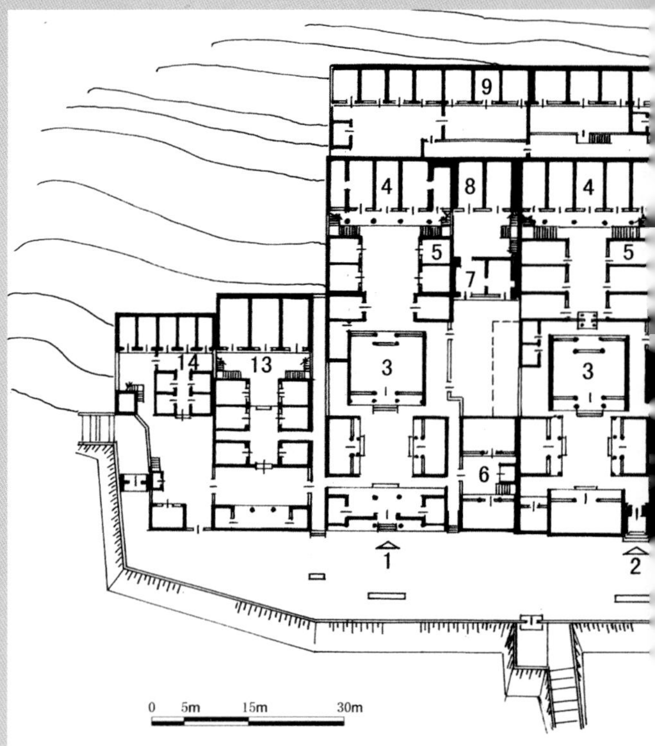

王家大院的雕刻艺术也非常有价值，以石雕、木雕、砖雕为主，各类重要构件均进行装饰，从屋檐、斗拱、雀替、挂落、栋梁、照壁、兽吻、柱础石到石鼓、门窗、神龛、匾额、帘架等，无处不雕。雕刻图案丰富多彩，内容广泛，多采用各种吉祥图案，有“岁寒三友”“四季花开”“二十四孝”“辈辈封侯”“喜上眉梢”“狮子滚绣球”“竹梅双喜”“佛家八宝”“明暗八仙”“福禄昌盛”“招财进宝”“吴牛喘月”“乳姑奉亲”“五子登科”等。其中，“岁寒三友”“四君子”“四艺图”等表现文人高雅情趣的图案占了绝大部分（图 5–102 至图 5–105）。

图 5-104　灵石县静升镇恒贞堡主轴

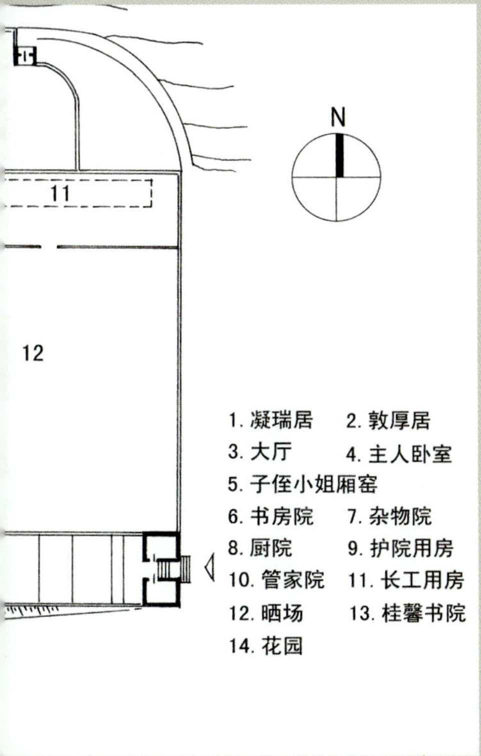

图 5-96　灵石县静升镇视履堡平面

图 5-105　灵石县静升镇恒贞堡内院

图 5-97　灵石县静升镇视履堡建筑群

图 5-98　灵石县静升镇视履堡敦厚宅外观

图 5-99　灵石县静升镇视履堡敦厚宅正房

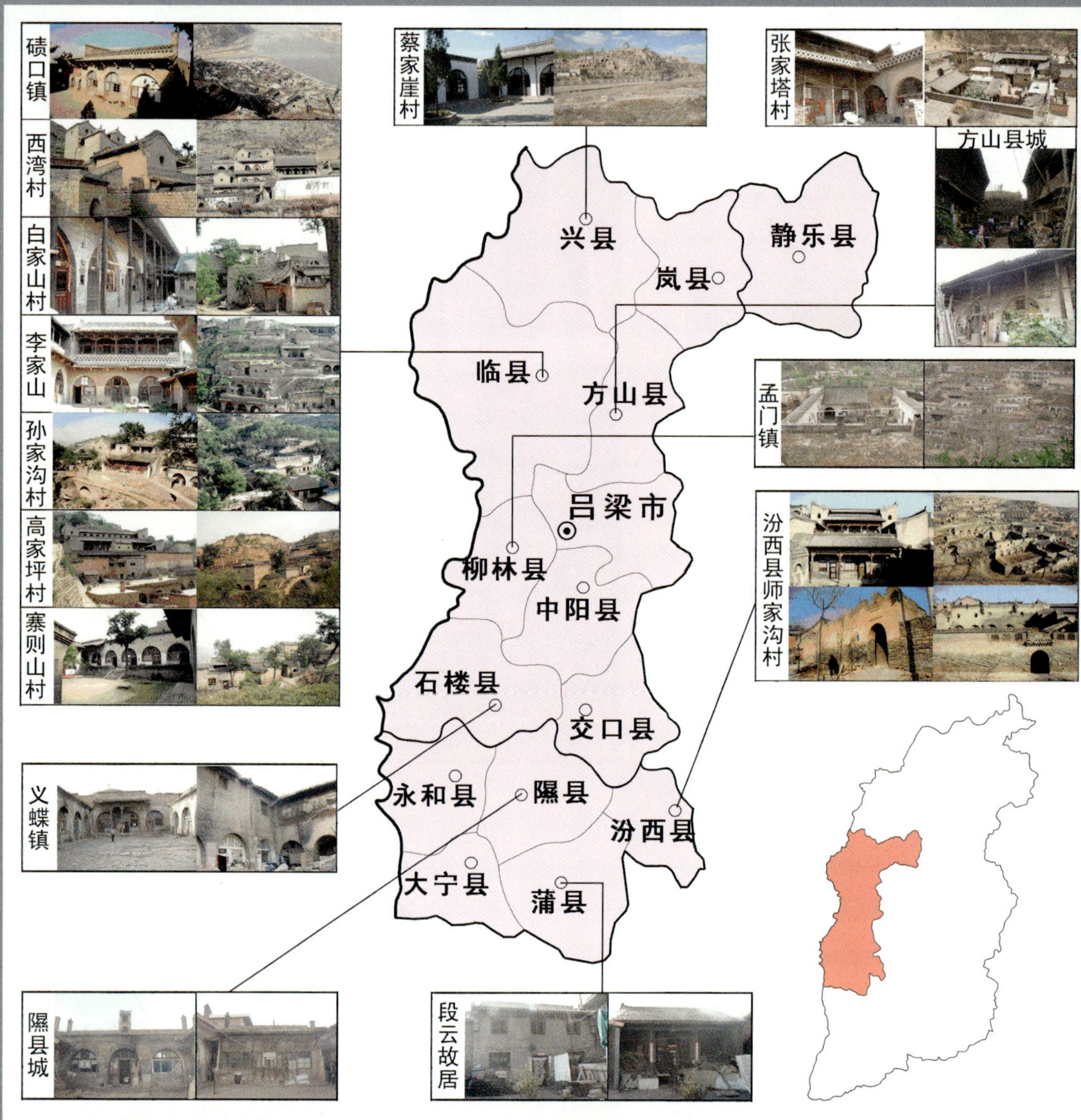
碛口镇
西湾村
白家山村
李家山
孙家沟村
高家坪村
寨则山村
义蝶镇
隰县城
蔡家崖村
张家塔村
方山县城
孟门镇
汾西县师家沟村
段云故居
兴县
静乐县
岚县
临县
方山县
吕梁市
柳林县
中阳县
石楼县
交口县
永和县
隰县
汾西县
大宁县
蒲县

图 6-1　晋西民居分布图

第六章　晋西民居

一 住屋的形式及其演变

晋西地处晋陕大峡谷之东的吕梁山脉大部地区，是我国西北黄土高原丘陵沟壑区的一个重要组成部分。其境域北接塞外，南衔平阳，东邻晋中，西濒黄河，控山带河，向为秦晋通衢，山川形势险固之地。晋西古时属西河地，《禹贡》曾有“河

行其西，界乎雍冀之间南流，为西河”的记载。汉代时，曾在秦晋大峡谷地带建有西河郡。汉之西河，跨河而置郡，据河而为郡名，这是有一定道理的，说明古人之地理区划是以水土条件和农耕经济特点为依据的。随着岁月的流逝，“西河”这一古地名逐渐失去其地理学意义，故有“所谓西河者，泛指濒河之地”，非专指一处的说法。到了明万历二十三年，西河故地的大多数州县分属汾州府治。汾州成为晋西地区较准确的地理概念。汾州府之建制从明万历一直沿袭至晚清，成为中国较有影响的名州府地，由此也沉淀了丰厚的文化遗产，本章所涉及的晋西民居大都形成于这一时期（图 6-1）。

图 6-2　柳林孟门镇鸟瞰

图 6-3　柳林孟门镇窑洞民居

1. 横穴居室与竖穴居室

构成民居建筑最基本的单位是“间”，“间”的构筑既可用木构的房屋，也可用拱券的窑洞，在晋西是以窑洞作为“间”的主要建造手段，木构的房屋只是从属而已。把窑洞用作住屋的形式起源于人类脱离巢居而“仿兽穴居”时期，是由新石器时代的横穴居和竖穴居沿袭演化而来，虽然土里土气，但却古风犹存。不过，在漫长的历史进程中，它也确实发生了一些变化。仅就晋西的窑洞住宅而言，从类型上说，有靠崖窑、半地坑窑和砖石砌筑的锢窑；从空间的组织上说，则不仅有单间的，也有多间的，还有的是在窑洞正屋两侧筑有厢房，组成院落，可谓多种多样，各具特色（图 6-2，图 6-3）。

挖掘土窑作为居室，是一种穴居形式，其历史十分古老。所谓“下者为巢，上者为营窟”之“营窟”，就是挖成的穴居住宅，它是古人类在学会建构地面上的房屋之前所住的居室。

图 6-4　横穴居室

原始人类在黄土高原上挖掘的住宅，最初是完全仿照天然洞穴的，天然洞穴曾给早期人类提供遮风雨、御寒暑的庇护所，但适宜的天然洞穴毕竟有限，故当黄土层形成后，乡民便尝试着在高原的向阳坡，在沟坎崖上向里挖洞，利用黄土的松软和黏性结构，沿平行于等高线的方向挖成若干拱形的窑洞，这便是最早的横穴居室。《墨子·辞过》中“就陵阜而居，穴而处”，反映的就是这种情况。这种横穴居室最早的实例是山西石楼岔沟的一处仰韶文化遗址，其平面呈方圆形，入口处小，室中央有灶，可谓晋西窑洞住宅的始祖。横穴居室最初为单间的，其后又发展成为几个洞穴连在一起的，每三间为一组，按山坡台地的自然地形起伏布置，这便是晋西地区广为使用的“一明两暗”式住宅的雏形（图 6-4）。

随着原始农业的发展，乡民开始更多地集中到土地平坦肥沃、水源丰沛充足的黄土台塬或盆地地区定居。在这里，很少有适宜挖掘横穴居室的山陵沟谷地形，于是便采取了向地下挖竖穴居室的手段。初期的竖穴居室几乎是横穴居室的侧置，即在地上挖一个一人多高的竖坑，坑中立一柱子，上面搭置锥形棚顶，人在穴室中的活动全是地下的，是一个地穴居室。这种形制的居室，虽然解决了平坦地区的居住问题，但阴暗潮湿，不利于人类生活，因而随着构建技术的提高，便逐步演变为半地穴式了。据一些考古资料表明，半地穴式居室已经解决了诸如通风、采光、防水等技术问题，其住室已有单间、双间等形式，且常常以聚居群落出现。可以想见，在当时，房屋的构造已经较为复杂，其技术水平已有很大提高。

图 6-5　“一门三窗”靠崖窑洞

图 6-6　兴县蔡家崖石砌接口子窑

2. 靠崖窑与半地坑窑

那么，横穴居室与竖穴居室是如何演变和发展的？这需从两个方面来理解。一方面，从发展的历时性来说，是先有横穴居室，后有地穴式居室和半地穴式居室，最后为地面建筑；另一方面，从发展的共时性来看，同一时期往往并存着几种类型，反映出建造技术的发展是渐进的，较完善的新式建筑不能完全代替老的建筑形式。尤其是横穴居室，由于它具有易于挖造，节省建材，冬暖夏凉的优点，因此，在适宜构筑窑洞的一些地区一直沿用下来，成为留存至今的所谓靠崖式窑洞；而竖穴居室则与横穴居室交融结合起来，这便是今日的地坑窑洞或半地坑窑洞。

靠崖窑是山区和丘陵地带常见的一种窑洞，因为它要依山靠崖穿土为窑，故此得名。靠崖窑的建造除了利用现成的沟坎断崖外，更多的是将山坡垂直削平，形成人造崖面，然后向内横挖洞穴，平面呈长方形，顶部为

图 6-7　汾西靠崖窑村落

图 6-8　方山张家塔村

图 6-9　方山张家塔村半地坑窑院

拱券形，洞口安装木制门窗，一般在门上开一窗，门旁开一大窗，最上部再开一个天窗，俗称“一门三窗”（图 6-5）。若是挖掘时开口较小，门窗只有门和顶窗，则称之为“一炷香”。有时，土窑挖成后，窑口要砌筑门脸，俗称“接口子窑”。“口子”的接法依据住户的经济实力，选材各不相同，若是平民百姓，则常常选用土坯砌筑门脸，刷涂石灰；若是殷实之家，则不仅用砖，甚至整个崖面都高高地砌上一层砖墙。至于窑洞居室内部，情况也各有不同，有的是用砖、石衬砌在黄土外表，光洁整齐；有的则是在黄土外表抹以白灰，涂以油漆彩画，颇具生活气息（图 6-6）。由于靠崖窑往往依山就势地挖成一排多孔窑洞，或上下数层多排窑洞，所以造成了丰富的村落景观。《隰州志》中“每过一村，自远视之，短垣疏牖，高下数层，缝囊捆屦，历历可指”，反映的就是这一种情况（图 6-7，图 6-8）。

所谓半地坑窑洞是相对于地坑窑洞而言的。在一些没有山坡崖面可依的平原或台塬地带，直接建造横挖窑洞是不可能的，像新石器时代的古人类那样建造竖穴居室，一是阴暗，二是仍需木材结顶，也是不适宜的。于是便采取了将竖穴居室与横挖窑洞相结合的方式，从而创造了“地坑窑洞”或称“下跌院子”的住宅制式。地坑窑洞的建造方式与靠崖窑洞基本一致，所不同的是需在平地上先挖一方形深坑，为横挖窑洞创造条件，解决无崖可依的问题，然后四面挖窑，形成下跌院子，出入则由斜坡“窑漫道”来解决。这实际是原始社会地穴居室、半地穴居室的坡形门道的拓展。地坑窑洞以靠崖窑为基本单位，以下跌院子为中心，周边布置，形成了与北方传统四合院相类似的靠崖窑院，由这种院落组成的村庄极富特色，“院落地下藏”，“平地起炊烟”，形象地道出了这类村庄的特点。通常，地坑窑洞是建在较为平坦的地带的，当在黄土台塬的塬面和沟坡建造地坑窑洞时，由于一面临沟坡，只能三面竖向开挖，所以便形成了与北方三合院相类似的半地坑窑院。这种制式的住宅在晋西普遍存在。与地坑窑相比，半地坑窑洞更有利于采光和排水，且兼有靠崖窑洞与地坑窑洞的优点。在使用上，一般是北面的靠崖窑为正房，作为会客、长者居住的地方，而两侧的窑洞则用作晚辈居住或储存粮食、杂物及厨房等辅助用房。建造这样的窑洞需将塬面三面下沉，再把削下来的土及挖窑洞的土填入前面的沟坡上，扩大院落的面积，并砌筑院墙、院门，从而形成了较为讲究的合院式住宅（图 6-9）。

3. 锢窑与木构房屋

掘土而成的靠崖窑、地坑窑、半地坑窑固然是一种因土制宜的住宅制式，而且它们在适于穿土为窑的地区，也能达到“久者可支百年”。但它们的选址、建造及其空间的组织，也不可避免地受到自然条件的制约，所以它们在适应各种复杂的地形条件时，便显得处处被动。于是，人们在总结黄土窑洞经验的同时，发展形成了一种称之为“锢窑”的独立式的窑洞。从构造和结构形式上分析，锢窑实质上是一种掩土的拱形房屋；从建造的材料上看，又可分为土基窑洞、土坯窑洞、砖窑、石窟等。

图 6-11　兴县蔡家崖村石砌锢窑

图6-10 临县李家山村半掩土砖窑

土基窑洞常见的有两种形式，一种是土基土坯拱窑；一种是土基砖拱窑洞。在黄土丘陵地带土崖高度不够，在切割崖壁时保留原状土体作为窑腿和拱券模胎，利用砖拱结顶的，称之为土基砖拱窑洞，利用楔形土坯砌拱时，则称之为土基土坯窑洞。这种窑洞除利用少量砖、土坯砌筑拱顶外，主要材料仍为黄土，所以也可称之为半地下掩土建筑（图6-10）。

晋西地区煤炭丰富，遍地都是黄土，是烧砖的现成材料；而在一些山坡、河谷地带，则基岩裸露，采石方便，有着取之不尽的青石。因此，建造砖、石锢窑还是非常方便的。砖石锢窑的建造是先砌出房间的侧墙，上部以拱券的形式结顶，再将后部用砖石封堵，前面建造门窗、披檐、雨水口等，造型别致，风格独特（图6-11至图6-13）。锢窑，因

图6-13 汾西师家沟村砖砌锢窑

图6-12 临县李家山村石砌锢窑

图 6-14　方山张家塔村村门

图 6-15　窑上建房之一

为其结构体系是土基、砖拱或石拱承重，无须再靠山依崖，便能自身独立，四面临空，所以能在任何一种地形条件下随意建造。又因为在石拱或砖拱顶部仍需掩土夯筑，故而仍不失窑洞冬暖夏凉的优点。锢窑，俗称“四明头窑”，可以建成一间，也可以多间并列，所以布置灵活，布局方式多样，既可形成敞院，也能形成合院，具有很强的适宜性。锢窑的建造是利用较易得到的砖、石材料，而省去难以得到的用作房柱和栋梁的大木，所以是一种因材制用的住宅制式。在某种意义上，可以毫不夸张地说，锢窑这种建筑制式的产生，是造成晋西民居建筑丰富多姿的前提与基础（图 6-14）。

在晋西，以纯粹的木构房屋用作一所宅院的现象并不多见，但窑房合二为一，砖木结构结合建造的住宅却比比皆是。从其结合的方式来看，有很多种类型，一是窑上建房，即在窑洞屋顶构筑木屋，使之成为窑院空间序列的高潮，在视觉上具有统领全局的作用；二是单独建造，这样的木构房屋或作为正窑两侧的厢房，或作为院落主轴线上的客厅，起到调整和点缀景观的作用；三是作为窑洞的装饰，即在窑洞上部构筑披檐，或在窑洞前部构筑抱厦形成回廊（图 6-15，图 6-16）。

造成窑房结合建造的原因是多方面的，归纳来讲，体现在两个方面。一是木材匮乏，晋西在远古时，曾是一个草丰林茂、气候湿润的地区，由于后世对土地资源的过度开发，到了唐宋以后，逐渐成为干燥少雨的地区，森林资源也大大减少，因此纯粹以木构房屋作为住宅，对于当地乡民来说是一种非常困难的事情；二是文化的交融，如果说窑洞形式是

图 6-16　窑上建房之二

当地土生土长的文化形态，那么木构房屋则属外来的文化，在一定历史时期，两者碰撞交融，导致一种新的建筑形式的产生是理所当然的事情。如图（图6-17）所示为汾西师家沟民居建筑群。不难看出，无论是在锢窑外侧加上木构架的檐廊；或者是在锢窑的顶部加建木构架的房屋，如果没有文化的交流融合，这些独特的建筑形式是不可能产生的。

图 6-17　汾西师家沟村民居建筑群

二 院的构成和类型

建筑的本质在于空间，以院为单位组织空间是中国传统民居建筑的主要特征。在晋西，用一个“院”字可描述一切，它成了整个建筑群的代名词。就居住建筑而言，则往往以正房、厢房和门房等要素组成院落，使之成为空间组织的重心，交通联系的枢纽和内外空间的中介。尽管院的基本平面形状是简单的矩形，但它的变化却大异其趣、出神入化。在不同的地形条件下，院落可扁可方、可大可小、可多可少、可高可低、可闭可开，从而演化成若干妙不可言、丰富多彩的建筑形态，自为天地，包容一切。

图 6-18　汾西师家沟村民居正房

1. 院的构成要素

（1）正房

在晋西，正房也称之为“上窑”。其一是说位置重要，地位为上。其二是说形状为窑洞式样。典型的正房多按“一明两暗”或“一明两暗两次”的平面布局。所谓“明”即公共空间，常常位于院落的中轴线上，是举行祭祀、议事、存放先祖牌位的地方，一般不能作为寝室；所谓“暗”即私密空间，位于正房的明间两侧，分别是长者、父母或长子的寝室。正房多采用三、五开间，以偶数开间作为正房的现象，在晋西是罕见的。正房的建造以窑房混构为主，一般而言，无论院落规模大小，正房均为二层，一层以锢窑外加披檐或廊厦的形态为主，二层则多为砖木结构的房屋，楼梯设在正房的左右两侧，可通向二层的外走廊或两厢房的屋顶。如若正房为一层时，其屋顶需加建吉星楼或风水壁，以求神灵佑护（图 6-18）。

图 6-19　汾西师家沟村民居厢房

（2）厢房

与正房相似，厢房多采用“一明两暗”的制式，开间取奇数。所不同的是，明间作为生活起居空间，没有祭祀的意义，暗间则为晚辈的寝卧空间。在晋西，厢房也称之为“厦窑”，是说厢房多采用窑洞的形式。厢房的布置，多依据左昭右穆的等级次序，对称布局。厢房的类型，依据材料和结构的不同，可分为两种，即窑房混构型和砖木混构型。前者在黄土丘陵地带较多使用，可以是一层，也可以是二层。而后者则广泛出现在黄土台塬地带。厢房的屋顶形式是十分丰富的，既有单坡双坡之分，也有平顶罗锅之别。厢房的门窗均开向内院，对外一般不开窗，这大概是出于防卫和安全的目的。对于多进院落的厢房而言，其开间数量呈现出由外向内递增的现象，常见的布局方式是“外三内五”，喻示内外有别，空间等级由低到高，厢房的高度也随着空间等级的提高而提高（图 6-19）。

（3）门房

晋西居住建筑外墙封闭高大，对外较少开窗，墙头砌筑望垛口或砖瓦花格，具有鲜明的防卫目的。呈内向聚合的居住形态。唯以宅门区别内外，界定领域，成为空间系列的第一层次。宅门的设置与主人的身份有关，翰林院、举人院及平民百姓的宅门，在建造的规模、等级和装饰的程度上风格迥异。从材料的选择上来看，则有木构、石构及砖构等。色彩和装饰绚丽多彩，或庄严肃穆，加之以匾额、柱饰、砖雕、木雕的鬼斧神工，更增加了宅门的艺术魅力。宅门的布局，以位于中轴线上的居多，也有位于东南角或西南角上的，这大概主要是依据地形的变化而已，并非严格遵守风水说教。宅门或与倒座结合建造，或与院墙融为一体，都能达到虚实有致、主次分明的效果。每逢节日喜庆，宅门常贴门符、对联。对联一般选用红色，有丧事的人家用蓝色。门钹和门锁也颇具装饰性。门匾则反映着主人的修身养性和善恶喜好，如“务本处”“耕读传家”云云（图 6-20，图 6-21）。

图 6-20　大宁县张家村齐宅院门

图 6-21　隰县上留村刘氏宅院院门

2. 院的空间组合类型

晋西地区跨度较大，虽然有共同的乡土社会背景，但由于自然条件的差异，因而在院落的基本要素组合上产生了一定的地域性特征，这主要体现在院落对地形条件的适应性。

一般而言，城乡居民宅院大多以四合院、三合院为主。土窑、接口窑内顶有“云梁”“顺水”。窑口筑厦檐，挡风避雨。院内安石碾、石磨，筑花台，种树木。住宅大门、屋门习惯偏向，路居斜面，故有“斜门歪道”之称（图6-22）。大多数民居都盘土炕，灶炕相连。富人修窑建宅规模宏大。前厅后院，门楼高阁，旗杆双插，石狮子把门。其格局是正面南向修正窑，东西两侧对称筑侧窑。下窑上盖楼，顶楣处筑厦檐，檐下立铭柱。正窑门前筑5尺宽平台，台阶凡3、5、7级不等。这种建筑形式俗称“铭柱厦檐高圪台”。前后院间以蜈蚣墙分隔，正中建仪门通往前院。前院一般建有大厅，故“前厅后院”。大厅以外两侧建若干窑洞和马棚之类，最前方建

图6-22　临县孙家沟民居宅门

图6-23　大宁县贾盛时宅院

厅或洞式大门。大门上压小楼一座称“看家楼”。前院左安石碾称“青龙”，右安石硙称“白虎”。大门外旗杆双插，两边置石狮一对。

总的来看，处于山地的院落常以敞院、台院的形态为主，而在一些较为平坦的地带，则形成了规模宏大、规划完整的合院形态。

晋西是一个多山地区，耕地十分宝贵，为把较为平坦的土地留作耕地，许多村落往往随形就势地坐落于山坡之上。这种村落的布置大体上可分为两种类型，其一是与等高线平行布置，在水平方向上相互联系；其二是与等高线垂直布置，在竖向进行组合。对于院落来说，如此形成的空间格局也往往具有两种情况，即与等高线平行布置的住宅较多采用敞院的形式，而与等高线垂直的住宅则常常形成台院的格局。

在晋西，敞院是一种最为普遍的院落形式。这种院落也称之为“野院子”，是指没有围合或正房两侧不设厢房，仅用砖墙院门甚至是土墙篱笆围合的院落，常见于依山坡沟谷而建的靠崖窑院，虽不免朴拙简陋，但却含山村野趣的田园风情。由于敞院往往随地形的变化而布置，所以不仅远近层次分明，而且充满转折错落的空间层次。一般而言，敞院要实现水平方向上的相互联系，就必须沿同一等高线蜿蜒布置，这样，人们才能沿同一条道路进入不同的院落。有时，敞院内部往往种植四时植物，开辟田畴菜畦，建造水井兽舍，设置厨厕晾台，因而具有浓郁的劳作生活气息。敞院的空间意义在于它把人与自然完全融为一体，如果布置得当，则常常能收到“窗户虚棂、广纳千顷之汪洋；围墙隐约，兼收四时之烂漫”的空间感染力（图6-23）。

当然，对于一些财富殷实、聚族而居的大家庭而言，仅仅采用敞院的组织方式，一是不利于家族的聚集，二是也显得平淡无奇，于是便采取了与等高线

图 6-24　临县李家山村东侧外观

垂直布置，在竖向进行组合的空间布局方式，从而形成了空间上立体交叉错落的台院格局。在地势起伏较大、地段比较开阔的山地环境中，利用连续不断的台阶式黄土岗，通过稍加填挖形成台地，然后在平整的台地上布置院落，也是一种最简单的处理方法。这种院落的格局是将建筑分别布置于不同高度的台地上，利用下层窑洞的屋顶作为上层窑洞的院落，充分利用山地空间和地形高差，合理组织居住功能，从而使得建筑形体层层跌落，颇具气势。与等高线垂直布置的院落，其交通组织具有明显的高程变化，上下两院之间，或通过设置楼梯解决垂直联系，或通过院外街巷出入不同的院落，这样，不仅使得不同的院落上通下达，而且也造成了丰富的、有序的村落景观（图 6-24）。

至于说到处于平地的院落，则形成了较为完整的合院形式。合院又以三合院和四合院最为普遍。以一个最基本的合院平面为例，通过对它的扩展和衍化，所形成的类型是十分丰富的，但归纳讲来，不外乎有三种类型，即纵向扩展后的院落、横向扩展后的院落和纵横两向扩展后的院落。纵向扩展就是院落沿纵轴扩展成为若干进院落的扩展方式。这一类型的院落通过层层递进造成深远的空间层次，又通过院落高低广狭的不同变化表达空间的内外主次，区分建筑物的等级标准，形成由外向内不同性质院落的过渡。所谓横向的扩展是指通过院落的横向联合，形成多轴线的建筑群体，这一类型的院落，或把相同格局的院落并列放置在一起；或通过院落比例、尺度及形制的不同变化，暗示不同院落的主从关系，有着较强的适应性。在一些豪门大宅中，则以纵横交错扩展的院落为常见，其院落的组合既有纵向的扩展、也有横向的联合，参差错落、层次丰富。

临县孙家沟村就是一处非常典型的范例。该村位于黄土高原，依山傍水，是清代晋商王氏的居住聚落。据说，明末清初，孙王两人来此地谋生，孙姓年长，且当地有黄土高原十分稀少的泉沟，故将此地命名为孙家沟村。从康熙四十一年（1702）的墓碑和光绪三年（1877）的恩润公立碑来看，王姓于清康熙初年从柳林县东王家沟迁来此地。但当时王氏生活一直较为窘困，人丁稀少。“数世单传，累世贫乏”。直到清道光以后，王姓后裔王承世开始于临县当时的重三交镇经营烧饼生意，起早摸黑，辛苦经营，逐渐生意兴隆、人丁兴旺，遂开始大规模修宅建院，始成今日之规模。孙家沟村传统建筑面积近 9000 平方米，以窑洞为主体建筑，大部分建于清末民国初年。村内有一条小河从村中央穿过，民居沿河两岸依次分布。村内主要院落有王恩润宅、十连窑院、厅院、花园院、王长生宅、芝麻坪院等 20 余处。孙家沟古建筑群分布集中，依山而建，沿河而居，人和自然和谐统一，是黄土高坡人居环境的杰出典范，是我国宝贵的建筑文化遗产（图 6-25）。

图 6-25 临县孙家沟村外观

3. 院的物质功能与空间属性

晋西长期地处动荡不安的地带，住宅的防卫功能被一再强调。在这种情况下，房屋的外墙或围墙被看作是求得安全的必不可少的手段，门窗并不是可以在周边的外墙上随意开启的，因而担任采光通风的任务，不得不由院落来承担。由此来看，院落的物质功能首先是满足了各房间通风采光的需要。

其次，院落在日常生活中还扮演着多职能的角色，是体现人们和乐精神的物质场所。院落容纳了日常生活的各项内容，诸如节日喜庆、婚丧嫁娶、接客待友、常务息作、敬神拜祖、饮食起居等各种活动，必当是在院落中进行（图 6-26）。

此外，从生态的意义上来说，生态环境必需的阳光、空气、绿化和水等要素在院落中都有相应的考虑，从而使居住建筑对于所在地区的气候条件具有很强的自我调节功能。一般而言，院落坐地朝天，敞口于上，承接阳光雨露、日月光华、通风纳气、抗污排秽，既给住宅带来新鲜的空气，又使地面的污物得以荡涤，从而使居住环境不断得以新陈代谢，形成良好的循环系统。不少院落自掘水井，设置明沟或

图 6-26　临县西湾村东财主院外观

图 6-27　汾西县薛家庄民居宅门之

图 6-29　汾西县薛家庄民居全貌

暗沟排水设施，巧妙地解决了院落的给排水系统。同时，绿化的配置也很讲究，院中或植果树花卉，或立葡萄架，配置石榴盆景，即便是半壁隙地，咫尺庭院，也能以几株蓝草，两三梅枝尽得春色。人们在院中休息或劳作，与之相伴的往往是莺歌燕舞、鸡犬相闻、粉蝶嬉戏、鸟语花香，一派生机盎然的自然图景。

至于说到院落的空间属性，从内与外的角度来看，它既是一个内向聚合的空间，又是一个外延开敞空间。院落之于房屋犹如图与底的关系，如果说房屋是有盖的建筑，那么院落便是无顶的建筑，相对于外部空间，院落具有“内”的意向，相对于室内空间，它便显外部空间。由此可见，在空间的划分上，院落是内与外的中间媒介，围墙的产生使房屋相对独立于外部世界，由围墙和房屋构成的院落通天接地，尽管围合如井，高墙如屏，却可抽风换气，遮挡高原强烈的紫外线照射和风沙的侵袭，使一家人不必走出宅门就可以享受户外生活，所以院落既区别于无限制的外部空间，又区别于完全封闭的室内空间，兼有既封闭又开敞的空间属性，具有强烈的领域感（图 6-27 至图 6-29）。

图 6-28　汾西县薛家庄民居宅门之二

三 晋西民居建筑形态分析

在晋西，无论是居住建筑抑或是公共建筑，虽然性质不同，用途殊异，但在建筑形态上，却体现着近乎一致的格局与模式。不难想见，无论是何种建筑，其形态的选择与定型，并非出于偶然，而是由于当地特有的自然条件与社会文化意识共同作用的结果。事实上，形态的构成的确是一个复杂的有机体系，是由诸多相互关联的视觉要素综合而成的统一整体。就建筑形态而言，其形态的表达依据于形态的表现因素（如立足耸立方式、墙面虚实变化、质感形状色彩、空间布局模式等等）。而其形态的变化，则取决于形态的影响因素（如地形、地貌、气候、日照、技术手段、习俗行为、社会文化意识、艺术审美心理等等）。由此看来，晋西民居形态的构成，既有局部的因素，也有整体的因素；既有形而上的因素（隐形因素），也有形而下的因素（显形因素）。因此，对于晋西民居形态的研究，只有将其纳入到立体的、综合的、多方位的时空构造中，才能从宏观上把握其整体结构的深层内涵。基于这种认识，此部分将从晋西民居的空间形态、构造形态以及视觉形态诸方面，结合晋西自然与人文环境，以自然条件为背景，以社会文化意识为线索对晋西民居进行综合的、全方位的审视与剖析，试图从深层结构上揭示晋西民居的形态特征及其发展和演变的轨迹。

图 6-30　方山张家塔村赵氏民居鸟瞰

1. 气候条件、信仰习俗与晋西民居的空间形态

建筑的空间形态体现着空间的闭合程度、延度与广度，以及空间的组织方式、秩序与层次等等（图 6-30）。显而易见，它与特定地区的气候条件以及当地人们信仰习俗是分不开的。在谈到晋西民居的空间形态时，有一个中心的概念，就是空间观念。从空间观念可以推至空间形式，通过空间形式我们可以察知生活方式与营构行为。反之亦然。

图 6-31　汾西县道荣村阎家宅院正房

（1）内向的空间观

提起晋西，人们马上就会想到散布于千里黄土高坡上的窑洞建筑。生活在窑洞里的人们似乎处于一种极度宁静的状态，而且与外界也没有任何强烈的联系。洞穴是人类最早选择的一种居住方式，但虽经沧海桑田，却能风采依旧，这不能不说是一种固有的空间观念使然。晋西地处黄土高原，春季气候多变，风沙较多；冬季寒冷少雪，空气干燥；夏季炎热，冬季严寒，昼夜温差悬殊。面对这种极端严酷的自然气候条件，尽量减少外界的影响以保持自身的能量平衡可以说是一种明智的策略。这种“内向封闭”式的防热御寒方式反映在建筑的空间形态上，自然地形成了内向的空间观。从任何一处窑洞建筑中我们都能看到这一特点（图 6–31）。

窑洞建筑的内向空间观往往表现在两个空间层次上：一方面是绝对封闭，一般都用 80~100 厘米的生土墙或掩土砖墙做成厚实的墙体，屋顶拱券结构，覆以较厚的土层。开窗较少，通常只在一面开窗，以隔绝内外气流的循环，保持室内的绝对恒温恒湿。另一方面是相对封闭，即所有窑洞或瓦房都朝向一个封闭的内院，门窗朝内院开，外墙几乎全是实体（图 6–32，图 6–33）。由于封闭的内院既防风又隔热，有一个相对稳定的小气候，因此它也是人们的生活起居中心，具有客厅的功能。从

图 6-32　方山张家塔村赵氏民居院落

图 6-33　临县西湾村民居外墙

图 6-34　方山张家塔村民居院落

温度曲线中，我们可以清楚地看到内向型空间在隔热防寒方面的优越性。同时，内向的空间观还反映在建筑的装饰上，许多窑洞建筑，外观粗犷简朴、其貌不扬，内院和室内的装饰却非常精彩，不仅有艳丽的炕围画，还有雕刻精美的栏杆、柱头和檐口等。此外，内向的空间观也是当地人们鬼神信仰的反映。通常，信仰鬼神的人们往往以光明（内）与黑暗（外）、神（内）与鬼（外）区分内外，在心理上形成了天堂、人间、地府的内外空间层次，体现内向的空间观念（图 6-34，图 6-35）。

图 6-35　方山张家塔村民居院门

图 6-37　方山张家塔村过街楼

图 6-36　临县西湾村过街楼

（2）模糊空间

一般称半室内、半室外、半封闭、半开敞、半私密、半公共的中介空间为模糊空间或“灰空间”。这种空间既是室内外空间的过渡空间；也可形成不断变化的阴影区成为人们休息乘凉的场所；同时也丰富了空间的层次变化。在晋西民居的模糊空间中，类型丰富，形式多样，不仅在个体建筑中存在，而且也在街道空间中存在，但归纳来讲，又可概括为五种形式：一是独立的室外模糊空间，如在院内搭设葡萄架；二是外廊式模糊空间，如在窑洞前部加建廊厦；三是挑檐式模糊空间，如在窑洞的洞口上部筑有连续的挑檐；四是利用楼梯所在的部位形成模糊的空间；五是利用过街楼形成模糊空间，其下部作为街坊邻里的交往活动场所。这些模糊空间，虽然它们的造型各有不同，但其目的都是为了获得一个阴影覆盖的半室外空间，而且也丰富了空间的景观层次（图 6-36，图 6-37）。

（3）屋顶空间

屋顶的空间意义原本在于它的遮蔽功能，但就晋西民居而言，屋顶却是最为重要的空间场所。一般的生土窑洞，屋顶厚达数米，“洞顶为田，洞中为室”，不仅扩展了耕地面积，而且保持了土壤中的水分，使居于窑洞中的人们倍感清凉爽快之意。若是砖石砌筑的锢窑，则把屋面全都硬化，筑以高高的女儿墙、风水壁或吉星楼，既满足了居住的信仰要求，又形成了“无顶的建筑”，具有晾晒积谷、聚会交往、乘风纳凉等多种使用功能。特别是对于那些窑上建房的居住建筑来讲，则往往以高低错落的台阶把处于不同标高的屋顶连结为一个四通八达的有机整体，从而在竖向上形成了立体交叉的空间格局，不仅丰富了建筑的群体景观，而且也使得有限的空间物尽其用。此外，屋顶空间的充分利用既增加了人们户外活动的场所和机会，也缓解了山区用地紧张的矛盾（图 6-38 至图 6-40）。

图 6-38　晋西民居屋顶之一

图 6-39　晋西民居屋顶之二

图 6-40　晋西村落形态

（4）利用火炕划分室内空间

晋西自然气候的特点之一就是温度的季节性差异较大，既有炎热的盛夏三伏，也有冰封的数九寒天。在这种既炎热又寒冷的自然气候条件下，居室只有具备既能降温又能升温的技术手段，才能适应气温大幅度的变化。由于窑洞墙壁浑厚，传导缓慢，可减少采暖或降温措施，因而在生产力不发达的情况下，它的确是对当地气候条件具有较强的适应性。据测量，窑洞在没有采暖措施的情况下，温度可保持在10℃~22℃之间，相对湿度为30%~75%，说明窑洞的隔热保温性能是非常显著的。除此之外，利用火炕作为升温或降温的技术措施，可以说是为适应这种既炎热又寒冷的地区气候，应运而生的一种独创。通常，火炕与炉灶连为一体，并有烟道相通。升火时常有热气流通过火炕，而在熄火后则有冷气流通过，由此便造成了窑洞冬暖夏凉的效果。但由于火炕占据了窑洞三分之一的空间，显然，它也制约了窑洞室内空间的灵活性，从而造成了以火炕为中心划分室内空间的布局模式。由此我们也可以看到由于气候条件的不同而造成空间差异的深刻痕迹（图6-41）。

图6-41　利用火炕划分空间

图 6-42　院落影壁上的神龛

（5）神性空间

晋西民居与其说是人的空间，倒不如说是神的空间。一般的内院常以“香台”为中心展开布置。所谓“香台”就是修在院子中央，用砖或石头垒砌的长方形露台，高低不等，一般高度为 1 米左右，平常上面什么东西都不能放，特别忌讳放置废物、赃物，要打扫得干干净净，逢年过节时，人们对其顶礼膜拜，用以祭祀天地。不仅如此，而且对于门神、土地神、灶神等诸位神灵也有安排。此外，房屋的建造还充满各种禁忌和仪式，动工前要面向测定的神祇方向举行“破土”仪式。大至建房，小至建灶砌火炕都得择日而行。房屋建成后要举行“上梁”仪式。房屋或窑洞的基地忌“四正”，适“四隅”。院门忌与室门相对，地形忌前宽后窄棺材形，一隅突出刀把形。当院门必须与室门相对时，需修仪门或影壁。而且窑洞或房屋的间数最忌“四”间，认为“四”是鬼的喜数。不难看出，信仰习俗不仅支配着人的思想与行为，而且对空间形态的影响作用也是非常深刻的（图 6-42）。

2. 自然资源、建造技术与晋西民居的构造形态

建筑的构造形态包括建筑材料的选择，建筑结构的形式以及构筑的技术手段。显而易见，它与特定地区的自然环境所能提供的取材范围，以及所在地区的技术背景有着血肉相依的联系。特别是在人类的初始阶段，交通与技术尚不发达，人们只能是就地取材，最大限度地发掘自然资源的潜力，从而形成了特定地区独特的构造体系。

（1）生土建筑

所谓生土建筑主要是指利用生土或未经烧制的土坯为原料，以及应用夯土技术建造的建筑物。在晋西，“挖掘黄土，穿土为窑”是十分普遍的现象。历史上，晋西很少有供建筑使用的木材，这是自然资源条件所决定的，但这不是生土建筑产生和发展的充分理由。《隰州志》云：“平地亦多垒砖为窑，山木难购，且窑中夏凉冬暖也。”可见生土建筑之所以能在晋西长期存在和发展，恐怕是与“夏凉冬暖”分不开的，我们知道生土最大的优点是导热系数小，热惰性好，对保温隔热非常有利。但生土最大的缺点是怕水，而晋西也正好具有降水量少的特点，很显然，这种气候条件对生土建筑的存在是非常有利的。此外，从黄土的分布情况来看，晋西广泛分布“离石黄土”，而“离石黄土”层位又常常分布在半山腰或山脚下，这便导致了大量靠崖型横穴居窑洞形态的产生。在晋西的临县、石楼、离石一带，生土窑洞甚至能盖到三四层，这在其他地区是难以想象的（图 6-43，图 6-44）。

图 6-43　生土建筑之一

（2）拱券结构

除了生土窑洞以外，以砖石材料构筑的锢窑也是晋西地区广为分布的一种建筑形态。在形式上，它明显地借鉴了生土窑洞，可分为尖拱、抛物线拱和半圆拱 3 种类型。在结构上，它也与生土窑洞颇为相似地形成了由拱券肩剪力来控制的独特的结构体系。但与罗马、哥特建筑的拱券结构相比较，则又大相径庭，这主要是由于地理条件制约了建筑材料的选择，进而也制约了结构形式的发展。前者是以生土和土坯为基础发展起来的拱券结构体系，使用的材料强度低、整体性差，所以产生了连续承重墙和厚重的拱顶并在此基础上演化出十字拱、半拱等独特的拱券形式。而后者则是以混凝土、石头为基础发展起来的拱券结构体系，无论是在强度、整体性方面还是在可塑性方面，都远远优于土坯和砖。从以上的对比中，我们可以清楚地看到由于地方材料的不同而导致构造形态的差异也是显而易见的（图 6-45）。

图 6-44　生土建筑之二

图 6-45　拱券窑洞

图 6-46　木柱廊厦之一

图 6-47　木柱廊厦之二

（3）木材的有限使用

在晋西民居中，木材常用于门窗、挑檐、柱廊等部位，虽然也有一些单独建造的木构瓦房，但在用材的制度上，却并非严格遵守“法式”或“则例”中所规定的形制和标准，常常是比正规的木构建筑略小一分。若是柱子，则给人以细高的感觉，若是椽子，则也是参差不齐，规格不一。显然，这无不都是由于当地木材匮乏而造成的结果。但如果从另外一个角度上来看，则也正是由于这个原因，才使得晋西民居少了太多的限制，更具风土特色（图 6-46，图 6-47）。

48　49　53
51　50　52

图 6-48　叠涩挑檐
图 6-49　石板挑檐
图 6-50　雨棚式挑檐之一
图 6-51　雨棚式挑檐之二
图 6-52　木结构挑檐之一
图 6-53　木结构挑檐之二

（4）细部构造

晋西地处多山地区，多山导致的交通不便严重地阻碍了人们的广泛交往，不仅县与县之间，甚至一座山或一条河流的两边，人们的语言、风格就有很大的不同。体现在晋西民居中，纵然都是窑洞建筑，但也还是略有小异之处的，特别是在建筑的细部构造中，表现得尤为鲜明。以同是窑洞的挑檐为例，便有如下几种类型：

①叠砖、砌石挑檐，又称檐牙。分布于煤炭资源丰富、烧砖容易的山川谷地，如汾西、柳林、离石等地（图6–48）。

②石板挑檐。分布于沿黄河、湫水河一线盛产板石的地区，如临县、石楼、方山等地（图6–49）。

③雨棚式挑檐。这种挑檐伸出较多，常有柱子支撑，分布地区广泛，但主要是以家境殷实的有钱人家为主，在较为考究的宅院中常被用作回廊或厦窑（图6–50，图6–51）。

④木结构挑檐。这种挑檐以木制的梁承重，出檐较浅，与雨棚式挑檐有所不同的是大多数使用斜撑承重（图6–52，图6–53）。

图 6-54　依山就坡而建的村落之一

（5）立足方式

晋西民居往往依山就坡而建，由于其所处地段地形坡度不同，从而也形成了截然不同的构造形态，这集中体现在建筑的立足方式上。在坡度较缓的山地条件下，建筑多依附于地形。或填挖结合形成台地，然后在平整的台地上布置建筑；或垒土填石，提高勒脚，缓解地面的高差；或结合高差，形成错层，适应山地的自然倾斜。其建筑布局多以水平伸展为主。而在山势坡度较陡的山地环境中，建筑的构造形态也是异彩纷呈。有的分层筑台，参差错落；有的紧贴地表，形成掉层；有的则是使建筑底面与地表脱开，并在楼层形成悬挑。建筑布局随形就势，多以竖向组合为主（图 6-54，图 6-55）。

图 6-55　依山就坡而建的村落之二

图 6-56 粗犷豪放的外观形象

3. 环境景观、审美意识与晋西民居的视觉形态

虽然建筑的空间形态和构造形态已经大部分地限定了建筑的视觉形态，但既然建筑是一种文化现象，它就不能不受到人的情感与心智方面的影响，而人的情感和心智又是来自特定的自然环境和社会生活的。由此看来，特定地区的环境景观和生活方式往往是艺术的源泉，是创作的源泉，是美的源泉。这不仅使得特定环境下的建筑形态呈现出与当地人们的审美标准相一致的视觉形态，而且也呈现出更加鲜明的地域性特征。

（1）粗犷豪放的外观形象

晋西民居的内在秩序和场所意义体现在“风土”这两个字上。风土是有地域性的，就晋西的“风土意象”而言，一是体现在黄河的豪放；二是体现在黄土的粗犷。其环境景观呈现出一种界限分明，肯定而又强烈的美，它与清山秀水、烟雨蒙蒙的南方景色形成了鲜明的对照。晋西民居便是与其“风土意象”协调一致的有机建筑，因为它们的确是从一种特定的环境中生长出来的。首先，它必须用黄土地的一部分作为建筑材料，不论是从质感上还是从色彩上都必须与环境十分协调。其次，由于采取了内向封闭的空间形态，也使建筑呈现出粗犷、浑厚、古朴的特点，与自然环境景观有机地融为一体。即使是那些细致精微的宅门、女儿墙，也不失墩厚、古朴之感。让人不能设想，如果把粉墙黛瓦、轻盈秀丽的南方建筑安置在晋西的崇山峻岭中，将会是什么样子。更不能设想，雄浑厚重的窑洞建筑会在山清水秀的南方生根发芽（图 6-56）。

图 6-57 具有剪影效果的砖墙

（2）镂空的墙与皮影、剪纸

晋西民居纵然以古朴粗犷、乡土味浓著称，但其立面的造型还是粗中有细、土中含秀的，对重点部位也很重视处理和装饰。一般而言，常在洞口的上部或女儿墙将砖墙面镂空，靠着大大小小、凸凸凹凹的雕镂图案，产生丰富的光影变化，造成了独具特色的剪影效果。这种极富表现力的装饰风格，是与晋西特有的地域文化传统分不开的。在晋西，皮影和剪纸是人们喜闻乐见的民间艺术，它们的表现方法一律采用平视构图，图案花纹有阴刻阳刻之分，刀法讲究，刻工细腻，形成了高度完美的二度空间艺术。就其造型特点而言，其表现方法与建筑物上镂空的墙面颇为相似，具有异曲同工之妙。只不过，建筑是以砖墙为材料，而皮影和剪纸则是以牛皮或彩纸为材料而已。这种在二度空间上的艺术创造不仅体现了当地人们的审美观念，而且也造成了浓郁的乡土气息和地方特色，成为晋西风土建筑不可缺少的一个组成部分（图 6-57）。

图 6-58　洞口曲线

图 6-59　花格门窗

（3）洞口曲线与花格门窗

窑洞建筑外观浑厚，“土”味十足，在均匀的砖、石墙面上，以大进大退的体块形成强烈的虚实对比，界限分明，粗犷豪放。并以柔和的拱形曲线和细密的花格门窗与刚劲挺拔的墙面形成鲜明的对照，给人以刚柔相济、互映成趣的视觉感受，从而成了晋西民居建筑最为重要的造型语言。同时，又由于门窗棂格变化自由，不拘一格，充分利用了棂条之间相互榫接拼连的可能性，而且利用了木材便于雕刻和连接的长处，所以，虽然构件的种类不多，却可构成肃穆淡雅、绚丽、活泼等不同的建筑风格。这些门窗花格非常细密，能够有效遮挡任何高度和方位的光线，适应当地气候多变的自然条件，同时它又具有很强的装饰效果。当日光照到一定角度时，受光面所表现的亮度层次较多，背光面的阴影也广厚不一，特别是从室内看去，具有当地乡土特色的精美窗饰给空间增加了无穷的趣味，使室内空间既温暖又没有压抑感，可以说它是自然、文化与建筑的完美结合（图 6-58，图 6-59）。

图 6-61　隰县上留村刘氏宅院

（4）图案与色彩

说到晋西民居的图案和色彩装饰，人们马上就会想起穿着大红棉袄和鲜绿裤子的农村媳妇。这虽然是一种着装习俗，但也反映出当地人们的审美心态。事实上，这也是与特定地区的自然环境分不开的。晋西不同于四季如春的南方，除了几处罕见的绿洲外，几乎全部是一片黄土高原，处于这样的自然环境中，无论是居住建筑还是公共建筑，乃至烘托它们环境背景的大地山川，几乎全部笼罩在褐黄色的基调之中，从而形成了极其鲜明的地方特色。在这种情况下，人们对色彩的渴望，对动植物的偏爱是合乎情理之中的，无不反映着人们返璞归真、崇尚自然的情感与心态。就晋西民居而言，由于受到当地固有建筑材料的限制，在外观上，几乎是与大自然完全融为一体，而且门窗也以黄色为主。但如果从室内的装饰来看，则不仅有色彩艳丽的炕围画，而且也有鲜红的剪纸贴饰，给人以置身于童话般世界的质朴、求真、浪漫、纯情之感。同时，如果从砖、木雕饰的图案来看，也是以动植物和人物故事为主，主题突出，造型夸张，色彩艳丽，线条简练，具有鲜明的风土特色（图 6-60，图 6-61）。

图 6-60　晋西风土景象

图 6-62 西湾村民居屋顶形式之一

图 6-64 碛口镇民居屋顶形式

图 6-63 西湾村民居屋顶形式之二

图 6-65 师家沟民居屋顶形式

（5）屋顶造型

虽然说晋西民居主要是以窑洞形态为主，但其中也有一些为数不多、却也造型独特的砖木结构建筑，这主要体现在它们的屋面形态上。这些建筑体态自由、布局随意，没有固定的“制式”限制，从而给人以大巧若拙的视觉感受。一般而言，它们的屋顶以硬山、悬山最为多见，注重屋脊的装饰，山墙变化丰富，曲线舒展柔和。特别是对于一些处于集市街巷中的“前店后宅”来说，其屋顶的造型更是丰富多姿、异彩纷呈。例如，有的采用“背靠背”的处理手法，前低后高，既照顾了前后两个方向的景观要求，又形成了高低有致，整体协调，颇具个性的建筑艺术形象。有的层叠向上，起伏变化；有的纵横交错，形随人意；还有的则是把山墙作为正面，形成有线、有面、线面结合、要素多样的视觉形态。无论是哪种式样，都达到了比较高的艺术水准（图 6–62 至图 6–65）。

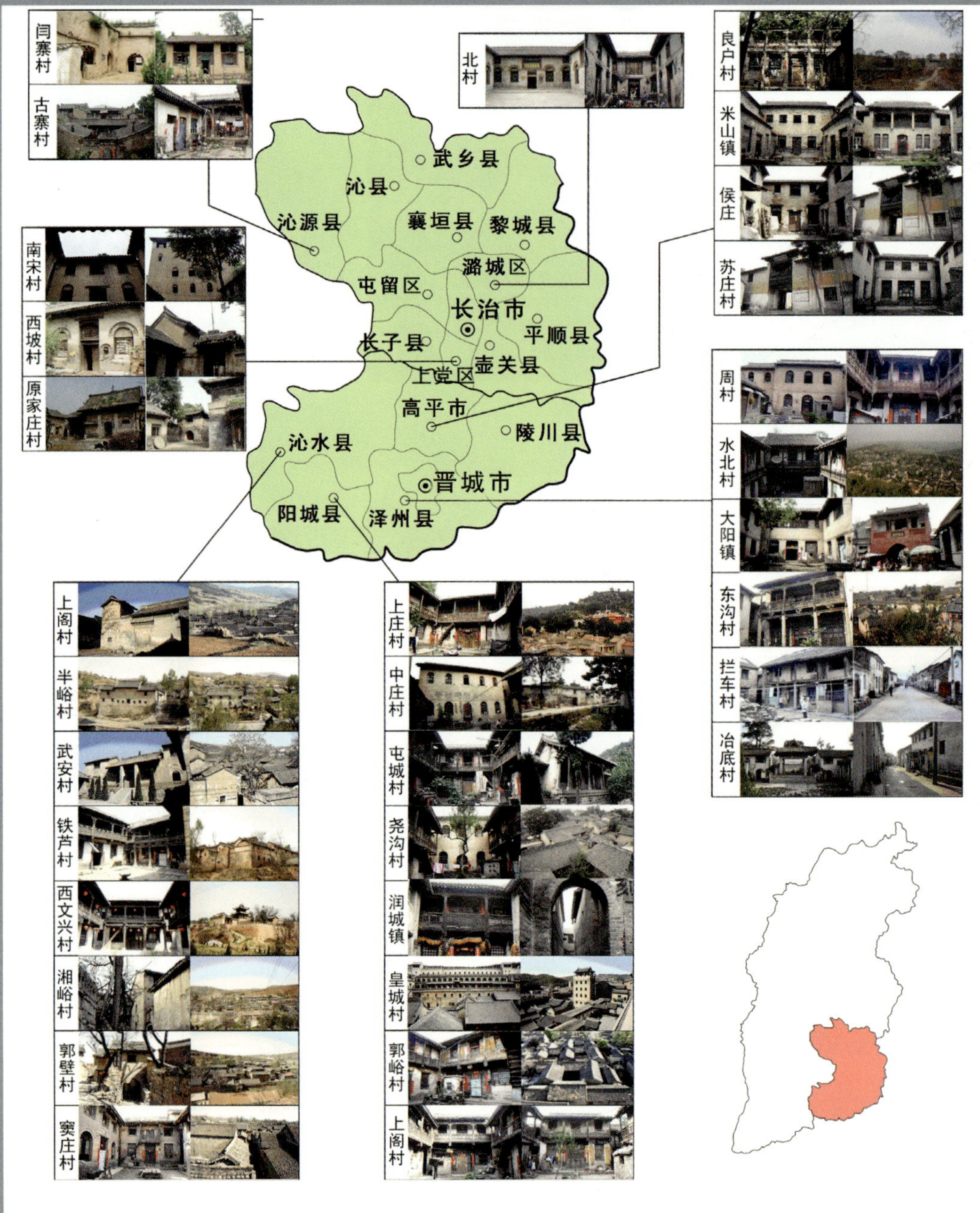

图 7-1　晋东南民居分布图

第七章 晋东南民居

图 7-3　泽州县窑掌村全景

一　晋东南地区概况

晋东南地区位于山西省东南部的太行山地带，与河北、河南接壤。该地区古称上党，主要由明清时期的潞安府和泽州府（今长治市、晋城市境域）组成。《荀子》称为“上地”。“上党”的意思，就是高处的、上面的地方，即“居太行山之巅，地形最高与天为党也”。因其地势险要，自古以来为兵家必争之地，素有“得上党可望得中原”之说。晋东南地区历史悠久，文化积淀深厚。明嘉靖二年（1523），潞城县小吏陈卿亡命家乡青羊山中，聚众起事，明廷为之震恐。直到嘉靖七年（1528），官军以10万兵力合击青羊山，才将这支农民军剿平。事后，为了加强对地限民悍的潞州实行有效管理，明廷于嘉靖八年（1529），诏升潞州为府。嘉靖皇帝赐府名为“潞安府”，赐县名为“长治县”，以祈望这里长治久安，这便是“长治”的由来。雍正六年（1728），又升泽州为府。本章所涉及的民居大都形成于明清时期（图7-1）。

1. 晋东南的地理环境

晋东南地区东倚太行山，与河北、河南两省为邻，西屏太岳山，与临汾地区接壤，南部与河南省毗邻，北部与晋中市交界。这里地形复杂，山地居多，向为太行山、太岳山所环绕，构成高原地形。境内山地、丘陵、盆地纵横交错，海拔大都在 800–1500 米之间，最高的太岳山北台顶，海拔 2453 米。中部丘陵起伏，间有盆地，通称“上党盆地”。上党盆地东有太行、南有王屋，属山地丘陵地带。境内有漳水、沁水、丹水等在山谷间流过，其中沁河发源于沁源北部，流经安泽入本境沁水县，在阳城、晋城之间出河南，注入黄河，为黄河五大支流之一。丹河发源于本境高平朱岭，经晋城出河南注入沁河，为沁河较大支流。以沁河为界，东属太行，西南为中条，西北为太岳。山区多地下泉眼和溶洞，具有喀斯特地形特征（图 7–2）。全境四周高山环绕，尤以东南部山岭更为陡峻，主要关隘有天井关、大口等。晋东南气候温和，属大陆性气候，四季分明，年均气温 11.5℃，年均降水量 550 毫米，为山西气候最为温和的地区（图 7–3）。

图 7–2 泽州县窑掌村泉井

2. 晋东南丝绸与煤铁产业

明代北方丝绸业中心是山西潞安府，这里出产的潞绸，以质地精美，闻名于世。在明代文学作品中对潞绸屡有描写，充分反映了潞绸之珍贵。潞绸的生产，原是朱元璋第21个儿子沈王就藩潞安府后，开始从地方征集数千机户所织之绸，故称潞绸。明代潞绸机户分布在长治、高平、潞州。这些机户并不赴府当班，而是在当地分造交纳，再由当地政府派员解送赴京，向工部交纳。由于潞绸机户是民居散处，分处织造，他们在劳动时间的掌握上比轮班匠和住坐匠有较多自由，除完成上供织造外，有条件从事家庭纺织，潞绸生产就由上供生产范围扩大到一般商品生产。后来由于产品质量好，受到市场的欢迎，产量日增，上供数额在产量比例中逐渐居次要地位，而为市场生产的商品跃居首位。到嘉靖、万历时，这种商品化程度发展尤为迅速，万历时达到高峰，成为全国畅销产品。

山西是我国煤炭资源最丰富和我国最早发现并利用煤炭的一个地区。入明以后，由于明政府对煤炭的开采管制较其他金属矿松弛，一般只抽税，甚至有免税的时候。明人煤炭科学技术提高，对煤种和煤质地理分布规律有了一定认识。因而明代山西煤炭生产比前代有了较快发展，并且是明代产煤最多的一个省。而山西高平“独煤甲于天下”。随着煤炭生产的发展，煤炭的商品流通也发展很快，省内地区间的煤炭贩卖，自不待言，甚至出现了由山西贩运煤到北京发卖的商人。由煤所带动，明代山西的冶铁生产，无论其规模、产量、技术都超过了以往任何朝代，成为当时中国冶铁生产最发达的地区之一。明代“晋之铁矿，随在而足”。全国范围内发现和开采的铁矿产地达232州县，其中在山西省即有19处。明洪武六年，在全国设冶铁所13个，山西即占5个，年贡铁不下200万斤。明朝的冶铁上，政府多采用由官府管理，商民进行采矿冶铁的形式，即招商承办方式。其后各朝也大都沿用这种经营方式。在清代，山西铁曾供应中国大部分地区销用。乾隆、嘉庆年间，仅潞安府荫城镇的铁货交易额，年平均即达1000余万两白银。道光年间，晋城一地即有铁炉1000余座，铸造炉400余座，产品行销全国和越南、南洋群岛等地。

图 7-4　阳城县上庄村民居牌匾

图 7-5　沁水县上阁村民居牌匾

3. 晋东南的民风

（1）耕读传家的价值取向

对“亦耕亦读”生活图景的向往和追求，是晋东南文化的重要传统之一。在传统社会中，衣食致富靠力田行商；成才扬名、作官食禄，光宗耀祖必须习字读书。因当地生活富足，仓廪实而知礼节，导致当地文风极好。在辛勤垦荒拓土立业之后，一般都十分重视子孙的学问培养。读书、学知识，明礼知事，更有利于继承祖业和持续地推进发展。晋东南人追求务农与读书相结合的生活方式，认为耕可致富，读可养性，形成了独特的耕读文化。如在许多中堂里，无论是屋顶还是屋内，柱子上的木雕十分精美，很多牌匾，供族人瞻仰，同时也意在激励族人要努力读书入仕，博取功名，光耀门楣。沁河古村镇在建筑的年代上，早于汾河中游的大院（实际上大部分为古村镇的一部分）。汾河中游的有代表性的古村镇大部分建于清朝中叶，或者是清代末期。沁河古村镇则主要兴起于明末清初。同时，汾河中游主要为平川，古村镇也相对规整。而沁河中游多山地，多依山而建，高低错落，背山面水。还有一点，汾河中游古村镇主要为商人所建，而沁河中游古村镇大多为官宦人家所建（图 7-4，图 7-5）。

图 7-6　石楼建筑群

（2）团结进取的生活信条

据明清时期的地方文献记载，这里有大量的乡民以工商为业。顺治《潞安府志》载：潞安府“古号上党，以俗勤俭，人多逐末”。这说明农业在晋东南地区并不是致富的首要条件，商业活动在地方经济和民生中占有十分重要的地位。但因为晋东南的商业活动主要为丝绸、煤、铁等非家族产业，因此社会分工合作就显得十分重要，这就形成了晋东南人民团结合作的生活信条。同时，因为具有相互不服输的精神，当地民居一般没有质量悬殊的情况发生，如晋东南地区一般住房都采用二层楼的方式，即便经济上并不宽裕，也要修建二层楼的住宅，这是这一带的民俗特点之一（图 7-6）。

图 7-7　阳城县郭峪村豫楼

（3）周密谨慎的生活态度

晋东南地区从地理位置上来看，接近中国古代的政治中心，较早就进入了繁荣兴盛的时期，村落发展比较完备严密。村落是否有坚固的寨墙，可以作为聚落建设成熟与否的重要标志。害人之心不可有，防人之心不可无，通过这样的处事心理，体现在聚落建设上则充分考虑了防守的重要作用，因此很多聚落在建设中突出了防御的功能。明代末期，官吏腐败，流寇作乱，农民起义军风起云涌。而沁河流域由于富饶肥沃，官宦之家众多，商贾云集，自然成为农民起义军与流寇劫掠的重点对象，特别是成为起义军筹措粮草的主要地方。明崇祯五年，仅郭峪一村，就被抢劫过 3 次，房屋毁坏严重，村民死伤惨重。于是不得不开始修建堡墙，增强防御，通过地道、寨墙和豫楼，三位一体形成了郭峪村严密的防御体系（图 7-7，图 7-8）。

图 7-8　阳城县郭峪村全景

图 7-9 石木结构楼房

图 7-10 土木结构楼房

二 晋东南民居的类型与布局

在晋东南地区，不管是山区还是平川，也无论贫富，民居一般均采用由楼房组成的院落形式，一层作为居室、客堂使用，二层多为储放物品的仓库，称之为“楼院”。当地有“砖包楼房狮子门”的说法，充分说明楼房是百姓理想生活的向往，表明砖木结构的楼房，是晋东南地区最主要的建筑结构形式。而在山区，砖、瓦、木的成本要比石头昂贵得多，乡民因地制宜，就地取材，利用石块作为楼房砌体，在屋顶铺设鱼鳞状石板代替瓦顶，俗称石板楼房，石头色彩不同，花纹各异，成为当地特有的石木结构建筑形式。除此之外，在晋东南的一些山区，则以窑洞或土木结构的楼房居多（图 7-9，图 7-10）。

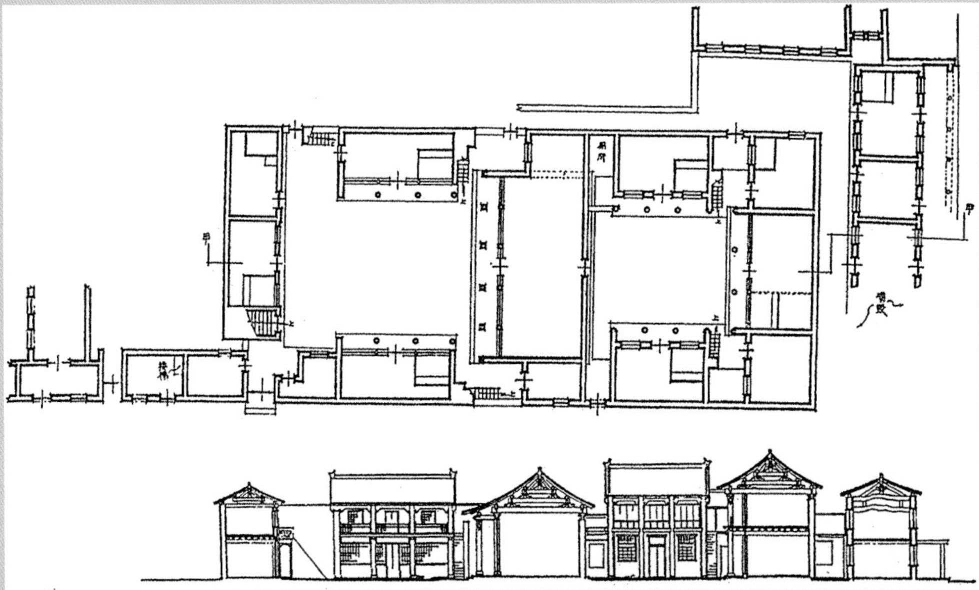

图 7-12 晋城下元巷张宅平面及剖面（《中国科学技术史·建筑卷》）

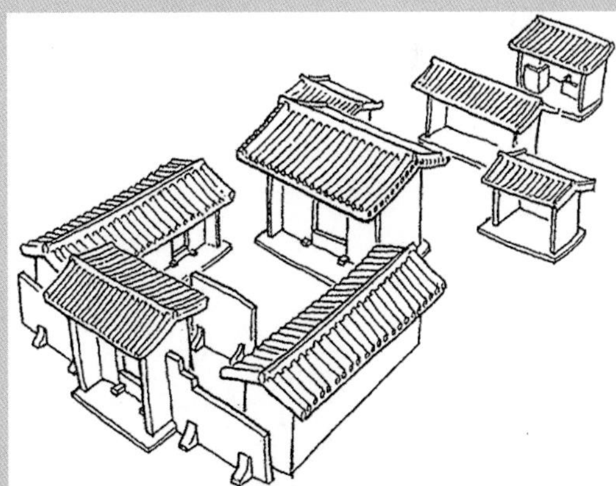

图 7-11 唐代长治王修泰墓出土明器住宅（《中国科学技术史·建筑卷》）

1. 晋东南民居的居住形式

在晋东南，由于山川阻隔、信息封闭，各地对院落的称谓、做法，有很大的不同，形成了颇具地域特色的民居布局形式。

（1）“扶主房”

晋东南境内城乡居住多为四合院。县城、集镇居民多住两滴水拱脊瓦房。有楼户不足十分之一，楼仅两层，上层存物，底层住人。一般是石块作基，基与地平，再上砌砖 5~7 层，而后用土坯垒成，以棚檩木板分隔为两层，纯砖到顶者少。四合院的形式是东、西、南、北都有楼房。南面没有楼房的院称簸箕院，特点是北房高大，另三面较低，称为“扶主房”。如果是四大四小式或四大八小式，即北房 3 间（楼上楼下 6 间），东西耳房各两间，东面厢房各 3 间，南房 3 间，两边耳房各两间，大门一般开在东南角或西南角（依街巷而定）。如果是北大门或南大门，也要另在院的东南或西南加修两门，再拐向大门，不直接通街。如果大门与街对正，还要在进门正面加修照壁。一进两院三院或几院者，除有过厅外，还要在东北角或西北角另修通门，通向后院（图 7-11，图 7-12）。

（2）窑洞

处于山区的住宅有窑、房、楼 3 种。过去丘陵山区多选背风向阳坐北面南山坡掘土挖洞而居，俗称“入山窑”。窑深 5 ~ 8 米，使用面积 15 ~ 30 平方米，可睡觉、做饭、储物兼用。窑顶可打场、晒粮。另一种是在平地上用石、砖、土坯修筑的拱式窑洞，俗称“窑”。此窑造价比入山窑高，但比修楼房低，平川较多。山区富户住宅为北面入山窑 3~5 孔，东西配以土木结构瓦房（或楼房）各 3 间，南垒街门院墙，或随房街门，院落讲究方正。贫困之家，孤窑独居，秸秆围墙。另外在城镇、平川地区，富户住有为数不多的天心院、四字院、四合头楼院、里外院。居住习俗，哥东弟西，家长居中。（图 7–13，图 7–14）。

图 7–13　沁源县闫寨村土窑

图 7–14　沁源县古寨村砖窑

图 7-15　泽州县晋庙铺镇石头房

图 7-16　泽州县窑掌村石头房

（3）石头房

在晋东南山区，土薄石厚，烧砖不易，石头成了当地特有的建筑材料，石头房成了山区重要的居住形式。石头房的建造最核心的技术问题当属石墙的砌筑。一般而言，石块砌体不用砂浆作为黏合剂，而采用干铺的做法，层层垒叠，坚固异常。由于木材的造价昂贵，乡民常常用砖垛分仓，仓内砌筑石墙，砖垛替代木柱，支撑檩子。为求美观，大户人家有的也用砖包砌外墙，以求光洁。由石头房组成的村落，俨然是石头的世界，石阶、石墙、石顶、石街、石凳、石臼，仿佛在述说着石头的故事，无不都是乡民智慧的结晶（图 7-15 至图 7-20）。

7　石砌院落

图 7-18　石楼山墙

图 7-19　石头街巷

图 7-20　石磨

（4）“簸箕院”

晋东南地区住宅多为砖木或土坯结构建筑。典型的院子为四合院。城内最讲究的是高墙砖瓦四合院，东南西北，各有 3 间两层楼房（堂屋是主房，稍高于另三面），四角上有两个小堂屋和两个小南屋（多为两间），东西屋两头各有一个厦屋。大门多在一个角上。楼上多出楼道，有 4 根木柱，连有 1 米左右高的楼梯，并雕有花厅。倘在正南开大门，大门的东西盖单层小房或只有院墙，三面高一面低，所以叫“簸箕院”（图 7–21 至图 7–24）。

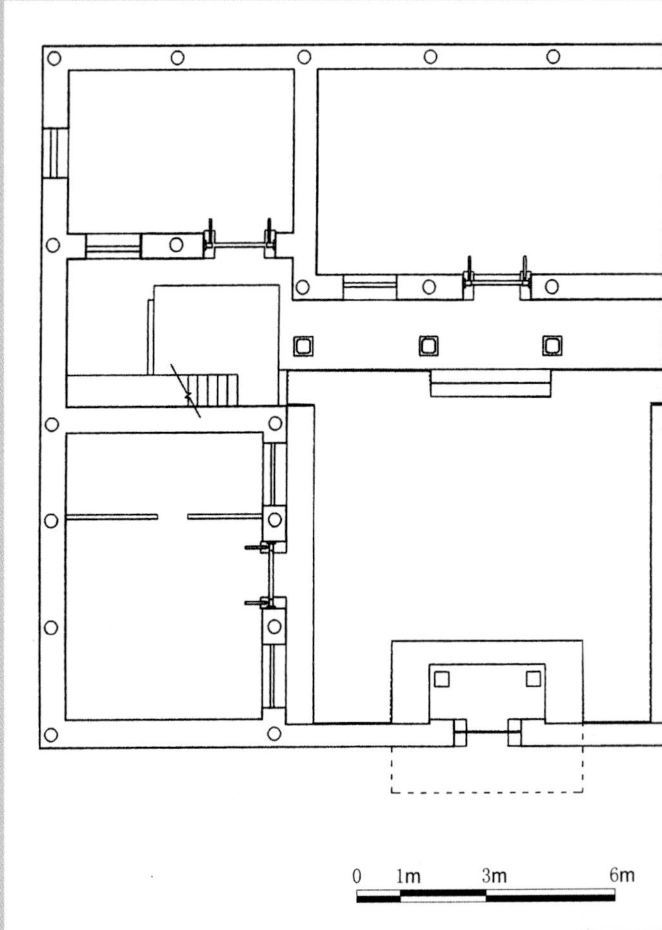

图 7–22 沁水县窦庄村慈母堂平面

图 7–21 沁水县郭壁村张宅中院立面

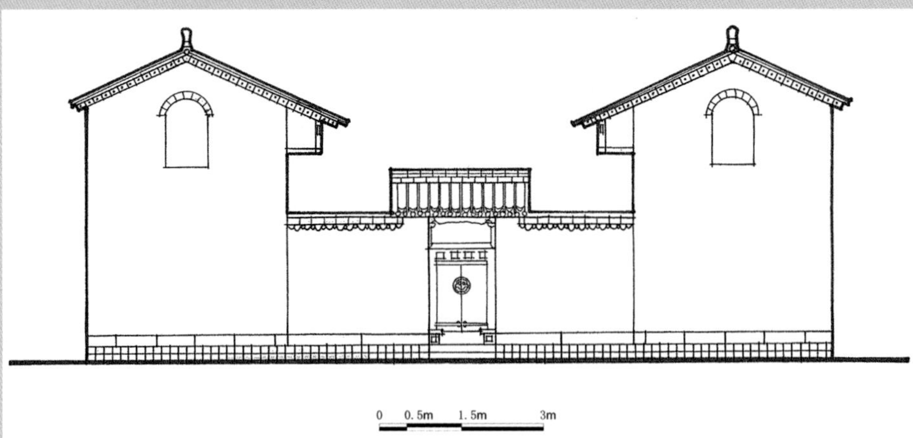

图 7–23 沁水县窦庄村慈母堂侧立面

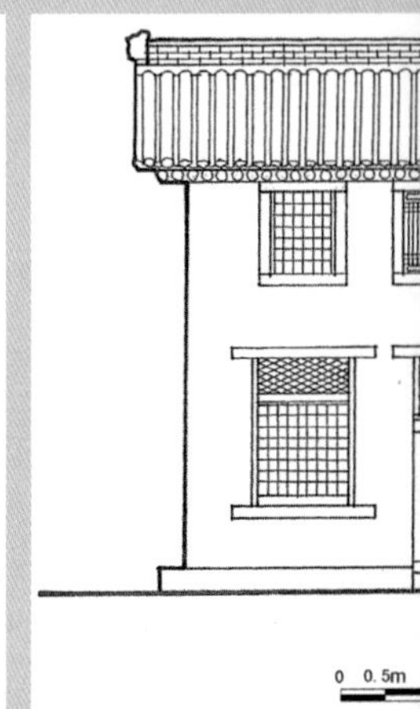

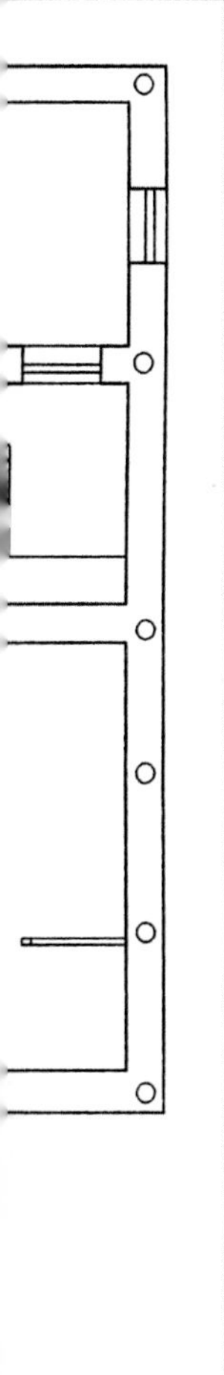

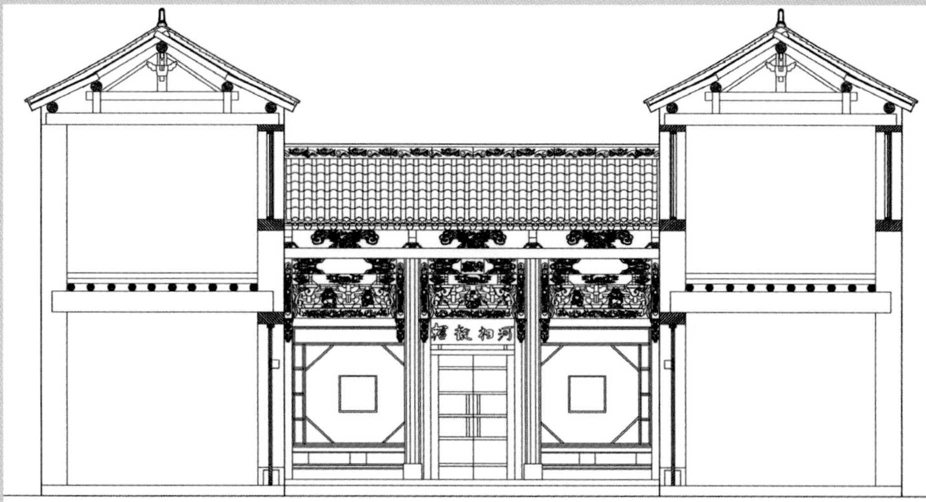

图 7-25　高平市良户村双进士院立面

（5）“八卦院”

“八卦院”是将两个三合院组成一座大四合院，在院中用墙隔为内外两院，各院全是三合院。平面如同八卦，所以称为“八卦院”。“八卦院”东西房各有两座，院形狭长，堂屋有四梁八柱，正面装有木制隔扇的，叫“厅房”。院落的大门上，一般嵌有石雕或砖雕。对着正房开大门的，里面要有照壁（一般为木制），而大门外面的照壁则常常为砖砌照壁（图 7-25）。

图 7-24　沁水县窦庄村慈母堂剖面

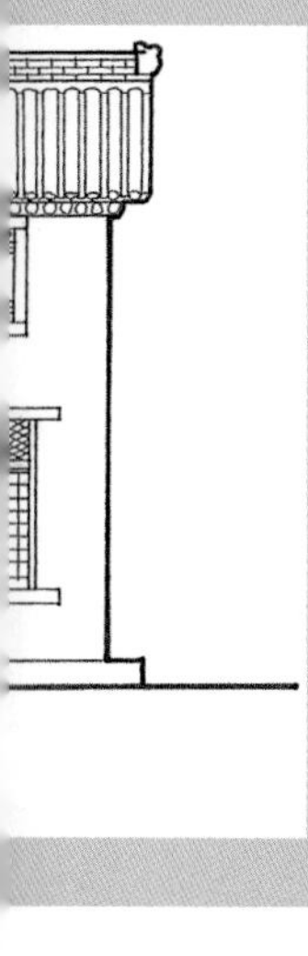

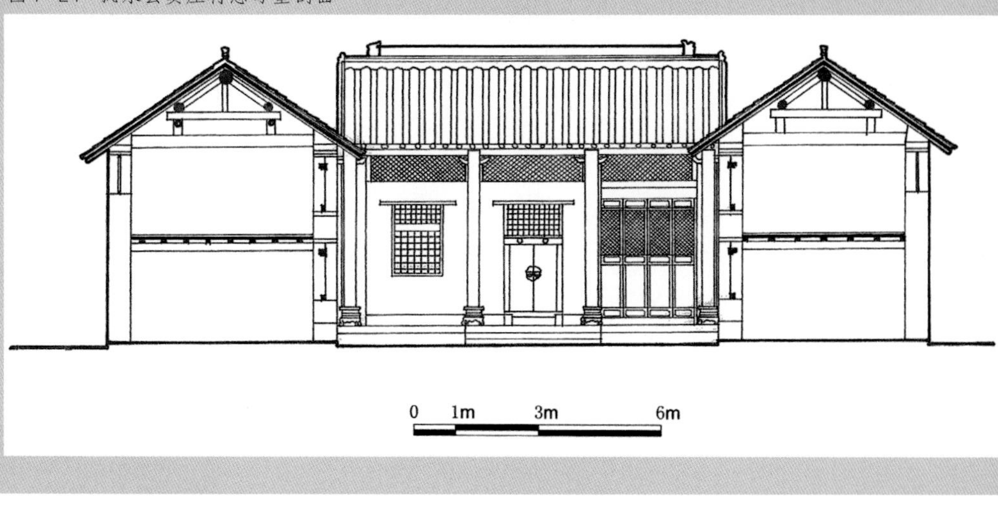

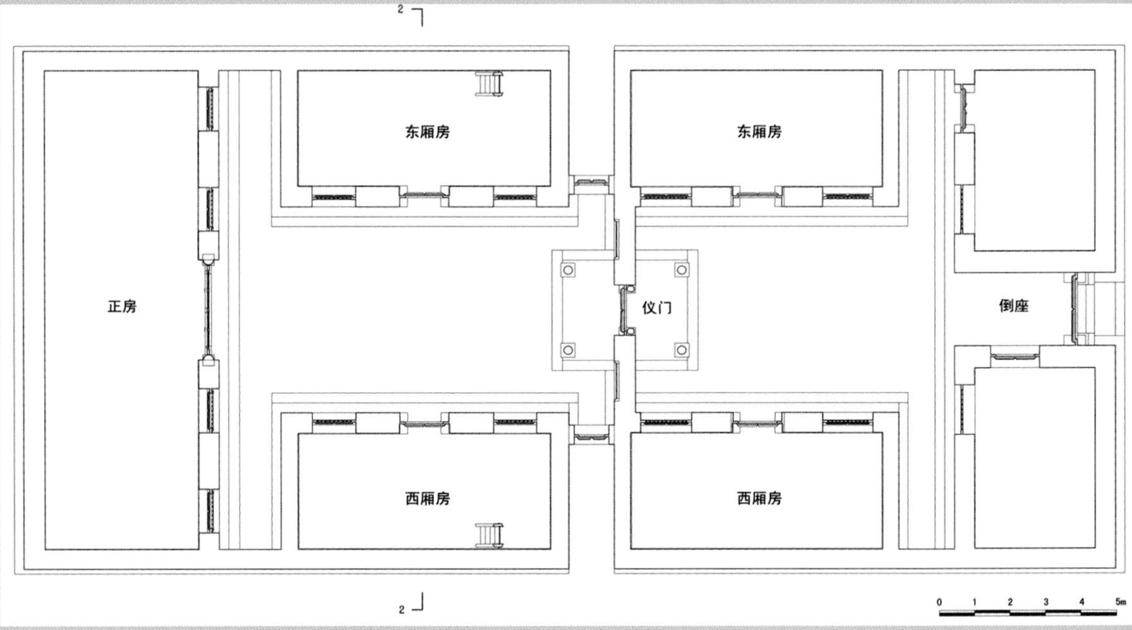

图 7-26　长治市上党区中村盐店院平面

（6）“四大八小”四合院

虽然在晋北也有“四大八小”式四合院，但晋东南的“四大八小”四合院最为普遍。“四大”即东、南、西、北四面正房各 3 间；“八小”即在院四角布置 4 个小院，各有两面房（一面三间、两间者较少，一面一间者较多）。即正房、厢房与倒座均带左右耳房的院落结构，这种组合在当地被称为“四大八小”的四合院，这是山西民居很流行的一种四合院布局形式。在晋东南的沁河流域，“四大八小”四合院民居更为普遍。这种院落一般呈方形，房屋多为两层，有时正房可以盖到 3 层以上。一般而言，房屋一层住人，二层放物。有些潮湿的地方，则是一层放物，二层住人。村落的街巷非常狭长，显得封闭、静谧、亲切，同时，通过屋顶高度的变化、墙面虚实对比以及过街楼和拱门等，增加了街道的变化（图 7-26 至图 7-28）。

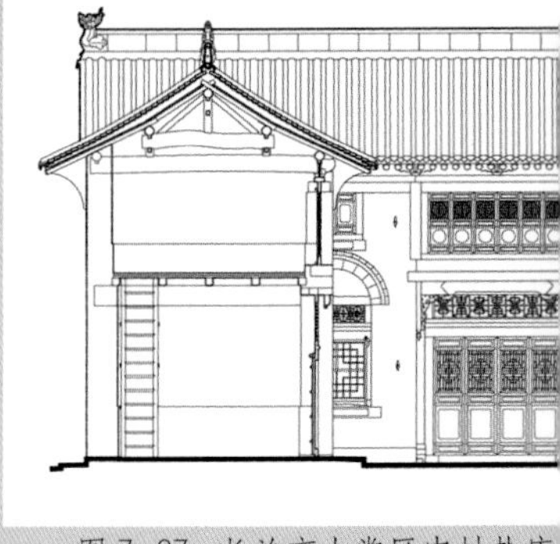

图 7-27　长治市上党区中村盐店

图 7-29 阳城县砥洎城民居院落

（7）“棋盘院”

所谓“棋盘院”是指由两个三合院组成的一座大四合院，在院子的中间不是设有厅房或腰墙，而是用横墙相隔，前为大门，后为正房，如同棋盘中“楚河汉界”，所以俗称“棋盘式”大院（图 7-29）。

图 7-28 长治市上党区中村盐店院纵剖面

图 7-30　阳城县砥洎城藏兵洞

（8）城堡式民居

沁河流域古村镇最突出的一个特点就是防御性特别强，大部分古村镇有堡墙、高楼（又称望月楼、御楼等）、看家楼（又名风水楼），街道布局经常采用“丁”字形。这些做法主要出于军事防御的目的。古堡的修建方式，主要有两种，一种类型是家族式的，就是巨商或官宦之家，为了保卫自己家族的利益，修建古堡；另一种形式是聚落式的，是指整个村落集资修建，一般而言，这种村落内富殷之家较多（图 7-30）。

2. 晋东南民居的布局特征

晋东南的“楼院”民居建筑物，从建筑材料讲，可以是砖结构的，也可以是砖、坯、石结构的，还可以是砖木、土木、石木结构的，最差的也是土坯加砖和木结构建成的。

晋东南四合院式民居在布局上十分紧凑，密度较高，可能与当地人多地少有关。有些大宅院用两进院式，称为“棋盘院”或“八卦院”。民居的外墙用砖、石或土墙围护，挺拔整洁，入口多设计成内凹式门洞的两层门楼。大户人家在梁坊及雀替上雕饰花纹。结构为木结构抬梁式，门窗装修多用隔扇门槛窗。

晋东南民居院落采用独院式或几进四合院。院多方正宽大。建筑一般为 2~3 层阁楼式。而且晋东南几乎所有的民居都采用坐北朝南，即主房（一般为两层楼）置于院落的中轴线上，而厢房则排在东西两侧，围合成一个庭院，由于一般院落主房都是两层楼，故显得较其他房子宏大，这也体现出了主房的重要性。在院落中的厢房建筑，有的建成两层楼的形式，也有的是就按房来修建。一般而言，在主房的内部，于一层布置居室、客堂，而二层则基本上是用来储放物品的仓库，所以一般二层的层高较一层的层高低了许多，而且比较阴暗，只要够储放物品就可以了。不过在特殊情况下，二层也用来临时住人。入口的设置，一般根据巷道的走向而定，所以没有固定规制，但应在院落的下方。入口处一层设门，二层设门楼。门楼有的高起，有的与邻房齐平，但都与邻房贯通。穿堂大门的类型有两种，一种叫“退缝门”，装有木制木框和门额；另一种叫“平大门”，门扇直接装在墙壁后面。穿堂大门普遍建有门楼，并装有活动门槛（俗称“闸板”）（图 7-31，图 7-32）。

晋东南地区的一些农村，民居也多为两层楼房，一般都采用一明两暗的建筑格式，即一进门是客堂，进门后左右有门分开两边，这两边是居室，当然一明四暗也是一进门后左右各有两间。其院落组合由小到大可分为以下几种。

图 7-31　高平市良户村侍郎府大门

图 7-32　泽州县西黄石村杜家大院大门

图 7-33　泽州县天井关村 17 号院纵剖面

（1）独院式院落

独院式院落四面的建筑常采用三间二层，小青瓦硬山屋面。二层设有木桃通廊，四面可相互贯通。通廊由一层挑梁承托，有的在一层、二层设有通廊柱，二层阳台重量则由廊柱支承。一、二层由设于室外阳台下的木梯来联系。首层层高一般比二层高。首层装饰简素，二层檐下柱两旁施一跳斗拱，以支撑上部的额枋，有的额枋端部雕刻有云头等纹样。阳台栏板、栏杆用木制做，有素面栏板、直棱栏杆及木条花格栏板等形式。屋顶多用仰伏板瓦铺砌，少用筒瓦（图 7-33，图 7-34）。

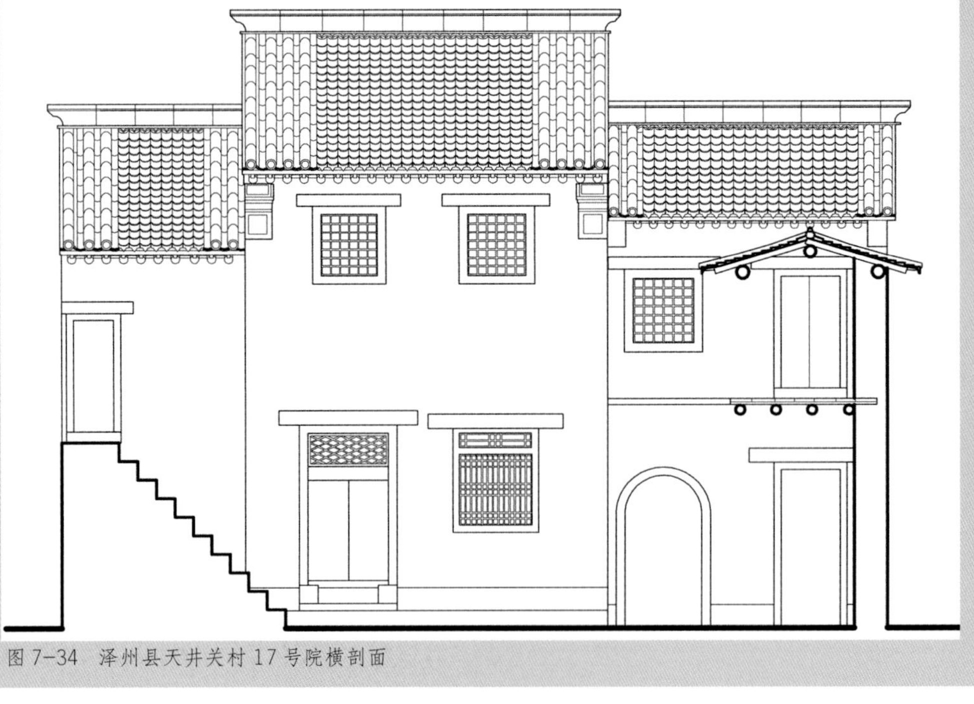

图 7-34　泽州县天井关村 17 号院横剖面

（2）多进院落

多进院落建筑形制与独院式院落大同小异。院落由垂花门或过厅分隔。过厅间数较其他房多，采用单数开间。由过厅后墙正中辟门通向后院，或在过厅与外围墙间的腰墙上辟门。过厅多为单层两坡顶，屋顶上也为仰伏板瓦铺砌（图 7-35）。

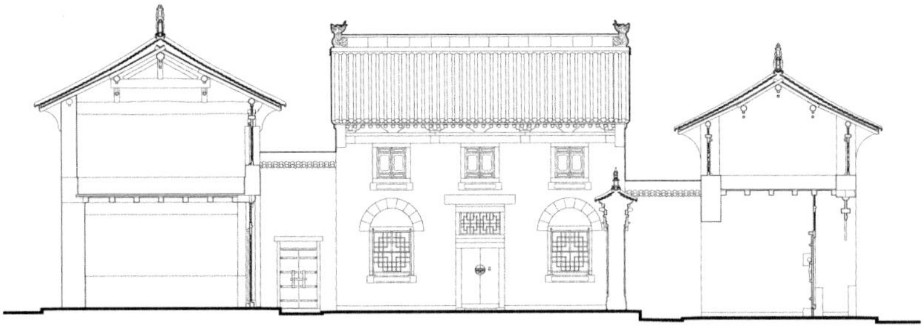

图 7-35　长治市上党区中村内宅中院剖面

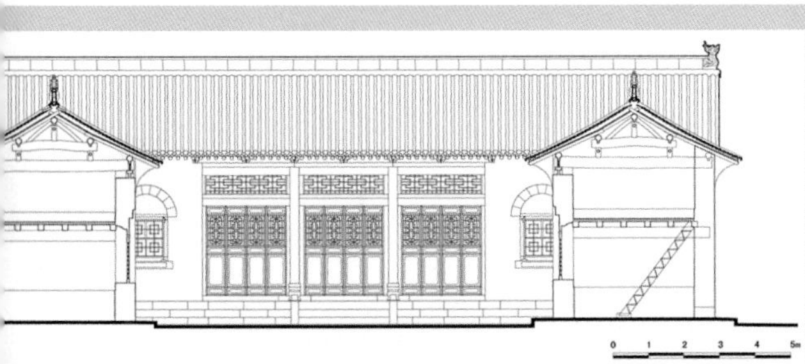

图 7-36　长治市上党区中村内宅东院横剖面之一

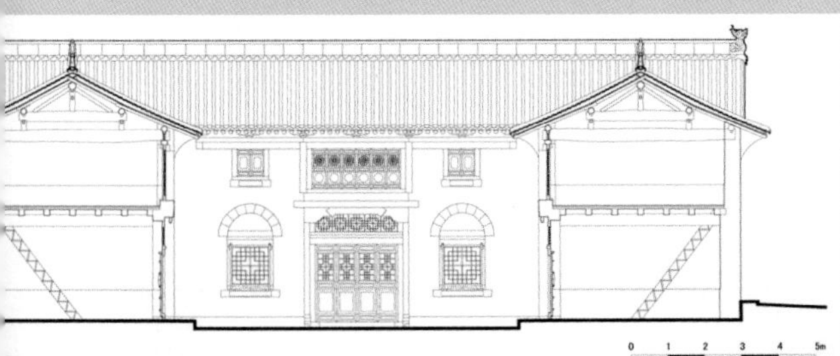

图 7-37　长治市上党区中村内宅东院横剖面之二

（3）多组合院落

所谓多组合院落，是指合院民居横向联合或纵向扩展形成了多样的组合形式。由单元式的院落与长巷道、花园相连形成群落建筑。这种通过院落沿轴线纵向扩展成的几进院落，造成一种“庭院深深深几许”的空间效果，并通过轴线上院落形状和尺度的变化表达建筑空间的内外主次（图 7-36 至图 7-38）。

图 7-38　长治市上党区中村内宅东院纵剖面

3. 晋东南民居的地域特征

在晋东南的长治地区，乡民的居住以容身为主，舒适为辅，不求庄严辉煌，崇尚坚固质朴。平民住宅多是平房矮房，土窑土楼，宅院狭窄。如在沁县，山村土窑洞占 80% 左右，近石山居民多修石窑。平民四合院的特点之一是比较拥挤，多数宅院跨度不过 15 米左右。院落普遍狭窄，宅院结构比较严密，四周由各座房屋的墙体所封闭。有的庭院中间建有两道门，俗称“仪门”（图 7-39）。大门有正开，有偏开，有的农家宅院开有小后门。平民四合院的另一特点是主房突出，左右配房的檐头、屋深、间架等都小于主房，但与主房相对的配房可以与主房的规格相同。左侧配房的规模要小于右侧配房。富商之家，楼台厅阁，亭榭水池，四周围墙，一块砖包。“五裹三”“七裹三”的四合楼院，一进三串院，

图 7-39　长治市上党区南宋村民居仪门

图 7-40　长治市潞城区北村民居内院

图 7-41　长治市潞城区北村民居厢房

图 7-42　长治市上党区南宋村民居内院

图 7-43 墀头之一

图 7-44 墀头之二

图 7-45 土地堂之一

图 7-46 土地堂之二

图 7-47 窗饰之一

图 7-48 窗饰之二

露明柱、明八仙、暗八仙、猫头滴水、通瓦五脊六兽，为上等宅院，但为数较少。这些宅院，其规模宏大，包括主院、偏院、书房院、牛屋院、花园等。有的在主房后面还建有一排后罩房。主院都是采用四合院的布局方式建造的，不同的只是院落比较宽阔（图 7-40 至图 7-42）。如在长子县的富人宅院，其格局多为四合院，纵轴线有南北方向的，也有东西方向的。大门普遍开在前面，有正开的，有偏开的。正开大门者，迎面有独立的影壁；开偏门者，多开在宅院前右角，迎门是右侧配房的山墙，上面构筑照壁。一般而言，宅院不得向外开窗，很封闭。北房正门右方均开辟“天地神位”小窟，俗称“天地圪窑”，官宦富豪人家多住穿心院、过庭院、偏正套院，所以建造的组群住宅规模较大。一般农户宅院则不那么讲究，有主配房各 3 间的“三三院”或主配房三合院。厕所一般建在宅院外面或院内西南角。砖瓦楼的外观檐头较高，约 5 米以上。通常以石砌基，砖砌墙壁，屋顶砌有中脊与边脊计 5 条，房顶盖普瓦，脊扣筒瓦。在一些以窑居为主的山区，窑洞天窗顶上留一孔，用以对流空气，门坎下也留一孔，俗称“猫道”（图 7-43 至图 7-48）。

晋城地区的民居，以砖木结构或土木结构的两层三间楼房居多，土窑次之，还有的是砖石窑洞和砌石板房。建筑的形式规模，富有者有四合院或簸箕形两进、三进，甚至棋盘之院、“田”字形四院，均以两至数层楼房为主房。普通人家的室内用墙壁分隔空间，富者则以大柜代壁，名曰“壁间柜”，一间为内室，两间为客室。四合院四周房屋，包括耳房在内一般都为上下两层，在东西厢房的北面山墙外各设有露天砖筑楼梯登上二层，二层四周房屋都开门可相互通行。厨房常设在耳房内，厕所设在宅院的一个角房内，但厕所的地坑口都在院外。二楼上各房间皆有门可来往通行，按古代生活习惯，似不宜于作主要卧房，而作贮粮贮物等杂用。“四大八小”的四合院，院子里铺砌着整齐的石板，中心位置有一块砖铺的地面，露出的土地面，不种花木。在住宅院子里留出了一小块土地以表示对黄土地养育万物之恩的崇敬（图 7–49 至图 7–52）。

图 7–49　泽州县石淙头村鸟瞰

50
51
52

图 7-50　泽州县石淙头村潘家大院

图 7-51　泽州县石淙头村潘宅内院

图 7-52　泽州县西黄石村杜宅内院

图 7-53 屋脊之一

图 7-54 屋脊之二

4. 晋东南民居的建筑造型

晋东南为暖温带半湿润气候区，雨量充沛，温度高，当地民居屋顶为坡顶板瓦屋面，以利排水。有的在一层、二层设有通廊柱，二层设木挑廊，以防雨水。楼阁式建筑很好地适应了当地雨多、潮湿的气候特征。明清之际，由于受等级制度的制约，屋脊样式是区分尊卑的重要标志。普通瓦房的屋顶有悬山式和硬山式两种，屋脊的造型主要有三种，即皮条脊、罗汉脊和花脊。皮条脊是在屋脊上平砌一层砖，再交错扣砌一层瓦构成（图 7-53 至图 7-55）。

晋东南民居地基用地方正，每边 3 间，形成正方形院落，另外在每边房屋的两侧各建 2 间耳房，正房、倒座房两侧也各有 2 间耳房，形成全院四角形 4 个抱角天井，这种布局当地称为“四大八小”或“四大四小四厦口”（厦口指抱角天井）。另一特色是以楼房居多，有的楼房达 3 层，厢房倒座为 2 层，屋顶多为瓦屋面、悬山顶或硬山顶。主房屋的屋顶高出其他房屋。屋檐跳出楼道，宽为 1 ～ 1.3 米，设有栏杆，高约 1 米。楼道设置既样式别致，又行动方便。凭栏俯视院落，别有一派风光。在“四大八小”式的四合院中，楼梯的设置或一楼一梯，或两楼一梯。楼梯栏杆雕刻精美，图案极为华丽（图 7-56，图 7-57）。

图 7-55 屋脊之三

图 7-58　高平市良户村侍郎寨寨门

图 7-59　沁水县湘峪村御楼

晋城窦庄、湘峪等村还依山筑城，亦有砖木结构 5 层以上的建筑。郭壁、坪上等村，还可见到高大门楼以做标志与瞭望之用（图 7-58，图 7-59）。其房屋的装修与装饰都集中在面向院内的一面，中轴线上的房屋前面大都有檐廊。柱础、柱上的额枋、柱间的栏杆大都附有雕饰。左右厢房底层不带檐廊，但在二楼都有挑出的外廊。四周房屋的门、窗均有各式花格纹。所有这些檐廊、栏杆、门窗极大地美化了住宅内部的环境，使四合院显得既规整又富丽堂皇。正房前檐饰有精美的木装修，楼梯布置在角部的小天井或带屋顶的小屋下面。

图 7-56　木结构挑廊

图 7-57　木结构楼梯

三 晋东南民居实例

晋东南民居类型较多，空间丰富，造型优美，具有较高的技术与艺术水平，是山西民居的重要组成部分。据现有资料统计，保存较好的晋东南民居，主要集中在古上党地区的丹河流域和沁河流域。这里的民居不仅单体建筑保存完好，而且聚落格局也较为完整，具有一定的历史、科学和艺术价值。由于晋东南民居，有的被评为国家级文物保护单位，有的被评为中国历史文化名镇、名村，所以晋东南地区也就成了山西省保存传统民居最丰富的地区之一，下面择其要举例说明。

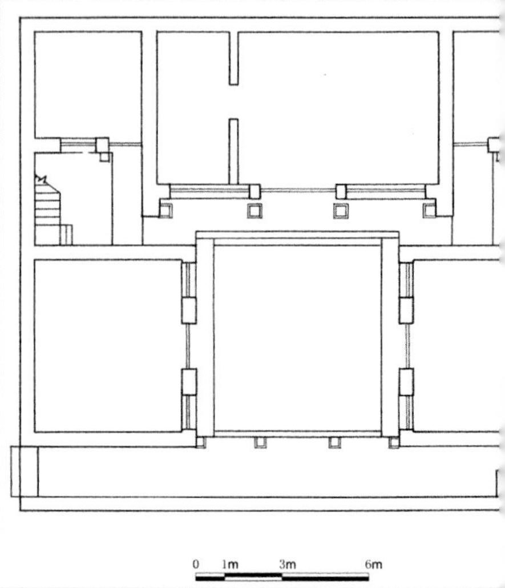

图 7-60 高平市良户村郭仕直东院一层平面

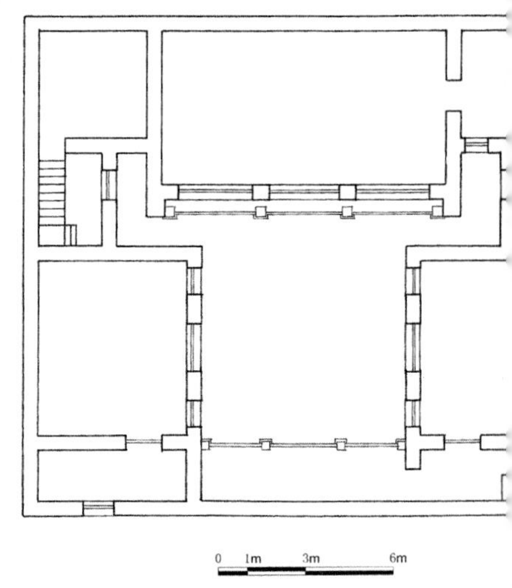

图 7-61 高平市良户村郭仕直东院二层平面

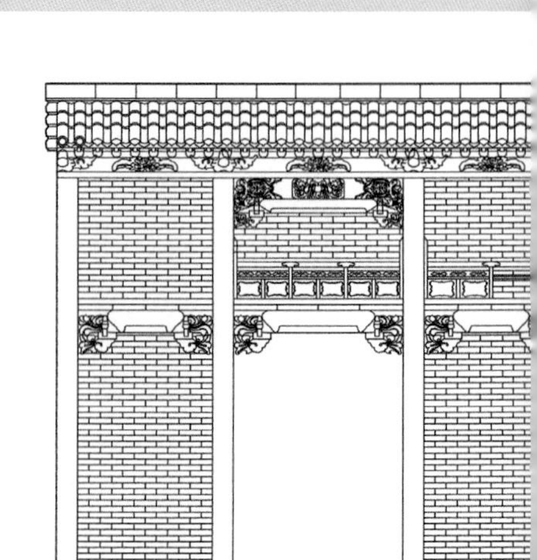
图 7-62 高平市良户村郭仕直东院门廊立面

1. 高平市良户村

良户村地处山西省高平市原村乡，是山西古上党地区西南部的咽喉。良户村现辖良户、寨上两个自然村。据最新统计，总面积约3.78平方公里，总户数505户，共1527口人。良户村东距县城17公里，与冯村接壤；西临章庄村，与著名的军事关隘、高平关空仓岭（老马岭）相连。据至元十六年（1279）《新修玉虚观记》记载，良户村的“形胜”可以描述为：“凤翅山之南，双龙岭之北，左有汤庙，右有吴神，护持福地；流水环其中，澄澈清冷，涤人烦襟。”2007年，良户村被国家公布为第三批“中国历史文化名村”。

依据当地人的言传口述，以及早年出土的宋代张崇古墓志铭可知，该村在唐宋时期业已兴盛。唐代中期，郭、田两姓家族在此建村，良户村在此时曾叫“两户”村。从宋代初年开始，陆续又有王、李、秦、赵、张、高、邵、宋、宁、苏、窦等它姓人家迁居此处，人口增加，村落扩大，到元、明时已很具规模，当时曾叫“梁村”，属于高平县都善乡蒲泉里。明清实行里甲制，当时的良户村称为通义里“梁扆”村，这可以从清康熙六年（1667）的《关帝庙创建碑》以及乾隆年间的《王氏家谱》得以佐证。清同治六年（1867），全县设30都100里，良户村属第23都通义里。宣统年间属高平县通义西里八村。民国初年废里甲制后，属三区下董峰主村。新中国成立后更名为“良户”，属原村乡，至今未改。

良户村由少数姓氏的血缘聚落，发展成为多姓血缘聚落，构成了新的聚落姓氏结构，形成一个相对清晰的古村发展历程。作为一个古老的血缘聚落，随着

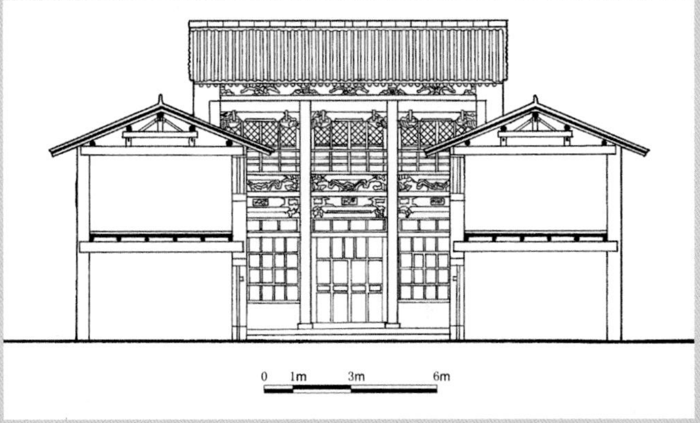

图7-63 高平市良户村郭仕直东院横剖面

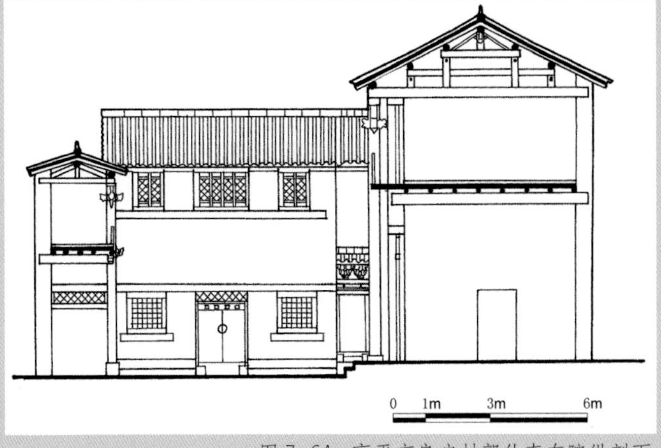

图7-64 高平市良户村郭仕直东院纵剖面

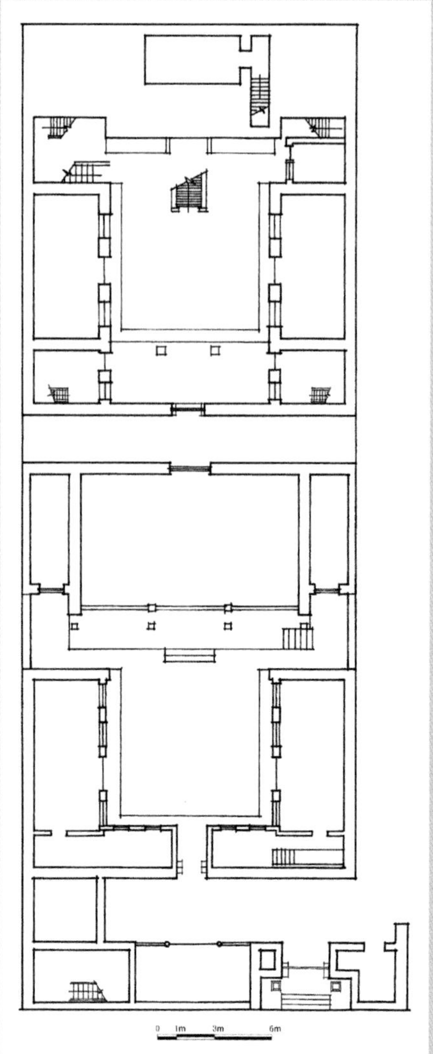

图 7-65　高平市良户村侍郎府一层平面

人口不断的迁入与发展，良户村见证了中国乡土社会的聚居方式和文化融合，是中华大地古村落的一个历史缩影。其历经千年所形成的、特有的聚落组织结构，正是中华大地农村社会变迁的活化石之一。

从聚落形态上来看，良户村形似凤凰。双进士院为其头，东西街为两翼，鸽子院后院是尾，相传在鸽子院后院旁有田家后花园，内有两排白果树围院，乃为凤凰尾翼。从聚落结构上来看，由真武庙与观音堂形成的正街是良户村的中轴线。东街、西街、太平街、后街、抱厦底街 5 条东西向的主街道，加上南北向的圪塔巷、马家圪洞、南楼圪洞等巷道编织构成了良户村的道路格局骨架。大量完整而集中的民居院落有序地排列在街巷两侧,与街巷一起构成了村落的基底形态,三官阁、白衣阁、古楼阁、观澜阁、六宅阁、圪塔阁、文昌阁、关爷阁等分别成为良户村的主要出入口和节点,是村落防御功能的重要组成部分。村落院落形制多样。最常见的是三合院，即簸箕院，没有倒座（图 7-60 至图 7-64）。也有北方典型的四合院，棋盘院和曲尺院等。

在良户村的东北方,有一高地,坐北朝南,东、

图 7-66　高平市良户村侍郎府纵剖面

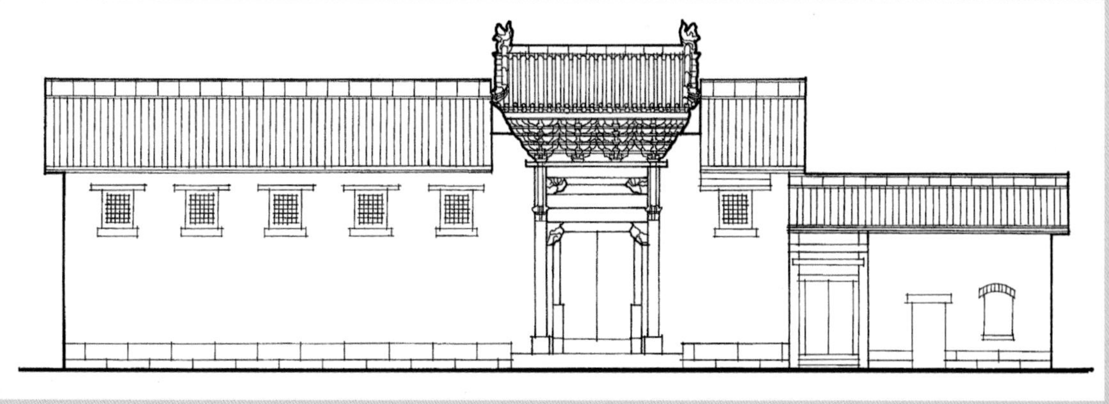

图 7-67　高平市良户村侍郎府门楼立面

西、南三面临崖，只有北面和土岗相通，地理位置极为险要，易守难攻。其上有一古寨即蟠龙寨。古寨与村本体隔河相望，河水流向寨南的天然深水池，后改造为高灌。由于生态变化，该河已枯竭，但敌楼高耸，城府巍峨，东去数十里之外遥遥望去，该寨掩映于绿树蓊郁中，隐隐然透出一股兵戈之气，气冲霄汉。蟠龙寨为明末当地名宦田驭远所建，田家为书香门第，科甲连绵，代有官员，名扬一方，田逢吉兄弟祖孙 3 人先后中进士，多人中举，其中以康熙年间的兵部侍郎、浙江巡抚田逢吉最为显赫。田逢吉之父田驭远为地方士绅，一生修建布施甚多，“建阁建峰，文风由振，修埤修橹，里姓以安”。良户村及周边村庄的公共建筑和庙宇，多为田驭远发起修建，文峰塔和盘龙寨以及附近的万寿宫都为他主持修建，蟠龙寨便是其最重要的修建之一。穿过狭窄的沟底小道，便来到蟠龙寨的西面入口，台阶十分陡峭，向上仰视，可见城墙绵亘，城楼巍峨，走近了才知这原是一个三层高的砖石高阁，其上楼阁驻兵看护，其下门洞供人畜往来，阁上所镶青石门匾，上有田驭远楷书大字“接霄汉”，形容当时阁楼之崇高威严。与“接霄汉”西

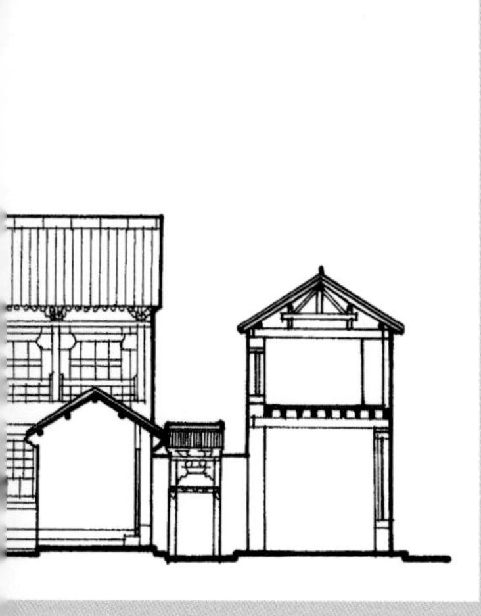

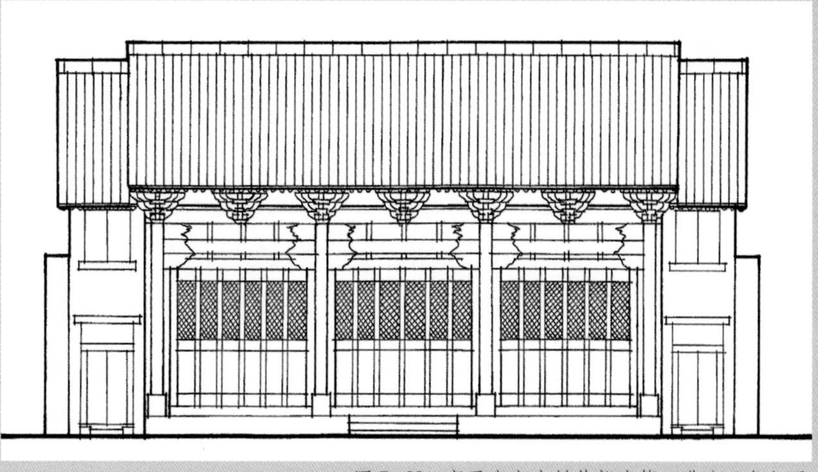

图 7-68　高平市良户村侍郎府第二进院正房立面

图 7-69　高平市良户村侍郎府厅房

敌楼相对应的是东面的敌楼，该敌楼更为高峻，应为当时之主门，其上也有青石匾额，上书三个楷书大字“蟠龙寨”，创建年代为明代中晚期，字迹漫漶不甚清。蟠龙寨的东西敌楼之间原有城墙相连，可惜在建国初期，城墙大部分被拆毁，城砖用于修筑当地的水库，只留有一些断壁残垣，还依稀可以看出当年相连的模样。城墙里包裹着的正是在高平名甲一方的侍郎府，因挂有“侍郎”匾额而得名（图 7-65 至图 7-68），以及分布在侍郎府东侧的东宅大院和西侧的西宅大院，其余还有后花园等附属建筑。由于蟠龙寨年代久远，良户村人渐渐不知其名，而习惯称其为“寨上”，寨上者，蟠龙寨也。名为“蟠龙寨”者，有很深的风水含义和历史原因。据考，田家原在良户村西大坡下小寨居住，明代田可久、田可乐、田可耘、田可贤兄弟中科举做知县后，才搬迁至东北处的寨上。由于田家书香门第，世代为官，到田驭远、田驭华、田驭贵、田驭相一辈就开始逐渐在蟠龙寨修建不少厅房大院。田氏家族现在保留有侍郎府、东宅、西宅、六宅院、七宅院、阁子院和临古居等院落 10 多座。田成则家门前有石旗杆、上马石，家中至今珍藏一大匾，上书“进士”二字，可见田氏家风，崇尚科举，广有良田，代有官员，可资读书。田氏人才辈出，家业不断扩大，至明末已成为泫西（高平古称泫氏、长平）著名地方士绅，富甲一方，官高一方（图 7-69 至图 7-72）。

图 7-70　高平市良户村侍郎府后院

图 7-71　高平市良户村侍郎府垂花门

图 7-72　高平市良户村侍郎府前院

图 7-76　阳城县上庄村望月楼后院

图 7-77　王国光像

2. 阳城县上庄村

上庄村位于阳城县东约 15 公里，村东西宽约 1400 米，南北长约 1600 米。庄河由东而西，穿村而过，进入中庄和下庄，汇入樊河。上庄村是以明代官宅为主的一处古村落，现存分布集中的传统宅院 40 余处（图 7-73 至图 7-76）。上庄，因地处中庄、下庄两庄之上游而得名。据上庄《王氏正派谱序》和《阳城县乡土志》可以推知，上庄建村至迟在元末，而明初已形成村落。上庄人崇尚文化，名人辈出，其中最著名的是王国光。王国光，字汝观，号疏庵，明朝万历年间（1573-1619）政治家，是张居正实行改革的得力助手，被世人称为“王天官”（图 7-77）。

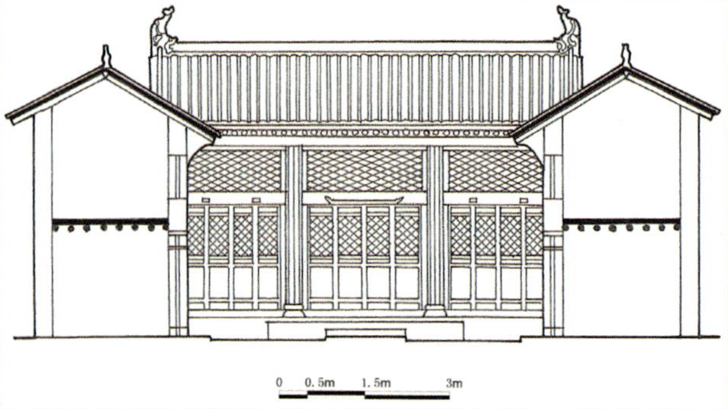

图 7-74　阳城县上庄村望月楼前院剖面

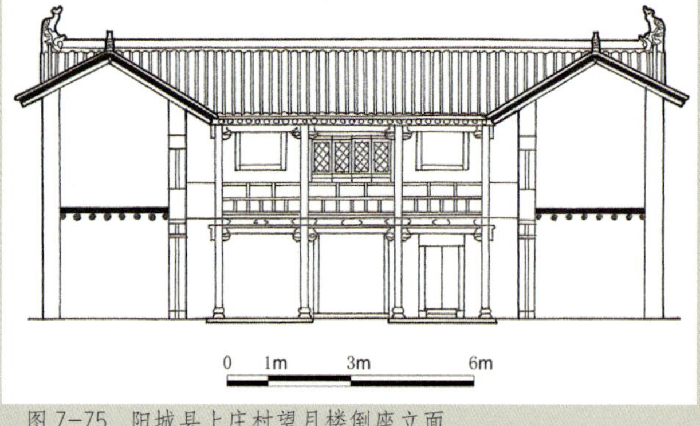

图 7-75　阳城县上庄村望月楼倒座立面

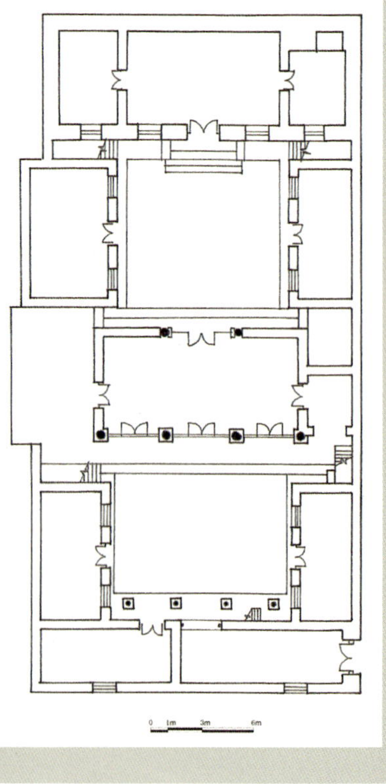

图 7-73　阳城县上庄村望月楼平面

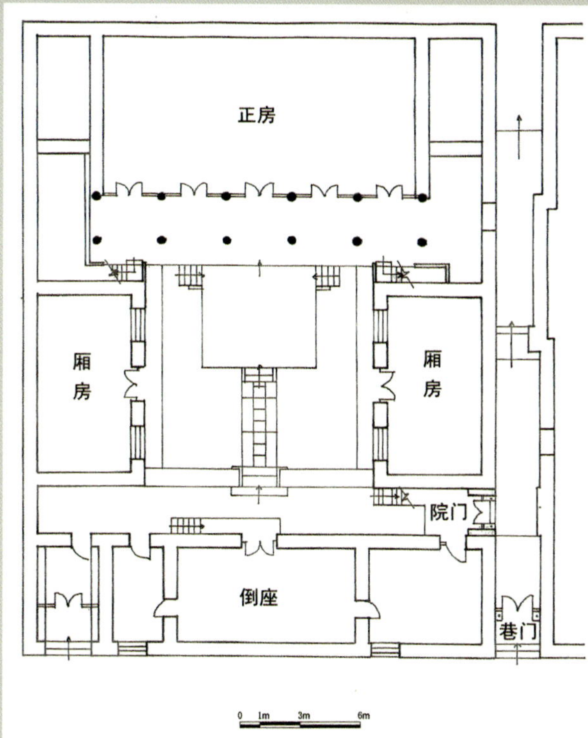

图 7-78 阳城县上庄村司徒第平面

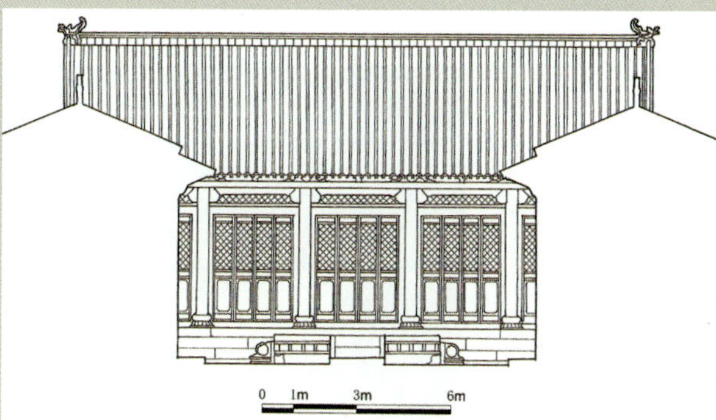

图 7-79 阳城县上庄村司徒第厅房立面

图 7-80 阳城县上庄村看家楼

图 7-81 阳城县上庄村水街

庄河在村内呈“S”形的走向，并且是村落的主轴线，因此，庄河两侧的民居高低参差，蜿蜒布置。民居多建于庄河两侧的缓坡上，以庄河北侧为主，南侧仅有少量建筑。整个村落的主要街道除了庄河水街之外，就是庄河北侧的一条与庄河平行的街。后者现在已由村内扩建成主要街道。次要街巷疏密适度地与主巷保持有机的联系，构成了民居宁静的环境。上庄村民居多为“四大八小”的形式，内院接近正方形，有正房、厢房、倒座、厦房（耳房）、大门等 6 个部分。对于前后进的院落还有厅房（过厅）（图 7-78，图 7-79）。上庄村民居中的厢房都是两层，但比同为两层的正房要低。上庄村的公共建筑有永宁阁、炉峰庵（南庵庙）、重仙庵（北庵庙）以及各宗族的祠堂。

上庄村具有很高的价值，村中集中了明代到清代直至民国初年的各个历史阶段的建筑，从一个侧面反映了明、清、民国期间本地区的经济、政治、文化的发展和演化。村内还保留了大量的精美的石雕、砖雕、木雕、匾额等艺术品（图 7-80，图 7-81）。

3. 沁水县郭壁村

郭壁村属沁水县嘉峰镇，位于沁水县东南部沁水岸边，古为沁河的一个重要渡口。郭壁村四面皆山，村前有沁河缓缓流过，风景优美。村中的建筑依山而建，高低错落，绵延起伏。2006 年，郭壁古建筑群被公布为全国重点文物保护单位。

明清时期，郭壁村经济发达，文化繁荣，文人辈出，商贾云集，商铺林立，富甲一方，流传有“日进斗金”之民谣，享有“金郭壁”之美誉。明、清两代村中共出进士多达十几人。据《沁水县志》记载，明崇祯四年（1631），农民起义军攻打了郭壁村之北的窦庄古城堡，三昼夜攻而不克，郭壁村也遭到侵扰。为了不受侵扰和洗劫，郭壁村在明末清初，也修筑土夯堡墙，高筑堡门（图 7-82，图 7-83）。

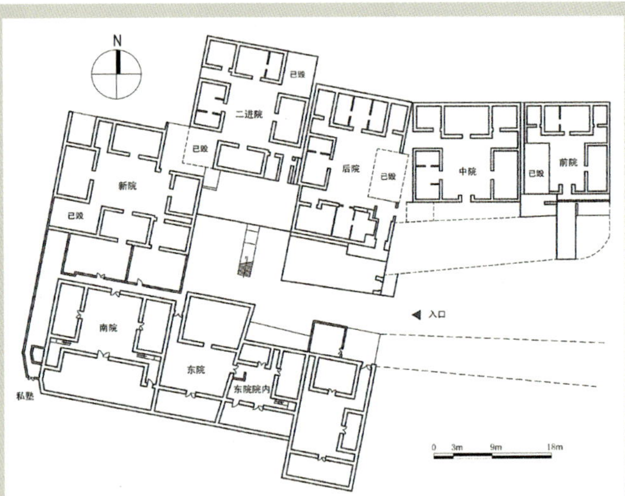

图 7-84 张家十三宅总平面

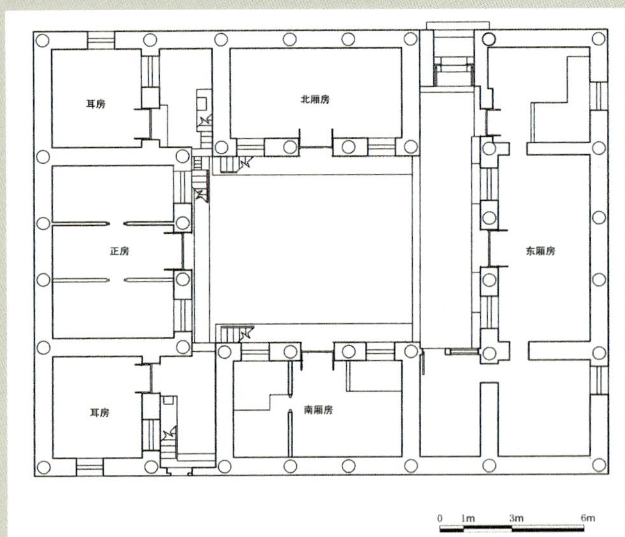

图 7-88 刘家院平面

图 7-82 堡中之堡“青缃里”

村内现存传统建筑面积 6 万余平方米，明清民宅 3400 余间，窑洞数百孔，庙宇 7 座、阁楼 10 座，有进士宅院 13 处，行宫建筑 1 处，祠堂 2 处，古井 18 眼。特别是南北长约 2500 米的一条古商贸街贯穿其中。村内有一处非常特别的“行宫”，分前宫、后宫、宫上 3 处建筑群，入口阁楼上嵌门匾浅刻“行宫”二字。明清时期，村中有张、赵、韩、王四大名门望族，民居也多按族分布，如张氏民居建筑群、赵氏民居建筑群、“三槐里”（王宅屹洞）民居建筑群、“青缃里”（寨上）民居建筑群等（图 7-84 至图 7-89）。

图 7-83　郭壁村民居院落

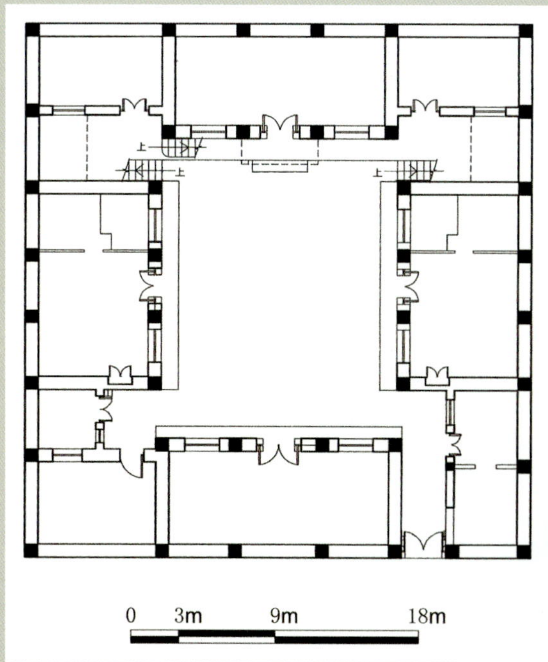

图 7-86　怀德居平面

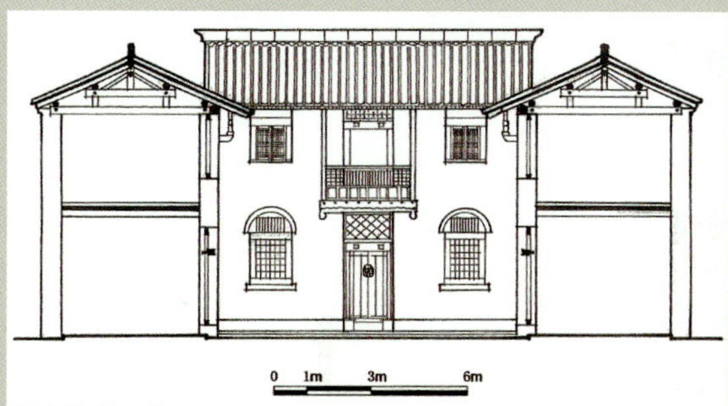

图 7-87　怀德居立面

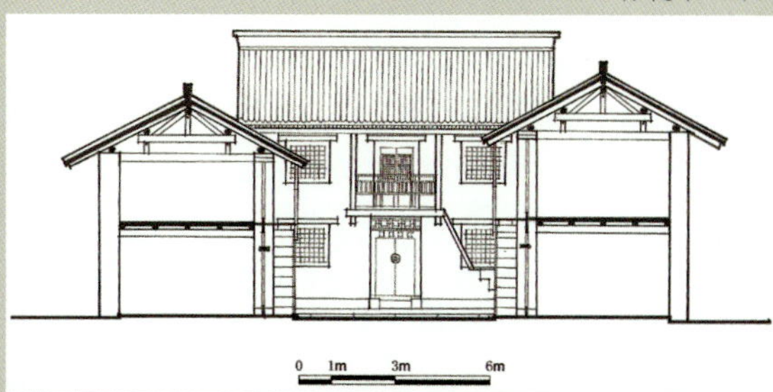

图 7-89　刘家院横立面

图 7-85　张家十三宅新院剖面

图 7-90 皇城村御楼

4. 阳城县皇城村

皇城村位于阳城县县城以东 16 公里处。村内“皇城相府”（又称午亭山村）是清代名相、文渊阁大学士、康熙皇帝的老师、《康熙字典》总阅官陈廷敬家族的故居。陈氏家族在明清两代，科甲鼎盛，人才辈出。

皇城相府背倚青山，俯视河川，随形生变，官宅民居，鳞次栉比，是一组别具特色的明清城堡式官宅建筑群。皇城相府由内城和外城两部分组成，分别建于明清两个朝代，占地约 2.3 万平方米，建筑面积 3.6 万平方米，有大型院落 16 座、各种房屋 640 间。内城和外城的城墙总长 780 余米，平均高度 12 米，宽度约 2.5~3 米。

内城“斗筑居”，为陈廷敬伯父陈昌言在明崇祯六年（1633），为避战乱而建，东西相距 71.5 米，南北相距 161.75 米，设 5 门，墙头遍设垛口，重要部位筑堡楼，并在东北、东南角制高点建春秋阁和文昌阁。城墙内设藏兵洞，为战时家丁、垛夫藏身之用。内城北部建一高楼，名曰“河山楼”。河山楼，名取“河山为固”之意，建于明崇祯五年（1632），当时正值明末战乱之时。河山楼楼平面呈长方形，高 23 米，共 7 层（含地下一层）。南向辟一拱门，门设两道。外城“中道庄”完工于康熙四十二年（1703），紧依内城西墙而筑，基本呈正方形，比西城略短，东城内主要建筑为陈廷敬府第、冢宰第、大学士第、书房、花园、小姐院及管家院。相府大门外有功德牌楼，城墙以南有南书院、花园、状元桥、飞鱼阁、八卦亭、祖师庙等（图 7-90，图 7-91）。

图 7-91 皇城村“中和居”

5. 沁水县窦庄村

窦庄村属沁水县嘉峰镇，位于沁河岸边，距沁水县城 50 公里。该古村落原是一个以窦氏家族血缘聚居的村落。根据《窦氏家谱》记载，北宋天圣六年(1028)由陕西扶风徙居于此，在“泽州端氏县中沁乡西山下择地”，营造窦氏先茔。宋元祐八年（ 1093 ）窦氏家族在先茔东侧择地兴建窦氏宅院。但是到了明代，村中寒门张氏兴起，其中张五典和张铨父子尤为显赫。现存的窦庄之堡就是在张五典主持下修建。关于这段历史，《明史》中有较为详细的记载：“初，五典度海内将乱，筑所居窦庄为堡，坚甚。崇祯四年，流贼至，五典已殁，独铨妻霍氏在，众请避之。曰：‘避贼而出，家不保。出而遇贼，身更不保。等死耳，盍死于家’。乃率僮仆坚守。贼环攻四昼夜，不克而去。副使王肇生名其堡曰‘夫人城’。乡人避贼者多赖以免。”窦庄古堡旧时周长达 2000 米，高约 12 米，墙头宽 1.5 米，东西南北共有 8 个堡门，加上瓮城门一共为 9 门。村内现存古建筑约 4 万平方米，其中元代建筑两处、明代建筑 10 余处、清代建筑 20 余处。这些古建筑类型丰富，特色明显。其中现存的防御性建筑有南门、小北门、望魁阁、堡墙等；庙宇有佛庙、霸王庙、火神庙、观音堂、三圣阁、南阁等；宗祠有窦氏祠堂、慈母堂等；民居有窦氏老宅、尚书府上宅、尚书府下宅、张氏九宅、窦氏四宅、窦氏七宅、旗杆院、耕读院、常家大院、贾氏宅院、书房院等；另外，原有私塾、古公堂、戏台等建筑（图 7–92，图 7–93）。

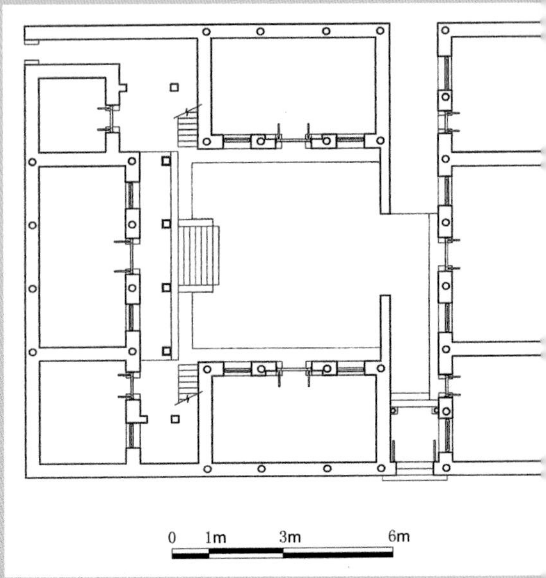

图 7–92　窦庄村书房院平面

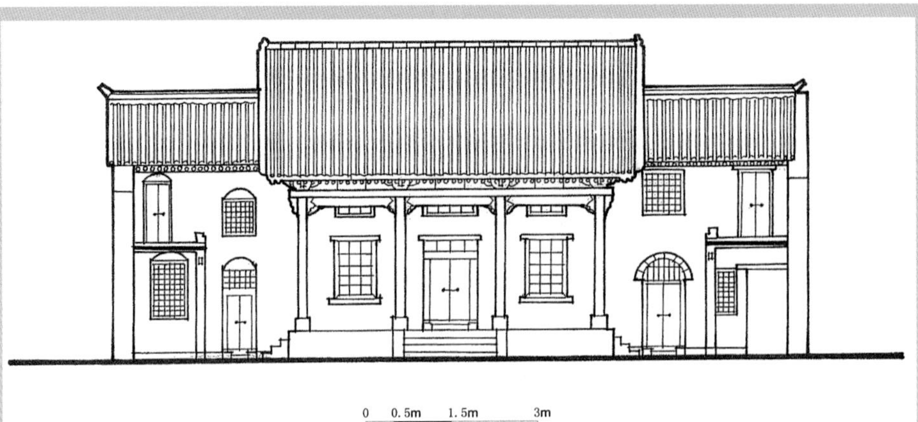

图 7–93　窦庄村书房院正房立面

6. 沁水县湘峪村

位于沁水县东南部，依山而建，群山环绕，村前有小河，环境优美，和自然和谐统一。明清时期，湘峪村文化深厚，名人荟萃，举人进士颇多。村内现存传统建筑面积约 4 万平方米。明朝末年，战乱频发。为了避免灾难，晋东南地区一些村落，纷纷兴建防御性城堡。湘峪村古堡竣工于明崇祯七年(1634)，是在一代名宦孙居相、孙鼎相等人的倡议和主持下修建而成。孙居相、孙鼎相是兄弟俩，均为进士，也是湘峪村明末最为著名的人物，和湘峪村的兴盛密切相关。现村中尚存孙居相墓，墓前有石牌坊和石像生。孙鼎相府第“三都堂”，正门门头有“四部首司”木刻匾额，云：“吏部稽勋司郎中、前文选考功验封稽勋暨礼部仪制司各员外、礼部主客、兵部武选、工部营缮司各主事孙鼎相第”。湘峪村古堡周长约 760 米，依山势而建，筑有三座堡门，东门曰“迎晖门”，堡门石额犹存；西门曰“来奕门”，堡门有石刻匾额“来奕”，上题“崇祯甲戌申月吉旦”八字；南门曰“薰宸”，堡门石额立于门内石墙上。南堡墙沿小河而建，在岸边悬崖峭壁上建有藏兵洞、角楼等，提高了防御能力。藏兵洞为窑洞式建筑，内部可以屯兵、储存兵器、养马、瞭望、射击等。藏兵洞互相连通，形成一个整体，内部还有秘密进出口，通过地道可以通往堡内指挥中心，可谓结构奇特，别具匠心。村中还留存有大量分布集中的民居，大部分建于明末，如帅府、三都府、金鸡楼、棋盘四院、双插花院、书房院等。民居中的正房多为三层，也有不少采用五层、七层者。这些民居高低错落，层层叠叠，青砖黑瓦，古朴苍老。村中的街巷也颇具特色，幽静深邃，非常优美（图 7–94）。

图 7–94　湘峪村外观

7. 阳城县郭峪村

郭峪村位于阳城县县城以东 15 公里处，背靠山岭，前有樊溪河，依山傍水，选址讲究，村落呈堡的形式。明清时期，这里文化深厚，名人辈出。根据村中文庙内清康熙四十六年（1707）碑刻《里馆故墟建孔子庙碑》记载，从明成化年间到清康熙年间，村中有功名和官职的 93 位，其中进士出身的就有 15 位。清顺治十六年（1659），郭峪一榜出过 3 位进士，可谓难得。郭峪堡南北长约 670 米，东西长约 340 米，堡内传统建筑面积约 2.3 万平方米，修建于明崇祯十一年（1638）为防李自成农民军而修筑。郭峪堡墙共有东、北、西 3 个城门。其中东门为堡的正门，近靠樊溪河。堡中还有一座东水门、10 座敌楼以及多座角楼。村内现保存有明清两代宅院建筑近 40 座，共 1100 余间。村中有汤帝庙，俗称大庙，位于西堡门内，分上下两院，上院前沿有石栏，中有石梯可通上下。北面为正殿，面宽 9 间，院东西两面为两层，上为看楼，下为住房及客房，南面上为戏台，下为山门。村的中央有豫楼，建于明崇祯十三年（1640），高 30 米，7 层建筑，主要起防御功能（图 7–95，图 7–96）。

图 7–96　郭峪村民居院落

图 7–95　阳城县郭峪村豫楼

图 7-97 沁水县西文兴村全貌

8. 沁水县西文兴村

沁水县土沃乡西文兴村柳氏民居是明清时期晋东南地区典型的民居。村落用地呈卵状形态，西文兴村依托北面的凤凰山而建，山势险峻，卧虎藏龙。左有东山“三台左抱”，右有西岭“九岗右环”，面前一带平川，遥遥对着南面的二龙戏珠山。一条西文兴河缓缓绕过村子流向远方。村子由北向南发展，建设时序非常清晰。北部是内府区，由若干个两进或者三进的四合院落组成，每进四合院都是“四大八小”的格局，有明显的晋东南民居风格，这些院落是族人居住的主要场所。中部为牌坊街和文昌阁等建筑，是连接内外的中枢。南部是外府区，有关帝庙、魁星楼、宗祠、文庙等公共建筑，是村民集会的场所。由于整个村落的地势是北高南低，为了防止风水外泄，在村落南面修了很高的台地和堡墙，关帝庙和魁星楼也建在此处，人为弥补了自然条件的不足。此外，在村口的河上还修了一座石桥，起到水口的作用。在村子南面的二龙戏珠山上建有柳氏后人的坟茔。明朝末年柳氏后人经商致富后，开始举全村之力建造西文兴村，到柳遇春一代已经开始出仕为官，村落的建造达到了最高潮。其中，中宪第和司马第是西文兴村柳氏民居的杰出代表（图 7-97）。

中宪第位于西文兴村的中心地带，北临东西大街，南靠牌坊街，坐西朝东，为前后两座四合院相串联的大型宅院。中宪第东西长约 46 米，南北宽约 23 米。在东西向的中轴线上自西往东排列着正房、厅堂与倒座，以它们为主体，加上

图 7-100　中宪第内院

左右的厢房组成前后两个四合院。正房与倒座的开间、进深几乎一致。中部的厅堂面宽也与正房、倒座相同，正处于两座院落的中心，但进深比正房大。前后两院的左右四座厢房也是同样大小，且左右两侧都带耳房，组成了两个大小相同的“四大八小”型四合院。前后两院都开有面向大街的院门，分别处于北面厢房的西侧耳房的位置。包括耳房在内，所有的房屋，都为两层，各有室外楼梯可登至二楼。房屋采用抬梁式木构架，左右两边砌有砖墙，硬山屋顶，略带曲线，但正脊不起翘，各条脊上有雕花砖瓦作装饰，在脊端安设吻兽。中宪第房屋的装修集中在外檐部位，而室内的装修则较为简洁，即使在厅堂内也是清水砖墙，顶棚暴露梁架，不施天花，地面用砖铺装。第一进院的厅堂、倒座与厢房都带有廊厦。檐柱下的石柱础、额枋、雀替等，装饰华美。二楼上柱间均有

图 7-99　中宪第大门局部

图 7-98　西文兴村中宪第大门外观

木栏杆，栏杆及栏杆下的梁托上都有木雕作装饰。门窗采用几何形花格纹式样。中宪第布局紧凑，院落环境简洁而又华丽（图 7–98 至图 7–100）。

司马第也位于西文兴村的中心地带，与中宪第隔街相望，东邻“行邀天宠”。从建筑所在位置及其装修风格来看，应与中宪第同一时期建造。司马第是一座由前后两座四合院组成的大型住宅，它的形状与中宪第很相似，但面积较后者大，南北长 51.3 米，东西宽 23.3 米。正房坐北朝南，形成南北纵向的长方形平面。在南北向的中轴线上，自南向北排列着倒座、厅堂与正房。它们都设有廊厦，其中厅堂与后院正房大小相当，都是面宽 9 米，进深 8 米，倒座进深略小。前后两院的厢房均不带前廊，它们的大小也都一样，面阔 8 米，进深 6 米。院落的大门设在西南角，进门后迎面有一座影壁立在西厢房的山墙上。在住宅的一层平面上，只有中央的厅堂开有前后门，可以由这里贯通前后院，所以在第二进院子的西厢房南侧的耳房位置上，另开了一座直接对外、朝西的大门，成了司马第的侧门。这些房屋都带有左右的耳房，所以也是组成了十分规整的“四大八小”型四合院，而厅堂正好处于两进院落的中心。院落四周的房屋，包括耳房在内都是上下两层，前后院各有几座露天的楼梯可登上两层。二层平面与一层不同的是：各个房间都开有前后左右的门可以来往通行，而且两个院落也可前后相通。四周房屋均为抬梁式木构架，两边为较厚的砖墙，屋顶采用悬山形式，在山墙的搏风板下有悬鱼和惹草等装饰。屋面为直坡顶，几乎没有曲面，但各屋正脊的两端却有起翘，使整条正脊成为富有弹性的曲线。房屋的装修与装饰都集中在面向院内的一面，中轴线上的三幢房屋前面均有檐廊。柱础、柱上的额枋，柱间的栏杆都附有雕饰，左右厢房底层不带檐廊，但在二楼都有挑出的外廊。四周房屋的门、窗均有各式花格纹案，所有这些檐廊、栏杆、门窗极大地美化了住宅内部的环境，使整座四合院显得既规整又富丽堂皇。司马第布局规整，秩序分明，是晋东南地区士大夫民居的典型代表（图 7–101，图 7–102）。

图 7–101　司马第外观

图 7–102　司马第内院

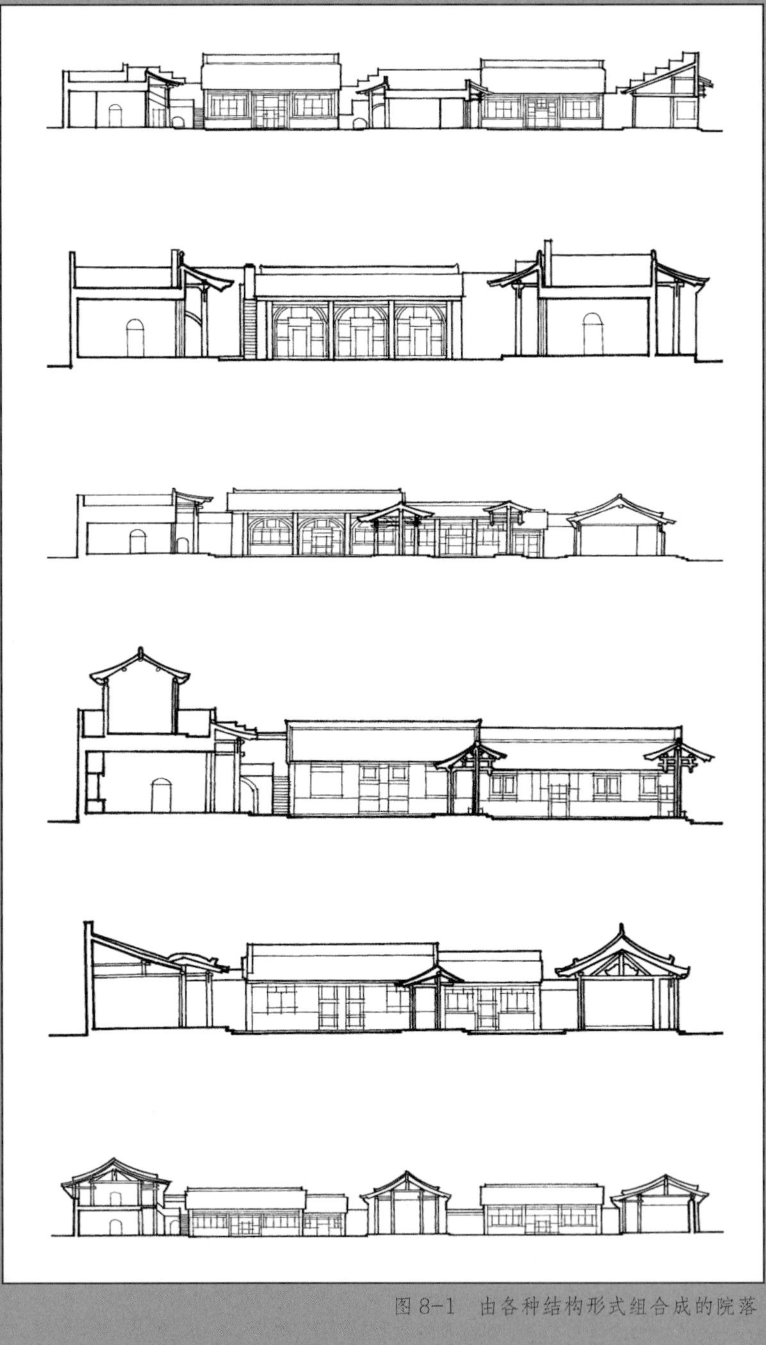

图 8-1　由各种结构形式组合成的院落

第八章　山西民居的营造技艺

一 山西民居的技术经验

山西人信守“宅者，人之本；人者，以宅为家；居若安，即家代昌盛”的道理。安居乐业、守土重迁，是乡民祖祖辈辈最理想的生活状态，所以世代都很注重宅居建设。山西民居通过精心的营造，使建筑的技术和艺术获得高度统一，成为技术和艺术的完美契合体。《周礼·考工记》载：“天有时，地有气，材有美，工有巧，合此四者，然后可以为良。”山西民居适应气候、因地制宜、因材施用、技艺高超，是正确处理人、自然和技术三者关系的典范。

1. 山西民居防潮、排水技术

（1）山西民居的防潮技术

山西民居的构筑主要有窑洞、木结构、窑房结合 3 种形式（图 8–1）。木结构房屋一般采用抬梁式结构，其构筑方式又可分为土木结构和砖木结构两种类型。中国传统建筑屋顶的主要形式分庑殿、歇山、攒尖、悬山和硬山 5 种。但前两种并非寻常建筑可以采用，在山西民居中多见的只有后两种，尤以硬山居多。山西民居建筑主要是以木为柱，以土为墙，而这两种材料都是易潮、畏潮之物，所以古代建筑很注重防潮。在长期的营造过程中，古代工匠创造了许多行之有效的防潮方法，不断改进完善，积淀了一大批优秀的技术措施。山西民居的防潮措施比较系统，有防御天上雨水、空气中潮气和地下湿气的具体构造。

在传统建筑中木材是被普遍采用的建筑材料，它便于采伐和加工，但其易腐的弱点却使之成为需要加以特殊保护的构件。在山西民居中，木结构房屋非常注意防腐处理。硬山房屋的山墙通常延及檐柱以外，这样做有利于防止雨水内浸。此外，房屋檐部的出挑颇深，也有效地保护了建筑前檐的门窗等木制构件。窗纸常刷桐油一道，既增加了纸张的防水性，又提高了其透明度，这在玻璃问世之前，不失为一种有效的手段。至于檐柱的防腐处理，则有桐油灌注、药剂浸泡、涂刷油漆等几种方式，从其现今的保存效果看来，应当说这些方法是十分有效的。同样，在窑房结合的民居中，针对不同的情况也做了不同的防潮处理。如王家大院的二层绣楼屋顶，是大院里为数不多的悬山结构形式，其山墙处挑檐较深，主要是为防止雨水落入回廊而设（图 8-2）。此处的屋檐非常重要，它能有力地阻止渗入回廊的积水浸至其下的锢窑。绣楼山墙还因屋顶形式的变化而得以砌作造型优美的阶梯形式，成为传统双坡顶建筑五花山墙的变异体。两厢面朝院落的屋檐遮挡住了厢楼的木构栏杆，外挑的回廊则为厢房底层的锢窑及门窗提供了保护。正房底层的瓦顶在保护其前檐的同时，还对厢房第一跑梯段进行了遮掩，使梯段北向的木制栏杆免遭水浸。而凝瑞居内院两厢则只有绣楼被檐部遮挡起来，底层的锢窑则基本暴露在外。锢窑结构本身就是一种明显的防潮手段，虽然单以黄土筑成的窑洞难免阴潮，但如用砖封裹则易于取得理想的防潮效果。宅院用作围护的独立墙体多于顶部设脊排瓦，以外倾的滴水对其进行防潮保护。

图 8-2　王家大院绣楼解析

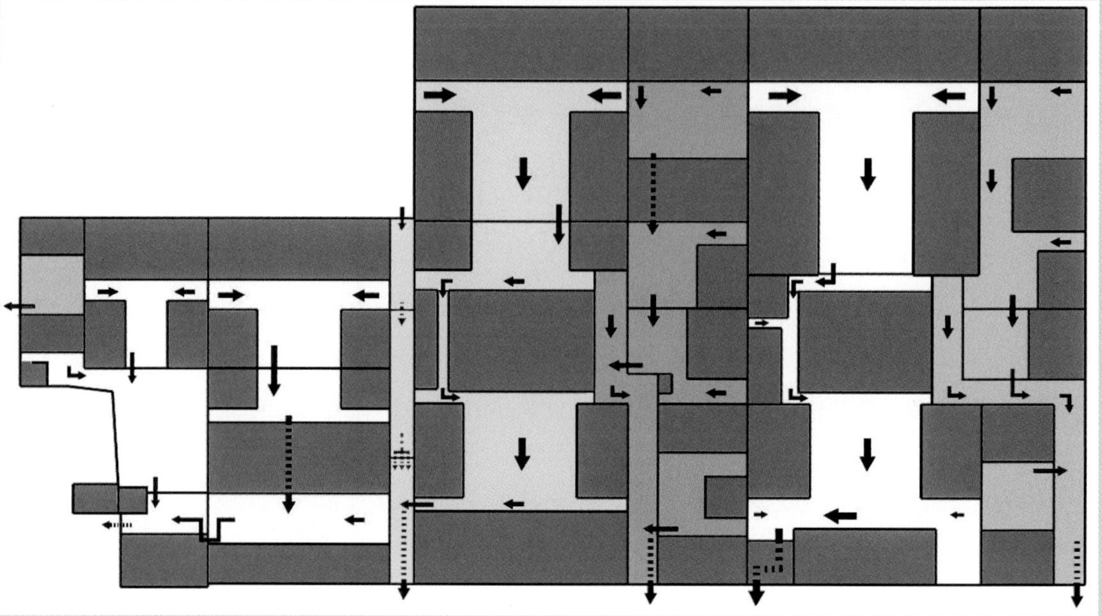

图 8-7　灵石王家大院视履堡有组织排水图

（2）山西民居的排水技术

山西传统聚落的街巷具有两种功能，首先是交通功能，其次是排水功能。一般的街巷都用砂石砌筑，街面为凹槽形，一方面防滑，另一方面有利雨水汇集（图 8-3 至图 8-6）。如碛口、李家山、张家塔等聚落，在山坡建筑与主街之间，都用砂石板铺装，长者可达数百米，短者也有数十米，这样的巷道既避免了阴雨天气道路泥泞，也起到了防洪排水作用。大多数的砂石路面呈现凹字形状，水从中间排走，两侧则筑有沟渠，既节省了投资，又形成了完整的街巷景观。山西很多大院民居建筑的排水具有科学性。如果是平顶的窑洞，屋顶常设排水暗道，有组织排泄。《相宅经纂》言："盖水为气之母，逆则聚而不散；水又属财，曲则留而不去也。"既然排水组织同主人的富贵有着直接的关系，那么宅院水流如果过于顺畅，则有破财之嫌。所以山西民居的雨水都向院子里面流，美其名曰"肥水不流外人田"。院内设排水暗沟，位置在屋檐下，地表平整。雨水排至门房门廊下，集中排向院外雨水沟内（图 8-7，图 8-8）。

图 8-8 院落中的钱币形排水口

图 8-3 李家山村砂石巷道
图 8-4 张家塔村排水沟
图 8-5 张家塔村排水口
图 8-6 临县西湾村院落排水口

2. 山西民居的采暖、防寒技术

我国辽阔的疆域内遍布适于营造的黏性土层，山西地处黄土高原，土层深厚，便于挖掘。开挖窑洞可节省大量木材，不仅经济实用，而且承重性良好，故而窑洞成为山西民居惯常采用的形式。黄土窑洞防护性能颇佳，既可防火隔声，又能抗寒隔热，也就是所谓的“冬暖夏凉”。除生土窑洞之外，锢窑既具备黄土窑洞的全部优点，还有利于防潮防腐，因而寿命远长于土窑。锢窑封闭而厚重，在进深过大的情况下不利于采光和通风，因此山西锢窑的窑眼都开得比较宽阔。由于山西地区冬季寒冷，窑眼拓宽不利保温，因此民居内院正房的尽间稍窄，并为厢房遮挡，洞口有窗无门，显然意在抗寒。正房尽间常用

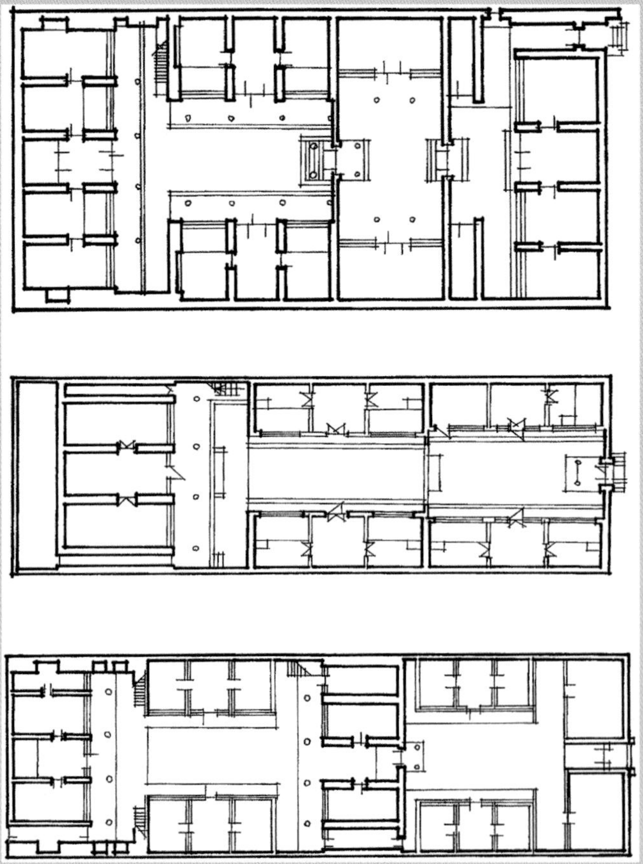

图8–9 各类窑洞院落尽间布置

图 8-10　灵石王家大院烟囱造型

作卧室，而卧室对采光的要求不高，亮度稍欠也还适宜。次间入口位于靠近厢房的位置，这样的布置可避免寒流的直接侵入（图 8-9）。明间用作起居室，它对冷热的要求不像卧室那样严格。至于两厢房的防寒，则较多地得益于内院楼高院狭，风沙难以侵入的布局。大院建筑在防寒方面还采取了一些其他措施，如在入口处挂帘以及在局部设双层窗扇等，这些细节上的处理也为冬季御寒增添了必要的补充。山西民居采暖主要依靠火炕，火炕一般布置于南窗下靠近槛墙的部位，以柴煤充当燃料。砌炕材料多为土坯，取其散热均匀且保温持久的特性。室内燃薪必然需要排烟，因此院中烟囱林立，其精细的外观乃为大院平添一景。这里的烟囱构造独具特色，整体形象类似一座四角攒尖的方亭。烟囱顶部也作滴水和脊饰，在防水和防尘的同时，还起到了避免热气流直上，在炕端停止烧火后火炕迅速转凉的作用。烟囱四壁"门窗"齐全，有些还雕刻檐柱，成为一种特殊的装饰构件（图 8-10）。

3. 山西民居的防火、防震技术

山西民居虽然以窑洞为主，但木构建筑仍然为数不少。木材极易引燃，因而防火便成为此类大规模营造中必须考虑的问题。首先，山西民居将最易引火的灶台设于厨房院，与主院分开，有效隔离了火源。灶台被安排在厨院的锢窑内，这是防火的初步措施。其次，厨院极少木构房屋，即使是仆人使用的房屋也以砖封实，愈靠近灶间就愈是封闭。最后，灶间所处位置乃主院厢房的中部，厢楼高耸，屋顶均以砖瓦封牢，即使厨院着火，也很难殃及主院（图 8-11）。如王家大院高家崖主院南端，那些错落的屋檐在体现尊卑的同时，其实也是一种防火的处理。如果屋檐高度一致且紧密相连，一旦火起就会在瞬间连成一片，任何扑救都将于事无补。但事实上，大院南向的倒座及门屋皆以山墙相错，不利火势蔓延。院中几条纵巷也提供了必要的隔离间距，巷道内一律的砖墙瓦顶就是最好的证明。在以木构为基础的前院，也总是备有硕大的蓄水缸以防不测。此外，烟囱近火，容易将带有火星的烟灰撒落于屋顶，对防火颇为不利。在内院祭祖阁和厨院北房的二层，由于底层锢窑的烟囱一直伸于其廊前，对木构的楼阁是一个危险的隐患。但烟囱高出女儿墙之外，四周均无易燃物质，且与祭祖阁间毕竟还有一段距离。加之烟囱造型考究，可供排烟的开口做得非常窄

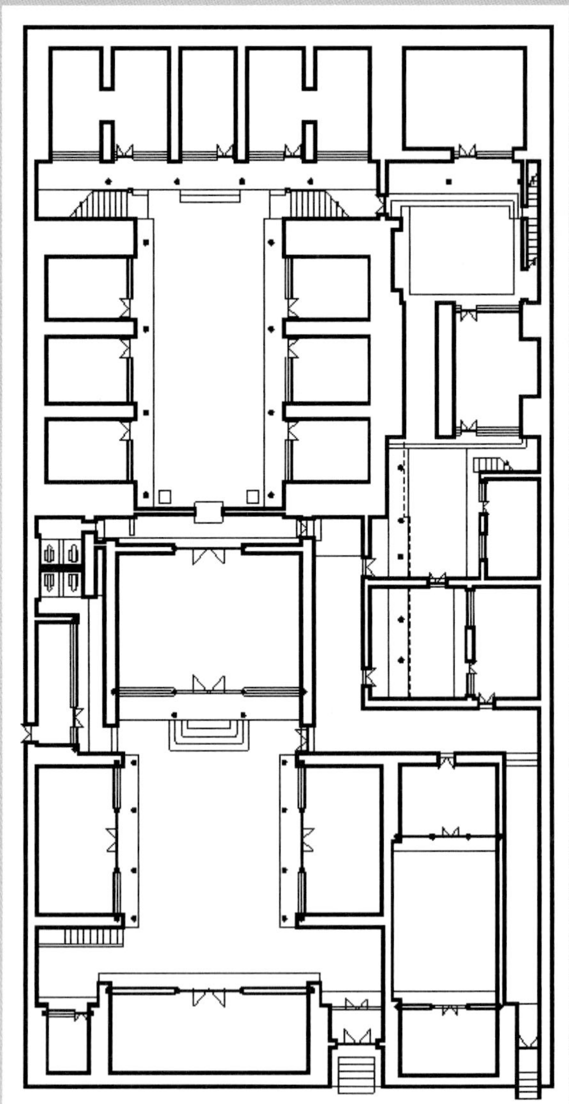

图 8-11　灵石王家大院敦厚宅平面

图 8-13　灵石王家大院硬山挑檐

图 8-12　万荣李家大院封火山墙

小，其顶部的密闭更限制了灰烬的扩散。在晋南民居中，院落之间的山墙常采用封火墙形式，起到了封火的作用（图 8-12）。

从山西的地质构造来看，大部分地区属于七级以上裂度区，多发生强烈地震。锢窑占地面积虽大，但厚实坚固，尤其是洞口两道拱券的加固，对抗震颇为有效。至于山西民居的木构建筑，则融会了我国数千年来逐渐发展成熟的经验，其框架的结构、榫卯的弹性节点、规则而对称的形体以及倾斜的侧脚都对抗震非常有利。从建筑的基础部位来看，木构建筑的台基就像现在的满堂基础，其整体性对于防止不均匀沉降来讲，比之条形基础和单独基础都更胜一筹。地震发生时，地表产生的剪力常使埋于地下的基础在与地面交界的部分遭到破坏，而将基础直接搁于地上，则避免了此类危害。地震产生的扭转作用还会对远离建筑物中心的房间产生递增的附加作用力，而山西民居木构架建筑的明间最宽，余者递减，进深也是同样布置，这样的柱网排列使中心一间最大，周边房间最小，成功地缓解了附加地震力的影响。窑房结合的两层建筑均为锢窑承托木构，如在敦厚宅厢房二层，五花山墙形式的构造减轻了山尖部分的重量，使墙体自下而上逐层减轻，当取轻质墙不易倒塌伤人的原理。厢楼后檐墙的收分则降低了建筑的重心，这同样也是出于抗震的考虑。需要注意的是，悬山及硬山的屋顶没有斜向搭接构件，抗震性能远不及庑殿和歇山。而悬山檩条伸出山墙之外，稳定性比山墙突起于屋面的硬山更好。因此，大院内硬山建筑多在檐部增加挑檐石或于墙身施铁件加固，极大地增强了房屋的坚固性（图 8-13）。

图 8-14　灵石王家大院堡门堡墙示意图

4. 山西民居的防卫技术

一般而言，山西民居无论地分南北，都有防卫设施，呈“堡寨”聚落形态。传统堡寨聚落是指具有外围线性结构的堡墙或周边险要地势为设防特征的、以防御为主要目的的聚落。堡寨聚落不同于普通聚落，它是一种设防聚落，是在一定历史条件下的产物，是在外侵与内乱发生时，为求安全而采取专门的防御措施营造起来的特殊聚落。作为聚落中的一种形态，山西传统堡寨既具备一般聚落本身共有的特点，同时由于产生条件和机制的特殊性，它又有自身的特点。山西自古以来就是战略要地，境内有众多的商贸重镇和交通要道，历来是兵家争夺的要地。所以许多村镇都修起了城堡，拥有防守分工相对完善而严谨的有机防御体系。

（1）外筑高墙：“线”防卫

长期社会环境的复杂和不稳定，使防卫意识作为一种心理积淀，直接影响到聚落的形态。处于平坦地带的聚落，无险可依，故聚落的防御主要依靠人为的防御构筑。一般的平原聚落，高筑堡墙，并于堡墙外设有宽、深各丈余的护村壕。壕上设置吊桥，人们出入村时需放下门楼上的吊桥，才能通行。山地聚落往往因地制宜，利用地形地势布置聚落，形成立体交叉的防卫体系。堡墙是外围防御体系的主要设施，它作为防御外敌入侵的第一道屏障，在功能上一方面要保卫自身整体安全，抵抗外敌攻击，达到“易守难攻”的防卫目的；另一方面通过构筑物“坚不可摧”的形象表达，以期能达到“震慑敌军，拒敌于千里之外”的防卫设想。外围防御体系作为传统堡寨聚落自身特征的重要表现，充分体现出整体防卫的防御策略。堡墙首先担负起外围防御的职能，它的坚固与否，对聚落在战事、械斗以及遇洪阻水的成败具有决定性作用。同时，也将堡寨的边界进行了整体界定，使整个堡寨具有了可控制的防卫领域，明确了内外分隔的空间。再者，寨墙相对于一般民居建筑具有尺度和比例上的夸张，正是由于这种“夸张”产生了两种心理感应，使寨内的人充分感觉到安全，而使敌方产生恐惧心理（图 8-14）。

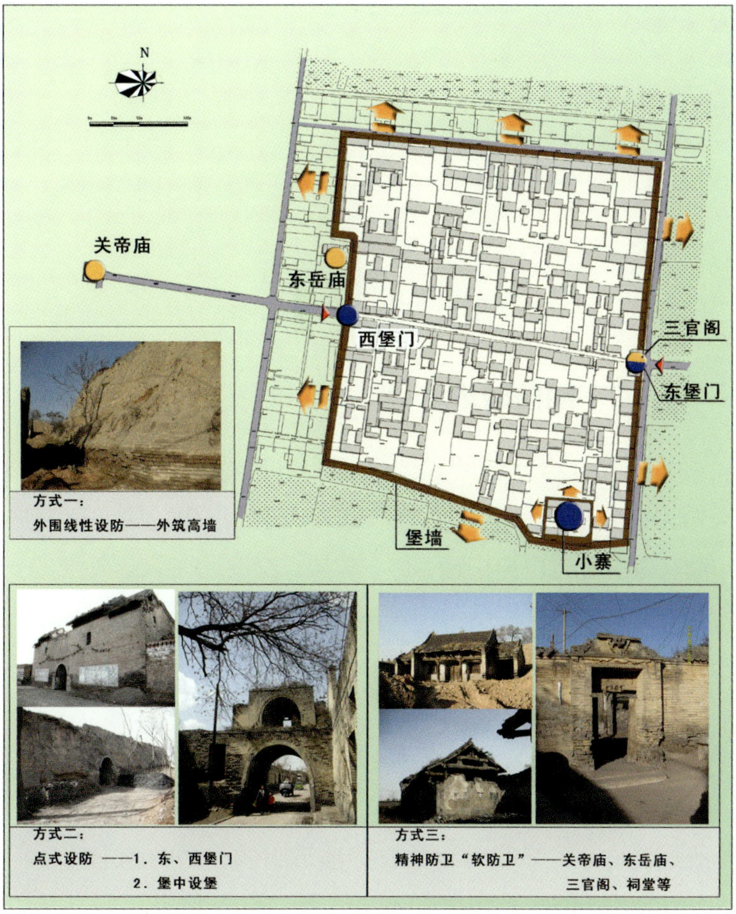

图 8-15 孝义宋家庄防御系统分析图

（2）堡中设堡：“点”防卫

当外敌入侵时，单凭堡墙的防御是远远不够的，还要配以主动性防御反击的若干防御节点来达到全面防御的效能。很多聚落除了依靠外围线性的设防方式，还运用了堡门和堡中堡为主的点式设防。一般而言，堡寨只有两个出入口，寨门上设门楼，门楼代替哨所作为寨内的眺望岗哨，成为村寨最重要的防御节点。堡门相对而建，互相守望，共同御敌。有些堡寨内部还设有小堡，当地称之为“小寨”，是一种更高级别的防御形式。小寨筑有自身的堡墙，只设一个出入口，村民于危难中，可避于此。小寨的寨墙常为方形，如孝义宋家庄现存南北约 45 米、东西约 50 米的堡中之堡“小寨”。轮廓清晰，保存完好。但内部结构遭到了严重的破坏。通过老人们回忆，为防止外部入侵，宋家庄的小寨通过街巷尽端小巷的处理和民居涵洞的曲折幽深，使陌生人忽入其中，百折迂回，如入迷境。但对于熟悉的村人，这层层相套、迷离多变的巷道恰似隐形路标，暗含强烈的导向性。在这里，线性设防与节点防御完美结合，形成牢固可靠的防御系统。这种层级设防、堡中设堡的实在性的防御运作，是山西民居的典型防御模式（图 8-15）。

（3）明防暗道

当然，纵使堡墙固若金汤，也是有被攻破的时候。每逢此时，先民只能“走为上”了。所以，一般的山西民居，家家户户都筑有地道，这些地道户户相通，高下数层，直接通往聚落外部的安全地带（图8-16，图8-17）。

（4）住防统一

防御性聚落是设防的以生产生活为主的聚落形态，它们通常由民居与庙宇、宗祠等相关公共建筑组成，是内涵丰富且相对稳定存在的社会共同体。“住”是目的，而“防”则是手段。“住”与“防”是堡寨聚落的两大基本功能，满足安全防御需要的同时，也具有日常生活的公共性与方便性要求。

图8-16　高平良户村侍郎府地道

图8-17　高平良户村侍郎府吊桥吊环

图 8-18 垣曲同善村堡门上的三官庙

图 8-19 平定上董寨村寨门上的关帝庙

（5）修庙宇、建祠堂："精神"防卫

人们强烈的安全意识往往不仅仅表现在修筑堡墙等直接、实效的防御行为上，而且在村落生活的精神层面都会有所加强，村落普遍建庙宇、修祠堂，以此来满足居住者的精神要求，承担其心理上的情感寄托。

山西地处内陆，当地人文环境的封闭性和内敛性，导致修建精神性的心理庇护场所成为必然。关帝庙、东岳庙，三官庙及祠堂建筑为宗族提供了一个个生理和心理的安全堡垒，是人们于每逢变乱时强烈的求安心理在精神层面的准确反映，具有精神防卫机能，这些建筑的设立使得宗族聚落的领域感和归属感得到升华。高大坚固的堡墙、难以逾越的沟堑、气势恢宏的堡门、迷离幽深的小堡等，成为山西堡寨聚落最为基本而重要的防御物象表现。建造者将相关的物质实体建筑建造成简单纯粹的大体量、大尺度，以期给外侵者带来心理压迫感；同时，堡寨内部的居住者也因此而获得潜在的精神慰藉，常言道"非壮丽无以重威"正是此意。然而，与堡寨的物质防御规模和实力相配合，强固的堡寨聚落内部通常都包含有同样强大的精神防御系统。山西民居对安全要求强烈，其精神防卫成分，往往比物质防卫内容更为丰富，且人性色彩浓郁，深深地影响到聚落文化特质的形成与发展。其中庙宇以及宗祠建筑是不可或缺的，这是人们于变乱时强烈的求安心理在精神层面的恰切表达。

例如，关帝庙的设置是与堡寨实体上的防御相对应，人们将精神上的安全寄托在关帝身上，突现出堡寨的防御特征。而祠堂的设立则体现村民对祖宗的祭拜，祈愿先祖的护佑。巷口处的拱门、雉堞式的院墙、民居内的暗道、涵洞等都具有一定的精神震慑作用。可见，精神防卫是物质防卫的有机补充，两者相辅相成，共同体现营造者系统有机的防卫思想。这对现代规划建筑思想营建人性化的安全防卫空间具有积极的可借鉴作用（图 8-18，图 8-19）。

图 8-20　榆次常家谦和堂土地堂影壁

二　山西民居的装饰及其象征性表达

作为一种文化形态，山西民居的物质实体被赋予了“文化”的意味，并通过图像的、空间的、环境的、序列的方式表达人们的需求、价值、欲望与情感。在众多的表达手段中，利用模仿、联想、相似的艺术手法，使建筑物产生一定的意义是艺术表现的一个重要手段，而这种意义在建筑上的体现则主要是利用光线、色彩、质感、花纹等装饰手段赋诸实现的。在山西民居的装饰中，其内容、形式丰富多彩，但总的来说，有一个鲜明的特点，就是使这些装饰图案蕴含鲜明的寓意，而且充分利用我国传统艺术的象征、隐喻手法，将当地审美意识和思想观念有机地结合起来，直观明确地反映一定的意味和旨趣。

1. 象征表达的观念性题材

在山西民居建筑中，供象征表达的题材可以说是汗牛充栋，琳琅满目，但按其思想观念的内容来分，则可归纳为三大系统。即追求天、地、人和谐统一的宇宙观念；宣扬人伦、孝悌、进学的礼制观念和希冀福、禄、寿、喜的生存观念。

（1）追求天、地、人和谐统一的宇宙观念

《吕氏春秋·审时》载：“夫稼，为之者人也，生之者地也，养之者天也。”由此可见，天、地、人这三要素的配合是相互一致的，它们之间的关系实质上也是人与自然的关系。在山西这样一块被山河阻隔、自然封闭的天地中，人们对皇天后土的崇拜，对各路神灵的敬仰，对风水禁忌的恪守，表现得尤为强烈。这种出自阴阳相生之说的“万物有灵”“天

人感应”的泛神观念根深蒂固，相沿承袭，以至成了装点宅院的丰富题材。人们相信大自然中的风雨雷电、日月星辰、山川大地、春华秋实的背后都有某种神秘的力量，因而将其人格化并希望能与之和谐相处。于是，上自玉皇王母，下至土地公婆，人们都给以恰得其所的巧妙安排，并在节日喜庆时与神同乐。诸神的职责各有分工，其安置的处所也各有不同，大门设门神，壁龛中置土地堂，院落中砌天地香台，屋脊设风狮爷、宝瓶，室内有灶神、财神，室外有照壁、石敢当，可谓内容广泛，题材多样（图 8-20）。

（2）宣扬人伦、孝悌、进学的礼制观念

礼制观念是伴随着农耕社会的发展应运而生的。“礼”的精神就是秩序与和谐，其核心内容为宗法和等级制度。礼制思想提倡的是君惠臣忠、父慈子孝、兄友弟恭、夫义妇顺、男女有别、宾主有异的社会秩序与人伦和谐。山西居住建筑，处处透露出它对中国传统伦理道德的执行与遵守，从其空间的布局来看,轴线的对称性和排列的有序性，正是封建伦理道德的“长幼有序”“男女有别”的完美体现。从其装饰的图案上来看，则作为建筑的一个组成部分，不仅给单调的构件，空白的墙面增添了美的色彩，而且在图案内容的选择上，也是匠心独运、深思熟虑，使人们不仅在感官上获得愉悦，而且在精神上得到潜移默化的影响，从而达到寓教于乐的目的。例如，以“桃园三结义”来宣扬仁义思想；以“杨门女将”来宣扬忠君思想；以“二十四孝图”来宣扬孝悌思想；以“孟母三迁”来劝人进学。有的民居还以打柴、渔猎、耕田的图案来劝勉子孙勤俭持家。诸如此类，无不都使人们在浓郁的文化氛围中受到熏陶，从而完成儒家“成教化，劝人伦”的教育目的，并使礼制的观念得以体现（图 8-21）。

图 8-21　大同市云州区落阵营民居影壁「三元图」

（3）希冀福、禄、寿、喜的生存观念

在山西居住建筑的装饰题材中，处处可以看到企盼福、禄、寿、喜的象征表达，这实际上是当地乡民生存观念的集中体现，是与乡土社会的自然经济状态分不开的。自然经济的基本特征是以自然环境为依托，男耕女织、自给自足、不求于外。所以，祈求家宅平安、人寿年丰、吉祥如意、多子多福便成了人们的普遍的理想与追求，充分反映了古人安土重迁、消灾免难、与世无争、多生殖、恐争讼的小农心态和社会意识。从构成这一题材的图案来看，较之于反映礼制观念的图案，设想更大胆，形式更随意，往往随物变形，形随人意，纯朴率直出口吉利，具有较高的观赏价值。这主要是由于少了说教的成分而已。所以，它是当地乡民喜闻乐见的、地域性较强的一种艺术形态。

图 8-22　榆次常家杏园四季砖雕花墙
图 8-23　榆次常家狮雕照壁

（4）期盼富贵人生的商俗民风

晋商宅院是山西民居的重要组成部分，其装饰题材也体现在富贵人生方面，充分说明晋商宅院与其他农宅之间的差别（图 8-22）。所以在晋商宅院里，对民间有关聚敛财货的民俗禁忌非常重视，如房顶做成向内的单坡形式，将雨水排在院内，称“肥水不流外人田”；将门槛做得很高，用来阻挡“财气”外溢；院落或房屋的门均不能两两正对，防止冲了财气等等。在大部分晋商宅院中，装饰有关钱财富贵的内容比比皆是，如彩画中的“富贵牡丹”，翼墙上的“四狮如意”（事事如意），雕饰中的“财神喜神”“招财进宝”等等，都反映出晋商追求财富，视金如命的普遍心态（图 8-23）。汾西师家沟师宅的一面墙壁上的砖雕图案，借鉴了传统图案“绣球纹”，但反映的却是一组简洁明确的金钱图案。此外，晋商宅院对门的设置也非常讲究。如祁县渠家大院，门内一连五进院落，五个门洞均不正对，就连院内的排水管路也不顺直布置，而是左右交替，曲曲弯弯。因为在当地，水被认为是钱财的象征，不能轻易流走。可见商民对钱财的向往已经到了丝毫不加掩饰的地步。

2. 象征表达的常用手法

山西民居建筑，作为一种文化符号，虽然其表意的方法是多种多样的，但总的来说，是以一些常见的图腾、花纹来代表人们的良好意愿，并以汉族惯用的象征、隐喻手段来传达人们的思想观念的。

（1）音意的表达手法

所谓音意，是指以音喻义，用某些实物来获得一定象征效果的表现手法。例如：以喜鹊、奔鹿、蜜蜂、猴子四种动物的形象，构成图案，用动物名称的谐音，拼成“喜、禄、封、侯”，其喻义即祝福满门喜庆、高官厚禄。又如以莲花、鲤鱼表示“连年有余”；以石榴、枝蔓表示“多子多孙”；以蝙蝠、仙桃表示“幸福长寿”；以荷花、白鹤表示“家庭和睦”等等，凡此种种，都是以音喻义，音意表达的佳例（图 8-24）。

图 8-24　门砧石上的各式图案（《平遥古城与民居》）

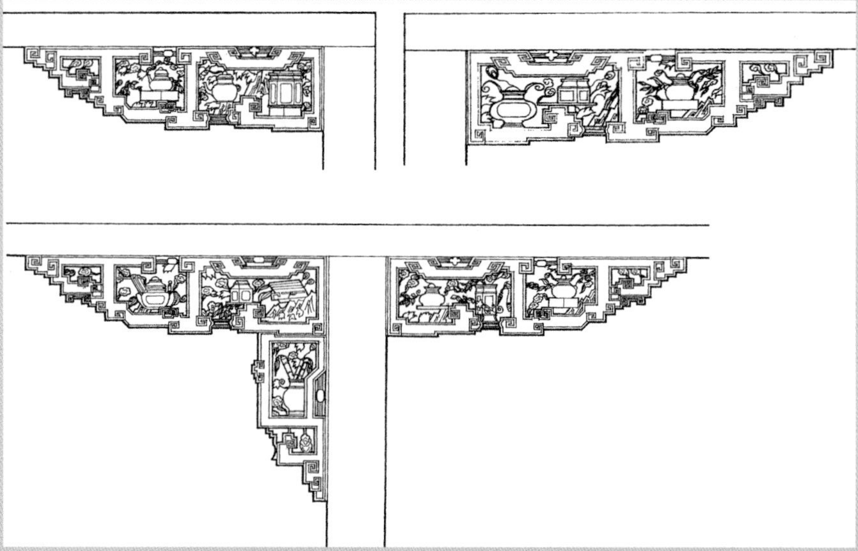

图 8-25　雀替上的各式纹样（《平遥古城与民居》）

（2）形意的表达方法

所谓形意，是指用直观的形象表达一些长久以来固定下来的特定内容。如以“三娘教子”的故事人物来劝勉子孙上进；以天仙神祇的图像反映民间对生活、命运的祈求与愿望；以牡丹代表富贵，以竹子代表正直，以莲花表示高洁等。也有的是用一些简洁的图形或字符来表达特定的含义，如用“○”表示长寿，用“卍”表示万福，用“Ⅱ”表示发财等。另外，像“八仙过海”“麒麟送子”“喜鹊登梅”等，则是用一些生动有趣的艺术形象来喻示长寿吉祥、多子多福、劝人为善的例子（图 8-25）。

（3）音、形并致的表达手法

对于一些内容复杂、含义多元的表现题材，往往采用音意、形意结合使用的表达手法，以便能准确全面地体现其中的含义。如在宝瓶上加如意头喻示“平安如意”；用莲花图案托起大斗，斗中置戟三把，象征“连升三级”等等，均属此类。这些图案清新典雅而又寓意深刻，充分反映了房屋主人的吉祥愿望、幸福追求以及民间朴素的审美意识和风土人情，具有浓郁的乡土气息，其内容也正是乡民心态的一种直观反映（图 8-26）。

图 8-26 音、形并致的表达手法

3. 象征表达的物态载体

任何一种文化都有其存在的根据和理由，并通过物态载体得以体现，建筑便是一种主要的文化载体。就山西的民居建筑而言，众多观念性题材的象征表达，往往是通过空间、形体的千变万化并结合当地特有的雕刻、绘画、剪纸等装饰手段来实现的。山西民居的装饰主要以彩画和雕刻为主，彩画是为了保护木料，雕刻则可以丰富建筑造型。建筑装饰在封建社会有着严格的等级差别，成为“明贵贱，辨等级”的手段。《明史·舆服志四》载：“庶民庐舍，洪武二十六年（1393）定制，不过三间五架，不许用斗拱，饰彩色。”

这种定制一直延用至清。而到了清代，民居的限制较少，因而其装饰已有很大的发展，如木雕手法就是解决既不违制，又能解决装饰问题的最好手段之一。山西民居不但在木材上施以雕饰，而且充分运用了传统的石雕、砖雕等工艺手法，结合当地的技艺特点，使民居装饰呈现出丰姿多彩的风貌。这些装饰与建筑完全融为一体，既是建筑构件，又起美观作用，同时还是言情表意的物态载体，而且给人以自然、亲切、合理、得体的视觉感受，从而成为山西民居建筑艺术中必不可少的组成部分。

一般而言，雕刻是山西民居最常用的装饰手段，从其材料的选择上来看，主要有木雕、砖雕和石雕等类型。这些雕刻艺术品俯仰可拾，寓意深刻，疏密有致，恰到好处。

（1）木 雕

通常，木雕主要分布在门户、窗棂、隔扇、屏风、挂落、匾额、垂柱、勾栏、雀替、梁枋等建筑构件上。由于木材具有易于雕刻，拼连随意的优点，所以，木雕的表现力是非常丰富的，其反映的内容也十分广泛，如“福禄寿喜”“千秋万岁”“和合二仙”“牡丹富贵”等等。山西民居的木雕技法主要有浅浮雕式、镂空式、复合叠加式三种。浅浮雕式用于衬地、边框或特殊效果的通间栏板。如

图 8-27 榆次常家大院雍和堂浅浮雕大门

图 8-28 镂空式木雕

图 8-29 复合叠加式木雕

一些合沓、驼峰都是这种浅浮雕，这种雕刻的效果平展开阔，构图均匀，底和面高差不大（图 8-27）。镂空式是将整个构件雕刻出一种主体景物的效果，所雕花卉鸟兽皆跃然栏上，生动自然，这种手法形成的作品，底与面高差很大，最大高差可在 10 厘米左右。由于它是由一块完整木料雕琢而成的，故有人又称之为“高浮雕”，其艺术效果与浅浮雕相比，自然加深了景物层次，增强了艺术魅力，观感舒畅动人（图 8-28）。复合叠加式是一种复合组构的木雕形式，做法是先将地纹刻好，然后将另外加工刻成的人物景象再复合叠加嵌镶于底板的地纹上，从而组成各种内容的图案，这种做法的效果，较镂空式别具风味，因而是在平展开阔的地纹板上呈现出一组组栩栩如生的高凸画面，使整个作品有高有低，反差明显，起伏变化灵活，趣味横生（图 8-29）。

（2）砖 雕

山西民居的砖雕主要分布在屋脊、屋檐、墀头、影壁、门脸、窑额、神龛、烟囱、女儿墙顶等部位上，题材多以吉祥图案为主，如“犀牛贺喜”“麒麟送子”“鹿鹤同春”“四季花卉”等（图 8-30）。这些图案构思精巧、手法细腻，大块的给人以整体的和谐美，小块的具有局部的点缀美，不但没有多余繁琐之感，反而增添了建筑物的景致。砖雕装饰大都采用民间喜闻乐见的形式，用借代、隐喻、比拟、谐音等手法传达吉祥寓意，表达人们对生命价值的关注、对家族兴旺的企盼、对富裕美满生活的向往、对自身社会地位的追求。民间工匠将这种具有丰富文化内涵与深刻寓意的美好祝愿，赋予了丰富的想象力，将其绘出图案来，然后再按照图案与工艺程序进行制作。砖雕从原料的选取，到全部工序完成，要经过 30 多个环节。山西民居砖雕的制作程序是先用砖蘸水磨平，接着进行“打稿”，“打稿”包括画稿与落稿两道工序。传统画稿一般是请当地名画家、名书家前来打样。落稿是将画稿复印在砖面上，即在画纸上用缝衣针顺着线条穿孔后（约 1 毫米一

图 8-30　山墙上的砖雕纹样（《平遥古城与民居》）

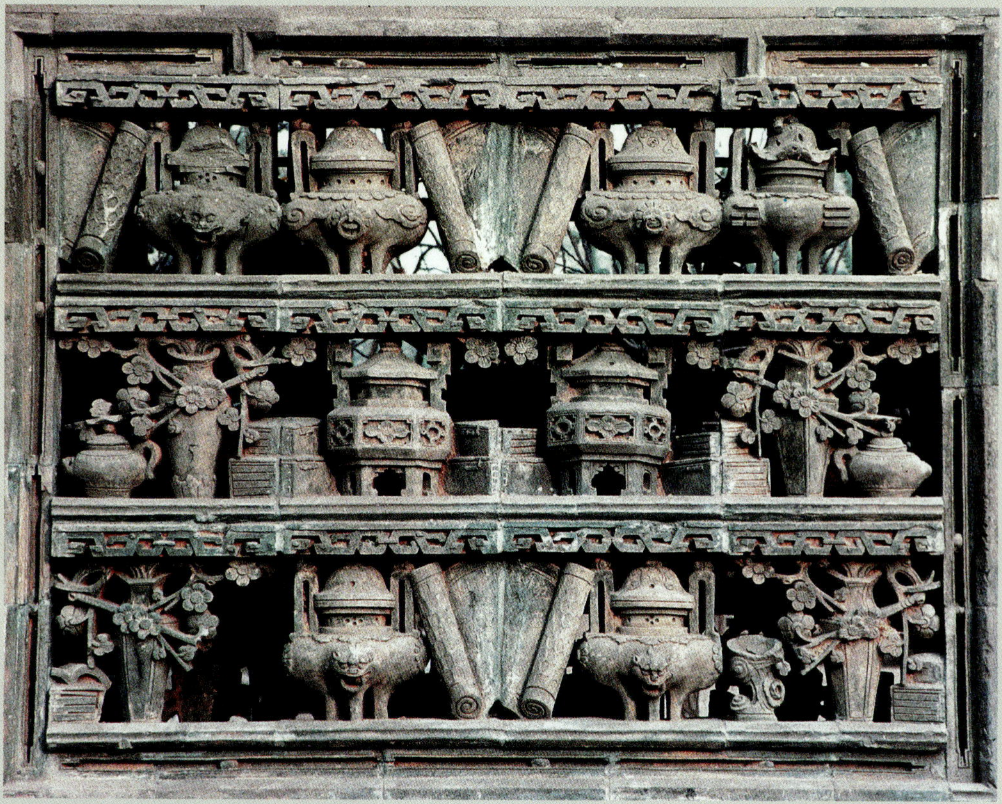

图 8-31　镂空花墙砖雕

个针孔）平铺于砖面，用装着黑色画粉的“粉包”，顺着针孔轻轻拍压画稿。在雕刻时先将砖块切割成所需尺寸，再把雕面和四周磨成平面，然后进行“打坯”与“出细”。打坯就是用刀、凿在砖上刻画出画面构图，景物轮廓、层次，确定景物具体部位，区分前、中、远三层景致。这道工序需要有经验的大师傅来完成，非常讲究“刀路”“刀法”的技巧。这中间一是要“打窟窿”，即用錾子将图案以外的空隙部分剔空到需要的深度，并将底部刨平，以显示出图案的大致形状。二是要“镳”，即对图案的深浅层次、遮挡关系进行大略表现。最后的修饰是对细部进行进一步加工，对粗糙不光洁的地方，用糙石磨光；砖面遗留的沙眼，用砖灰调适量猪血填补（图 8-31）。

（3）石 雕

在山西民居中，石雕的应用也非常普遍，主要分布在础石、窗台、门砧石、挑檐、泄水口、上马石、拴马石以及用于观赏的石狮、碑碣等部位上，构图精美、形象逼真，具有较高的使用和欣赏价值。一般而言，山西民居所有的柱础，全部用整块石料雕琢而成，尤以正厅和门廊施用者最为华丽壮观。门砧石这种专门为垫托门框的石质构件，几乎有门即施，但以大门、二门、厢房者雕刻最好。踏石设在大门、二门和天井内，由于建筑台基皆高出地平面，故设踏石以登堂入室。这种构件不仅数量多，而且雕刻细腻华丽。墙基采用各种类型的条石，少则三层，多则五层，有的还在墙角处每垒若干层砖加一块压角石，其目的是扩大转弯半径以保护转角墙体不被撞毁。镶石指镶嵌在建筑上的石刻构件，如楹联、书画、匾额等，在山西民居中也较为多见。另外，山西民居门口的石狮也颇有特色（图 8-32）。

图 8-32　石雕牌坊

（4）炕围画

除了雕刻以外，炕围画也是山西民居中地域性很强的一种装饰手段。在山西，火炕是一家人必不可少的活动场所，寝、食、娱乐等各种行为，几乎都是在火炕上进行。火炕周围的墙面、窗户便成了装饰的重点部位。炕围画就是在绕炕周围一米高、数米长的墙面上绘制的彩画装饰，其绘画的题材十分广泛，传统戏曲、历史人物、壮丽山河、花鸟鱼虫、五谷丰登甚至蔬菜水果都成了人们寄托情趣的丰富题材。可见，炕围画也是人们在生活中形成的道德、文化以及习俗的综合反映。炕围画的绘制有一套固定的程式，即以上下两组边道，按照一定的规格布置而形成主体框架，中间等距离安排各种绘画题材，既具完整对称的形式美，又具简繁对比，主从相映的思想内涵，从而形成了一种独特的艺术形式（图 8–33）。

图 8–33 炕围画

图 8–34 剪纸

（5）剪 纸

由于火炕的一面毗接窗户，所以对于窗户的装饰也是颇具匠心的，其中最常见的手法就是在窗户上粘贴剪纸图案，称之为“窗花”，贴在门楣上的则叫“门签”。从山西居住建筑的窗户式样来看，主要是利用各种花纹（如横竖棂子、拐子纹、菱花纹等），再在窗棂上裱以白色窗纸，所以，在洁白的窗纸上贴以红红绿绿的“窗花”，格外引人注目，具有较强的装饰性（图 8–34）。

总的来看，山西民居由于受到当地特有的自然与人文条件的影响，布局随形就势；体态自由灵活：外观粗犷简朴。但由于把民间独有的雕刻、绘画、剪纸等装饰手段用来装点建筑，从而使得居住建筑更显得朴实而不呆滞，简洁而不单调，华美而不奢丽，自然而不做作。又由于这些装饰手段往往夸张中求真实，变形中求神似，简洁中潜丰厚，象征中透意趣，从而使得山西民居真正成了自然图景与生活图景的完美结合，具有独特的文化内涵。

三 山西民居的细部构造

尽管在封建社会中，民居建筑装饰显示了户主的地位和财富。但人们还是按美的法则来生活的。在解决实用的同时，也非常注意美观。因而，无论是大门两旁的红色对联，还是窗格上的贴纸窗花，都体现了人们的爱美之心。这就产生了细部装饰这一概念。民居建筑细部装饰是依附于建筑实体而存在的一种艺术表现形式，它与建筑造型是不可分割的有机整体。

1. 山西民居的细部特征

山西民居对外一般都不开窗，且高大壁立，外观封闭。以倒座、厢房、正房等组成的合院，外观因宅而异，高度、形制、细部各不相同，错落有致。从外观看，山西四合院民居在山花、烟囱帽、脊兽、风水楼与风水影壁等细节的塑造也独具特色，灰色的墙面成为细部的背景和衬托。风水楼和风水影壁增加了封闭外观的视觉层次，成为山西民居最具地域特色和民俗特征的景观。山西民居宅外壁立的高墙和院内精美的木雕、砖雕、石雕等饰物所形成的鲜明对比，表现了外雄内秀的性格特征。尤以垂花门的做工最能表现出山西民居装修工艺的特点，门上的木雕精细传神，有的做小巧的斗拱，出挑做成卷云的式样，木构件上都雕有花饰，显得格外朴素雅致。大门檐下匾额上的题字更是书法精美，做工精细，内容颇具文采。山西民居的门窗造型及使用方法颇为独特，所有的窗格都做成式样繁多的吉祥图案或图形，层层门窗做工精细、巧妙，与实墙构成鲜明的对比。宅内的砖雕艺术，大到一座门楼或影壁，小到一座屋顶脊端的小兽、烟囱帽、小土地龛，乃至硬山墙上的悬鱼饰物等都是精心刻画之处。

2. 山西民居的建筑构件

（1）柱 础

柱础主要用来支撑由柱子传来的重量，一般用石材制作。除承重功能之外，柱础也有阻隔地层湿气、防止木柱防潮之作用。柱础造型丰富，式样繁多，山西民居中的柱础主要有覆钵式、须弥座式、仰莲式、鼓式、动物式以及各种组合式等（图 8-35）。

图 8-35 石柱础

（2）门砧石

为了固定并承托门扇，在门框两侧边框的下部，常常放置一块长方形石块，一半在门内，一半在门外，在门内的上方凿有凹穴，门扇的下轴插在穴中，以便转动。这种石制构件，称之为“门砧石”。为了保持自身的稳定，门砧石的多一半常留在室外，成为建筑门面上的重点装饰部位。在山西民居中，门砧石的形态丰富多彩，其中以狮子、鼓式造型居多（图 8-36）。

图 8-36 各式门砧石

图 8-37　灵石王家大院各式墀头

(3) 墀 头

在硬山屋顶的山墙侧面，于连檐和拔檐砖之间，嵌入一块雕刻各种图案的砖雕，此部位称之为“墀头”。墀头分上、中、下三部分。上为盘头，中为上身，下为下碹。比较讲究的建筑，下碹常用角柱石，角柱石上雕刻图案（图 8-37）。

（4）照 壁

山西民居大门正对的墙壁上，往往要建一个照壁，即影壁。照壁是受信仰禁忌心理支配的产物。迎门而建，为的是避免人们直视院内景象，谓之防“三煞”。作为装饰，照壁成了主人作画、写字、抒发情感的对象。山西乡民一般喜欢的照壁题材是“松鹤延年”“喜鹊登梅”等吉祥内容。喜欢写的字是“福、禄、寿、喜”等。照壁正面中心多设有天地爷神龛，俗称“天地圪窟”（图 8-38）。

图 8-38 榆次常家大院贵和堂新院影壁

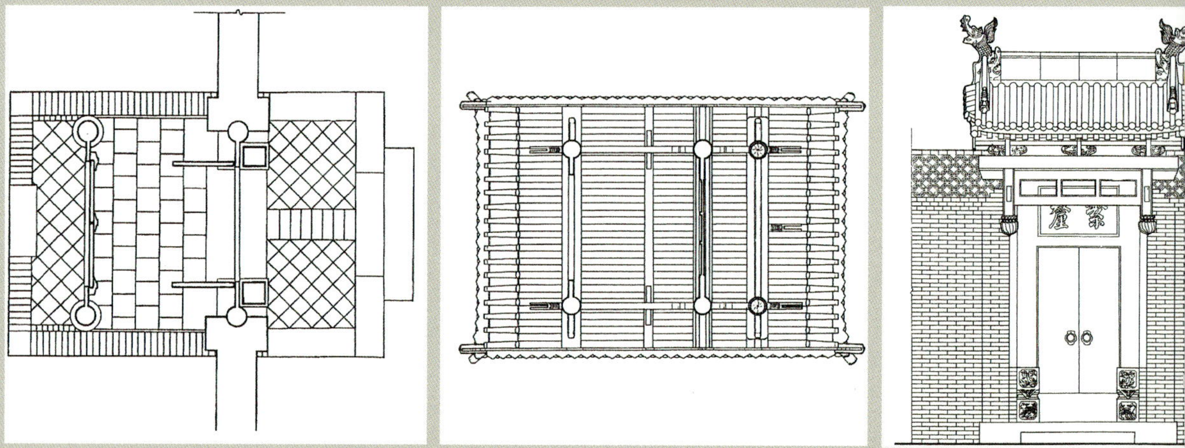

图 8-39　平遥民居垂花门平、立、剖面（《平遥古城与民居》）

（5）门 窗

门窗是防风、防沙、御寒、御热、采光、通风的综合设施。房门俗称为家门，用厚木板做成，多为两扇，内安门闩和门关，是室内防盗安全措施之一。街门除了门闩外，还要有顶门杠，有的门闩带自动锁片，可以防止贼盗拨开。冬春季外面另装一门，俗称风门。比较讲究的宅院，常建仪门，既有垂花式，也有立柱式（图 8-39）。山西民居的窗户不仅能抵御风沙，又能装点门面。一般而言，窗格造型极为讲究，有万字格、丁字格、古钱格，冰纹格、梅花格、棱形格等，贴上雪白的麻纸，透亮好看。晋北一带过年时，依窗格贴各色彩纸、窗

图 8-42 窑洞门窗大样

花组合成色块图案，颇具北方艺术风采。到了夏季，去风门挂竹帘、安纱窗，既通风又防蚊虫入屋。冬季天气温度较低，大锅做饭蒸气满家。窗户上部开活动式气窗，并在户外安一纸制气斗子，是排气防潮的有效设备。冬天便在门窗上挂棉门帘，以备抵挡寒风侵袭。以乔家大院为例，从门的结构看，有一斗三升十一踩双翘角门，庑栏中出檐门，硬山顶出檐门，砖雕式侧跨门等。从窗的格式看，有仿明式酸枝棂月窗、条栅形窗、通天隔棂形窗、雕花形窗、双开扇形窗和挑启形窗，形式各异，变化多端（图 8-40 至图 8-42）。

图 8-40 丁村民居大门

图 8-41 灵石王家大院门窗

（6）铺 首

所谓铺首，就是指门拉手、门叩和门锁组合在一起的称谓。它的样子是一对圆形的门环，既做拉手又作门叩，门环上有一副门栓，将铁棍插在铁环中，在铁棍的一端加锁就可以把门锁住。门环和门栓连在一起焊接到一块铁皮上，最后将铁皮固定在门板上。为了防止门栓的一头磨损门板，在这个位置还特别钉一小块铁片。有的在门环下端位置上钉一个小块铁垫，一方面使门环与铁垫相碰撞发出声响，一方面也保护了门板。这些铁件一般都进行了艺术与美学的加工。如铁垫板做成圆形的，刻出花边。门环有做成圆形的、长扁圆形的、讹角方形的。保护门板的铁片也刻出剔空的福字、如意、鱼、花朵等各种纹样，十分精巧。这些有实际用途的构件成为门板上的重要装饰构件（图 8-43）。

图 8-43 铺首

图 8-44　大门斗拱

（7）斗 拱

山西民居的厅堂有廊者，在柱头均置栌斗，承托抱头梁出柱身之华头子。无廊者，则在檐柱头置斗直接承托大梁。也有的设撑拱，直接支撑檐檩。拱，则由对称的两华翼代替，补间作补间斗，前后出华头子，系一组独立的构件，在建筑力学上充其量起个垫斗和装饰的作用，与宋元建筑之斗拱有着本质的区别。除厅堂外，在厢房上也有用斗拱者。山西明代民居较之于清代，用斗拱较多。这些“斗拱”都充满了精心雕刻的各种花纹图案（图 8-44）。

（8）穿插枋

是厅堂连接檐柱和老檐柱的一种穿拉构件，位于抱头梁下方，枋体出檐柱成麻叶头并加华翼，雕刻华丽。

（9）栏 板

这是嵌合于枋木下的板材构件，在厅堂门廊皆用之，是山西民居木雕艺术的主要表现所在。匠师利用其长条材通间搭构的特点，在其上施刻大型连续图案或戏曲、故事的画面，与整个建筑风韵贯通，融为一体，使建筑更加华丽宏伟。

（10）雀 替

施于栏板和檐柱的夹角外，呈竖条状。图案与栏板韵调一致，注意呼应，形式多样，浪漫而不呆板。山西民居的雀替，常常在枋木下连为一块整体，称之为“挂落”（图8-45）。

图 8-45　雀替与挂落（《平遥古城与民居》）

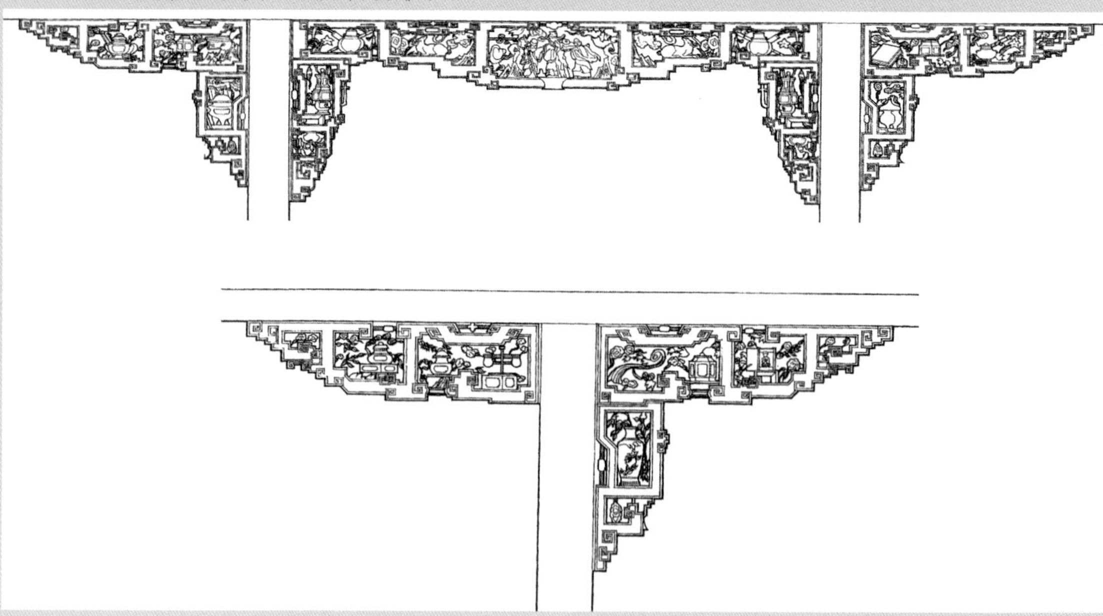

（11）合沓与驼峰

厅堂建筑有草栿和明栿两种。凡明栿者，在梁架尤其是合沓或驼峰，都有较细致的雕刻，但山西明代民居显得朴实，而清代则繁杂些。

（12）栏 杆

晋中民居有一部分楼房建筑，高大宏敞，但却是封闭式的，于室内搭木梯通往二层。晋东南楼院民居的栏杆则华丽堂皇，加设了楼梯和栏杆，而且很注重栏杆的雕刻装饰（图 8–46）。

图 8-46 栏杆

（13）楹联、匾额

图 8-47 楹联与匾额

楹联是一种固定的板对，通常固定在厅堂两侧的柱子上。这是一种较为讲究的做法。普通的家庭只在过节或有重大事情时在纸上写好，然后贴在柱子上或门的两侧。大多是祈福颂吉的，如“鹏程万里展宏图，千秋伟业更辉煌”“水绿山青鸟竞歌，风和日丽花争笑”“多财多福多吉利，好年好景好运气”等。所谓“匾”指悬挂在大门上方或大厅上空的木制标识物。“额”大多位于院墙大门、侧门上方，即门洞额的位置，也有厅堂、正屋两侧的门洞上方的石头浮雕墨字。通常有三种内容，一种是房屋的名号，如“树德居”“挹秀居”“仰山居”“樊圃”等；另一种是地位官衔，如“尚书”“进士”等；再一种是赞誉与勉励，如“勤慎诚”“履中蹈和”等。作为匾额题写的主题，有如下的特点：文辞出之有理，有较强的识别性和可记忆性；文字有较佳的读音，有较佳的形状，有优美的文采；书之端庄大方，观之形态极佳。楹联、匾额作为一种文化表现的手法，在一定程度上体现着住宅主人的社会地位、内心追求、文化档次、审美倾向等（图8-47）。

主要参考文献

1. 范文澜 . 中国通史（第二册）[M]. 北京：人民出版社，1978.

2. 邹衡 . 夏商周考古学论文集 [M]. 北京：文物出版社，1980.

3. 刘敦桢 . 中国古代建筑史 [M]. 北京：中国建筑工业出版社，1980.

4. 山西省古建筑保护研究所 . 中国古建筑学术讲座文集 [M]. 北京：中国展望出版社，1986.

5.（清）祁韵士 . 万里行程记 [M]. 银川：宁夏人民出版社，1987.

6. 张驭寰 . 中华古建筑 [M]. 北京：中国科学技术出版社，1990.

7. 金其铭 . 乡村地理学 [M]. 南京：江苏教育出版社，1990.

8. 王轩 . 山西通志（光绪十八年）[M]. 北京：中华书局，1990.

9. 温幸，薛麦喜 . 山西民俗 [M]. 太原：山西人民出版社，1991.

10. 彭一刚 . 传统村镇聚落景观分析 [M]. 北京：中国建筑工业出版社，1992.

11.（日）水野清一等著，孙安邦等译 . 山西古迹志 [M]. 太原：山西古籍出版社，1993.

12. 杨纯渊 . 山西历史经济地理述要 [M]. 太原：山西人民出版社，1993.

13. 侯精一 . 山西方言调查研究报告 [M]. 太原：山西高校联合出版社，1993.

14. 黄东升 . 山西经济与文化 [M]. 太原：山西经济出版社，1994.

15. 高珍明等 . 中国古亭 [M]. 北京：中国建筑工业出版社，1994.

16. 乔润令 . 山西民俗与山西人 [M]. 北京：中国城市出版社，1995.

17. 山西历代纪事本末 [M]. 北京：商务印书馆，1999.

18. 柴泽俊 . 柴泽俊古建筑文集 [M]. 北京：文物出版社，1999.

19. 董鉴泓 . 城市规划历史与理论研究 [M]. 上海：同济大学出版社，1999.

20. 山西省地图集编纂委员会 . 山西历史地图集 [M]. 北京：中国地图出版社，2000.

21. 宋昆．平遥古城与民居［M］．天津：天津大学出版社，2000.

22. 柳诒徵．中国文化史［M］．上海：上海古籍出版社，2001.

23. 潘谷西．中国古代建筑史(第四卷)[M].北京：中国建筑工业出版社，2001.

24. 陆元鼎，杨谷生．中国民居建筑［M］．广州：华南理工大学出版社，2003.

25. 罗哲文．罗哲文历史文化名城与古建筑保护文集［M］．北京：中国建筑工业出版社，2003.

26. 孙大章．中国民居研究［M］．北京：中国建筑工业出版社，2004.

27. 董鉴泓．中国城市建设史［M］．北京：中国建筑工业出版社，2004.

28. 王金平．山右匠作辑录［M］．北京：中国建筑工业出版社，2005.

29. 凤凰出版社编选．中国地方志集成：山西府县志［M］．南京：凤凰出版社，2005.

30. 李允鉌．华夏意匠［M］．天津：天津大学出版社，2005.

31. 颜纪臣．山西传统民居［M］．北京：中国建筑工业出版社，2006.

32. 国家文物局．中国文物地图集：山西分册［M］．北京：中国地图出版社，2006.

33. 山西省文物局．山西文物建筑保护五十年［M］．太原：内部图书，2006.

34. 山西省文物局．山西省重点文物保护单位［M］．太原：内部图书，2006.

35. 山西省建设厅．山西古村镇［M］．北京：中国建筑工业出版社，2007.

36. 傅熹年．中国科学技术史·建筑卷[M].北京：中国建筑工业出版社，2008.

后 记

自古以来，衣、食、住、行就是人类最基本的行为系统。与此相对应的生活、生产活动形态，在唐初欧阳询的《艺文类聚》中被分别写入“衣冠部、食物部、居处部和舟车部”。民居主要解决了“住”的问题，是最基本的建筑类型。一切建筑形制，诸如宫殿、佛寺、道观、衙署、书院、宗祠等，无不脱胎于民居，故有“舍宅为寺”之说法。随着科学技术的突飞猛进，尽管无人可以预知人类将走向何方？但时至今日，居者有其屋，仍然是大多数中国人的梦想。民居存在于民间，是民间人居智慧的集大成者。较之于皇家宫殿建筑，民居建筑虽然也受到礼制思想、血缘关系之约束，但其选址更合理，布局更自由，造型更活泼；与自然山水最体宜，与农耕文明最契合。由于人类聚而居之的属性，民居还是城镇和乡村最基本的构成要素，最直接地体现了一个地区的文明程度和发展水平，是市井文化和乡土文化、物质文明和非物质文明的重要载体。民居和城池是文物的重要类型，山西境内保存了众多质量上乘、类型多样、价值独特的民居和城池。截至今日，山西已经拥有 6 处“国家历史文化名城”，15 处“中国历史文化名镇”，96 处“中国历史文化名村”，545 处“中国传统村落”，15 处“中国特色景观旅游名镇名村”，5 处“山西省历史文化名城”，18 处“山西省历史文化街区”。没有发现的，或没有申报的，也不在少数。如何科学保护、利用这些文化资源，长期困扰着各界人士，剪不断，理还乱。

山西是中华文明的发祥地之一，文物资源丰富，异彩纷呈，被称之为文物宝库。无论是地上还是地下，物质还是非物质，无不是中国的文物大省，亦已成为各界人士的共识。然而，山西还不能称之为文物强省，这主要是由于对这些文物资源的调查、研究、宣传、普识工作，还处于薄弱阶段。山西省文物局组织编写“山西文物精华丛书”，旨在“面向对山西历史文化有兴趣的高端人士，展示山西文物资源，弘扬山西文化，做到让文物活起来”。我认为这一举措，对于普及文物知识，服务地方经济，具有重大的历史、现实意义和实用价值。承蒙朱向东教授之举荐，黄继忠、赵曙光二位先生之不弃，邀我写《民居城池》部分，虽然已有一定研究基础，但囿于个人水平，仍然感觉诚惶诚恐，如履薄冰。就我而言，即便能做到知耻，但仍然缺少后勇的气魄。本着知耻之心，本着案例引证观点的学术范式，在《民居城池》一书中，对书中的案例插图，进行了较大调整和修改。近年来，山西的传统村落和传统民居又有众多的发现，在我参与编写的《中国传统民居类型全集》一书中，被学界称之为北方民居的代表。限于篇幅，不可能将这些优秀案例都囊括其中，集于一炉，难免一叶障目，挂一漏万，此乃本书的最大缺憾。

尽管如此，仍然感谢太原理工大学我们的历届研究生，他们经年累月，不畏艰辛，薪火相传，延续着山西民居的调查、测绘和研究工作；感谢山西大学我的博士生导师郭贵春先生和高策先生，虽然我一再拖延毕业期限，二位导师仍然给予理解和鼓励，使我获得较多的研究时间和较大的研究空间，让我的学术人生更加多姿多彩。

王金平

2019 年 1 月

图书在版编目（CIP）数据

民居城池 / 山西省文物局编；王金平，朱向东著．—太原：三晋出版社，2019.7（2023.7 重印）
（山西文物精华丛书）
ISBN 978-7-5457-1449-4

Ⅰ．①民… Ⅱ．①山… ②王… ③朱… Ⅲ．①民居—城市规划—规划布局—研究—山西 Ⅳ．① TU984.225

中国版本图书馆 CIP 数据核字（2017）第 006340 号

民居城池

编　　者：山西省文物局
著　　者：王金平　朱向东
责任编辑：朱　屹
责任印制：李佳音

出 版 者：山西出版传媒集团·三晋出版社
地　　址：太原市建设南路 21 号
邮　　编：030012
电　　话：0351－4956036（总编室）
　　　　　0351－4922203（印制部）
网　　址：http://www.sjcbs.cn

经 销 者：新华书店
承 印 者：山西新华印业有限公司

开　　本：787mm × 1092mm　1/16
印　　张：25.5
字　　数：350 千字
版　　次：2019 年 7 月　第 1 版
印　　次：2023 年 7 月　第 2 次印刷
书　　号：ISBN 978-7-5457-1449-4
定　　价：128.00 元

如有印装质量问题，请与本社发行部联系　电话：0351-4922268